2

Politik & Co.

Politik und Wirtschaft für das Gymnasium

Hessen

neu

herausgegeben
von Hartwig Riedel

Band 2
für die Jahrgangsstufen 9/10

bearbeitet von
Erik Müller
Stephan Podes
Hartwig Riedel
Martina Tschirner

unter Beratung von
Sabrina Giesendorf

C.C. Buchner Bamberg

Politik & Co. – Hessen neu

Politik und Wirtschaft für das Gymnasium

Herausgegeben von Hartwig Riedel

Band 2

Für die Jahrgangsstufen 9 / 10

Bearbeitet von Erik Müller, Stephan Podes, Hartwig Riedel und Martina Tschirner
Unter Beratung von Sabrina Giesendorf

Zu diesem Lehrwerk ist erhältlich:

- Lehrermaterial auf CD-ROM, ISBN 978-3-661-71017-4

Weitere Materialien finden Sie unter www.ccbuchner.de.

Dieser Titel ist auch als digitale Ausgabe **click & study** unter www.ccbuchner.de erhältlich.

2. Auflage, 2. Druck 2020
Alle Drucke dieser Auflage sind, weil untereinander unverändert, nebeneinander benutzbar.

Dieses Werk folgt der reformierten Rechtschreibung und Zeichensetzung. Ausnahmen bilden Texte, bei denen künstlerische, philologische oder lizenzrechtliche Gründe einer Änderung entgegenstehen.

Redaktion: Markus Willers
Layout und Satz: Wildner + Designer GmbH, Fürth
Druck und Bindung: Livonia Print, Riga, Lettland

www.ccbuchner.de

ISBN 978-3-661-**71007**-5

Zur Arbeit mit dem Buch

Die Konzeption des Unterrichtswerkes Politik & Co. neu ermöglicht es Schülerinnen und Schülern, die zentralen Kompetenzen des Faches Politik und Wirtschaft zu erwerben. Für Lehrerinnen und Lehrer ist das Buch eine Hilfe, um einen modernen und binnendifferenzierten Unterricht zu verwirklichen.

Zum Aufbau des Buches

Die **Auftaktseiten** jedes Kapitels sind als ansprechende Bildcollage gestaltet. Die Aufgabenstellungen dazu dienen der **Lernstandserhebung** und der Annäherung an das Thema. Zu erwerbende Kompetenzen werden für jedes Kapitel ausformuliert und machen den Schülerinnen und Schülern transparent, über welches Wissen und Können sie am Ende des Kapitels verfügen sollten.

Durch die Arbeit mit dem **Materialienteil** werden Analyse-, Urteils,- Handlungs- und Methodenkompetenzen schrittweise erworben und sinnvoll miteinander verknüpft. Die authentischen Quellen (Zeitungsartikel, Bilder, Karikaturen, Grafiken ...) wurden sorgfältig ausgewählt und um verständliche Autorentexte ergänzt.

Die **differenzierten Aufgabenstellungen** mit klarer Zuteilung der Operatoren nach Anforderungsbereichen (→ Anhang) ermöglichen ein selbständiges Erschließen der auf **Doppelseiten** übersichtlich präsentierten Themen. Angebote zur **Binnendifferenzierung** ermöglichen es der Lehrkraft, auch heterogenen Lerngruppen gerecht zu werden. **Zusatzaufgaben** sind mit einem ⊕ gekennzeichnet, **Hilfen** mit einem ✎.

Da fachspezifische Methodenkompetenzen unabdingbar für die Erschließung des Sachwissens sind, werden sie auf deutlich hervorgehobenen **Methodenseiten** ausführlich erklärt. Sie sind immer auf konkrete Inhalte bezogen.

Die Rubrik **„Was wir wissen – Was wir können"** dient der Sicherung der Kompetenzen. Das grundlegende Sachwissen des Kapitels wird auf der Seite „Was wir wissen" übersichtlich und verständlich zusammengefasst. Die Seite „Was wir können" beinhaltet Angebote zur Überprüfung von erworbenen Kompetenzen.
Die Großkapitel schließen jeweils mit der Rubrik **„Kompetenzen prüfen"** ab. Hier wird zunächst mit einer Tabelle zur **Selbstdiagnose** überprüft, inwieweit die zu Kapitelbeginn formulierten Kompetenzen beherrscht werden. Im Anschluss daran helfen Beispiele für Lernkontrollen, anstehende Leistungskontrollen zu trainieren. Zudem finden sich zu einigen Materialien in der Randspalte QR- und Mediencodes, über die **Erklärfilme** zu wichtigen Grundbegriffen direkt abgerufen werden können. Dies gelingt entweder mithilfe eines QR-Code-Scanners des Smartphones/Tablets oder durch die Eingabe des Mediencodes in die Suchmaske der Verlagshomepage www.ccbuchner.de.

Allgemeine Hinweise

- Aufgrund der besseren Lesbarkeit wird im Folgenden darauf verzichtet, immer beide Geschlechter anzusprechen („Bürgerinnen und Bürger"...), auch wenn selbstverständlich beide gemeint sind.
- Materialien ohne Quellenangaben sind vom Bearbeiter verfasst.
- Sofern bei Materialien aus dem Internet kein Verfasserdatum ermittelt werden konnte, wird das Abrufdatum genannt.
- Ausführliche Quellenangaben der Materialien aus dem Internet (URL) sind über den nebenstehenden Mediencode / QR-Code einsehbar.

URL aller verwendeten Materialien aus dem Internet

Mediencode: 71007-00

Inhalt

Inhalt

Methodenverzeichnis

1

Der Betrieb im Wirtschaftssystem

Unternehmen versorgen die privaten Haushalte mit Gütern und schaffen Arbeit und Einkommen. Die Unternehmensspitze entscheidet darüber, was produziert wird, wie viele Arbeitsplätze es gibt und wie diese aussehen. Diese unternehmerischen Entscheidungen treffen auf die Interessen der Mitarbeiterinnen und Mitarbeiter im Unternehmen.

Kompetenzen

Am Ende dieses Kapitels solltest du Folgendes können:

- wichtige Grundfunktionen, Aufbau, Aufgaben und Ziele von Unternehmen beschreiben und am Beispiel eines Unternehmensleitbildes erläutern
- grundlegende Rechtsformen des Unternehmens gegenüberstellen
- Führungsstile und Arbeitsbeziehungen im Betrieb beschreiben
- Interessenkonflikte im Unternehmen auswerten und beurteilen

Was weißt du schon?
Die Personen auf den Bildern stehen stellvertretend für verschiedene Lebenssituationen im Unternehmen: der Unternehmer Steve Jobs, Arbeitnehmer bei der Fahrradproduktion und Facharbeiter/Auszubildender. Stelle zu den Beziehungen zwischen Unternehmer, Arbeitnehmer und Auszubildendem im Unternehmen Vermutungen auf.

1.1 Die Welt der Unternehmen

Wie wird man Existenzgründer?

M 1 Junge Gründer

Hugo: „Hallo Rudi, gut, dass ich dich treffe. Vielleicht hast du es ja schon gehört, ich habe die Idee, ein Geschäft für Fahrradreparaturen zu eröffnen. Da gibt es viel zu tun, und ich dachte, vielleicht könnten wir uns zusammentun?"

Rudi: „Mensch, das ist ja toll. Das wusste ich noch gar nicht. Hast du dir das auch gut überlegt? So als Selbständiger hat man ja doch viel zu tun."

Hugo: „Ja, das stimmt schon. Aber ich möchte doch ganz gerne mein eigener Chef sein. Und vor allem: Ich möchte gerne, dass so richtig Knete rüberkommt."

Rudi: „Und wo willst du das Geschäft aufmachen?"

Hugo: „Och, da hatte ich wirklich Glück mit den Geschäftsräumen. Die liegen ganz dicht bei meiner Wohnung, in der Goethestraße."

Rudi: „Was, da redest du von Glück? In der Straße gibt es doch schon längst ein Fahrradgeschäft. Das bedeutet doch Konkurrenz für dich. Und außerdem ist das doch auch ziemlich weit ab vom Schuss. Meinst du etwa, dass da überhaupt genug Kunden hinfinden, wenn es so weit weg ist?"

Hugo: „Einerseits hast du Recht. Aber auf der anderen Seite: Ich habe schon viele Leute klagen hören, dass die dort nur am Verkaufen interessiert sind. Wenn's danach Probleme mit dem Rad gibt, wird der Kunde eher im Stich gelassen. Ich sehe da also durchaus eine Chance."

Rudi: „Hm, stimmt auch wieder. Ich sehe, du hast dir schon deine Gedanken gemacht. Aber bevor ich mitmache, müssen wir doch noch ein paar Dinge klären. Zum Beispiel: Wie kommen wir denn zu unserem Material? Das kostet doch auch etwas. Woher sollen wir das Geld nehmen? Und wie teilen wir es zwischen uns auf, wenn wir überhaupt einen Gewinn machen?"

Hugo: „Jetzt sei mal nicht zu ängstlich. Schließlich ist doch dein Vater bei der Bank. Der kann uns bestimmt Tipps geben, wie wir geschickt an das nötige Startkapital kommen können. Außerdem habe ich ja auch etwas gespart ..."

Rudi: „Gut, gut. Aber so hundertprozentig bin ich noch nicht überzeugt: Dürfen wir das denn überhaupt, so mir nichts dir nichts ein Geschäft aufmachen? Wen können wir denn da fragen?"

Nach einer Idee des Instituts für Ökonomische Bildung, Oldenburg

M 2 Erfolgsfaktoren für Existenzgründer

Persönliche Voraussetzungen
Bereitschaft, 50 – 60 Stunden in der Woche zu arbeiten und zunächst auf Freizeit und Urlaub zu verzichten; Optimismus, Weitblick und den Glauben an sich selbst.

Erfolgversprechende Geschäftsidee
Die Geschäftsidee muss eigene Stärken und Schwächen berücksichtigen und die Markt- und Konkurrenzsituation im Auge behalten. Entscheidend ist die Orientierung an den Kundenwünschen.

Unternehmenskonzept
Das Unternehmenskonzept zeigt bereits im Vorfeld, wo Stärken und Schwächen der geplanten Existenzgründung liegen. Erfolgreiche Gründer passen deshalb die Planungen laufend den neuesten Entwicklungen an.

Finanz- und Liquiditätsplanung
Die Einnahmen und Ausgaben des Betriebes müssen sorgfältig geplant und permanent überwacht werden. Zu berücksichtigen ist eine entsprechende Anlaufphase, so kann auf finanzielle Engpässe schnell reagiert werden.

Marketing
Sie kennen Ihren Markt, die Konkurrenz und die Wünsche Ihrer Kunden. Sie haben eine klare Preispolitik und wissen, wie Sie das Interesse Ihrer Kunden wecken können.

Erkennen von Marktlücken
Auch in traditionellen und gesättigten Märkten können Marktnischen aufgespürt werden. Freundlicher Umgang mit Kunden, gute Beratung und ein umfangreiches Serviceangebot sind letztlich auch Marktnischen und Erfolgsfaktoren für viele Existenzgründer.

Personal
Ein Betrieb braucht motivierte Mitarbeiter. Erfolgsfaktoren sind deshalb: regelmäßige Informationen an die Mitarbeiter, Delegation von Aufgaben und eine an der Leistung orientierte Bezahlung.

Nach: Handwerkskammer Region Stuttgart, o. J.

Unternehmen
sind rechtliche Wirtschaftseinheiten zur Produktion von Gütern oder Erbringung von Dienstleistungen. Sie können aus mehreren Betrieben bestehen.
Beispiel: Daimler Aktiengesellschaft, Zentrale in Stuttgart.

Betriebe
sind die an einen Standort gebundenen Teile eines Unternehmens.
Beispiel: Betriebe der Daimler AG in Deutschland, wie z. B. die Werke in Bremen, Rastatt und Sindelfingen.

Aufgaben

1. Bildet Zweiergruppen in der Klasse und führt den Dialog aus M 1 fort. Wendet dabei die Erfolgsfaktoren aus M 2 für Existenzgründer an (M 1, M 2).
2. Fasst eure Ergebnisse aus Aufgabe 1 in einer Mindmap (→ Methodenglossar) zusammen.
3. Beurteilt abschließend die Erfolgschancen von Hugos Fahrradladen, indem ihr Chancen und Risiken gegenüberstellt.
4. Unter http://www.fuer-gruender.de/wissen/geschaeftsidee-finden/geschaeftsidee-beispiele/ findet sich eine Datenbank für Geschäftsideen. Wähle eine Idee aus und begründe, warum du sie für überzeugend hältst.

Was braucht man zum Produzieren?

M 3 Hugo und Rudi – was brauchen sie?

Hugo und Rudi wollen ihre Idee in die Tat umsetzen. Sie überlegen, was sie brauchen, damit ihr Fahrradgeschäft funktionieren kann. Zunächst brauchen die beiden einen Geschäftsraum, in dem sie die neuen Fahrräder ausstellen und vor den Augen des Kunden Fahrräder reparieren können. Dieser Geschäftsraum und eine alte Garage, die sie als Lager nutzen, sind der Standortboden, den Hugo und Rudi zur Produktion ihrer Dienstleistung dringend benötigen. Daneben brauchen sie ein Telefon und eine Registrierkasse, außerdem Werkzeuge und Einrichtungen, um die Fahrräder reparieren zu können. Diese Dinge stellen ihr Sachkapital dar. Um dieses Sachkapital zu erwerben und außerdem die Fahrräder beim Großhändler einkaufen zu können, müssen Hugo und Rudi ihr erspartes Geld und einen Kredit von der Bank verwenden. Sie brauchen also Geldkapital.
Entscheidend für den wirtschaftlichen Erfolg der beiden ist neben dem Kapital natürlich ihre Arbeitskraft. Dazu gehören eine Vielzahl von Fähigkeiten, z. B. die höfliche und zugewandte Art, mit den Kunden umzugehen, das handwerkliche Geschick, ein defektes Rad in kurzer Zeit zu reparieren usw. Arbeit, Boden und Kapital – ohne diese Produktionsfaktoren würde der Fahrradladen nicht existieren können.

M 4 Die Produktionsfaktoren

Bezieht man sich auf die Wirtschaft als Ganzes (Volkswirtschaft), so werden diese Produktionsfaktoren unterschieden:

Volkswirtschaftliche Produktionsfaktoren		
Arbeit	**Boden**	**Kapital**
– leitende Arbeit – ausführende Arbeit	– Anbauboden (Landwirtschaft) – Abbauboden (Rohstoffe) – Standortboden (für Betriebsstätten)	– Geldkapital (Kredit) – Sachkapital (Maschinen)

Bezieht man sich auf die Güterproduktion im Betrieb, so wird folgende Einteilung der Produktionsfaktoren vorgenommen:

Betriebswirtschaftliche Produktionsfaktoren			
Betriebsmittel, die im Umsatzprozess genutzt, aber nicht verbraucht werden (z. B. Maschinen, Gebäude)	**Werkstoffe** (Roh-, Hilfs-, Betriebsstoffe), Halb- und Fertigprodukte, die in das hergestellte Produkt eingehen	**Arbeitsleistungen,** d. h. die von Menschen im Unternehmen zu erbringenden Leistungen	**Informationen,** die für ein zielgerichtetes wirtschaftliches Handeln notwendig sind (z. B. über die Bedürfnisse der Konsumenten)

M 5 Wie entsteht Kapital?

Robinson Crusoe wird als einziger Überlebender nach einem Schiffsunglück auf eine einsame, unbewohnte Insel verschlagen. Er verfügt zunächst nur über die beiden Produktionsfaktoren Boden und Arbeit. Um seinen Lebensunterhalt zu sichern, fängt er Fische mit der Hand, eine Arbeit, die mit Hilfe eines Fangnetzes ergiebiger wäre. Dies weiß er auf Grund seiner Lebenserfahrung. Deshalb beschließt er, eine Zeitlang weniger zu essen und einen Teil der Nahrungsmittel aufzubewahren, um über sie verfügen zu können, wenn er seine Arbeitskraft zur Herstellung des Fangnetzes einsetzt. Volkswirtschaftlich entsteht durch die Herstellung des Fangnetzes ein Produktionsgut, es wird Realkapital gebildet. Robinson Crusoe leistet vorübergehend Konsumverzicht (= Sparen), und verwendet die dadurch frei gewordenen Mittel (seine Arbeitszeit) für die Herstellung eines Produktionsgutes (= Investieren = Kapitalbildung). Mithilfe des Netzes benötigt er zukünftig weniger Zeit um seine Fische zu fangen. Die gewonnene Zeit kann er nutzen, um zusätzliche Konsum- oder Produktionsgüter herzustellen. Sein Lebensstandard steigt.

Hans-Jürgen Albers u.a., Volkswirtschaftlehre, Haan-Gruiten 2013, 10. Auflage, S. 25

Realkapital
Produktionsausrüstung (= Sachkapital)

Aufgaben

1. Überprüfe, welche betriebswirtschaftlichen Produktionsfaktoren Hugo und Rudi für ihren Fahrradladen benötigen und nenne jeweils ein Beispiel (M 3, M 4).
2. Boden und Arbeit werden als „ursprüngliche" Produktionsfaktoren bezeichnet. Erkläre, warum man Kapital auch als „abgeleiteten" Produktionsfaktor bezeichnet (M 5).
3. In der betriebswirtschaftlichen und häufig auch volkswirtschaftlichen Einteilung werden Informationen als eigener Produktionsfaktor genannt. Erläutere, warum Informationen wichtig für die Produktion sind (M 3 – M 5).

Wie arbeitet ein Betrieb?

M 6 Das Beispiel einer Fahrradfabrik

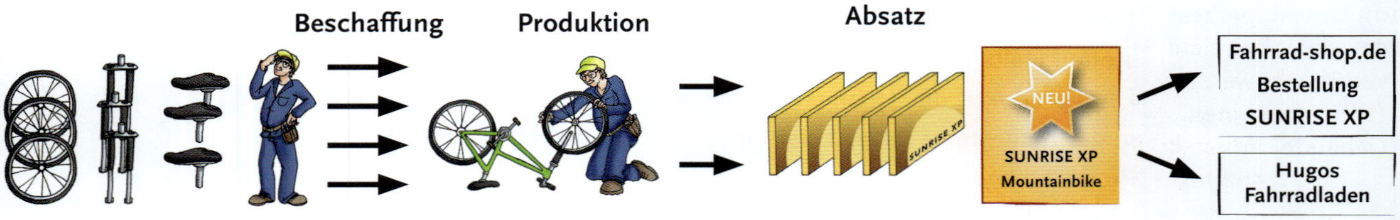

Für die Produktion muss ein Betrieb die notwendigen Vorprodukte, Arbeitskräfte und Betriebsmittel beschaffen. Erst dann kann damit ein neues Produkt erstellt werden. Dieses wird auf dem Markt verkauft. Mit dem eingenommenen Geld wird die weitere Produktion finanziert.

Werfen wir einen Blick in eine Fahrradfabrik:

Für die Fertigung von Fahrrädern muss eine große Anzahl an Teilen zugekauft, das heißt beschafft, werden: Schwerpunkte sind Gabeln sowie Lenker, Sattel, Rahmenrohre, Felgenprofile, Reifen, Naben und Speichendraht. Außerdem werden die entsprechenden Maschinen benötigt, um die Teile zusammenzusetzen. Auch sind Facharbeiter nötig, die die Maschinen bedienen und Teile montieren können. Probleme bei der **Beschaffung** können darin bestehen, dass benötigte Teile in unzureichender Menge oder Qualität geliefert werden oder nur schwer zu beschaffen sind. Deshalb muss die Lagerhaltung entsprechend organisiert werden.

Produktion bedeutet die Herstellung des Produkts Fahrrad. Der Produktionsprozess besteht in der Verbindung von Betriebsmitteln und Werkstoffen durch Arbeitskräfte. Hier findet die eigentliche Wertschöpfung statt, denn hier entsteht das neue Produkt. Der Produktionsprozess kann in einzelne Produktionsabschnitte zerlegt sein, die auf verschiedene Produktionsstätten verteilt sein können (zum Beispiel Endmontage, Rahmenbau, Laufradfertigung). Fertig montierte Fahrräder werden anschließend ins Fertigwarenlager überstellt. Dort werden sie zu Lieferungen zusammengestellt und für den Versand an den Händler vorbereitet.

Die produzierten Güter, hier die Fahrräder, müssen am Markt verkauft werden. Die Fahrräder werden an regionale Großabnehmer oder direkt an die Kunden verkauft. Hierfür betreibt die Fahrradfabrik eigene Marketingaktivitäten, um den **Absatz** zu steigern. Dazu gehören die Produktgestaltung (Design, Qualität, Ausstattung), Werbung und Preisgestaltung. Ziel ist die Steigerung beziehungsweise Erhaltung der Attraktivität des Unternehmens, um bestehende Kunden zu binden und neue Kunden zu gewinnen.

Übergeordnete Funktionen im Betrieb sind die **Leitung und Verwaltung** und die **Finanzierung** des Unternehmens.

M 7 Beschaffungs- und Absatzmarkt

Jedes Unternehmen ist von zwei Seiten mit dem Wirtschaftskreislauf verbunden, und zwar mit den Beschaffungs- und den Absatzmärkten.

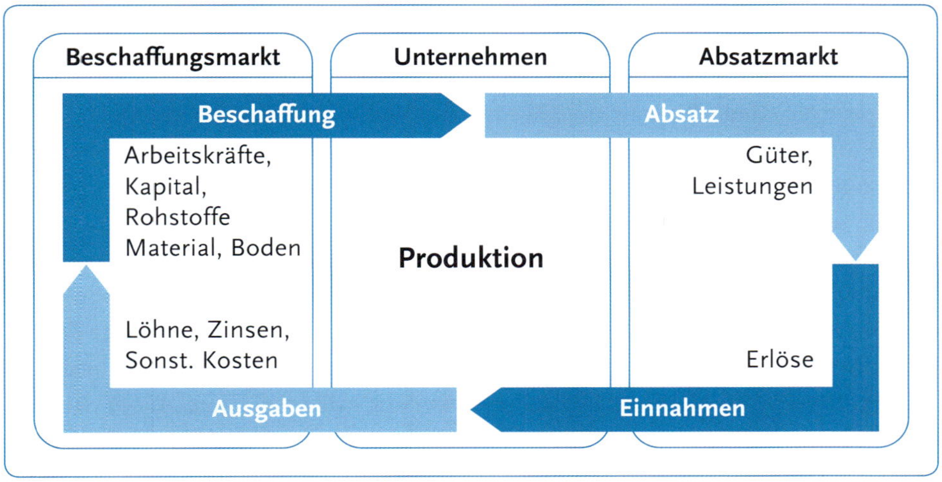

M 8 Die moderne Fahrradproduktion

Das Fahrrad für Vitali Klitschko lehnt an der Wand eines kleinen Werkstattraums in Raubling bei Rosenheim. Was sofort auffällt, ist seine Größe. Doch das wirklich Besondere ist seine Bauart, die es so teuer werden lässt wie einen Kleinwagen. Es handelt sich um ein maßgefertigtes Mountainbike. Sein kolossaler Karbonrahmen wiegt kaum mehr als ein Profirennrad – und doch ist es dafür ausgelegt, den Körperkräften eines Zwei-Meter-Mannes standzuhalten [...]. Der gelernte Boxer ist inzwischen Bürgermeister von Kiew und als solcher zu beschäftigt, um sein Supervelo abzuholen. Im vorigen Sommer bestellte er das Individualmodell von Corratec, entworfen und hergestellt von Mauro Sannino, einem 70-jährigen Halbgott der Rahmenbauszene, seit elf Jahren im Dienst des oberbayerischen Fahrradproduzenten. [...] Die Preise der Raublinger Maßräder liegen bei bis zu 10.000 Euro [...]. Wenn [Deutschland] etwas gründlich aufgegeben hat, dann seine Fahrradindustrie. In nennenswerter Stückzahl kommen Zweiräder heute entweder komplett aus Asien, oder sie werden hierzulande nur noch zusammengebaut. [...] Lediglich bei zentralen Komponenten wie Bremsen, Schaltungen oder Dynamos ist ein Unternehmen aus einem Hochlohnindustrieland führend. Nur handelt es sich dabei nicht um Deutschland, sondern um Japan. Der Name des Unternehmens steht auf Bauteilen der allermeisten Fahrräder, die heute auf der Welt unterwegs sind. Als Shozo Shimano vor 47 Jahren dem Stuttgarter Kaufmann Paul Lange die Vertretung für Deutschland und Österreich übergab, bestand das Produktprogramm der Japaner lediglich aus ei-

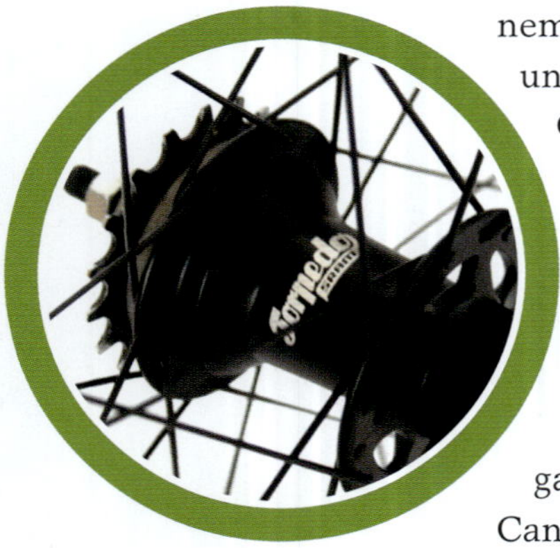

SRAM-„Torpedo"-Nabe; Angelehnt an die legendäre Sachs-Dreigang-Nabe, produziert SRAM eine umschaltbare Nabe.

nem Nabengetriebe mit drei Gängen und einer Kettenschaltung mit vier Gängen. Damals beherrschte das altdeutsche Unternehmen Fichtel & Sachs noch den Markt der Standardräder, der italienische Komponentenhersteller Campagnolo den Rennzirkus. Heute umfasst das zentrale Hochregallager von Lange in Stuttgart Bad Cannstatt 9.000 Quadratmeter und reicht längst nicht mehr aus. Die Paul Lange & Co. OHG erweitert laufend den Hallenkomplex. Es ist das größte Shimano-Vertriebszentrum außerhalb Japans. Etwa zehn Millionen Teile gehen jährlich von hier aus in den Handel […]. Und was ist aus Fichtel & Sachs geworden? Das Unternehmen war einst der Großmeister der Nabenschaltung, die Torpedo-Dreigang-Mechanik Grundausstattung von Radlergenerationen. Etwa 70 Millionen der fränkischen Schaltwerke wurden von 1924 an etwa 70 Jahre lang gebaut. Shimano beendete die Torpedo-Ära Mitte der Neunziger mit einem Volltreffer: Ein geschmeidiges Sibenganggetriebe namens Nexus setzte fortan den Standard. Fichtel & Sachs hatte bereits das Interesse am Fahrradgeschäft verloren und die Sparte abgestoßen. Sie landete 1997 bei dem Unternehmen SRAM aus Chicago […]. Unter anderem ließ SRAM am Sachs-Standort Schweinfurt eine neue Fabrik für Nabenschaltungen errichten. Doch die Shimano-Modelle waren meist billiger und besser. Vor vier Jahren verlagerte SRAM die Produktion nach Asien. In Schweinfurt verblieb allein die Entwicklungsabteilung. Etwa 80 Ingenieure, die ihre Ideen an die Fabriken in Fernost kabeln, sind die letzten Statthalter des fränkischen Torpedo-Mythos. Entwicklungschef Bernhard Johanni […] hat noch bei Sachs angefangen. Mit seinen Leuten hat er für SRAM unter anderem eine neue Nabengeneration entwickelt, die sauber schaltet. Besonders stolz ist er auf seine jüngste Innovation bei Kettenschaltungen: einen hinteren Zahnkranz mit elf Übersetzungen, aus einem Stück gefräst und extrem leicht. Johanni hält das Ding feierlich hoch und blickt durch das löchrige Gebilde. Es sieht ein bisschen aus wie eine Kunstschnitzerei. […] Eine weitere Hightechfirma, die im Fahrradbau eine Nische gefunden hat, befindet sich am Nordrand von Kassel. Das Unternehmen von Bernhard Rohloff fertigt die nach ihm benannte 14-Gang-Nabenschaltung, die als beste der Welt gilt. Shimano persönlich soll auf einer Fahrradmesse gefragt haben: „Herr Rohloff, wie machen Sie das?" Das patentgeschützte Zahnräderwerk zählt zu den Mirakeln der jüngeren Fahrradmechanik. Rohloffs Nabengetriebe deckt ein Übersetzungsspektrum ab wie die Kettenschaltungen von Profis, hält enormen Drehmomenten stand und wiegt mit 1,7 Kilogramm ein Pfund weniger als eine Achtgangnabe von SRAM. […] Die Firma […] ist ein mikroskopisches Muster, wie Fahrradindustrie in Deutschland noch funktionieren kann: als Entwicklungslabor für Serienprodukte, die später in Fernost hergestellt werden – und gleichzeitig als Produzent von Luxusgütern made in Germany.

Christina Wüst, Zauber der Pedalkraft, in: Der Spiegel, 28/2014, 7.7.2014

M 9 Absatz: der Marketing-Mix

Ein Unternehmen muss nicht nur gute Produkte herstellen, es muss sie auch verkaufen. Die Marketingmaßnahmen, die dem Konsumenten am meisten auffallen, stammen aus dem Bereich der Werbung. Tatsächlich sind es aber sehr vielfältige Maßnahmen, die das Unternehmen einsetzt, um seine Kunden zu erreichen. Diese Maßnahmen werden oft in vier Bereiche eingeteilt – entsprechend der englischen Bezeichnungen in die „4 P" des Marketing. In allen vier Bereichen sind zahlreiche Entscheidungen zu treffen, die auch für die anderen Bereiche relevant sind. Es würde keinen Sinn machen, nur eine dieser Maßnahmen einzusetzen, z. B. nur auf eine aufwändige Fernsehwerbung zu vertrauen, ohne diese durch andere Maßnahmen zu unterstützen, wie z. B. eine entsprechende Produktgestaltung. Da diese Maßnahmen gut aufeinander abgestimmt – also gut „gemischt" – sein müssen, spricht man auch vom „Marketing-Mix". Bei allen Maßnahmen ist die erwartete Wirkung mit den durch die Maßnahme verursachten Kosten in Bezug zu setzen. Entscheidend für die Wirkung einer Marketingmaßnahme ist unter anderem, ob es ihr gelingt, die richtige Zielgruppe anzusprechen. Dies ist besonders wichtig bei Produkten, die für jugendliche Konsumenten bestimmt sind.

Marketing-Mix

P **Product**
Produktpolitik
Wie wird das Produkt gestaltet?
(Design, Funktionen etc.)
Wie ist die Verpackung gestaltet?
Ist das Produkt in ein Sortiment eingebettet („Marke")?
Welcher Produktname ist geeignet?

P **Place**
Distributionspolitik
Wie gelangt das Produkt zum Kunden?
(Vertrieb über Einzelhandel, Großhandel, Internet, Vertreter, ...)
Wie wird das Ladenlokal gestaltet?

P **Price**
Konditionenpolitik
Wie hoch ist der Preis?
(Anpassung an die Konkurrenz, Deckung der Stückkosten)
Gibt es Sonderpreise für bestimmte Kundengruppen?
Wie werden Rabatte gestaltet?

P **Promotion**
Kommunikationspolitik
Welches Werbekonzept verspricht am meisten Erfolg (Medien, Botschaft, Budget)
Wie kann das Image des Unternehmens verbessert werden?
(Public Relations, z. B. Sponsoring, Zusammenarbeit mit Schulen)

Aufgaben

1. Beschreibe für ein Fahrradgeschäft, welche Schwierigkeiten in den Bereichen Beschaffung, Produktion und Absatz auftreten könnten (M 6, M 7).
2. Gib wieder, wie der weltweite Fahrradmarkt heute organisiert ist und was das für den Produktionsstandort Deutschland bedeutet (M 8).
3. Bildet Gruppen. Sucht euch aus M 9 ein Marketinginstrument aus und entwickelt für einen Fahrradladen eine geeignete Maßnahme aus einem der Bereiche.

zu Aufgabe 3
Entwickelt eine weitere Maßnahme aus einem anderen Bereich.

Profit als einziges Unternehmensziel?

M 10 Welche Ziele sollte ein Unternehmen verfolgen?

Ulrich Wickert (Journalist und Bestsellerautor): Schluss mit Geschäften ohne Moral: Gewinn dürfe nicht das einzige Unternehmensziel sein, sagt Ulrich Wickert. Der frühere „Tagesthemen"-Sprecher plädiert für mehr Anstand, Ehrlichkeit und Solidarität im Wirtschaftsleben.

Milton Friedman (Wirtschaftsnobelpreisträger): „Die einzige soziale Verantwortung des Unternehmens ist es, seine Gewinne zu steigern."

Nach: © news aktuell GmbH, Presseportal: „Beckmann am Donnerstag, 22. September 2011, 23:00 Uhr, www.presseportal.de, 21.9.2011 und New York Times Magazine, 09/1970

M 11 Die Ziele des Unternehmens

Die unterschiedlichsten Gruppen, zu denen die Unternehmenseigentümer, die Manager, die Arbeitnehmer, die Lieferanten, die Kunden und die Konkurrenten, die Fremdkapitalgeber, aber auch der Staat und die Öffentlichkeit zählen, tragen ihre Interessen und Erwartungen an die Unternehmen heran. Während die Eigentümer und Kapitalgeber an einem möglichst hohen Gewinn und damit an einer möglichst hohen Verzinsung ihres eingesetzten Kapitals interessiert sind, strebt das Management gegebenenfalls nach mehr Macht und einer Ausweitung seiner Gestaltungsspielräume. Die Mitarbeiter sind vor allem an einer sicheren und leistungsbezogenen Entlohnung sowie an guten Arbeitsbedingungen interessiert. Die Kunden erwarten qualitativ hochwertige Produkte zu möglichst günstigen Preisen. Der Staat und die Öffentlichkeit hoffen auf die Erhaltung oder Schaffung von Arbeitsplätzen und ein hohes Steueraufkommen. Diese unterschiedlichen Erwartungen und Interessen gilt es, in Einklang zu bringen. Die Unternehmensziele dienen dabei als Orientierungsgrundlage für alle unternehmerischen Entscheidungen.

M 12 Unternehmensleitbild – das Beispiel der Drogeriekette dm

„So wie ich mit meinen Mitarbeitern umgehe, so gehen sie mit den Kunden um." Diese einfache [...] Erkenntnis liegt der Arbeitsgemeinschaft dm-drogerie markt zugrunde. Sie beinhaltet die ständige Herausforderung, das Unternehmen so zu gestalten, dass die Konsumbedürfnisse der Kunden veredelt werden, die zusammenarbeitenden Menschen Entwicklungsmöglichkeiten erhalten und dm als Gemeinschaft vorbildlich in seinem Umfeld wirkt. Dazu ist es erforderlich, die Eigentümlichkeit jedes Menschen anzuerkennen und mit den individuellen Wesenszügen der Beteiligten umzugehen.

dm-Kundengrundsätze

Wir wollen uns beim Konsumenten – dem Wettbewerb gegenüber – mit allen geeigneten Marketinginstrumenten profilieren, um eine bewusst einkaufende Stammkundschaft zu gewinnen, deren Bedürfnisse wir mit unserem Waren-, Produkt- und Dienstleistungsangebot veredeln.

Sich die Probleme des Konsumenten zu Eigen machen

dm-Mitarbeitergrundsätze

Wir wollen allen Mitarbeitern helfen, Umfang und Struktur unseres Unternehmens zu erkennen und jedem die Gewissheit geben, in seiner Aufgabe objektiv wahrgenommen zu werden.

Transparenz und Geradlinigkeit

Wir wollen allen Mitarbeitern die Möglichkeit geben, gemeinsam voneinander zu lernen, einander als Menschen zu begegnen, die Individualität des anderen anzuerkennen, um die Voraussetzungen zu schaffen, sich selbst zu erkennen und entwickeln zu wollen und sich mit den gestellten Aufgaben verbinden zu können.

Bereitschaft zur Zusammenarbeit in Gruppen

dm-Partnergrundsätze

Wir wollen mit unseren Partnern eine langfristige, zuverlässige und faire Zusammenarbeit pflegen, damit für sie erkennbar wird, dass wir ein Partner sind, mit dem sie ihre Zielsetzungen verwirklichen können.

Erkennen seines Wesens; Anerkennen seiner Eigentümlichkeit

Nach: © www.dm.de, Grundsätze: Einander begegnen und voneinander lernen, www.dm.de, Abruf am 23.2.2016

„dm beliebtester Händler der Bundesbürger!"

Studie der Unternehmensberatung OC&C (Proposition Index 2013)

M 13 Eine Dimension mehr

Im Januar 2012 meldete Schlecker, Langzeit-Champion der Drogerieketten, Insolvenz an. Der Konkurrent dm steht blendend da. Warum?

Die Preise

Die kleinteilige Filialstruktur erhöhte die Stückkosten, und so schnitt Schlecker im Preisvergleich mit dm [...] regelmäßig schlecht ab. Konkurrenzfähig waren bei Schlecker allenfalls Sonderangebote, die zusätzliche Kunden in die Märkte locken sollten. Ähnlich wie die großen Elektronikmarkt-Ketten behauptete Schlecker nur, billig zu sein. De facto konnten die Kostenoptimierer beim Preis nicht mithalten. Die Rechnung ging für Schlecker nur so lange auf, wie

Schlecker
Große Drogeriemarktkette, die im Jahr 2012 Insolvenz anmelden musste.

seine Kunden noch die Preise der alten, familiengeführten Drogerien im Hinterkopf hatten. Seit Jahren aber vergleichen die Verbraucher eher mit Supermärkten wie […] Aldi – oder eben mit dm […].

Lange Jahre warb dm mit dem Slogan „Große Marken, kleine Preise" und erhob damit von Anfang an den Anspruch, […] billiger als die Konkurrenz zu sein. Dabei griff der Drogerie-Discounter in den Anfangsjahren auch auf handelsübliche Methoden wie Rabattaktionen oder Lockvogel-Angebote zurück. Ende der Achtzigerjahre wurde die Strategie geändert. Götz Werner spricht von der Entdeckung der „vierten Dimension". Zu den üblichen drei Dimensionen – die richtige Ware zum richtigen Preis am richtigen Ort – kam ein weicher Faktor. Werner baute die konsumkritische Haltung der Öko- und Friedensbewegung in sein Geschäftsmodell ein. Der Slogan hieß fortan: „Hier bin ich Mensch, hier kauf ich ein." So wurde dm zu einem der ersten Unternehmen, die sich durch einen moralischen Mehrwert vom Wettbewerb absetzen wollen – allerdings ohne dabei den Anspruch auf Preisführerschaft aufzugeben.

Die praktische Schlussfolgerung war: Schluss mit den üblichen Mätzchen, die aufgeklärte Verbraucher als unehrlich empfinden – dm führte den sog. Dauertiefpreis ein. Die selbst gesetzte Regel lautete, dass ein Preis vier Monate nicht erhöht werden darf. Damit fällt die Option weg, laufend mit Preissenkungen zu werben, die in Wahrheit keine sind. Im Wettbewerb gegen Schlecker scheint diese Strategie aufgegangen zu sein. […]

Die Filialen

Ein Besuch in den meisten Schlecker-Filialen ist wie eine Zeitreise in die Anfänge des Hard-Discounts. Grobe Metallregale säumen enge Gänge. Das Mobiliar hat oft Gebrauchsspuren aus mehreren Jahrzehnten. Bildet sich vorn eine Schlange, wirkt gleich der halbe Laden wie lahmgelegt. Zwar wurden in den Monaten vor der Insolvenz einige Hundert Filialen modernisiert. Doch dieses Umdenken kam zu spät […]. Möglichst viel Ware auf kleinem Raum ist ebenso out wie ein ausgedünntes Sortiment. […] dm hat besonders seit Ende der Achtzigerjahre kontinuierlich daran gearbeitet, dass sich die Kunden in den Filialen wohlfühlen. Weniger ist wie so oft mehr. Regale stehen häufig schräg. Das ist zwar von der Raumaufteilung nicht ganz so effektiv, macht den Raum aber übersichtlicher und verkürzt Laufwege. Eine Vorgabe für die Innenarchitekten lautet: Jeder Gang muss so breit sein, dass zwei Kinderwagen aneinander vorbeikommen. Lichtdesigner komponieren Effekte, die an Wellness-Einrichtungen erinnern. […]. Aus Kundensicht resultiert aus der Größe ein weiterer Vorteil: Selbst bei gleichem Personalschlüssel findet sich in einer dm-Filiale fast immer eine Verkäuferin oder ein Verkäufer mit Zeit für Beratung.

Schlecker-Filialen sind oft nur mit einer Person besetzt. Sitzt sie gerade nicht an der Kasse, muss sie Regale auffüllen. Wünscht ein Kunde Beratung, wartet oft schon jemand an der Kasse.

Thomas Ramge, Eine Dimension mehr, in: Brandeins Wirtschaftsmagazin 4/2012, S. 100 – 105

M 14 Welche Ziele sind wichtig?

Herr Harsch, bei Schlecker soll jetzt alles schöner, größer, heller werden. Macht Ihnen die Offensive Ihres größten Konkurrenten Angst?
Nein, für Schlecker mag das ein Fortschritt sein, aber ein Überholmanöver ist es nicht.

Es kann Sie aber nicht kalt lassen, wenn Schlecker zum Angriff bläst.
Der Vorstoß macht uns nicht nervös. Wir konzentrieren uns auf unsere Kunden. Wenn wir dabei an Schlecker vorbeiziehen - und davon gehen viele Experten aus -, dann wäre das eine unbeabsichtigte Folge, aber es ist nicht unser Ziel.

Wenn nicht Wachstum, was ist dann das Ziel?
Unser Ziel heißt Entwicklung, Wachstum kommt dann meistens von selbst. Ich möchte, dass die dm-Filiale in Passau glückliche Passauer hat, darum geht es. Wachstum ist dann möglicherweise die Folge. Vorgaben in diese Richtung machen wir aber nicht.

Auch nicht die, Gewinn zu machen?
Nein, auch die nicht. Sehen Sie: Bei dm ist alles eine Frage der Haltung. Es geht nicht darum, den Gewinn zu maximieren, sondern den Kundennutzen. Man kann nur so oder so ticken. Wenn viele glückliche Passauer kommen, kommt auch der Erfolg. […]

Sie verdienen immer gleich, auch wenn's schlecht läuft?
Genau, deshalb kann die Motivation nicht am Geld liegen.

Wie motivieren Sie dann Ihre Mitarbeiter?
Unmotivierte Mitarbeiter können Sie auch mit Geld nicht ändern. Wir glauben daran, dass die persönliche Freude daraus kommt, dass man gestalten kann. Bonussysteme, die unterstellen, dass sich einer nur bewegt, wenn man ihm eine Wurst vorhält, sind menschenverachtend.

Erich Harsch im Interview mit Bernd Freytag, Mit Geld motiviert man nicht, www.faz.net, 15.4.2011

Erich Harsch, Jahrgang 1961, ist bei dm in große Fußstapfen getreten. Als Nachfolger des Unternehmensgründers Götz Werner übernahm Harsch 2008 den Vorsitz der Geschäftsführung der Drogeriemarkt-Kette.

Aufgaben

1. Welche Ziele sollte ein Unternehmen haben? Fasst die Aussagen in M 10 zusammen (M10).
2. Entwirf ein Radialdiagramm, welches darstellt, welche Gruppen am Unternehmen interessiert sind. Formuliere auf den Ästen die einzelnen Interessen (M 11).
3. Analysiere das Leitbild deiner Schule auf wichtige Ziele hin und vergleiche sie mit den Zielen des Unternehmens dm (M 12).
4. Arbeite die unterschiedlichen Leitbilder von Schlecker und dm heraus und ergänze so deine Ergebnisse aus Aufgabe 3 (M 13).
5. Entwickle je eine Frage an die Geschäftsführer (M 13).
6. Diskutiert in der Klasse die Aussage Harschs, es sei nicht das Ziel des Unternehmens, Gewinn zu machen (M 14).

Radialdiagramm

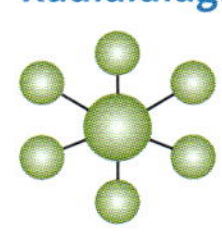

+ zu den Aufgaben 4 und 5
Recherchiere die Ursachen der „Schlecker-Pleite“ und stelle deine Ergebnisse in der KLasse vor.

Gesellschaftliche Verantwortung als Unternehmensziel?

Corporate Social Responsibility
CSR ist ein Konzept, das den Unternehmen als Grundlage dient, auf freiwilliger Basis – über den gesetzlichen Rahmen hinausgehend – soziale Belange und Umweltbelange in ihre Unternehmenstätigkeit und in die Wechselbeziehungen mit Interessenten am Unternehmen zu integrieren.

M 15 Was ist die soziale Verantwortung eines Unternehmens?

- Betrieb bildet aus
- Spenden an gemeinnützige Organisationen
- Arbeitsschutz
- besondere Familienfreundlichkeit
- Beachtung der Menschenrechte
- Kinderbetreuung
- Umweltbewusstsein
- bewusste Auswahl von Geschäftspartnern und Lieferanten
- flexible Arbeitszeitmodelle
- Sponsoring von Sport- und Kulturereignissen
- anständige Bezahlung

M 16 Was tut ein Konzern, in dem Kinderarbeit auffliegt?

Andrah Pradesh
Bundesstaat im Südosten Indiens

Nichtregierungsorganisationen
Private Organisationen wie Greenpeace, amnesty, attac, terre des hommes

Suhash Joshi (33) wollte Geld machen und gute Geschäfte. Mit Mitte 20 war er auf dem besten Weg. Er war Salesmanager bei Bayer Cropscience, der Pflanzenschutzsparte des deutschen Chemieriesen. In Indien führt sie ein Saatgutgeschäft, etwas Mais, etwas Reis, vor allem aber Baumwollsamen, die Vertragslandwirte auf den weiten Feldern draußen vor der Stadt ziehen. Zum Anfang jeder Saison gehen die Kinder von Andhra Pradesh auf die Felder und bestäuben die Baumwollpflanzen, am Ende der Saison kommen sie und helfen bei der Ernte. Fast 2.000 sollen es allein auf den Feldern der Vertragsbauern von Bayer gewesen sein. Joshi sagt, er hat das gewusst. Er sagt, in Indien weiß jeder, dass es so ist. Und fast jedem sei es egal. Sein Job war es, die Aufwendungen niedrig, die Erträge hoch zu halten. „Ich war Geschäftsmann, hart, immer nur an Zahlen und Einnahmen interessiert. Das war mein Ding", sagt Joshi.

Als er hört, dass die Leute bei Bayer sehr nervös sind wegen der Kinder, denkt er: Was machen die denn für einen Aufstand? Nervös werden die Leute bei Bayer am 12. Oktober 2004. Wie jeden Morgen liegen in Monheim am Rhein die Presseausschnitte auf dem Schreibtisch von Steffen Kurzawa, dem Unternehmenspolitik- und Pressechef. An diesem Morgen brüllen sie ihm entgegen: „Bayer profitiert von Kinderarbeit in Indien." So geht es los, und es hört nicht mehr auf. Drei Nichtregierungsorganisationen haben Beschwerde wegen Verstoßes gegen OECD-Leitsätze eingereicht. „Taz", „Süddeutsche", „FAZ", „Monitor", ach, alle berichteten.

Bayer ist mittendrin in einem dieser

Skandale, bei denen herauskommt, warum unsere T-Shirts Schnäppchen sind, wer die Dämpfe beim Färben einatmet oder wer sich da eigentlich abrackert für das neue Smartphone, die Turnschuhe, die Spielsachen. So ein Skandal ist schwer abzuschütteln. Ein Unternehmen kann ihn vertuschen, es kann Besserung geloben oder auf das Vergessen hoffen. [...]

Kalpana ist eins von diesen Kindern, von einem dieser Felder, aus einer dieser Hütten. Dicke, schwarze Zöpfe fallen ihr über die Schulter, sie ist 14 Jahre alt, ihre Augen sind älter; Kummer und Scheu im Blick. Arbeit kann sie überall finden: bei Bayer, Monsanto oder einfach auf dem nächsten Acker. Die Arbeit ist überall die gleiche. Mit acht Jahren hat sie auf den Feldern angefangen. In dem Alter fangen die meisten an. Sie sind dann so groß wie die Baumwollpflanzen, wenn sie erste Blüten treiben. Dann ist die Zeit der Kinder. Jede Narbe muss mit Pollen einer anderen Sorte bestrichen werden, dann bildet sie mehr Samen. Das Saatgut für Firmen wie Bayer. Das Bestäuben gelingt nur mit der Hand, am besten mit einer, die sehr klein ist.

Wenn in den Schulen zur ersten Stunde geläutet wurde, stand Kalpana zusammen mit anderen Kindern unter der heißen Sonne über den pieksenden Sträuchern. Die Pflanzen atmeten Pestizide aus, die Kinder atmeten sie ein. Wie lange sie dort stand, weiß Kalpana nicht, sie sagt: „Lang." 14 Stunden dauert so ein Tag in der Regel. Die Kinder bekommen Schmerzen, in den Gliedern, im Kopf, und Geschwüre an den Händen. Das Geld bekommen andere. Viele Kinder werden sehr krank. Manche sterben.

Bayer beschließt, das Saatgutgeschäft in Indien zu behalten. Es kann doch nicht so schwer sein, alles in den Griff zu kriegen, denken die Deutschen. Der damalige Bayer-Vorstand Werner Wenning lässt Kurzawa eine Taskforce aufstellen. Und in Indien sagt Joshis Vorgesetzter: „Kümmere du dich um diese Geschichte." [...] Nun fährt er auf die Felder, wo er Mädchen wie Kalpana trifft. Er sagt, es ist ein Unterschied, von diesen Kindern zu wissen und sie dann tatsächlich zu sehen. [...]

Geld spielt eine entscheidende Rolle im Konzept von Joshi und Bayer. Verbieten hat nichts gebracht, aufklären kaum etwas. „Uns war irgendwann klar, es kann nur über die Profite funktionieren", sagt Joshi. Eine einfache Erkenntnis eigentlich, die Kritiker und NGOs schon lange predigen: Würden die Abnehmer die Farmer besser bezahlen, müssten die ihre Kinder nicht zur Arbeit schicken. [...]

Bayer hat sein Kinderschutzprogramm inzwischen zum Wettbewerbsvorteil gemacht. Farmer, die unterzeichnen und nachweislich keine Kinder beschäftigen, bekommen nicht nur einen Bonus auf den üblichen Abnahmepreis. Sie werden auch geschult. Darin, wie sie ihre Felder bewässern können, welcher Dünger sich eignet und welche Form der Schädlingsbekämpfung. „Die meisten Landwirte machen ihre Ernten allein vom Regen abhängig und verlieren unheimlich viel", sagt Joshi. „Allein ein Bewässerungssystem kann wahnsinnig viel

„Kontrollen alleine sind nicht genug. Kinderarbeit kann dauerhaft nur durch einen integrierten Ansatz verhindert werden."

Suhash R. Joshi, Leiter Child Care Program

bewirken." Target 400 heißt das Programm. Auf 400 Packungen Saatgut je Hektar soll es den Saisonertrag steigern. Bei 200 bis 300 liegt der Schnitt, inzwischen schaffen viele Bayer-Farmer weit mehr als 600. „Je höher das Einkommen, desto kleiner ist die Notwendigkeit, Kinder zum Arbeiten zu schicken." Ein bröckelndes weißes Gebäude am Ende einer staubigen Straße. [...]. Ein Tisch, der sich vor Akten biegt. 20 junge Männer in sauberen Hemden mit Bayer-Logo auf den Brusttaschen. Joshis Männer in Karnataka. Hier steht eine der Schaltzentralen. In jedem der wichtigsten Anbaugebiete hat Bayer ein Team, mehr als 80 Leute inzwischen, die meisten geschulte Landwirte. Täglich fahren sie auf die Felder. Sie unterstützen die Bauern während der Saison – und kontrollieren sie. Pro Saison mindestens sechs unangemeldete Besuche. Jede Kontrolle wird dokumentiert. Durchschläge und Kopien, händisch, digital. Alle drei Monate geht ein Bericht an den Vorstand in Monheim.

Die Bayer-Teams ziehen von Dorf zu Dorf und geben kostenlose Fortbildungen. So wurde auch Familie TG auf Target 400 aufmerksam. Bei Bayer kann man was verdienen, hieß es im Dorf. „Früher hatten wir etwas einheimisches Gemüse", sagt Kariyamma. „Das hat gerade für uns gereicht." In dieser Saison wird das Saatgut 40.000 Rupien (615 Euro) abwerfen. Für die Ernte wird Kariyamma erwachsene Helfer einstellen.

Zwischen den struppigen, braunen Feldern von Madnakalli steht flach und hell die IBT School. IBT steht für „Introduction to Basic Technology". Für Dutzende Schulen in den ländlichen Gebieten hat Bayer zusammen mit der NGO Prajayatna und der Naandi Foundation ein Curriculum erstellt, das Theorie und Praxis verbindet. Praxis ist jetzt, am Nachmittag. Die Schüler bewirtschaften ein Gewächshaus, reparieren ein Bügeleisen, bereiten verschmutztes Wasser auf. Auch Kalpana, das Mädchen mit den dicken, schwarzen Zöpfen, geht hier jetzt zum Unterricht. Kinder, die früher auf den Feldern gearbeitet haben, bekommen Einzelunterricht, bis sie mit den anderen Schülern mithalten können. Kalpana ist seit zwei Jahren hier. Was sie gut findet an der Schule? „Alles!"

Jarka Kubsova, Der Feldversuch, Financial Times Deutschland, 3.2.2012

Curriculum
Lehrplan

Aufgaben

1. Untersucht für jeden der Begriffe in M 15, ob er zum Kerngeschäft des Unternehmens gehört oder eine Form sozialen Engagements darstellt.
2. Gib wieder, was Bayer geändert hat, nachdem die Kinderarbeit „aufgeflogen" ist (M 16, Methodenglossar).
3. Erläutere, warum Bayer seine Strategie in Indien geändert hat (M 16).
4. Nimm Stellung dazu, ob du den Strategiewandel des Unternehmens als Erfolg bezeichnest (M 16)?
5. Diskutiert die Frage, ob es sich bei Corporate Social Responsibility um eine Unternehmerpflicht oder lediglich Eigenwerbung handelt (M 16).

zu Aufgabe 5
Gehe auf die Internetseite *www.csrgermany.de* und berichte über ein gelungenes CSR-Engagement eines Unternehmens. Nenne die Kriterien für deine Einschätzung.

Nachhaltigkeit als Unternehmensziel?

M 17 Vom Kokon zum fairen Nachthemd

Der grüne Hügel duftet nach blühenden Sträuchern und Kräutern. Eine kleine Herde brauner Kühe wandert durch einen Wald aus 700.000 Maulbeerbäumen, der hier seit 1996 gepflanzt wurde: Seidenraupen lieben Maulbeerblätter. Gesetzt wurden auch 5.000 Obst- und andere Bäume, die Nistplätze und Beschattung bieten – und eine spürbare Verbesserung der Boden-, Wasser- und Luftqualität brachten. „Saba" heißt das Paradies auf 70 Hektar. Die weltweit erste Farm zur Herstellung biodynamischer Seide liegt 150 Kilometer nördlich der boomenden 14-Millionen-Metropole Chengdu.

„Auf dem Hügel war ja nichts", erinnert sich Julius Obermaier, 78. Der Berater in Sachen biologisch-dynamischer Landwirtschaft reist seit vielen Jahren rund um die Welt und leistet lokalen Demeter-Projekten Geburtshilfe. In China war es Mitte der 1990er-Jahre soweit. Auf Anfrage des Schweizer Unternehmens Alkena – bis zu einem Eigentümerwechsel kürzlich Namensgeber der Seidenraupenfarm und des Konfektionsbetriebs – kam der Experte vom badischen Salem in die chinesische Provinz Sichuan. Heute werden auf der Saba-Farm im Lauf eines Jahres fünf Millionen Kokons gewonnen – jeder Kokon gibt mehr als einen Kilometer hauchdünnen Seidenfaden. Vor dem Verpuppen futtern die Seidenraupen insgesamt 900.000 Kilogramm Maulbeerblätter. Auf der Seidenraupenfarm arbeiten ganzjährig sechs Mitarbeiter und saisonal bis zu 200 Menschen aus der Region. Für Obermaier ist Saba längst „ein Projekt, das landesweit Ausstrahlung hat". „Das ist der organische Kompost, und hier stellen wir die Präparate her", sagt Betriebsleiter Zhao Xing-Yuan beim Rundgang. An die Zeit mit Julius Obermaier erinnert sich der 40-Jährige noch gut. 2004 war der Chinese dann auf Gegenbesuch in Deutschland, lernte auf einem Demeter-Hof am Bodensee, wie biologisch-dynamische Landwirtschaft funktioniert. Mit dem Kieselpräparat 501 wird die Pflanzenphysiologie verbessert, erklärt er. Gesunde Maulbeerblätter sind eine wichtige Voraussetzung für besonders reißfeste Seide. Die wird gesponnen, dann gestrickt oder gewoben, gefärbt und schließlich in der Saba-Mutterfirma Otex („Organic Textiles") in Chengdu konfektioniert.

Der 1996 als Joint Venture von Alkena gegründete Betrieb produziert heute außer für Rösch noch für die Freiburger Triaz-Gruppe (Waschbär). Die Tübinger Modemacher lassen bei Otex Seidennachthemden für ihre edle Lizenzmarke Féraud fertigen – und seit neuestem auch eine eigene Rösch-Kollektion: Nachtwäsche aus Bio-Seide, zertifiziert mit dem weltweit anerkannten GOTS-Siegel. Der „Global Organic Textile Standard" gilt als führend bei der ökologisch und sozial verantwortlichen Verarbeitung von Textilien.

Nachhaltigkeit
Nachhaltigkeit bedeutet, von der Natur nur so viel zu verbrauchen, wie auf natürliche Weise nachwachsen kann. Mittlerweile hat sich das Nachhaltigkeitsdreieck als Sinnbild für Nachhaltigkeit durchgesetzt, da es ökologische, ökonomische und soziale Aspekte der Nachhaltigkeit verbindet. Zukunftsfähig wirtschaften bedeutet also: Wir müssen unseren Kindern und Enkelkindern ein intaktes ökologisches, soziales und ökonomisches Gefüge hinterlassen.

Nachhaltigkeit im Unternehmen (Angaben in %)

Bestandteil des Leitbildes	83,0
Beitrag zur Kostenreduktion	72,6
wichtig für Zukunftsmärkte	65,1
verantwortliche Stelle/Person	62,3
konkrete Nachhaltigkeitsziele	60,4
wichtig für Mitarbeitermotivation	60,4
Verknüpfung mit dem Kerngeschäft	59,4
berücksichtigt bei der Lieferantenwahl	54,7
regelmäßige Kontrolle der Zielerfüllung	51,9
Nachhaltigkeitsberichterstattung	49,1
wichtig für Unternehmensbewertung	43,4
wichtig aufgrund der Medienberichte	36,8
Nachhaltigkeitsberichte geplant	10,4
Sonstiges	2,8

Mahammad Mahammadzadeh, IW-Umweltexpertenpanel 2/2012, IW (Hg.), Befragung von 157 Umweltexperten der Wirtschaft im März/April 2012

Im chinesischen Chengdu stellen Näherinnen im Konfektionsbetrieb Otex Bio-Seidennachthemden für die Textilfirma Rösch her. Löhne und Arbeitsbedingungen werden regelmäßig von der „Fair Wear Foundation" überprüft.

„Der Erfolg von Otex und der Saba-Farm liegt uns sehr am Herzen", sagt Rösch-Geschäftsführer Andreas Söffker: „Als Vorzeigeprojekt kann es den dringend nötigen Wandel der chinesischen Wirtschaft zu mehr Nachhaltigkeit unterstützen." [...]. Das chinesische Fernsehen interessiert sich sehr für das Projekt, Söffker sagt beim Interview: Das Beispiel Otex-Saba könne einen Weg zeigen, wie das Land seine wachsenden Umweltprobleme in den Griff bekommen kann. Nach offiziellen Angaben ist ein Fünftel der Agrarfläche Chinas mit Kadmium, Nickel und Arsen verseucht. Auch viele Flüsse sind kontaminiert, die Luft in vielen großen Ballungsgebieten ist schlecht.

Die Luft im großen Nähsaal ist gut. Tageslicht scheint durch hohe Fenster auf die Nähmaschinen der Arbeiter/innen. Über hundert meist weibliche Angestellte arbeiten bei Otex. Ob sie jederzeit zur Toilette gehen darf? Huang Cui Rong schaut ein wenig ungläubig, als ihr die Frage ins Chinesische übersetzt wird – und muss dann lachen. „Ja", sagt die 48-jährige Näherin, „das dürfen wir alle." [...] Cui Rong gehört dem neunköpfigen Betriebsrat an, der alle zwei Jahre gewählt wird. Sie verdient 3.000 Yuan (rund 350 Euro) im Monat, Überstunden inklusive. Im Firmendurchschnitt kommen die Arbeiter/innen auf 2.710 Yuan (320 Euro). Das ist mehr als doppelt so viel wie der regionale Mindestlohn – und liegt auch über dem unabhängig ermittelten „Living Wage". Damit gemeint ist ein Lohn, der die grundlegenden Lebenshaltungskosten eines Arbeiters oder einer Arbeiterin deckt: Ernährung, Kleidung, Wohnen, Gesundheit, Schule und Ausbildung. Gezahlt wird bei Otex nach „Piece Rate", einer Art Akkordlohn. Die vertragliche Wochenarbeitszeit liegt bei 40 Stunden, je nach Auftragslage können es aber auch mal 50 bis 55 Stunden werden. Cui Rong jedenfalls ist mit den Arbeitszeiten zufrieden. Für Überstunden gibt es 150 Prozent, für Wochenendarbeit 200 Prozent des regulären Lohns. Bei Krankheit zahlt die Firma weiter – in einem Fall geschah das ein ganzes Jahr lang. Alle Angaben werden regelmäßig vor Ort von einer unabhängigen Institution überprüft, Interviews mit Arbeiterinnen inklusive: von der „Fair Wear Foundation" (FWF), einer Stiftung mit Sitz in Amsterdam. Im Vorstand sind gleichberechtigt Gewerkschaften, Nichtregierungsorganisationen (NGOs) und Vertreter von derzeit 80 Textil- und Outdoor-Firmen (mit 120 Marken) aus sieben europäischen Ländern vertreten. [...] Gerechter Handel, ethischer Konsum – das ist ein Trend, über den Rösch-Geschäftsführer Söffker sagt: „Die Kunden wollen das." Bei Händler-Schulungen höre er häufig von Verkäuferinnen: „Wir werden mehrfach am Tag gefragt: Wo kommt das her, wie wurde das produziert?" [...] „Wir haben alle genug Hosen und Hemden", sagt Söffker. Es gehe bei Kleidung und Mode weniger um Bedarfskäufe als um „Selbstverbesserung", um „die Darstellung innerhalb der Peergroup, gegenüber dem Partner" – oder sich selbst. Dazu gehört: ein gutes Gefühl. Doch das will sich bei vielen Menschen angesichts von Horrorbildern aus ausbeuterischen Sweatshops partout nicht mehr einstellen: „Dann wird gezweifelt – und weniger gekauft." „Das Bewusstsein der Kunden ändert sich", sagt Otex-Geschäftsführer Michael Wang, 50. „Sie wollen sich selbst etwas Gutes tun – aber auch der Umwelt und den Arbeitern."

Volker Rekittke, Vom Kokon zum fairen Nachthemd, Schwäbisches Tagblatt, 1.6.2014

M 18 Alles nur schöner Schein? Vorsicht – Greenwashing

Kapitalmarkt, Geschäftspartner und Endverbraucher verlangen von Unternehmen, dass sie Verantwortung zeigen: Sie sollen ökologische und soziale Anforderungen berücksichtigen [...]. Wie Produktionsunglücke und Produktrückrufe zeigen, haben manche Unternehmen lediglich „grüne Fassaden" aufgebaut. [...]

Typische Greenwashing-Strategien hat die Organisation TerraChoice definiert:

- Versteckte Zielkonflikte: Ein Produkt wegen einer einzelnen Eigenschaft als umweltfreundlich bewerben, obwohl andere Produkteigenschaften umweltschädlich sind.
- Fehlende Nachweise: Aussagen treffen, die nicht durch unabhängige Stellen verifiziert oder durch aussagekräftige Studien belegt werden können.
- Vage Aussagen: Unklar definierte Begriffe verwenden, die leicht missverstanden werden können.
- Falsche Labels: Von unseriösen Instituten oder selbst erfundene Labels verwenden, die praktisch keinen Aussagewert haben.
- Irrelevante Aussagen: Aussagen treffen, die zwar stimmen, aber keinen Aussagewert haben (Beispiel: Ein Produkt wird mit der Aussage FCKW-frei beworben, obwohl dies nur gesetzliche Vorgaben umsetzt).
- Kleineres Übel: Ein Produkt mit einem noch weniger umweltfreundlichen Produkt vergleichen, um es in besserem Licht erscheinen zu lassen.
- Unwahrheiten: Faktisch unzutreffende Werbebotschaften senden (Beispiel: Es wird ein Bio-Siegel verwendet, obwohl das Produkt gar nicht für dieses Siegel zertifiziert wurde.

Dieter W. Horst, Patrick Albrecht, Vorsicht, Greenwashing: Konsumenten blicken hinter die grüne Fassade, www.pwc.de, Abruf am 1.12.2015

Greenwashing
Greenwashing betreibt, wer zu Unrecht nachhaltiges Engagement für sich in Anspruch nimmt. Der Begriff bezieht sich vor allem auf Unternehmen, die sich mit ökologischen oder auch sozialen Leistungen brüsten, die entweder nicht vorhanden sind oder die minimal sind im Verhältnis zu negativen öko-sozialen Auswirkungen des Kerngeschäfts. Manche Werbekampagnen stufen Analysten klar als Greenwashing ein.
Lexikon der Nachhaltigkeit, Greenwashing, www.nachhaltigkeit.info, 31.7.2015

Marken im „Greenwashing-Check"
Je negativer der Wert, desto weniger „grün" ist das Unternehmen als tatsächlich öffentlich wahrgenommen:

Unternehmen	Wert
McDonald's	- 16,1
Microsoft	- 11,5
IKEA	- 10,4
SAP	- 8,1
Nissan	- 7,5
Nike	- 7,2
Coca Cola	- 7,0
Kellogs	- 5,8
Shell	- 5,8
Nintendo	- 5,7

Quelle: Interbrand (Best Global Green Brands 2012), Stand: 18.10.2012

Aufgaben

1. Beschreibe, welche Motive bei den Unternehmen vorherrschen, wenn sie Nachhaltigkeit als Unternehmensziel ausweisen (Umfrage in Randspalte).
2. Erläutere, wie die Firma Rösch die ökologische Verantwortung des Unternehmens umsetzt (M 17).
3. Untersucht bekannte Produkte bzw. Firmen nach den typischen Greenwashing Strategien, wie sie in M18 beschrieben werden. Stellt eure Ergebnisse in einem Referat (→ Methodenglossar) der Klasse vor.

Welche Rechtsform braucht ein Unternehmen?

M 19 Wie findet man als Existenzgründer die richtige Rechtsform?

Jedes Unternehmen hat eine bestimmte Rechtsform, die bei der Gründung festgelegt werden muss. Diese hat rechtliche, finanzielle und steuerliche Folgen. Für die Wahl der Rechtsform sind folgende Überlegungen entscheidend:

M 20 Die wichtigsten Unternehmensformen

Gesellschaft bürgerlichen Rechts (GbR)

Juristische Person
Zusammenschluss von Personen (und Vermögen) zu einer eigenen Rechtspersönlichkeit mit Rechten und Pflichten (z. B. Verein)

Schließen sich mindestens zwei Gesellschafter zur Führung eines Geschäftsbetriebes zusammen, ohne dabei eine neue juristische Person zu gründen, so kommt die Rechtsform der GbR in Betracht. Alle Gesellschafter sind geschäftsführungs- und vertretungsbefugt. Sie haften neben dem Gesellschaftsvermögen persönlich und unbeschränkt für die Verbindlichkeiten der Gesellschaft. Das interne Vertragsverhältnis kann weitgehend frei gestaltet werden. Der Gesellschaftsvertrag ist an keine Form gebunden, sollte aber schriftlich gefasst werden. Betreiben allerdings die Gesellschafter einer GbR ein Gewerbe von einer bestimmten Größe, so müssen sie sich in das Handelsregister eintragen. Die Firma wird dann zur Offenen Handelsgesellschaft (OHG). Es enstehen weitere Auflagen bezüglich der Führung des Geschäftsbetriebs.

Einzelunternehmen

Besonders gut für den Einstieg geeignet ist die Einzelunternehmung: Sie kommt ohne weitere Formalitäten allein durch Aufnahme der Geschäftstätigkeit (üblicherweise nach Erteilen des Gewerbescheins und einer Mitteilung gegenüber dem Finanzamt) zustande. Dafür ist kein Mindestkapital erforderlich. Als Einzelunternehmer ist der Gründer uneingeschränkt „Herr im Haus". Gewinne fließen ungeteilt in seine Taschen – er muss dafür aber auch bei Verlusten oder Schäden in vollem Umfang mit seinem Privatvermögen geradestehen. Die überwiegende Anzahl der Unternehmen in Deutschland sind Einzelunternehmen.

Gesellschaft mit beschränkter Haftung (GmbH)

Die GmbH wird in zunehmendem Maße im wirtschaftlichen Bereich eingesetzt, weil sie vielseitig verwendbar und das Haftungsrisiko durch Beschränkung auf das Vermögen der GmbH kalkulierbar und überschaubar ist. Sie ist eine Kapitalgesellschaft mit eigener Rechtspersönlichkeit, die zu jedem gesetzlich zulässigen Zweck von einer oder mehreren natürlichen oder juristischen Personen errichtet werden kann. Nach außen wird die GmbH durch den/die Geschäftsführer vertreten. Fremdgesellschaftsführung ist möglich, das heißt, die Geschäftsführung muss nicht in den Händen der Gesellschafter liegen. Sie können vielmehr gesellschaftsfremde Personen zu Geschäftsführern bestellen. Wirksamkeit erlangt die GmbH durch die Eintragung im Handelsregister. Das Haftungsrisiko ist auf das Gesellschaftsvermögen beschränkt. Das Mindeststammkapital der GmbH beträgt 25.000 Euro. Der Betrag der Stammeinlage kann für die einzelnen Gesellschafter verschieden bestimmt werden.

Aktiengesellschaft (AG)

Die AG ist eine Kapitalgesellschaft mit eigener Rechtspersönlichkeit (juristische Person). Rechtsgrundlage ist das Aktiengesetz. Eine AG kann durch eine (kleine AG) oder mehrere Personen gegründet werden mit einem Grundkapital von mindestens 50.000 Euro. Dieses Grundkapital wird aufgeteilt in Anteile (Aktien), die für die Anteilseigner oder Aktionäre bestimmte Rechte verbriefen. Die AG haftet mit ihrem Firmenvermögen für Schulden; die Aktionäre tragen nur das Risiko des Wertverlustes ihrer Aktien, was bis zum Totalausfall führen kann. Organe einer AG sind der Vorstand als Leitungsgremium der Gesellschaft, der Aufsichtsrat als Kontrollorgan für den Vorstand und die Hauptversammlung als Zusammenkunft der Aktionäre, die z. T. den Aufsichtsrat wählt und formal über die Geschäftspolitik beschließt. Aktiengesellschaften werden vor allem dann gegründet, wenn große Mengen Kapital beschafft werden müssen.

Aufgaben

1. Ordne die passende Rechtsform für folgende Unternehmen zu: Bäckerei, Fahrradgeschäft mit deinem Freund, Unternehmen zur Entwicklung eines neuartigen Motors (M 19 – M 20).
2. Begründe, warum im Zuge der Industrialisierung Aktiengesellschaften gegründet wurden und welche Vorteile damit bis heute verbunden sind (M 20).

Was wir wissen

Die Stellung der Unternehmen

Die Unternehmen gehören zusammen mit den privaten Haushalten und dem Staat zu den bestimmenden Wirtschaftsakteuren einer Volkswirtschaft. Unternehmen rücken immer wieder in den Blickpunkt der öffentlichen Diskussion, weil sie es in erster Linie sind (neben dem Staat), die die Arbeitsplätze in Deutschland zur Verfügung stellen. Die Unternehmen fragen die von den privaten Haushalten angebotene Arbeitskraft nach. Gleichzeitig zahlen sie den privaten Haushalten Löhne für ihre Arbeitskraft.

Betriebliche Grundfunktionen
M 4, M 6, M 7, M 9

In einem Betrieb fallen sehr viele Tätigkeiten und Aufgaben an. Diese Aufgaben und Tätigkeiten werden allgemein in die betrieblichen Grundfunktionen Beschaffung, Produktion und Absatz unterteilt. Beschafft werden müssen Rohstoffe, Halb- und Fertigprodukte. Zur Produktion gehört die Erstellung des eigenen Produkts beziehungsweise der eigenen Dienstleistung, die Koordination der Aktivitäten der Mitarbeiter, die Forschung und Entwicklung neuer Produkte. Zum Absatz gehören alle Maßnahmen, die dazu führen, den Erfolg des Produktes und des Unternehmens am Markt zu sichern, also Marktbeobachtung und -analyse, Werbung, Preispolitik usw.

Unternehmensziele
M 10, M 11, M 14

Die Unternehmensziele werden von der Unternehmensleitung formuliert. Sie muss dabei auch die Interessen anderer Gruppen, wie z. B. der Arbeitnehmer, der Eigentümer, der Gesellschaft, der Lieferanten, der Kunden ... berücksichtigen. Insbesondere bei Massenentlassungen entbrennt immer wieder eine öffentliche Debatte darüber, welche Ziele Unternehmen in erster Linie verfolgen sollten.

Wirtschaftliche Ziele
M 10, M 11, M 14

Das Streben nach einem Gewinn, der die Existenz des Unternehmens und damit letztlich auch die Arbeitsplätze und das Einkommen der Arbeitnehmer und des Unternehmers sichert, ist das wichtigste Ziel aller im freien Wettbewerb stehenden Unternehmen.
Unternehmen sind aber auch eingebettet in ihre natürliche und gesellschaftliche Umwelt. Entsprechend nehmen die Unternehmen über ihr Gewinninteresse hinaus auch eine soziale und ökologische Verantwortung wahr. Wie weit diese Verantwortung gehen soll, ist umstritten.

Soziale und ökologische Ziele
M 15, M 17

Viele Unternehmer sehen die Schaffung bzw. den Erhalt von Arbeitsplätzen und die Garantie menschenwürdiger Arbeitsbedingungen als soziale Aufgabe der Unternehmen an, was idealerweise auch für die Zulieferbetriebe gilt. Wenn das Unternehmen ökologische Verantwortung wahrnimmt, zielt es auf eine nachhaltige Wirtschaftsweise. Nachhaltig zu wirtschaften heißt, die Bedürfnisse der gegenwärtigen Generation zu befriedigen, ohne dabei zu riskieren, dass zukünftige Generationen ihre Bedürfnisse nicht mehr befriedigen können. Ergreift ein Unternehmen solche nachhaltigen Maßnahmen, kann das die Qualität der Produkte erhöhen. Und nicht zuletzt profitieren die Unternehmen von einem verbesserten Image. Gleichzeitig ist zu beobachten, dass noch relativ wenige Unternehmen die Idee der Nachhaltigkeit ernsthaft umsetzen.

Was wir können

Unternehmen sind nach festgelegten Regeln organisiert, sie haben eine bestimmte Rechtsform. Diese kann frei gewählt werden. Die Rechtsformen unterscheiden sich zum Beispiel hinsichtlich der Finanzierungsmöglichkeiten und der Haftung. So sind je nach Rechtsform die Möglichkeiten zur Aufnahme neuen Eigen- oder Fremdkapitals eingeschränkt oder auch – wie im Fall von Aktiengesellschaften, die an die Börse gehen können – erweitert. Bei Personengesellschaften und Einzelunternehmen umfasst die Haftung, anders als bei Kapitalgesellschaften, neben dem Betriebsvermögen auch das gesamte Privatvermögen der Eigentümer.

Rechtsformen
M 19, M 20

Unternehmensverantwortung?

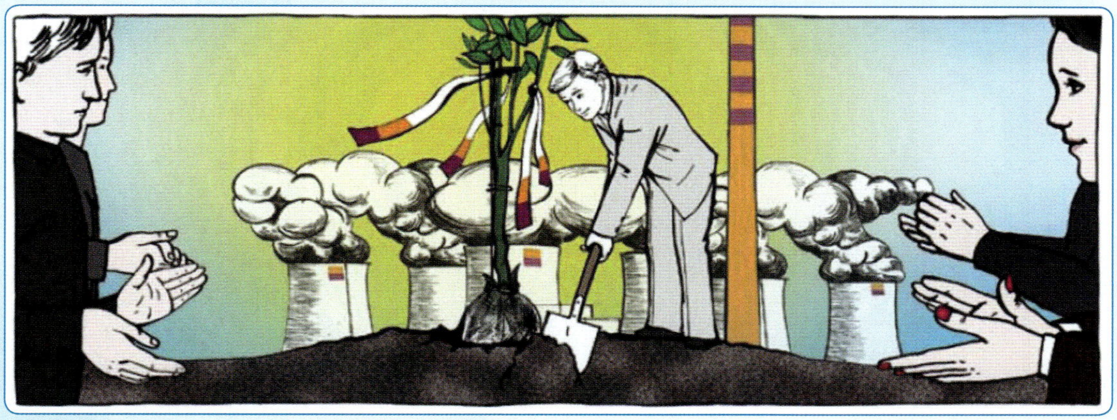

Financial Times Deutschland, Beilage enable, 9/2011

Aufgabe

Interpretiere die Zeichnung und erläutere daran den Unterschied zwischen echter Unternehmensverantwortung und reinem Marketing.

1.2 Organisation und Leitung des Unternehmens

Organisation im Wandel

M 1 Der Aufbau eines Unternehmens

Um seine Ziele zu verwirklichen, steht jedes Unternehmen vor der schwierigen Aufgabe, sich eine passende Organisationsstruktur zu geben. Man unterscheidet dabei die Aufbau- und die Ablauforganisation. Die **Aufbauorganisation** legt fest, welche Stellen und Abteilungen ein Unternehmen hat und wie die einzelnen Aufgabenbereiche voneinander abgegrenzt werden. Sie hat also mit den statischen Aspekten der Organisation zu tun und bildet das hierarchische Gerüst eines Unternehmens. Mit anderen Worten regelt sie die Zuständigkeiten für die arbeitsteilige Erfüllung der Unternehmensaufgabe. Typisch sind Instanzen- und Abteilungsbildung, die in einem Organigramm oder den Stellenbeschreibungen wiederzufinden sind. Das Organigramm beantwortet unter anderem Fragen wie „Wer ist der Chef?", „Wer hat wem was zu sagen?", „Wer ist für das Personal verantwortlich?" usw. Die kleinste organisatorische Einheit eines Unternehmens bildet die Stelle, also der einzelne Arbeitsplatz und die damit verbundene Aufgabenbeschreibung.

Die **Ablauforganisation** befasst sich mit der Gestaltung des Arbeitsprozesses, z. B. der Gliederung der Arbeit in einzelne Schritte, der zeitlichen Reihenfolge der Arbeitsschritte, dem Einsatz von Sachmitteln, der räumlichen Gliederung des Arbeitsprozesses usw. Sie stellt damit den dynamischen Aspekt der Arbeit dar und zielt auf die optimale Auslastung der Betriebsmittel und Arbeitskräfte. Bei Produktionsbetrieben steht insbesondere die Frage im Mittelpunkt, wie die Produktion und die dazu nötigen Abläufe organisiert werden sollen.

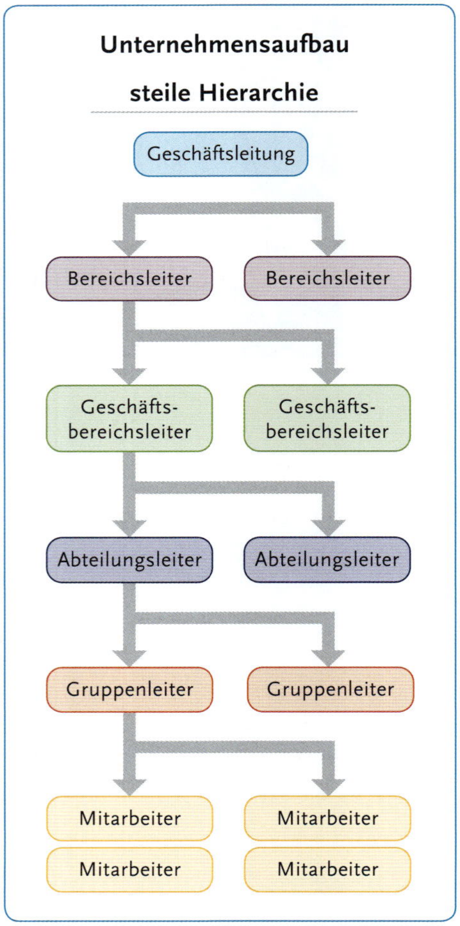

M 2 Der Wandel der Produktionsorganisation

Grundtypen	**Fordismus** (erstmals eingeführt bei Ford, seit ca. 1920)	**Toyotismus** (erstmals eingeführt bei Toyota, seit ca. 1970)
Produkte	wenige, standardisierte Produkte (hohe Stückzahlen)	zunehmende Produktvielfalt (auch kleinere Stückzahlen)
Produktionsorganisation	viele direkte Zulieferer, große Lagerhaltung, Fließbandfertigung	starke Abnahme der Direktlieferanten, Just-in-time-Produktion, geringe, jedoch störanfällige Lagerhaltung, Fließband mit Arbeitsgruppen
Arbeitsorganisation	einfache Arbeiten in vorgegebener Folge, Fertigung durch an- und ungelernte Arbeitskräfte, Trennung von Fertigung, Wartung und Qualitätskontrolle 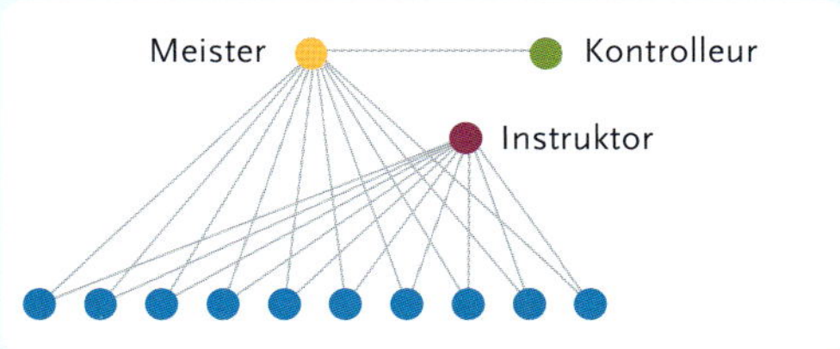	Gruppenarbeit, zunehmende Anforderung an die Qualifikation der Arbeitskräfte, Verantwortung der Gruppe für das Endprodukt, Integration von Fertigung, Qualitätskontrolle, Wartung und Reparatur 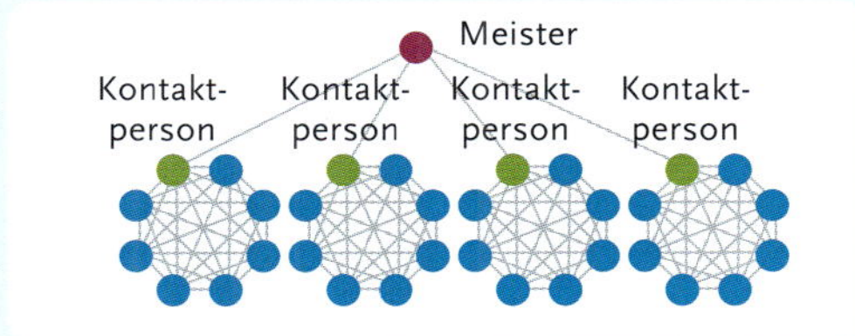

M 3 Moderne Automobilproduktion: Smartville in Hambach

Warum der Produktionsstandort Hambach insgesamt auch als ‚smartville' bezeichnet wird, erklärt ein Blick aus der Vogelperspektive: Im Zentrum des Industriekomplexes mit einer Gesamtfläche von 68 Hektar – davon 17,5 Hektar bebaut – steht das smart Zentralgebäude, das von separaten Hallen für die Systempartner umgeben ist. Diese produzieren dort Komponenten, montieren Module vor oder erbringen Logistikdienstleistungen. Im Zentralgebäude in Form eines Plus-Zeichens findet die Endmontage der Fahrzeuge statt: Die Fahrzeuge laufen auf dem Fließband durch jeden der vier Ausläufer („Äste") mit den jeweiligen Montagestationen. Dank der langen Außenwände dieser Äste können alle Module und Teile unmittelbar an den Montagestationen zum Einbau bereitgestellt werden, und zwar exakt zur richtigen Zeit (‚just in time') sowie in der richtigen Reihenfolge (‚just in sequence') für jedes individuelle Fahrzeug. Die Bereitstellung durch die Systempartner erfolgt direkt über Transportbrücken, weitere Umfänge werden über die zahlreichen Lkw-Andockstellen angeliefert. In der Mitte des Plus-Zeichens befinden sich weitere Stockwerke für den Verwaltungsbereich des Werks, ein achteckiger überdachter Innenhof ermöglicht den jederzeitigen Blickkontakt zur Produktion. Die Kantine im obersten Stockwerk steht allen Beschäftigten am Standort smartville zur Verfügung und ist damit auch tägliche Begegnungsstätte für die smart Mannschaft und die Mitarbeiter der Systempartner.

Zu den Systempartnern auf dem Werksgelände zählen unter anderem

smart fortwo, gefertigt in „smartville" Hambach

Magna Chassis (tridion-Sicherheitszelle), Magna Doors (Türen, Heckklappe), Faurecia (Bodypanels), ThyssenKrupp (Hinterachsantriebsmodul und Vorderachse) und SAS (Cockpit). Die Systempartner haben eine weitgehende Verantwortung für ihre Module. So prüft beispielsweise Magna Doors an speziellen Geometriestationen die exakte Maßhaltigkeit der Kunststofftüren des neuen smart fortwo, so dass bei der Endmontage am Fahrzeug keine Justiermaßnahmen mehr notwendig sind. Auf dem Gelände von smartville gibt es außerdem eine insgesamt rund 1,5 Kilometer lange Teststrecke zur Vorserien-Erprobung und Qualitätssicherung, mit der das Fahrzeugverhalten auf vielen unterschiedlichen Fahrbahnoberflächen, darunter auch einer Rüttelstrecke, untersucht werden kann.

© 2015 Daimler AG, 20 Jahre Standortentscheidung: smart Werk Hambach schreibt nächstes Kapitel seiner Erfolgsgeschichte, www.media.daimler.com, 20.10.2014

M 4 Abschied vom Kramen und Suchen – Abläufe verbessern

Hightech und Schwarzwaldidyll, weltweite Geschäfte und tiefste Provinz – bei Wiha Werkzeuge in Schonach ist der Kontrast alltägliche Realität. Seit 1943 stellt man in der Schwarzwaldgemeinde [...] hochwertige Werkzeuge her. Unter anderem entstehen Schraubendreher, Bits, Stiftschlüssel, Zangen, Hämmer und Drehmomentwerkzeuge – Präzisionsgeräte für den professionellen Anwender. Handwerker, Elektriker, Industriemechaniker aus der ganzen Welt greifen auf die hochpreisigen Werkzeuge aus Schonach zurück. Dabei ist es gar nicht so einfach, in Schonach ein hochqualitatives Produkt herzustellen. Fast ein halbes Jahr herrscht in der Gemeinde auf rund 900 Metern Höhe Winter, und die sprichwörtliche Enge lässt trotz guter Geschäftsentwicklung keine großen Bauvorhaben zu. Eingeklemmt zwischen Berghängen und tiefen Tälern, stoßen mögliche Erweiterungen schnell an ihre Grenzen.

Seit 1966 gibt es deshalb ein zweites Werk im rund 20 Kilometer entfernten Mönchweiler, und seither müssen die dort produzierten Metallrohteile ständig mit dem Lastwagen nach Schonach transportiert werden, wo man sie zum Endprodukt weiterverarbeitet. Auch dies ist eine logistische Herausforderung. Bis zur nächsten Autobahn sind es 50 Kilometer, enge Passstraßen erfordern von den Fahrern einiges Geschick und eine gute Stunde Fahrtzeit. Doch Firmenchef Wilhelm Hahn betont die Vorteile der Region. Die ausgeprägte Tüftlertradition etwa. „Dadurch, dass wir hier ständig mit so vielen Herausforderungen zu kämpfen hatten, waren wir immer auf Innovationen und die Verbesserung von Arbeitsprozessen angewiesen." Bei jedem Arbeitsschritt frage man sich, wie man ihn besser und unkomplizierter erledigen könne, um Ressourcen, Platz und Zeit zu sparen.

Das hat sich ausgezahlt und dem Familienunternehmen beim MX Award jetzt auch den erstmals vergebenen Sonderpreis für das beste kleine und mittelständische Unternehmen (KMU) eingebracht. Die Juroren waren beeindruckt von dem hohen Grad an Prozessoptimierung. Lean Production, Kanban, Milkrun – was anderenorts noch heiß diskutiert wird, ist bei Wiha schon Realität. Die wirtschaftliche Entwicklung gibt dem Unternehmen recht. Auf knapp 50 Millionen Euro kletterte der Umsatz 2013, und auch für 2014 zeichnet sich eine positive Geschäftsentwicklung ab. Als besonders erfolgreich stellte sich die Einführung des Kanban-Systems im Jahr 2006 heraus. Unter dem japanischen Begriff versteht man eine Produktionssteuerung, die sich am tatsächlichen Bedarf von Rohwaren orientiert. Für die jeweiligen Produktionsschritte werden dadurch immer genau so viele Materialien zur Verfügung gestellt wie gebraucht werden.

Bei Wiha funktioniert das mittels sogenannter Kanban-Karten. Ist beispielsweise der Vorrat an einer bestimmten Schraubenart aufgebraucht, legt der Mitarbeiter eine Karte an eine zentrale Tafel, das Kanban-Board. Dadurch ist für alle ersichtlich, dass entsprechende Teile aufgefüllt werden müssen. Das minimiert die Vorratshaltung und senkt die Lagerkosten.

Viermal täglich läuft ein Logistiker eine festgelegte Strecke ab und füllt nur dort auf, wo tatsächlich etwas benötigt wird. Er macht den Milkrun, den Milch-Lauf, wird diese Art der Produktionssteuerung genannt. Wie ein Milchbote in früheren Zeiten, der die Häuser abfährt und nur die Milchflaschen ersetzt, die leer vor der Haustür stehen, schaut sich der Logistiker genau an, wo Materialien nachgefüllt werden müssen. Die Mitarbeiter haben also immer eine ausreichende Menge an Rohmaterial zur Verfügung und müssen es sich nicht selbst mühsam im Lager zusammensuchen. Die dadurch erreichte Art der Produktionsoptimierung ermöglicht auch eine größere Vielfalt an Produkten. Rund 3.500 Artikel sind im Wiha-Katalog gelistet. Tatsächlich produziert werden aber mehr als 11.000. Dazu zählen auch Sonderanfertigungen und Aufträge von Fremdfirmen, die nicht unter dem Namen Wiha auf den Markt gehen.

Wilhelm Hahn ist sicher, dass man bei Wiha durch die optimierten Prozesse gut auf die kommenden Herausforderungen vorbereitet ist – und gleichzeitig für Arbeitnehmer interessant bleibt. Um die 350 Menschen arbeiten bei Wiha in Schonach und Mönchweiler. Ein eigenes Entwicklungsbüro in Waldkirch bei Freiburg soll die Anbindung an die Großstadt erleichtern. Gemeinsam mit ihren Kollegen in Schonach arbeiten die Entwickler dort sowohl an neuen Materialien und Oberflächen für die Werkzeuge als auch an ganz neuen Produkten. Anregungen dafür liefern regelmäßige Befragungen von Anwendern.

Michael Saurer, Hightech in Schwarzwaldidylle, www.welt.de, 14.11.2014

Aufgaben

1. Entwirf mithilfe von M 1 ein Organigramm deiner Schule.
2. Erläutere die Vor- und Nachteile, die mit der Produktionsweise des smart fortwo verbunden sind (M 2, M 3).
3. Die Firma Wiha hat den MX Award erhalten. Dieser zeichnet jedes Jahr verschiedene Industriebetriebe aus, die in ihrem Umgang mit Kunden, Produkten und Prozessen besonders innovativ sind und damit anderen als Vorbild dienen. Verfasse eine Rede für die Preisverleihung.

Die Rolle des Unternehmers

M 5 Pioniere der Wirtschaft

Jakob Fugger (1459 bis 1525)
Der Augsburger gilt als der mächtigste Frühkapitalist in Europa. Jakob Fugger finanzierte den Adel, Klerus, Könige und den Kaiser. Im Gegenzug erhielt er Handelsprivilegien, Ländereien und Bodenschätze. So durfte er z. B. die Silberminen der Habsburger ausbeuten. Jakob Fugger errichtete ein Kupfermonopol in Europa und beteiligte sich 1505 sogar am Gewürzhandel mit Ostindien.

Alfred Krupp (1812 bis 1887)
Bereits mit 13 Jahren begann er 1825 in der Gussstahlfabrik seines verstorbenen Vaters zu arbeiten. Damals stellten sieben Arbeiter Werkzeugstahl und Feilen her. Mehrmals stand er am Rande des Ruins. Doch als er 1887 starb, beschäftigte Alfred Krupp 20.200 Menschen, 13.000 davon in der Gussstahlfabrik. Bekannt wurde er unter anderem durch seine Kanonen, doch die Rüstungsproduktion machte nur einen kleinen Teil des Umsatzes aus. Krupp erkannte früh, welche Vorteile die Großfertigung hat, und erweiterte außerdem ständig seine Absatzgebiete – durch neue Stahlprodukte wie durch regionale Expansion.

John D. Rockefeller (1839 bis 1937)
Er gründete 1870 die Standard Oil Company, mit der er im ausgehenden 19. Jahrhundert die Ölindustrie Amerikas dominierte. Innerhalb von zwölf Jahren schuf er für sein Unternehmen praktisch eine Monopolstellung. Die agressiven Geschäftspraktiken seiner Gesellschaft führten 1890 zu den ersten Anti-Trust-Gesetzen, in denen die US-Regierung die Marktmacht von Großunternehmen massiv einschränkte. Rockefeller teilte daher sein Firmengeflecht auf und legte die Unternehmen dann wieder zusammen. Erst 1911 erklärte der Oberste Gerichtshof in Amerika Standard Oil für illegal. Der Konzern wurde aufgelöst.

Nach: Rainer Hank, Was Sie schon immer über Wirtschaft wissen wollten, Frankfurt 2008, S. 197 f.

M 6 Er hat einfach diesen Instinkt

Karikatur: Kai Felmy/ Baaske Cartoons

M 7 Die Bedeutung der Unternehmerpersönlichkeit

Zum eigenständig Handelnden wurde der Unternehmer erst seit Anfang des letzten Jahrhunderts bei dem Ökonomen Joseph A. Schumpeter (1883-1950), der ihn als Pionierunternehmer, als schöpferischen Zerstörer, kurz als Heldenfigur des wirtschaftlichen Wandels beschrieben hat. Schumpeters Unternehmer ist weder Kapitalist noch bloßer Unternehmensgründer oder Erfinder, er ist vielmehr ein „Macher", der neue Kombinationen durchsetzt, der zum Beispiel neue Güter oder Produktionsqualitäten oder neue Produktionsmethoden einführt, der neue Absatzwege oder neue Bezugsquellen erschließt oder der Unternehmen effizienter organisiert, etwa in Gestalt von Konzernen. Dieser schöpferische Unternehmer bricht aus dem wirtschaftlichen Alltag aus und sieht Chancen da, wo sie andere nur undeutlich oder gar nicht wahrnehmen. Er zerstört Altes, um Neues zu schaffen. Ihm geht es nicht allein um Gewinn, sondern auch um Sieg im Konkurrenzkampf. Schumpeters Unternehmer ist nicht mehr das Instrument des Marktes, er bewegt die Märkte und führt Umbrüche in ganzen Branchen und letztlich in der Volkswirtschaft herbei. Die schöpferische Zerstörung trifft freilich auch den Pionier, wenn die „Nachahmer" dem Schumpeterschen Helden folgen. Damit ist auch vorgezeichnet, wie Entwicklung und Wachstum einer Volkswirtschaft vorangetrieben werden: durch die Unternehmen.

Jürgen Jeske, Hans D. Barbier, Handbuch Wirtschaft: So nutzt man den Wirtschafts- und Finanzteil einer Tageszeitung, Frankfurt a. M. 2000, S. 328

Joseph A. Schumpeter
Joseph A. Schumpeter (1883 – 1950) war ein österreichischer Ökonom und Politiker. Er erklärte in seinen Schriften die Entwicklung des Kapitalismus.

Unter *http://unternehmerpersoenlichkeiten.de* werden Unternehmerpersönlichkeiten porträtiert. Stelle eine Persönlichkeit deiner Wahl ausführlich vor.

Aufgaben

1. Gib wieder, worin die in M 5 dargestellten Unternehmer Pioniere waren (M 5).
2. Analysiere die Karikatur (M 6).
3. Erläutere, wie Unternehmer als „schöpferische Zerstörer" die Entwicklung einer Volkswirtschaft beeinflussen und nenne Beispiele dafür (M 7).

Wie führt man ein Unternehmen?

M 8 Aufgaben der Unternehmensleitung

Karikatur: Thomas Plaßmann / Baaske Cartoons

Unternehmerischer Erfolg hängt wesentlich von einer erfolgreichen Unternehmensführung ab. Dem Unternehmer und seinen Mitarbeitern kommen dabei folgende Aufgaben zu:

- wirtschaftliche Ziele zu formulieren und diese im Unternehmen umzusetzen
- das Unternehmen den Zielen entsprechend auszurichten und zu organisieren
- neue Entwicklungen (z. B. Kundenbedürfnisse, Technologien) rasch zu erkennen und das Geschäftsmodell entsprechend auszurichten
- die besten Mitarbeiter an sich zu binden
- Produkte und Unternehmensabläufe immer wieder mit neuen Ideen und Kreativität zu verbessern

M 9 Frust im Job: Jeder sechste Arbeitnehmer hat keinen „Bock"

Autoritärer Führungsstil
Der Unternehmer trifft alle Entscheidungen in eigener Verantwortung und veranlasst deren Durchführung durch detaillierte Anweisungen an alle nachgeordneten Ebenen.

Kooperativer Führungsstil
Der Unternehmer trifft die Entscheidungen im Zusammenwirken mit den Mitarbeitern. Die Aufgabenerfüllung wird den Mitarbeitern eigenverantwortlich zur Durchführung übertragen.

Laut einer Gallup-Umfrage haben 17 Prozent der deutschen Arbeitnehmer innerlich gekündigt. [...]

Viele Angestellte in Deutschland sind nur wenig motiviert. Das ist das Ergebnis einer Umfrage unter mehr als 1.300 Beschäftigten, die das Beratungsunternehmen Gallup vorgestellt hat. [...] Glaubt man Gallup, dann ist dieser Wert nun erstmals im vergangenen Jahrzehnt wieder gesunken. Von 2002 bis 2012 war er kontinuierlich gestiegen: von 16 auf 24 Prozent. Dennoch hat noch immer jeder sechste Mitarbeiter bereits seine „innerliche Kündigung" mit sich ausgemacht. Der Begriff wurde vom Führungsforscher Martin Hilb geprägt. Er bezeichnet diesen Zustand als eine Art Selbstjustiz des Arbeitnehmers. Der Angestellte fühlt sich ungerecht behandelt und arbeitet nur noch so viel, wie ihm angesichts dieser Behandlung als fair erscheint. Er stellt also durch Arbeitsverweigerung sein Gerechtigkeitsgefühl wieder her. Die Ursachen für geringe emotionale Mitarbeiterbindung ließen sich in der Regel auf Defizite bei der Personalführung zurückführen, erklärte der Gallup-Sprecher. Die Mitarbeiter, die sich innerlich verabschiedet haben, fehlen demnach häufiger. Sie entwickeln so gut wie nie Ideen, wie sich die Arbeitsabläufe und Produkte des Unternehmens verbessern lassen, und einige verlassen irgendwann das Unternehmen – was zu Verlusten beim Know-how führt. Und beim Geld: Laut Gallup-Schätzung entsteht durch schlecht motivierte Mitarbeiter ein volkswirtschaftlicher Schaden von 98,5 bis 118,4 Milliarden Euro pro Jahr.

bos, Frust im Job: Jeder sechste Arbeitnehmer hat keinen Bock, Spiegel Online, 31.3.2014

M 10 Unternehmensführung – zwei Modelle

Zwei der führenden Drogeriemärkte hatten eine völlig unterschiedliche Philosophie: Der eine sparte, wo er konnte, und misstraute seinen Mitarbeitern. Der andere gibt mehr aus, als er müsste, und glaubt an das Gute in seinen Angestellten.

Die Firma – Gründer: Anton Schlecker, 65, Metzgermeister. Er eröffnete den ersten Drogeriemarkt 1975. Leitet den Konzern mit Ehefrau Christa. Filialen in Deutschland: ca. 9.000, im Schnitt 200 m^2 groß und eng gestellt, oft an abgelegenen Standorten. Zahl der Angestellten: ca. 52.000. In vielen Filialen erledigt eine einzige Angestellte alle Jobs: einräumen, kassieren, beraten, putzen, bestellen. Mehrarbeit bleibt oft unbezahlt. Bezirksleiter statten regelmäßig Besuche ab und bewerten die Mitarbeiter mit Schulnoten, bei vielen schlechten Noten droht eine Abmahnung. Um den Aufbau der XL-Märkte zu finanzieren, entließ Schlecker Mitarbeiter mit Tarifverträgen und stellte ihnen frei, sich über eine neu gegründete Leiharbeitsfirma zu bewerben – zu deutlich niedrigeren Stundenlöhnen.	*Die Firma* – Gründer: Götz Werner, 66, Drogist. Er eröffnete den ersten Drogeriemarkt 1973. Gab die Leitung 2008 an Erich Harsch ab. Filialen in Deutschland: ca. 1.100, im Schnitt 600 m^3 groß, meist in City-Lagen. Werner glaubt, dass sich der Gewinn eines Marktes durch gut ausgebildetes Personal steigern lässt. Zahl der Angestellten: ca. 33.000. Die Mitarbeiter bestimmen das lokale Sortiment, Dienstpläne und sogar Gehälter selbst. Vorgesetzte werden meist von der Belegschaft gewählt. Verbesserungsvorschläge werden mit allen diskutiert, Neuerungen in einer Filiale müssen meist nicht mit der Zentrale abgesprochen werden. Wird mehr erwirtschaftet als erwartet, erhält jeder einen gleich hohen Warengutschein.
Die Philosophie – Anton Schlecker: „Man muss mit Nachdruck schauen, dass die Spielregeln eingehalten werden.“ Schlecker betreibt eine sehr konservative Art des Führungsstils: Der Chef entscheidet allein, Verbesserungsvorschläge von Mitarbeitern sind nicht erwünscht, Betriebsräte und Gewerkschaften werden als „notwendiges Übel“ nur widerwillig geduldet. Schlecker nennt das: „zielorientierte Beharrlichkeit und konsequentes Festhalten an für richtig erkannten Grundprinzipien“.	*Die Philosophie* – Götz Werner: „Wir sind keine Organisation, die Druck macht, sondern eine, die Sog erzeugt.“ Werner ist bekennender Anthroposoph und hat das Unternehmen nach dem Leitsatz „Zutrauen veredelt den Menschen“ ausgerichtet. Er setzt auf flache Hierarchien und Transparenz bis in die Führungsebene, auf die Eigenverantwortung aller Mitarbeiter und Nachhaltigkeit bei Produkten und Logistik. Dieser Ansatz schlägt sich auch in der Firmensprache nieder: Personalkosten heißen „Mitarbeitereinkommen“ oder „Kreativposten“, die Firma ist eine „Arbeitsgemeinschaft“.

Nach: Brigitte 20/2010, S. 104 f.

Aufgaben

1. Analysiere die Karikatur und entscheide, ob du diesen Mitarbeiter als Unternehmensleiter einstellen würdest (M 8). Begründe deine Entscheidung.
2. Erkläre den Begriff „innere Kündigung“ (M 9).
3. Ordne die unterschiedlichen Führungsstile (Randspalte, M 9) den Unternehmen in M 10 zu.
4. Die Firma Schlecker ist inzwischen pleite, die Firma dm zum Marktführer aufgestiegen. Entwickle deine persönliche Einschätzung zum Zusammenhang zwischen Führungsstil und Geschäftserfolg. Stelle deine Ergebnisse in einem Referat (→ Methodenglossar) vor (M 10).

zu Aufgabe 2
Gehe dabei auf mögliche Ursachen und Folgen ein.

Was wir wissen

Aufbau eines Unternehmens
M 1

Die Ablauforganisation befasst sich mit der Gestaltung des Produktionsprozesses, d. h. der zeitlichen und räumliche Abfolge der Arbeitsschritte von der Beschaffung über die Produktion bis hin zum Absatz der Produkte. Die Aufbauorganisation hat demgegenüber eher mit den statischen Aspekten zu tun. Sie schafft grundlegende Ordnungen im Unternehmen. Die Aufbauorganisation nimmt eine Aufgliederung des Unternehmens in organisatorische Teilbereiche und die entsprechende Aufgabenverteilung vor. Typisch sind Instanzen- und Abteilungsbildung, die in einem Organigramm oder den Stellenbeschreibungen wiederzufinden sind.

Ablauforganisation im Wandel
M 2 – M 4

Fordismus

F. E. Taylor untersuchte Ende des 19. Jahrhunderts systematisch die Vorteile der Arbeitsteilung im Produktionsprozess (Taylorismus). Dies führte ca. 1920 zur Einführung der Fließbandfertigung beim amerikanischen Autohersteller Ford. Dabei wurde der komplizierte Produktionsprozess in viele, meist einfache Arbeitsschritte zerlegt, die auch ungelernte Arbeiter ausführen konnten. Dadurch konnte die Produktion erheblich gesteigert und verbilligt werden. Der Fordismus blieb bis in die 1970er-Jahre hinein der Maßstab für eine effiziente Produktionsweise.

Toyotismus

Die Zerlegung der Arbeit hatte aber auch negative Folgen. Die Arbeit wurde eintönig und die Arbeitnehmer fühlten sich nicht mehr verantwortlich für die Qualität des Gesamtproduktes. Zu Beginn der 1970er-Jahre entwickelte deshalb der japanische Autobauer Toyota eine neue Produktionsweise. Dabei wurde selbstständigen Arbeitsgruppen mehr Verantwortung für einen Teil des Fertigungsprozesses übertragen. Flexibilität und Qualität der Produktion konnten dadurch gesteigert werden.

Rolle des Unternehmers
M 5 – M 7

Unternehmer setzen Innovationen auf dem Markt um. Sie sind daher eine wichtige Triebfeder des wirtschaftlichen Wachstums und Wandels. Persönliche Voraussetzungen für eine Unternehmertätigkeit sind eine hohe Risikobereitschaft, Fleiß und der Glaube an die eigene Geschäftsidee.

Aufbauorganisation und Unternehmensführung
M 8 – M 10

Die Führungsebene eines Betriebes wird auch als das Management bezeichnet. Dies gilt besonders für Kapitalgesellschaften, in denen Manager das Unternehmen leiten. In Deutschland ist jedoch das Einzelunternehmen vorherrschend. Es wird geleitet von einer einzelnen Person, dem Einzelunternehmer: Er handelt selbstständig und auf eigenes Risiko. Der Unternehmer setzt die Unternehmensziele, plant die Maßnahmen, mit denen die Ziele erreicht werden sollen, organisiert deren Umsetzung und kontrolliert die Ergebnisse. Von ihm wird erwartet, dass er vertraute Routinen verlässt und neue Lösungen durchsetzt, um die Existenz des Unternehmens auf Dauer zu sichern. Stark hierarchische Strukturen werden immer mehr durch flache Hierarchien und neue Arbeitsformen wie Projekt- und Teamarbeit abgelöst. Dies geht einher mit einer größeren Verantwortung und steigenden Anforderungen an den einzelnen Mitarbeiter.

Henkel-Chef Kasper Rorsted über Revoluzzer im Büro

Kasper Rorsted (24.2.1962) war von 2008 bis Anfang 2016 Vorstandschef von Henkel. Der Waschmittel-, Kosmetik- und Klebstoffkonzern brachte es im Jahr 2014 mit 50.000 Mitarbeitern auf 16,4 Mrd. Euro Umsatz. Am 18.1.2016 wurde bekannt, dass Kasper Rorsted in die Chefetage von Adidas wechseln wird.*

Also wird die Krawatte nicht abgeschafft, wie in manch anderem Traditionskonzern: Sie tragen weiter Schlips.

Das sowieso. Aber Krawatten haben nichts mit Tempo zu tun. Abgesehen davon müssen wir im digitalen Bereich viel besser werden, etwa indem wir jüngere Leute früher in Verantwortung bringen. Ein typischer Persil-Produktmanager ist 30 bis 40 Jahre alt, hat die klassische Karriere im Konzern durchlaufen: erst Assistent, dann verantwortlich für eine kleinere Marke, am Ende als Höhepunkt: König von Persil. In der neuen Welt muss man auch mal einen 25-Jährigen daneben setzen und sagen: So, du bist jetzt der König für Persil online. Die Jungen denken anders.

Arbeiten sie auch anders?

Ja, viel mehr mit sozialen Medien. Die sind privat bei Facebook, Instagram, Snapchat und erwarten das auch im Büro. Wir haben deshalb im Oktober Yammer eingeführt, eine Art internes Facebook von Microsoft, da machen jetzt schon 20.000 Mitarbeiter mit.

Und tratschen über das Kantinenessen?

Jeder kann reinschreiben, was er mag – auch was ihm an meinen Entscheidungen nicht passt oder wo der Vorstand aus seiner Sicht falsch liegt.

So tollkühn wird keiner sein, der eine Karriere vor sich hat.

Das wollen wir nicht steuern. Was früher in der Kantine besprochen wurde, landet jetzt in den sozialen Medien – damit muss ein Konzern, damit muss auch ich leben lernen.

Sind Sie auch bei Facebook?

Nein, ganz bewusst nicht. Ich trenne mein Privatleben strikt vom Geschäft. Im Büro aber antworte ich auf jede E-Mail selbst, da ist kein Filter dazwischen. Nur wenn ich in Kopie, also cc, stehe, dann ignoriere ich das konsequent. Dieses ganze cc-Geschreibe macht in den seltensten Fällen Sinn und dient meistens nur der Absicherung!

Sie sagen, es sei nötig, jungen Leuten rasch Verantwortung zu geben: Wollen die das überhaupt? Wie viel liegt der Generation Y an der Karriere?

Wie immer gibt es solche und solche, generell wollen die Jungen freier entscheiden, wann und wo sie arbeiten. Als ich neulich eine 27-jährige Frau eingestellt habe, hat die gesagt, ich arbeite gerne zehn Stunden oder auch mal mehr, aber ich möchte entscheiden können, wo ich dabei zu bestimmten Zeiten sitze.

Was haben Sie geantwortet?

Das ist mir egal, habe ich ihr gesagt, Hauptsache, die Leistung stimmt. Wenn du zwischendurch ins Fitnessstudio gehst und mir hinterher die Finanzanalyse schickst, auch gut. Die Präsenzkultur stirbt aus, die Digitalisierung wird das endgültig beenden.

Frankfurter Allgemeine Sonntagszeitung, 22.11.2015; Das Gespräch führte Georg Meck.

Aufgabe

Henkel-Chef Kasper Rorsted zeigt in diesem Interview eine neue Sicht der Führung auf die Mitarbeiter des Unternehmens. Nimm Stellung dazu.

1.3 Arbeitsbeziehungen und Konflikte im Betrieb

Von der Stellenausschreibung zum Arbeitsvertrag

M 1 Wege der Personalbeschaffung

Personalbeschaffung
Zunehmend wird der Begriff Personalgewinnung verwendet.

Kurzerklärung:
Die Personalbeschaffung ist eine Teilfunktion der Personalwirtschaft mit der Aufgabe, die von einem Unternehmen benötigten Arbeitskräfte in qualitativer, quantitativer, zeitlicher und räumlicher Hinsicht zu beschaffen.

Ausführliche Erklärung:
1. *Begriff:* Teilfunktion der Personalwirtschaft mit der Aufgabe, die von einem Unternehmen benötigten Arbeitskräfte in qualitativer, quantitativer, zeitlicher und räumlicher Hinsicht zu beschaffen. Zunehmend wird auch der Begriff Personalgewinnung verwendet.

2. *Maßnahmen der Personalbeschaffung* werden ausgelöst, wenn eine personelle Unterdeckung festgestellt wird (Personalbedarf). Im Fall eines Fehlbedarfs erfolgt zunächst eine Entscheidung über die Art der Abdeckung. Alternativen sind dabei:
(1) Anpassung der personellen Kapazität ohne Veränderung des Personalbestandes, z. B. durch Personalleasing;
(2) Anpassung durch Veränderung des Personalbestandes, bes. durch Neueinstellung (Personalauswahl);
(3) Besetzung einer vakanten Stelle durch einen bereits vorhandenen Mitarbeiter im Wege der Versetzung, Beförderung etc. (interne Personalbeschaffung). Der Entscheidungsspielraum der Personalbeschaffung wird von zahlreichen inner- und außerbetrieblichen sowie rechtlichen Einflussfaktoren und Rahmendaten strukturiert und begrenzt.

3. *Instrumente der Personalbeschaffung:*
(1) Anreizinstrumente (materielle, immaterielle Anreize; Arbeitssituationen als Anreizfaktor);
(2) Beschaffungsmethode (direkt durch persönliche Kontaktaufnahme, z. B. Headhunting; indirekt durch Einschaltung von Beschaffungsmittlern, z. B. Bundesagentur für Arbeit, Personalberatung etc.);
(3) Kommunikationspolitik (Maßnahmen der Personalwerbung und der Public Relations). Mit dem Einsatz der Instrumente der Personalbeschaffung soll ein genügend großer Kreis an geeigneten Bewerbern erschlossen werden. Die Instrumente der Personalbeschaffung sind dann optimal kombiniert, wenn ein bestimmter Beschaffungsbedarf mit minimalen Kosten gedeckt wird. Die Wirksamkeit der einzelnen Instrumente ist im Hinblick auf die verschiedenen Beschaffungsquellen bzw. Segmente der Arbeitsmärkte zu beurteilen.

4. Im Zuge eines Auswahlprozesses ist der für das Unternehmen am besten geeignete Bewerber herauszufinden und ein Arbeitsvertrag abzuschließen (Personalauswahl).

Thomas Bartscher, Personalbeschaffung, www.wirtschaftslexikon.gabler.de, Abruf am 23.2.2016

M 2 Das Assessment Center

Das Assessment Center – kurz AC – ist ein Personalauswahlverfahren im Bewerbungsprozess. In einem zeitlichen Rahmen von ein bis drei Tagen absolvieren die vielversprechendsten Bewerber verschiedene Assessment Center-Übungen. Ziel ist es, das Verhalten und die Kompetenzen eines Bewerbers zu ermitteln, um festzustellen, ob er für die vakante Stelle fachlich und persönlich geeignet ist. [...]
Die Assessment Center-Aufgaben sind vielfältig und fordern die unterschiedlichsten Eigenschaften und Fähigkeiten des Bewerbers. Nach einer Vorstellungsrunde finden häufig Gruppendiskussionen statt. Beliebte Elemente sind auch Fallstudien, sogenannte Postkorbübungen, Rollenspiele, Kompetenztests und eine Selbstpräsentation. Am Ende eines AC muss der Bewerber meist noch in einem Assessment Center-Interview Rede und Antwort stehen.
Das Verhalten der Kandidaten im Assessment Center wird von Beobachtern – so genannten Assessoren – analysiert und bewertet. Dabei handelt es sich in der Regel um Personaler, Psychologen oder Mitarbeiter aus den Fachabteilungen. Anhand von Bewertungsbögen und der Einschätzung der Assessoren werden die persönlichen und fachlichen Kompetenzen der Kandidaten erfasst und am Ende ausgewertet.

© Absolventa GmbH, Assessment Center, www.absolventa.de, Abruf am 23.2.2016

M 3 Der Arbeitsvertrag – Rechte und Pflichten für beide Seiten

Wird der Bewerber eingestellt, so erhält er einen Arbeitsvertrag. Der Arbeitsvertrag kommt, wie jeder andere Vertrag, durch die übereinstimmende Willenserklärung der Vertragspartner zustande. Alle arbeitsrechtlichen Vereinbarungen müssen schriftlich abgefasst sein. Die Vereinbarungen im Arbeitsvertrag dürfen nicht gegen die Bestimmungen des geltenden Tarifvertrags, einer Betriebsvereinbarung oder gegen geltende Gesetze verstoßen.

Pflichten aus dem Arbeitsvertrag

- vereinbarte Arbeitsleistung erbringen
- Alle im Betrieb gleich behandeln
- Zeugnis ausstellen
- Beiträge zur Sozialversicherung rechtzeitig und ordnungsgemäß abführen
- notwendige Unterlagen aushändigen
- vereinbarten Lohn zahlen
- Weisungen befolgen
- Sicherheit am Arbeitsplatz gewährleisten
- Auskunft über den Stand der Arbeit geben
- Interessen des Betriebs nach besten Kräften wahrnehmen
- keine Arbeit in direkter Konkurrenz zum Arbeitgeber aufnehmen
- Arbeitnehmer tatsächlich beschäftigten
- Betriebsgeheimnisse wahren
- Erholungsurlaub gewähren
- mit Arbeitsmitteln sorgsam und pfleglich und ihrer Bestimmung gemäß umgehen

Aufgaben

1. Wählt aus dem Stellenteil einer Tageszeitung eine Stellenausschreibung aus und erläutert, welche Anforderungen ein Bewerber erfüllen müsste.
2. Nenne Vor- und Nachteile der Personalbeschaffung innerhalb und außerhalb des Betriebs (M 1).
3. Entwickelt Vorschläge, wie in der Schule die Anforderungen an ein Bewerbungsverfahren trainiert werden könnten (M 2).
4. Ordne die in M 3 und der Randspalte genannten Pflichten nach Pflichten des Arbeitgebers und Pflichten des Arbeitnehmers.

zu Aufgabe 1
Entwerft eine Stellenausschreibung für einen Verkäufer am Stand des Weihnachtsbasars.

Konfliktfall Lohn – wie verlaufen Tarifverhandlungen?

M 4 Konfliktfall Lohn – das Tauziehen in der Tarifauseinandersetzung

Erste Verhandlungsrunde – keine Annäherung
Die erste Verhandlungsrunde für die 75.000 Stahlbeschäftigten in Nordrhein-Westfalen, Niedersachsen und Bremen am Freitag brachte keine Annäherung zwischen Arbeitgebern und IG Metall.

IG-Metall begründet Forderungen
„Wer mehr Wert schafft, hat auch mehr verdient." Unter diesem Motto starten die Tarifverhandlungen für die rund 75.000 Stahl-Beschäftigten in Nordwestdeutschland. Die IG Metall fordert sieben Prozent mehr Geld, die unbefristete Übernahme der Auszubildenden und eine bessere Altersteilzeit.

Die Arbeit in den Stahlbetrieben ruht
Die IG Metall-Tarifkommission hat entschieden: Am morgigen Mittwoch wird es die ersten Warnstreiks in der nordwestdeutschen Stahlbranche geben.

IG Metall entscheidet über Warnstreiks
Die Arbeitgeber legten auch in der zweiten Stahl-Tarifverhandlung in Gelsenkirchen kein Angebot vor.

Dritte Verhandlung bringt Ergebnis für Beschäftigte
3,8 Prozent höhere Einkommen und die unbefristete Übernahme der Ausgebildeten. Das haben IG Metall und Arbeitgeber heute in der dritten Tarifverhandlung in Düsseldorf für die 75.000 Stahlbeschäftigten in Nordrhein-Westfalen, Niedersachsen und Bremen vereinbart. Der Tarifvertrag zur Altersteilzeit wurde verlängert.

Nach: © igmetall.de, Tarifrunden, www.igmetall.de, Abruf am 24.2.2016

M 5 Die Gestaltung der Arbeitswelt durch Tarifverträge

Tarifverträge

Arbeitgeberverbände
einzelne Arbeitgeber

Gewerkschaften
(Arbeitnehmerverbände)

Tarifvertrag

regelt: Rechte und Pflichten der Tarifvertragsparteien, Inhalt, Abschluss und Beendigung von Arbeitsverhältnissen, betriebliche und betriebsverfassungsrechtliche Fragen

Manteltarifvertrag
regelt: allgemeine Arbeitsbedingungen wie Arbeit, Urlaub, Kündigungsfristen, Akkord
Laufzeit: mehrere Jahre

Rahmentarifvertrag
regelt: Lohngruppeneinteilung nach Tätigkeitsmerkmalen
Laufzeit: mehrere Jahre

Lohntarifvertrag
regelt: Löhne und Gehälter, Akkordlöhne, Zulagen und Zuschläge
Laufzeit: meist ein Jahr

Nach: Bergmoser + Höller Verlag AG, Zahlenbilder 240 021

M 6 Die Tarifautonomie

Die Tarifautonomie überantwortet die Lohnfindung, aber auch die Gestaltung vieler Details der Arbeitswelt den Tarifvertragsparteien. Die Tarifautonomie ist in Art. 9 Abs. 3 Grundgesetz garantiert. Darin heißt es: „Das Recht, zur Wahrung und Förderung der Arbeits- und Wirtschaftsbedingungen Vereinigungen zu bilden, ist für jedermann und für alle Berufe gewährleistet. Abreden, die dieses Recht einschränken oder zu behindern suchen, sind nichtig, hierauf gerichtete Maßnahmen sind rechtswidrig." Tarifvertragsparteien sind Gewerkschaften, einzelne Arbeitgeber sowie Vereinigungen von Arbeitgebern. Der Staat schafft den rechtlichen Rahmen, darf sich aber in die konkreten Auseinandersetzungen der Tarifpartner nicht einmischen. Die Mitglieder der Tarifpartner sind zur Einhaltung der ausgehandelten Tarifverträge verpflichtet. Die Rechte und Pflichten der Tarifparteien werden im Tarifvertragsgesetz genauer geregelt.

M 7 Die Tarifpartner: Arbeitgeberverbände und Gewerkschaften

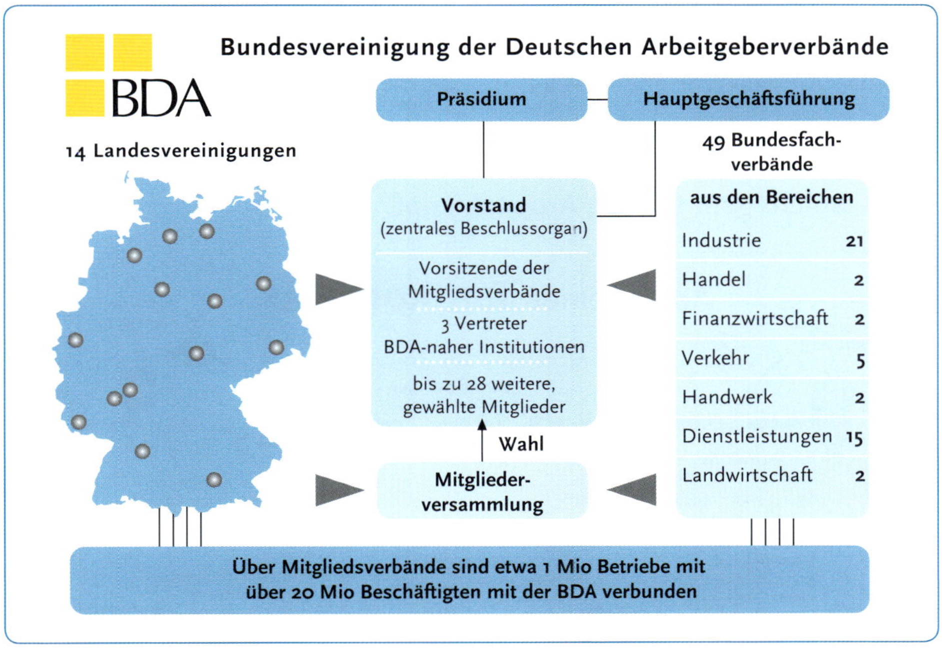

Bergmoser + Höller Verlag AG, Zahlenbilder 236 150 *Quelle: BDA Stand: 2017*

Die Arbeitgeber sind heute in einer Vielzahl von Verbänden und Vereinigungen organisiert. Einer der wichtigsten Dachverbände ist die Bundesvereinigung der Deutschen Arbeitgeberverbände. Als Tarifpartei gegenüber den Gewerkschaften treten einzelne Arbeitgeber oder die Fachverbände der Bundesvereinigung der Deutschen Arbeitgeberverbände auf.

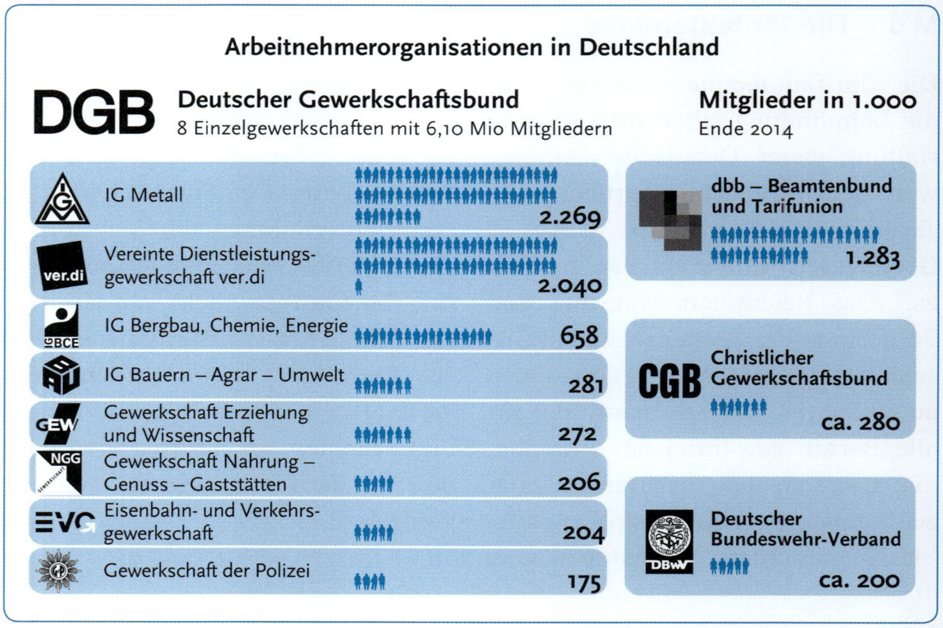

Bergmoser + Höller Verlag AG, Zahlenbilder 240 110

Die Gewerkschaften vertreten die Ansprüche der Arbeitnehmer. Sie sehen ihre Aufgabe vor allem darin, in Tarifverträgen bessere Lohn- und Arbeitsbedingungen zu verankern und die Mitbestimmungsrechte der Arbeitnehmer zu sichern.

M 8 Spielregeln für den Arbeitskampf

Bergmoser + Höller Verlag AG, Zahlenbilder 244 108

M 9 Kontrovers diskutiert: Argumente in der Lohnpolitik

Der Einfluss der Gewerkschaften

Gewerkschaften verfolgen in Deutschland eine Reihe von Zielen: Dazu gehören Lohnerhöhungen und mehr Mitbestimmung für die Arbeitnehmer, politische Ziele und Umverteilung der Einkommen. Grundsätzlich können Gewerkschaften dafür zwei Wege einschlagen: den Weg über Tarifverhandlungen mit den Arbeitgebern oder über das Einwirken auf politische Entscheidungen der Gesetzgebung. [...] Die Lohnpolitik der Gewerkschaften lässt sich nach Konzepten gliedern: Sie kann

- sich an der Produktivität orientieren,
- versuchen, die Arbeitskosten konstant zu halten,
- versuchen, Löhne stärker zu erhöhen als die Arbeitsproduktivität (expansive Lohnpolitik),
- Vollbeschäftigung anstreben.

Die Reaktion der Arbeitgeber

Wenn die Löhne schneller steigen als die Arbeitsproduktivität, steigen die Lohnstückkosten und sinken die Gewinne der Unternehmen. Kaum anzunehmen, dass Unternehmen das wollen. Mögliche Reaktionen auf eine aggressive gewerkschaftliche Lohnpolitik sind:

1. Überwälzen von Lohnkosten: Steigen die Lohnkosten, können Unternehmen versuchen, über Preiserhöhungen diese gestiegenen Kosten wieder „herein zu holen". Dabei besteht die Gefahr einer so genannten Lohn-Preis-Spirale, welche die gesamtwirtschaftliche Stabilität gefährden kann. Der Staat muss dann seine Rolle als Vermittler (Schlichtung) konsequent nutzen, um dies zu verhindern.
2. Mehr produzieren: Dies geht nur, wenn bei den Unternehmen noch ungenutzte Kapazitäten vorhanden sind und die Nachfrage steigt. Dies birgt allerdings die Gefahr einer Inflation.
3. Rationalisieren: Bei höheren Lohnkosten können Unternehmen versuchen, Arbeitskräfte durch vermehrten Einsatz von Kapital zu ersetzen – zum Beispiel durch Maschinen. Die Arbeitslosigkeit wächst.
4. Verlagern der Produktion in Niedriglohnländer: Unternehmen können in Länder mit niedrigeren Löhnen abwandern. Allerdings ist der Lohn nur ein Argument bei der Entscheidung für den Standort. Andere Argumente sind: Produktivität der Arbeitnehmer, Image des Unternehmens, politische Stabilität im Niedriglohnland.
5. Investitionen einschränken: bedeutet wiederum Arbeitslosigkeit.

© 2015 Wirtschaftslexikon.co, Lohnpolitik, www.wirtschaftslexikon.co, Abruf am 24.2.2016

Arbeitsproduktivität
Arbeitsproduktivität bedeutet, dass sich die Wertschöpfung in Bezug auf den Arbeitseinsatz erhöht hat bzw. das angestrebte Ergebnis mit einer geringeren Menge von Arbeitsstunden erreicht wurde. Einfluss auf die Arbeitsproduktivität haben vor allem technischer Fortschritt und Arbeitsintensität.

Produktivität
Arbeitsergebnis/Arbeitseinsatz

Aufgaben

1. Sortiere die Meldungen über die Tarifverhandlungen in der Metallbranche chronologisch. Ordne die Ereignisse, die genannt werden, anschließend in das Ablaufschema für Tarifkonflikte ein (M 4, M 8).
2. Beurteile das Ergebnis der Verhandlungen (M 4, M 8).
3. Erkläre hypothesenartig, warum sich Arbeitgeber und Arbeitnehmer zu großen Interessenverbänden zusammenschließen (M 5 – M 9).
4. Analysiert ausgehend von M 8 den Ablauf einer aktuellen Tarifauseinandersetzung.

Methode

M 10 Rollenspiel im Politik- und Wirtschaftsunterricht: eine Tarifverhandlung durchführen

Fall: Worum kämpfen die Piloten? – Was fordert die Lufthansa?

Bis zur Kündigung des entsprechenden Tarifvertrags Ende 2013 war es Lufthansa-Piloten möglich, ab einem Alter von 55 Jahren frühzeitig in Rente zu gehen. Bis die Auszahlung der gesetzlichen Rente begann, erhielten die Piloten dann bis zu 60 Prozent ihrer letzten Bezüge. Das Geld dafür kam aus dem Topf der Lufthansa-Übergangsversorgung.
Teil dieser Regelung war aber auch, dass sich die Piloten spätestens im Alter von 60 Jahren aus dem Cockpit verabschieden mussten. Ein Lufthansa-Kapitän, der länger arbeiten wollte, klagte dagegen und bekam 2011 vom Europäischen Gerichtshof Recht. Die Lufthansa argumentiert, dass damit auch die Rechtsgrundlage für die Frühverrentung der Piloten weggefallen sei. Deshalb kündigte das Unternehmen den Tarifvertrag. Zudem sei die Übergangsversorgung ausschließlich vom Arbeitgeber finanziert – die Lufthansa zahle jedes Jahr acht Prozent des Gehaltes eines Piloten in die Kasse.
Die Piloten verweisen ihrerseits auf immense Belastungen aufgrund langer Arbeitszeiten und wegen vieler Nachtflüge. Dies habe langfristig gesundheitliche Folgen. Vor diesem Hintergrund müsse es Piloten auch künftig möglich sein, selbst zu entscheiden, wann sie sich nicht mehr fit genug fühlten, um ein Flugzeug zu führen.
Die Gewerkschaft widersprach zudem der Darstellung, dass die Übergangsversorgung einseitig von den Arbeitgebern finanziert sei. Vielmehr hätten die Piloten diese durch Lohnverzicht angespart, so VC-Sprecher Jörg Handwerg […].
Die Pilotengewerkschaft Vereinigung Cockpit pocht [außerdem] auf zehn Prozent mehr Gehalt bei einer Laufzeit von 24 Monaten. Die Lufthansa bietet zunächst eine vom Geschäftserfolg abhängige Steigerung und ab 2016 ein Plus von drei Prozent.

© tagesschau.de, Worum die Piloten kämpfen, www.tagesschau.de, 21.3.2015

Die Verhandlungsführer

Julia Müller, 48 Jahre, Juristin, Tarifexpertin bei der Bundesvereinigung der Deutschen Arbeitgeberverbände (BDA)

Du bist Julia Müller, 48-jährige Juristin, und arbeitest in leitender Position als Tarifexpertin bei der Bundesvereinigung der Deutschen Arbeitgeberverbände (BDA). In dieser Funktion unterstützt du aufgrund deiner langjährigen Verhandlungserfahrungen, die Vertreter der Deutschen Lufthansa AG, die auch durch ihren Personalreferenten Peter Maier vertreten wird, während der Tarifverhandlungen. In diesen Verhandlungen wirst du dich vor allem von den folgenden Überzeugungen leiten lassen:

- Die Finanzierung der Übergangsversorgung und höhere Löhne sind für die Lufthansa AG Kosten und mindern den Gewinn und den Spielraum für Investitionen.
- Gehaltserhöhungen müssen als Preiserhöhungen an die Verbraucher weitergegeben werden.
- Höhere Verbraucherpreise vermindern jedoch die Konkurrenzfähigkeit am Markt.
- Bei der Bewältigung der Wirtschaftskrise, von der gerade auch der internationale Luftverkehr massiv betroffen war, müssen alle an einem Strang ziehen.

Im Namen der Deutschen Lufthansa AG gehst du mit folgendem Vorschlag in die Tarifverhandlungen: Der für zwei Jahre gültige Tarifvertrag soll vorsehen, dass die Piloten erst ab 60 Jahren anstelle wie bisher bereits ab 55 Jahren in den Ruhestand gehen können. Eine Lohnsteigerung mit einem maximalen Plus von drei Prozent für die Piloten soll zudem erst ein Jahr nach Abschluss des neuen Tarifvertrags greifen.

Peter Maier, 54 Jahre, Diplom-Wirtschaftsingenieur, Leiter der Personalabteilung bei der Deutschen Lufthansa AG

Du bist Peter Maier, 54-jähriger Diplom-Wirtschaftsingenieur, und Leiter der Personalabteilung der Deutschen Lufthansa AG und in dieser Funktion auch für die Tarifpolitik des Unternehmens verantwortlich. In dieser Funktion vertrittst du in den anstehenden Tarifverhandlungen – gemeinsam mit der Vertreterin des Arbeitgeberverbandes – die Lufthansa. Tarifpolitisch wirst du dich während der Verhandlungen vor allem von folgenden Überlegungen leiten lassen:

- Die Lufthansa AG benötigt niedrigere Betriebs- und Lohnkosten, um die dadurch eingesparten finanziellen Mittel für die Weiterentwicklung des Unternehmens im durch hohe Anforderungen geprägten internationalen Luftverkehrsgeschäft flexibel einsetzen zu können. Als Drohpotenzial führst du die Möglichkeit auf, eine neue Billigfluglinie zu gründen, deren Piloten nicht nach dem Konzerntarifvertrag bezahlt werden müssen und dank der geringeren Löhne die Kosten im Vergleich zur Lufthansa AG um 40 Prozent senken würden.
- Bei der Bewältigung der Wirtschaftskrise, von der gerade auch der internationale Luftverkehr massiv betroffen war, müssen alle an einem Strang ziehen.

Hinsichtlich der Ausgestaltung eines neuen Tarifvertrages lehnst du die Beibehaltung des Renteneintrittsalters von 55 Jahren für die Piloten strikt ab, da die Betriebskosten bei 5.000 beschäftigten Piloten dadurch einerseits nicht sinken würden und andererseits die Konkurrenzfähigkeit gegenüber anderen internationalen Fluggesellschaften nicht ansteigen würde.

Stefan Schulze, 56 Jahre, ehemaliger Pilot, Vorstandsmitglied von „Vereinigung Cockpit“

Du bist Stefan Schulze, 56-jähriger ehemaliger Pilot, und Mitglied des Vorstandes von VC (Vereinigung Cockpit). Dein Arbeitsschwerpunkt ist die Tarifpolitik innerhalb der Lufthansa AG. In dieser Funktion unterstützt du aufgrund deiner langjährigen Verhandlungserfahrungen die Piloten, die auch durch die Betriebsrätin Claudia Schmidt vertreten werden, während der anstehenden Tarifverhandlungen. In diesen Verhandlungen wirst du dich vor allem von den folgenden Überzeugungen leiten lassen:

- Die Lufthansa AG trägt die soziale Verantwortung für angemessene Arbeitsbedingungen sowie die Arbeitsplatzsicherheit ihrer gegenwärtigen Beschäftigten.
- Die Piloten tragen aufgrund von langen Arbeitszeiten und zahlreichen Nachtflügen ganz allein das Risiko, gesundheitliche Folgeschäden davon zu tragen.
- Gestiegene Lebenshaltungskosten machen Lohnanpassungen erforderlich (Inflationsargument).
- Die gestiegene Produktivität der Arbeitnehmer sollte durch Lohnerhöhungen belohnt werden (Leistungsargument).
- Arbeitgebergewinne und – gerade bei großen Aktiengesellschaften wie der Lufthansa AG – die Gewinne der Aktionäre (Shareholder) sind viel höher als Arbeitnehmerlöhne (Gerechtigkeitsargument) – und zudem stark gestiegen.

Methode

Darüber hinaus sind für dich folgende Überlegungen hinsichtlich der Situation bei der Deutschen Lufthansa AG und im internationalen Luftverkehrsgeschäft wichtig:

- Piloten brauchen wegen ihrer immensen Belastung am Arbeitsplatz die Sicherheit, bei körperlichen und seelischen Gebrechen bereits mit 55 Jahren aus dem Berufsleben ausscheiden zu können; die Ausweitung des Renteneintrittsalters von 55 Jahre auf 60 Jahre widerspricht einer solchen Perspektive und mindert die Motivation und das Engagement der Arbeitnehmer.
- Durch frühere Lohnzurückhaltung haben die Piloten dazu beigetragen, dass das Lufthansa AG die Wirtschaftskrise erfolgreich bewältigen konnte; im Gegenzug sollten die Beschäftigten nun dafür belohnt werden.
- Die Arbeitnehmerseite verfügt über eine gute Machtposition: Trotz des globalen Wettbewerbs können die Arbeitsplätze der bereits bei der Lufthansa AG beschäftigten Piloten nicht in nennenswertem Umfang ins Ausland verlagert werden. Aufgrund des hohen Organisationsgrades der Piloten besitzt die Vereinigung Cockpit zudem über ein großes Streikpotenzial. Ein Streik würde der Lufthansa AG bereits in kurzer Zeit Einbußen in Millionenhöhe zufügen.

Im Namen der durch die Vereinigung Cockpit organisierten Piloten gehst du mit folgendem Vorschlag in die Tarifverhandlungen: Eine Anhebung des Renteneintrittsalters von 55 Jahre auf 60 Jahre ist nicht hinnehmbar. Außerdem pochst du auf zehn Prozent mehr Gehalt bei einer tarifvertraglichen Laufzeit von 24 Monaten.

Claudia Schmidt, 40 Jahre, Mutter eines Schulkindes, seit zehn Jahren als Pilotin bei der Deutschen Lufthansa AG beschäftigt, Gewerkschaftsmitglied

Du bist Claudia Schmidt, 40-jährige Mutter eines Schulkindes, und arbeitest seit zehn Jahren als Pilotin bei der Lufthansa. Als engagiertes Gewerkschaftsmitglied und Betriebsrätin wurdest du von den Piloten zu deren Repräsentantin gewählt und nimmst in dieser Funktion an den anstehenden Tarifverhandlungen teil. In dieser Funktion vertrittst du gemeinsam mit Vereinigung Cockpit-Vorstandsmitglied Stefan Schulze die Interessen der Beschäftigten. Dabei wirst du dich vor allem von den folgenden Überzeugungen und Forderungen leiten lassen:

- Da die Lufthansa in den vergangenen Jahren wenig Personal eingestellt hat, mussten viele Piloten Überstunden ableisten; hierfür forderst du eine zusätzliche Vergütung.
- Aufgrund der immens belastenden Nacht- und Fernstreckenflüge sowie der stark gestiegenen Risiken des internationalen Terrorismus forderst du einen Sonder- und Sicherheitszuschlag auf das Gehalt der Piloten.
- Die gut ausgebildeten Piloten tragen maßgeblich zum Unternehmenserfolg und dem weltweit guten Ruf der Lufthansa AG bei. Als Wertschätzung dieser Leistung forderst du daher eine Garantie, dass die Piloten nach wie vor mit 55 Jahren in den Ruhestand gehen können. Eine Erhöhung des Renteneintrittsalters auf 60 Jahre soll hingegen vom Tisch.

Ablauf und Spielregeln des Rollenspiels

An den Tarifverhandlungen nehmen auf Seiten der Arbeitgeber ein Vertreter des Unternehmens Lufthansa AG und die Verhandlungsführerin des Arbeitgeberverbandes sowie auf Seiten der Arbeitnehmer eine Vertreterin der Piloten sowie ein Verhandlungsführer der Gewerkschaft Vereinigung Cockpit teil. Die Gruppe der Protokollanten sorgt für einen reibungslosen und regelkonformen Ablauf der Verhandlungen.

Für die Tarifverhandlungen gilt der folgende Zeitplan:

1. Runde: 2 Min. Redezeit für das Eingangsstatement; je Verhandlungsseite 6 Min. Verhandlungszeit

2. Runde: 2 Min. Redezeit für das Eingangsstatement (ggf. veränderte Angebote an die Gegenseite); je Vertragsseite 5 Min. Verhandlungszeit

3. Runde: 2 Min. Redezeit für das Eingangsstatement (ggf. veränderte Angebote an die Gegenseite); je Vertragsseite 4 Min. Verhandlungszeit

Jede Verhandlungsrunde wird durch einen der (moderierenden) Protokollanten zusammengefasst (Welche Ergebnisse konnten erzielt werden? Was bleibt offen?). Im Anschluss an jede Verhandlungsrunde haben die Gruppen Gelegenheit, ihre Verhandlungsstrategie zu überdenken und bei Bedarf neu festzulegen (an einem „Strategietisch", 5 Min.). Kommt auch in der 3. Verhandlungsrunde keine Einigung zustande, kann eine Schlichtung mit zwei Verhandlungsrunden eingeleitet werden, für die die Vorgaben der 3. Verhandlungsrunde gelten. Im Falle einer Ablehnung des Schlichterangebotes können erneut zwei weitere Verhandlungsrunden angesetzt werden, für die ebenfalls die Zeitvorgaben der 3. Runde gelten. Diese können möglicherweise von Streiks begleitet werden.

Für die Verhandlungsseiten gelten folgende Regeln:

Die Gewerkschaft / Arbeitnehmer können während der Verhandlungen ihre Forderungen folgendermaßen verändern:

→ Ein Abrücken vom Renteneintrittsalter 55 Jahre ist nur in Halbjahresschritten möglich.

→ Forderungen nach Lohnerhöhungen können in viertel Prozentschritten zurückgenommen werden.

→ Forderungen nach einer Sonder- und Sicherheitszulage können nur nacheinander und nicht auf einmal zurückgenommen werden.

Die Arbeitgeber können während der Verhandlungen ihre Angebote folgendermaßen anpassen:

→ Ein Abrücken vom geforderten neuen Renteneintrittsalter 60 Jahre ist nur in Halbjahresschritten möglich.

→ Angebote für Lohnerhöhungen können in viertel Prozentschritten angehoben werden.

→ Eine vom Geschäftserfolg abhängige angebotene Steigerung des Gehalts vor dem Jahr 2016 wird nur bei einem Entgegenkommen der Gewerkschaft / Arbeitnehmer im Bereich „Sonder- und Sicherheitszulage" aufrecht erhalten.

Aufgabe

1. Bereitet euch mithilfe der Rollenkarten (M 10) auf das Rollenspiel vor, indem ihr

- euch mit den Argumenten eurer Rolle vertraut macht,
- euch mit dem Ablauf von Tarifverhandlungen (M 8) vertraut macht und darauf aufbauend
- eine Verhandlungsstrategie entwickelt (Leitfragen: Was sind unsere Minimalziele, auf die wir keinesfalls verzichten werden? Wo könnten wir unseren Verhandlungspartnern entgegenkommen?)
- für den ersten Verhandlungstag ein maximal einminütiges Eingangsstatement entwickelt, in dem ihr eure Forderungen und deren wesentliche Begründung verdeutlicht und
- einen Gruppensprecher bestimmt, der eure Rolle im Rollenspiel vertritt.

Konfliktfall Kündigung – die Rolle des Betriebsrates im Unternehmen

M 11 Konfliktfall Kündigung

Für ein mittelständisches Unternehmen, das Werkzeugmaschinen herstellt, hat sich aufgrund der internationalen Situation in den letzten beiden Jahren die wirtschaftliche Lage drastisch verschlechtert.
Die daraus resultierenden Umsatzeinbußen und die nicht mehr ausgelasteten Kapazitäten veranlassen die Unternehmensleitung, bei den Personalkosten Einsparungen vorzunehmen.
Eine Maßnahme betrifft die Dreherei des Unternehmens. Von bisher vier beschäftigten Drehern soll ein Arbeitnehmer entlassen werden.
In der Dreherei sind folgende Arbeitnehmer beschäftigt:

Heiner Schmidt ist 54 Jahre alt und seit 18 Jahren im Betrieb. Er ist verheiratet und hat zwei Kinder, die 16 und 19 Jahre alt sind. Die Ehefrau ist nicht berufstätig. Die Familie hat große finanzielle Belastungen durch den Bau eines Eigenheims. Die Leistungen von Heiner Schmidt werden als zufriedenstellend beurteilt. Der für Heiner Schmidt zuständige Meister ist der Auffassung, dass er sich nicht in die Bedienung der neuen Maschine einarbeiten kann. Sein Bruttomonatslohn beträgt etwa 2.900,- €.

Silke Wortmann, 25 Jahre alt, ist nicht verheiratet und seit acht Jahren im Betrieb. Ihre Leistungen werden mit sehr gut beurteilt. Der Bruttomonatslohn beträgt etwa 2.500,- €.

Kurt Reiche, 30 Jahre, ist seit einem Jahr im Betrieb und hat Erfahrungen mit modernen Produktionsanlagen und -verfahren. Seine Leistungsbeurteilung ist gut. Sein Bruttomonatslohn beträgt etwa 2.700,- €.

Michael Hansen, seit zwölf Jahren im Betrieb, ist 38 Jahre alt und verheiratet. Er hat ein Kind (13 Jahre), die Ehefrau ist berufstätig. In seiner Beurteilung steht, dass Michael Hansen mit schwierigen Situationen fertig werden kann. Sein Bruttomonatslohn beträgt etwa 3.100,- €.

Nach: Institut für ökonomische Bildung

M 12 Kündigungsgründe

Betriebsbedingte Gründe	Personenbedingte Gründe	Verhaltensbedingte Gründe
z. B.: Absatzschwierigkeiten, Rationalisierungsmaßnahmen, Änderung des Produktionsverfahrens, Betriebseinschränkungen ...	z. B.: Fehlende Eignung des Arbeitnehmers, mangelhafte oder abnehmende Leistungsfähigkeit, häufige oder lang andauernde Krankheit ...	Unterlassene oder unberechtigte Krankmeldung, unentschuldigtes Zu-Spät-Kommen, Beleidigung des Arbeitgebers ...

Jugendvertretung
In Betrieben mit in der Regel mindestens fünf Arbeitnehmern, die das 18. Lebensjahr noch nicht vollendet haben oder zu ihrer Berufsausbildung beschäftigt sind und das 25. Lebensjahr noch nicht vollendet haben, sind nach dem Betriebsverfassungsgesetz Jugend- und Auszubildendenvertretungen zu wählen (§§ 60 ff BetrVG). Die Jugend- und Auszubildendenvertretung nimmt die spezifischen Interessen der beiden Gruppen wahr und kann Betriebsratsbeschlüsse einmal für die Dauer von einer Woche zwecks Erörterung von Verständigungsmöglichkeiten aussetzen lassen. Sie kann zu allen Betriebsratssitzungen Vertreter entsenden. Der Betriebsrat hat die Jugend- und Auszubildendenvertretung zu Besprechungen zwischen Arbeitgeber und Betriebsrat hinzuziehen, wenn Angelegenheiten der betreffenden Gruppen vom Betriebsrat behandelt werden.

M 13 Die allgemeinen Mitbestimmungsrechte des Betriebsrates

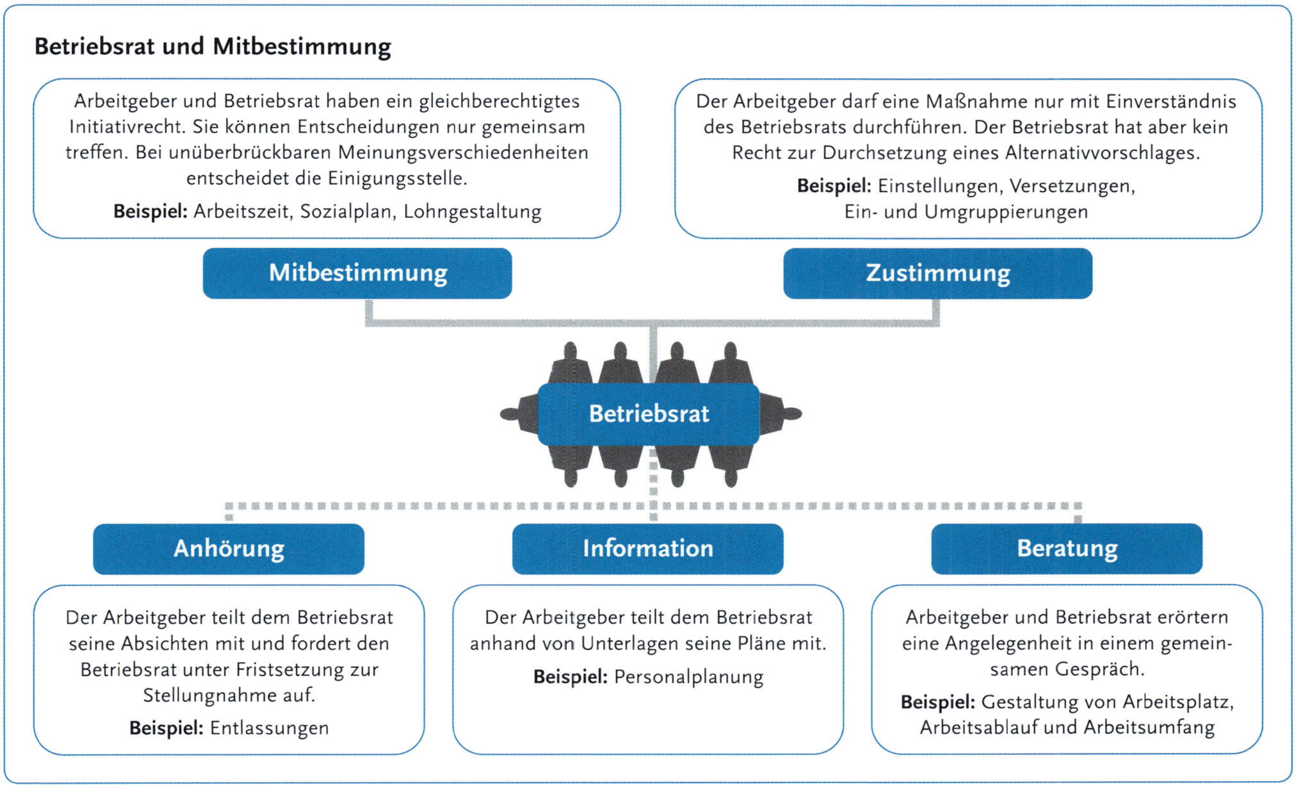

Horst-Udo Niedenhoff, Mitbestimmung in der Bundesrepublik Deutschland, 13. Auflage, Köln 2003, S. 87

Betriebe ab 5 Mitarbeitern müssen laut Betriebsverfassungsgesetz auf Wunsch der Belegschaft einen Betriebsrat einrichten. Dieser ist das gesetzliche Organ zur Vertretung der Arbeitnehmerinteressen und zur Wahrung der betrieblichen Mitbestimmung gegenüber dem Arbeitgeber in Betrieben des privaten Rechts. Der Betriebsrat hat die Aufgabe, die Beschäftigten bei Einstellungen in Lohn und Gehaltsfragen sowie bei Kündigungen und vielen weiteren Themenbereichen vor der Willkür des Arbeitgebers zu schützen. Arbeitsbedingungen sind mit dem Betriebsrat so zu gestalten, dass sie die Bedingungen aus Recht und Gesetz sowie nach den Tarifverträgen erfüllen. Bei den vielen unterschiedlichen Interessen zwischen Arbeitgebern und Beschäftigten können sich die einzelnen Arbeitnehmer nur schwer allein durchsetzen. Der Betriebsrat jedoch vertritt die Interessen aller Arbeitnehmer im Betrieb.

Aufgaben

1. Im Fall von M 11 muss der Unternehmer eine Entscheidung treffen. Bildet Zweiergruppen. Dabei vertritt einer die Interessen des Unternehmens, der andere die des Betriebsrates. Ihr habt 10 Minuten Zeit, um euch zu entscheiden. Der Unternehmer teilt seine Entscheidung mit, der Betriebsrat muss dazu gehört werden. Stellt das Ergebnis der Klasse vor.
2. Erkläre, warum der Staat die gesetzliche Pflicht zur Einrichtung eines Betriebsrates geschaffen hat (M 11 – M 13).

Was wir wissen

Personaleinstellung
M 1 – M 3

Das Personalwesen beschäftigt sich mit allen Fragen der Personalplanung und Personalführung im Unternehmen. Hauptaufgabe ist es, über geeignete Bewerbungsverfahren qualifizierte und zum Unternehmen passende Mitarbeiter zu finden. Der Personalbedarf kann über eine innerbetriebliche Stellenausschreibung oder Umsetzung gedeckt werden. Führt dieser Weg nicht zum Erfolg, so können durch eine außerbetriebliche Stellenausschreibung in Massenmedien oder bei der Arbeitsagentur geeignete Bewerber gefunden werden. Am Ende des mehrstufigen Bewerbungsverfahrens steht der Abschluss eines Arbeitsvertrages, in dem Rechte und Pflichten von Arbeitnehmer und Arbeitgeber geregelt werden.

Tarifkonflikte
M 4 – M 9,
Methode M 10

In einem Unternehmen haben Arbeitgeber und Arbeitnehmer das gemeinsame Interesse am Erfolg des Unternehmens. Wenn es um die Verteilung des erwirtschafteten Gewinns oder um die Folgen wirtschaftlicher Misserfolge geht, unterscheiden sich die Interessen jedoch.
In der Öffentlichkeit werden besonders die Auseinandersetzungen um die Bezahlung von Arbeitskräften, die Tarifkonflikte, wahrgenommen. Gewerkschaften und Arbeitgebervereinigungen haben das Recht, ohne staatliche Einmischung Tarifverträge auszuhandeln (Tarifautonomie). Diese Tarifverhandlungen bestehen aus zahlreichen Schritten, in denen die Tarifparteien versuchen, ihre Interessen durchzusetzen. Endergebnis dieser Verhandlungen sind Tarifverträge, die für den Zeitraum eines oder mehrerer Jahre Löhne und Arbeitsbedingungen ganzer Wirtschaftszweige regeln.

Der Betriebsrat
M 12, M 13

Mitarbeiter und Unternehmens- oder Betriebsleitung haben oft auch unterschiedliche Interessen, wenn es um die Gestaltung von Arbeitsverhältnissen geht. Besonders konfliktträchtig sind dabei Personalfragen, insbesondere bei Kündigungen und Fragen der Arbeitszeitregelung. Die Interessenvertretung der Arbeitnehmer im Betrieb ist der von den Arbeitnehmern gewählte Betriebsrat. Betriebe ab fünf Mitarbeitern müssen laut Betriebsverfassungsgesetz auf Wunsch der Belegschaft einen Betriebsrat einrichten. Dieser hat abgestufte Rechte der Mitwirkung in wirtschaftlichen, personellen und sozialen Angelegenheiten. Die Mitbestimmung im engeren Sinn besteht im Zustimmungsrecht (zum Beispiel bei Einstellungen) und im Mitbestimmungsrecht (zum Beispiel bei der täglichen Arbeitszeit). Bei Kündigungen muss der Betriebsrat angehört werden.

JAV-Arbeit

Jugend- und Auszubildendenvertretungen (JAVen) setzen sich für ihre jungen Kollegen/-innen am Ausbildungs- und Arbeitsplatz ein. Sie nehmen die Zukunft in die Hand – für sich und andere.

Als aktive JAV achtet ihr vor allem auf die Einhaltung von Gesetzen und Tarifverträgen. Ihr setzt euch ein, für die Übernahme möglichst vieler Auszubildender. Und für eine qualifizierte und moderne Ausbildung.

Jugend- und Auszubildendenvertreter/-innen (JAVis) sind in der Regel selbst in der Ausbildung. Sie erleben hautnah, wo genau an ihrem Ausbildungs- und Arbeitsplatz der Schuh drückt. Denn auch bei allgemeinverbindlichen Gesetzen, Verträgen und Regelungen, sind jeder Betrieb und jede Dienststelle und ihre Mitarbeiter/-innen doch speziell.

Auch während der Arbeits- und Ausbildungszeit können Jugendliche und Auszubis mit Problemen oder Anregungen zu ihrer JAV kommen. Es geht schließlich um ihre Ausbildung!

Wer selbst in die JAV gewählt wurde, findet in diesem Bereich Ideen und Untersützung für den JAV-Alltag: Hintergrundinfos, Anregungen und Material für kreative Aktionen.

Bei den Herausforderungen der JAV-Arbeit steht euch die ver.di Jugend als starke Partnerin zur Seite. Vor Ort oder hier im Netz! Stellt eure Fragen, diskutiert und tauscht euch auf dem JAV-Blog mit an-deren JAV-Mitgliedern aus!

© ver.di – Vereinte Dienstleistungsgewerkschaft, JAV Arbeit, www.jav.info/jav-arbeit, Abruf am 3.2.2106

Aufgabe

Es handelt sich hier um eine Info der Gewerkschaft ver.di auf ihrem Portal der Jugend- und Auszubildendenvertretung (JAV). Angenommen, du bist in der Ausbildung und die JAV kommt auf dich zu mit der Bitte, dich bei der nächsten JAV-Wahl als Kandidat/in zur Verfügung zu stellen. Du musst dich entscheiden, ob du zu- oder absagst. (Weitere Informationen zur JAV erhältst du z. B. über den angegebenen Link in der Quellenangabe.) Erläutere deine Entscheidung.

Kompetenzen prüfen

I. Diagnose

Ich kann ...	Dazu benötige ich u. a. folgende Begriffe ...	Das klappt schon ...		Hier kann ich u. a. noch üben ...
... wichtige Grundfunktionen, Aufbau, Aufgaben und Ziele von Unternehmen beschreiben und am Beispiel eines Unternehmens erläutern	• Beschaffung, Produktion und Absatz • Unternehmensziele „Profit“, „gesellschaftliche Verantwortung“, „Nachhaltigkeit“	😎	☹	Kapitel 1.1 • M 6, M 7, M 9 • M 10 – M 12, M 14 • M 16 – M 18 • Was wir wissen
... grundlegende Rechtsformen des Unternehmens gegenüberstellen	• Gesellschaft bürgerlichen Rechts (GbR) • Einzelunternehmen • Gesellschaft mit beschränkter Haftung (GmbH) • Aktiengesellschaft (AG)	😎	☹	Kapitel 1.1 • M 20 • Was wir wissen
... Führungsstile und Arbeitsbeziehungen im Betrieb beschreiben	• Autoritärer Führungsstil • Kooperativer Führungsstil	😎	☹	Kapitel 1.2 • M 5 – M 10 • Was wir wissen
... Interessenkonflikte im Unternehmen auswerten und beurteilen	• Tarifautonomie • Betriebsrat • Kündigung	😎	☹	Kapitel 1.3 • M 6 – M 9, M 11 – M 13 • Methode, M 10 • Was wir wissen

II. Lernkontrolle

Aufgabe
Bestimme jeweils die richtige(n) Antwort(en) auf die Fragen.

1. Welche Rolle spielt der Staat bei der Gestaltung der Arbeitsbeziehungen in Deutschland?
   a) Der Staat regelt die Gestaltung der Arbeitsbeziehungen in Deutschland.
   b) Der Staat hält sich bei der Gestaltung der Arbeitsbeziehungen in Deutschland zurück.
   c) Der Staat verhält sich mal so, mal so.

Kompetenzen prüfen

2. Für das Zusammenwirken von Arbeitgebern und Arbeitnehmern gilt:
   a) Die Bearbeitung der Konflikte zwischen beiden Seiten liegt allein in den Händen dieser beiden Gruppen.
   b) Die Bearbeitung der Konflikte zwischen beiden Seiten liegt in der Hand des Staates.
   c) Die Bearbeitung der Konflikte zwischen beiden Seiten liegt in den Händen der beiden Gruppen und des Staates.

3. Die Mitbestimmungsrechte des Betriebsrates gehen besonders weit ...
   a) bei wirtschaftlichen Entscheidungen.
   b) bei sozialen und personellen Angelegenheiten.
   c) bei Fragen der Produktpreisgestaltung.

4. Warum sieht das Arbeitsrecht Schutzrechte für die Arbeitnehmer vor?
   a) Weil der einzelne Arbeitnehmer in einer gegenüber dem Arbeitgeber schwächeren Position ist.
   b) Weil es in Deutschland grundsätzlich Vertragsfreiheit gibt.
   c) Damit es eine ausgewogene Machtbalance zwischen Arbeitgeber und Arbeitnehmer gibt.

5. Welchen Faktoren wird häufig ein Einfluss auf die Höhe der Tariflohnerhöhungen nachgesagt?
   a) der Entwicklung der Produktivität
   b) der Entwicklung der Börsenkurse
   c) der Entwicklung des Preisniveaus

6. Wie verändert sich die Machtposition der Arbeitnehmerorganisationen bei hoher Arbeitslosigkeit?
   a) Ihre Position verbessert sich, da nun mehr Arbeitskräfte zur Verfügung stehen.
   b) Ihre Position verschlechtert sich, da sich Arbeitgeber durch einen zu starken Lohnanstieg veranlasst sehen, weitere Arbeitsplätze abzubauen.
   c) Ob hohe oder niedrige Arbeitslosigkeit spielt für die Arbeitnehmerorganisationen bei Tarifverhandlungen keine Rolle.

Erwartungshorizonte zur Lernkontrolle Kapitel 1

Mediencode: 71007-01

2

Arbeit und Beruf – gestern, heute und morgen

Die Arbeitswelt unterliegt einem ständigen Wandel, der durch die technologischen Entwicklungen und den Prozess der Globalisierung beschleunigt bzw. verstärkt wird. Berufe, die unsere Großeltern gelernt und ihr Leben lang ausgeübt haben, gibt es heute nicht mehr. An ihre Stelle sind andere Berufe getreten, von denen man aber nicht mit Sicherheit sagen kann, wie lange es sie überhaupt geben wird. Noch ist nicht klar, wie wir morgen arbeiten werden.

Kompetenzen

Am Ende dieses Kapitels solltest du Folgendes können:

- die individuelle und gesellschaftliche Bedeutung von Arbeit beschreiben
- den Wandel von Berufen und Tätigkeiten am Beispiel darstellen
- den eigenen Berufswunsch skizzieren
- mögliche Arbeitsformen der Zukunft charakterisieren
- dich mit dem Betriebspraktikum auseinandersetzen

Was weißt du schon?
Beschreibe die Bilder und erläutere das Thema dieses Kapitels.

2.1 Arbeit und Arbeitswelt im Wandel

Welche Arbeit braucht der Mensch?

Arbeit
Der Begriff umschreibt in erster Linie Erwerbsarbeit. Sie sichert die Lebensgrundlage der Arbeitnehmerinnen und Arbeitnehmer und ihrer Familien. Wurde sie in früheren Zeiten vor allem als Mühsal und Plage empfunden, so ist die Arbeit heute ein wichtiger Bestandteil der Identität, denn in der Arbeit kann der Mensch seine Fähigkeiten unter Beweis stellen. Arbeit verleiht Ansehen und Bedeutung. Sie gibt dem Leben einen Sinn und eine Struktur.

M 1 Aussagen zu grundsätzlichen Einstellungen zur Arbeit

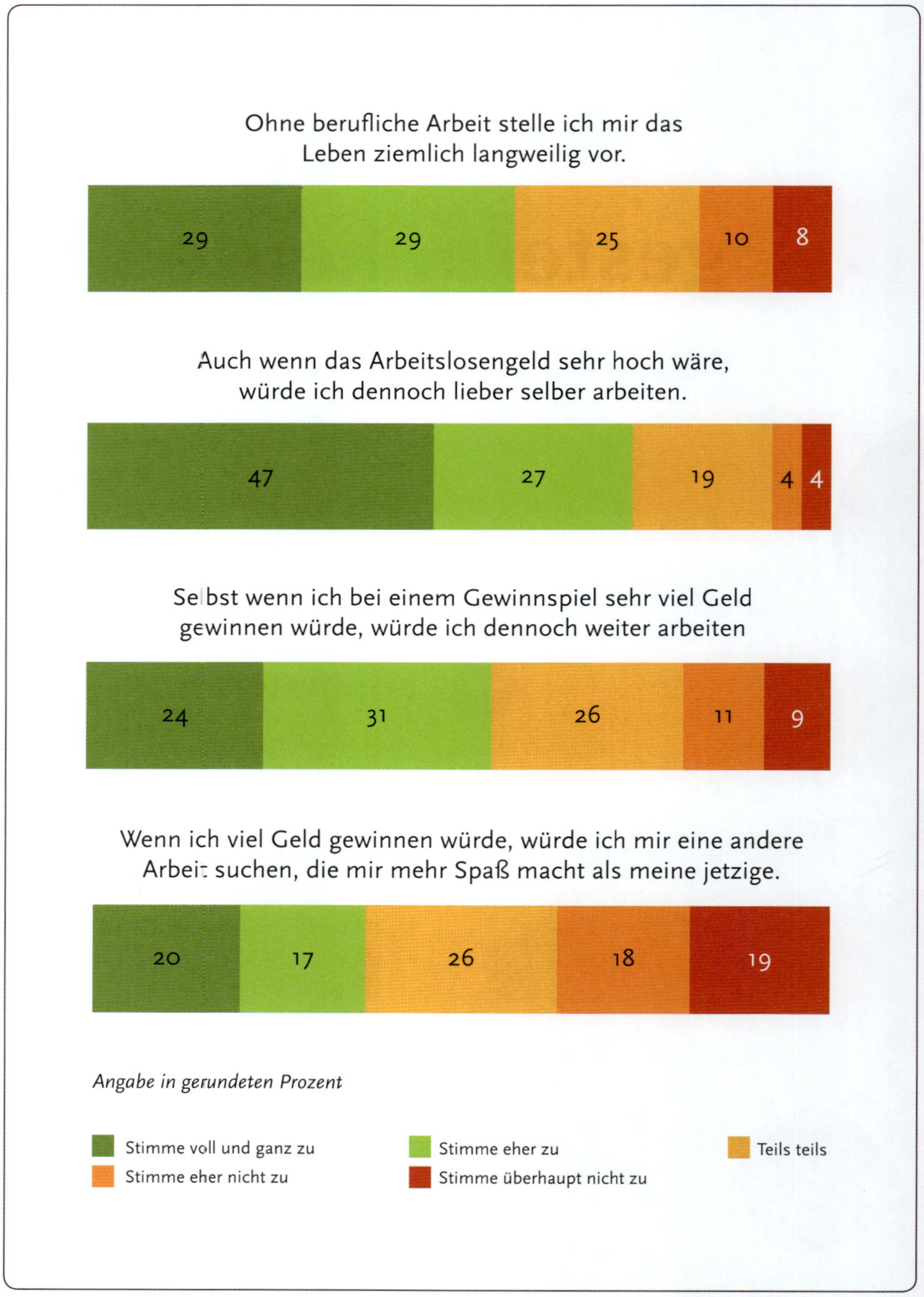

Quelle: Studie „Bedeutung der Arbeit" (gemeinsame Studie vom GfK Verein und der Bertelsmann Stiftung); Onlinebefragung; 1062 Befragte – GfK Compact, Fokusthema, 09/2015

M 2 Sie werden schon wieder!

Karikatur: Thomas Plaßmann / Baaske Cartoons

M 3 Was Arbeit für Menschen bedeutet

- Gibt Selbstbewusstsein
- Selbstachtung
- Herausforderung
- Spaß
- Lebensinhalt
- Finanzielle Absicherung
- Erkennen der eigenen Fähigkeiten
- Sinn
- Berufung
- Lebensunterhalt
- Anregung
- Erfüllung von Zukunftsträumen
- Kontakte zu Kollegen
- Identität
- Soziale Sicherheit
- Dazugehören
- Kreativität
- Anerkennung
- Steigerung des Selbstwertgefühls
- Selbstentfaltung
- Einkommen
- Geldverdienen

Erläuterung zur Grafik
Die Grafik stützt sich auf die sogenannte Bedürfnispyramide des amerikanischen Psychologen Abraham Maslow (1908 – 1970). Von ihm stammt der Gedanke, dass der Mensch dann eine höhere Stufe seiner Bedürfnisse befriedigen will, wenn die darunterliegenden Bedürfnisse erfüllt sind.

Zitate über Arbeit
„Wer Leistung fordert, muss Sinn bieten.“
Walter Böckmann (1923 – 2014)

„Je mehr Freude du an deiner Arbeit hast, desto besser wird sie bezahlt.“
Mark Twain (1835 – 1910)

„Such dir eine Arbeit, die du gerne tust. Dann brauchst du keinen Tag in deinem Leben mehr zu schuften.“
Konfuzius (551-479 v. Chr.)

M 4 Weshalb Arbeit wichtig ist ...

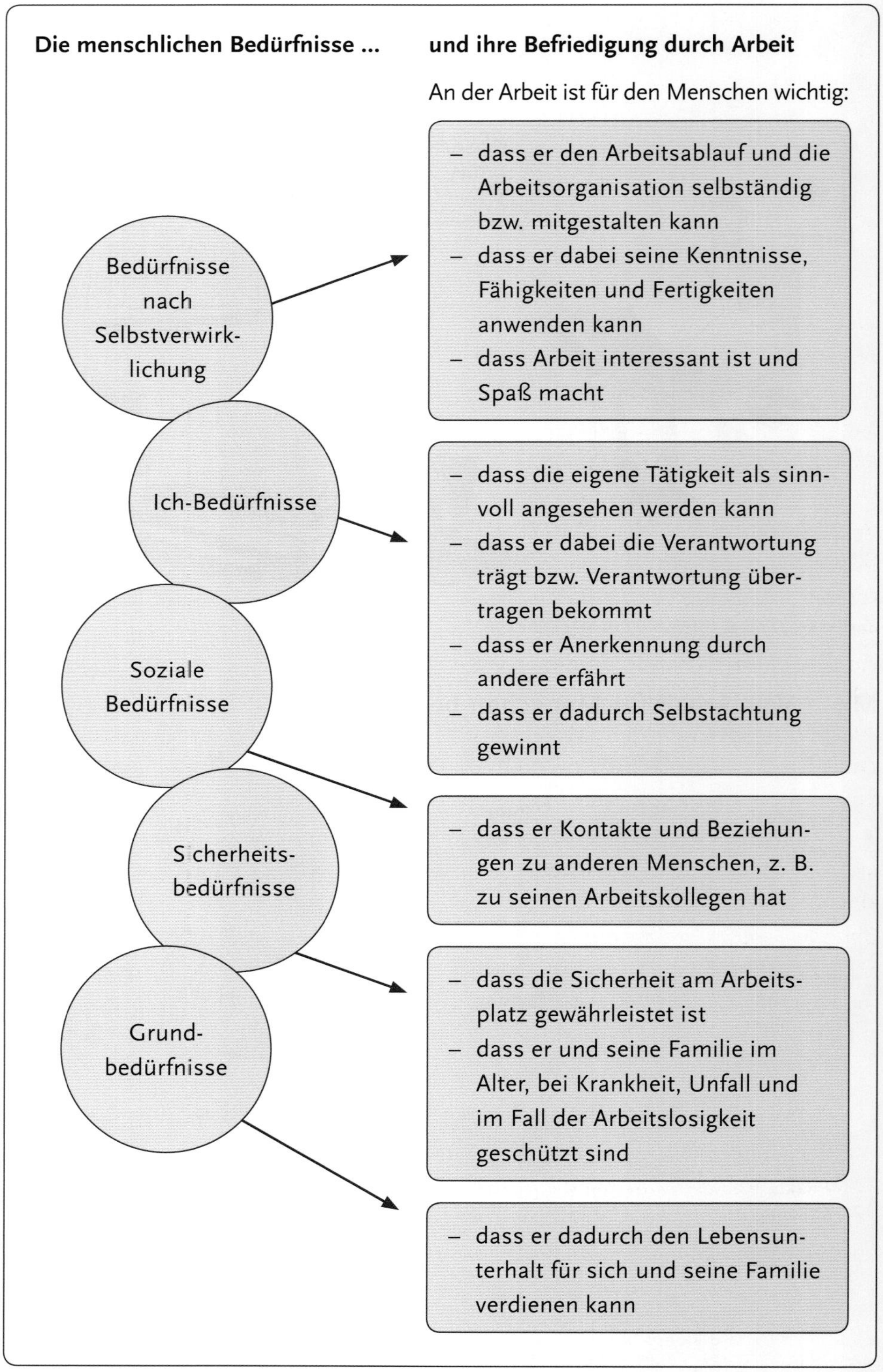

Nach: Walter Gagel / Wolfgang Hilligen / Ursula Buch, Sehen – Beurteilen – Handeln, Arbeitsbuch für den politischen Unterricht, Frankfurt a. M. 1979, S. 137

M 5 Wenn Arbeit krank macht

Die Ordner stapeln sich, das Telefon klingelt, der Chef ruft und die ersten Minuten der täglichen Konferenz sind schon verpasst. Kleinigkeiten, die sich bei gehäuftem Auftreten jedoch summieren. Die Folge: Antriebslosigkeit, Erschöpfung und Stress. In vielen Büros und Chefetagen ein häufig gesehenes Bild, auch noch nach dem Wochenende oder gar nach dem Urlaub. Das Gefühl, dauerhaft nicht erholt zu sein und nicht mehr zur eigenen Ruhe zu finden, ist ein erstes Anzeichen für Burn-out. [...]
Doch das ist nicht alles: Die Symptomatik beschränkt sich nicht nur aufs Büro. Burn-out-Betroffene fokussieren sich zwar meistens vollkommen auf ihre berufliche Tätigkeit, doch Familie und Freunde leiden ebenfalls darunter. Verabredungen werden vergessen oder abgesagt, mit der Zeit lösen sich die sozialen Verbindungen auf. Hinzu kommt, dass viele sich kaum noch Zeit für sich selbst nehmen. Wenn die Symptome länger als zwei Wochen anhalten, sprechen Experten nicht mehr nur noch von einer „schlechten Phase". [...] Zwar ist Burn-out in aller Munde und fast jeder kennt einen Betroffenen, doch offiziell ist Burn-out keine anerkannte psychische Krankheit. Einige Experten sehen die Symptomatik weitestgehend als Phänomen unserer Gesellschaft, als konstruierte Krankheit, die durch die zeitlichen Rahmenbedingungen des 21. Jahrhunderts geschaffen wurde. Besonders Menschen in den Industrienationen seien betroffen. [...] Mittlerweile ist bekannt, dass nicht nur beruflicher Stress ein Gefühl des Ausgebranntseins hervorrufen kann. Auch Ungereimtheiten im Familienleben oder Freundeskreis oder Lernstress in Schule und Uni können zu chronischer Erschöpfung führen.

val, dpa, Wenn Arbeit krank macht: Burn-out-Symptome rechtzeitig erkennen, Fuldaer Zeitung, 24.5.2015

Insbesondere Beschäftigte in der stationären Pflege haben ein vergleichsweise hohes Risiko, psychisch zu erkranken.

Aufgaben

1. Werte die Umfrage zu den Einstellungen zur Arbeit aus (M 1).
2. Welche Bedeutung hat die Arbeit im Leben eines Menschen? Ordne die Äußerungen in M 3 den Bedürfnissen in M 4 zu. Wähle dann die fünf für dich wichtigsten Begriffe aus und erläutere sie mit konkreten Beispielen.
3. Erläutere, weshalb Arbeit auch krank machen kann. Erkläre, weshalb z. B. Mitarbeiter in Callcentern oder Pflegediensten besonders gefährdet sind. Nennt andere Berufsgruppen, die einem höheren Krankheitsrisiko ausgesetzt sind (M 2, M 5).

+ Formuliere ausgehend von den Zitaten in der Randspalte eine Antwort auf die Frage: Welche Art von Arbeit benötigt der Mensch, um seine Grundbedürfnisse dauerhaft zu befriedigen?

Wie verändern sich Berufe?

M 6 Der letzte seines Standes? Die Arbeit eines Schriftsetzers

Ein Schriftsetzer bei der Arbeit – diesen Beruf gibt es nicht mehr.

Oskar Bernhard ist einer der letzten Schriftsetzer in Deutschland. Er arbeitet in Nördlingen in einem rund 400 Jahre alten Haus direkt an der mittelalterlichen Stadtmauer. Noch heute hat er Aufträge, die von der Geburtsanzeige über die Speisekarte bis zum kleinen Buch reichen. Im Gegensatz zum normierten Großbetrieb macht er seinen Kunden Vorschläge, welche Schriftart, welche Größe oder Farbe die Schrift haben könnte. Aus in Blei gegossenen Buchstaben, die der Schriftgießer herstellt, setzt der Schriftsetzer einen Text zusammen, den ihm ein Autor vorgelegt hat. Die Buchstaben, die er verwendet, haben eine genau genormte Höhe. Das ist später wichtig für einen gleichmäßigen Druck in der Druckmaschine. Auch Bilder oder Schmuckbestandteile der Seite müssen diese Höhe einhalten. Dabei geht es manchmal um Hundertstel-Millimeter. Damit die Höhe stimmt, werden die Nicht-Text-Bestandteile einzeln vermessen, bevor sie in die Seite eingebaut und gegebenenfalls unterlegt werden. [...] Die gesamte Arbeit des Schriftsetzers erinnert sehr an einen Baukasten: Aus vorgenormten Teilen entsteht immer wieder etwas Neues.

Allerdings hatte das Setzen in der „guten alten Zeit" wenig von der Beschaulichkeit, wie es heute den Anschein hat. Denn der Schriftsetzer wurde nach Zeit bezahlt. 1.000 bis 1.200 Buchstaben in der Stunde waren normal. Wer also schnell setzte, konnte mehr arbeiten und mehr verdienen.

Wolfgang Zehentmeier, Der letzte seines Standes, www.br-online.de, Abruf am 12.9.2010

M 7 Mediengestalter – Alleskönner am PC?

Mediengestalter am PC

Dieser Ausbildungsberuf hat die „alten" Berufe Schriftsetzer, Reprohersteller, Medien- und Werbevorlagenhersteller und den Fotogravurzeichner abgelöst.

Mediengestalter Digital und Print arbeiten bei Marketingkommunikationsagenturen, Designstudios, Unternehmen der Druck- und Medienwirtschaft, Mediendienstleistern, Verlagen sowie in Marketing- und Kommunikationsabteilungen von Unternehmen und öffentlichen Institutionen. Ihre Arbeitsaufgaben sind so unterschiedlich wie die Medien, die sie herstellen und bearbeiten. Ausgebildet wird dieser Beruf in den drei Fachrichtungen:

- Gestaltung und Technik,
- Beratung und Planung,
- Konzeption und Visualisierung.

M 8 Social Media und 3D bieten neue Möglichkeiten

Der Wandel des Internets von einer Informations- und Wissensplattform hin zu einem Kommunikations- und Kooperationsmedium hat Auswirkungen auf die Tätigkeiten in der Medien- und Werbewirtschaft: Facebook, Twitter & Co. sind zu lukrativen Marketingkanälen geworden. Durch eine Modernisierung der Ausbildungsordnung „Mediengestalter/-in Digital und Print" wurde nun ein Ausbildungsangebot geschaffen, mit dem Betriebe auch für diese Tätigkeitsfelder ausbilden können.

[So wurden] neue Wahlqualifikationen für die Bereiche Content-Erstellung, Social Media und 3D-Grafikerstellung geschaffen. Die bestehenden Berufe „Dekorvorlagenhersteller" und „Fotomedienlaborant" wurden abgeschafft und durch entsprechende Wahlqualifikationen ersetzt. Social Media wird von vielen Firmen zu Marketingzwecken genutzt. Deshalb wurde in der neuen Ausbildungsordnung die Position „Plattformen zur interaktiven Kommunikation" als neue Wahlqualifikation für Social Media-Inhalte geschaffen. [...] Alternativ können die Social Media-Inhalte auch mit der Wahlqualifikation „Kommunikationsplanung und Erfolgskontrolle" kombiniert werden. Hier erwerben die Auszubildenden die Qualifikation, Kunden zu beraten und Kommunikationsmaßnahmen für verschiedene Medien zu konzipieren. Kaum ein Internetauftritt kommt heutzutage ohne Grafiken, Animationen oder Filmbeiträge aus. Dies ist das Tätigkeitsfeld von Mediengestaltern, die im neuen Ausbildungsbereich „3D-Grafik" die Erstellung von dreidimensionalen Standbildern und Animationen erlernen, zum Beispiel die Rundum-Betrachtung von Gegenständen, wie sie in vielen Onlineshops üblich ist.

Nach: Frank Muck, Pressemitteilung: Social Media und 3D-Grafik: Mediengestalter Digital und Print mit neuen Ausbildungsmöglichkeiten, www.bibb.de, 2.7.2013

Social Media und 3D erfordern neue Inhalte in der Ausbildung: Mediengestalter Digital und Print.

Content
Inhalt

Social Media
Digitale Medien und Technologien

Aufgaben

1. Beschreibe, über welche Fähigkeiten Schriftsetzer und Mediengestalter verfügen müssen. Erläutere an diesem Beispiel den Wandel der Berufe und benenne mögliche Ursachen für diese Entwicklung (M 6 – M 8).
2. Gruppenarbeit: Sucht nach anderen Beispielen, die diesen Wandel ebenfalls deutlich machen und gestaltet ein Wandplakat (→ Methodenglossar) zum Thema „Berufe im Wandel der Zeit".
3. Böttcher, Hufschmied oder Pinsel- und Bürstenmacher sind heutzutage noch anerkannte Ausbildungsberufe. Erklärt, weshalb diese Berufe aber vom Aussterben bedroht sind, und recherchiert nach weiteren Beispielen.
4. Diskutiert in der Klasse, wie sich der beschriebene Wandel der Berufe bzw. die neuen Anforderungen der Arbeitswelt auf eure persönliche Studien- und Berufswahl auswirken könnten.

zu Aufgabe 3
früher Sekretärin – heute Assistentin
früher Automechaniker – heute KFZ-Mechatroniker
früher Krankenschwester – heute Gesundheits- und Krankenpfleger/in
früher Bürokaufmann/frau – Kaufmann/frau für Büromanagement

Typisches Arbeitsverhältnis
Normalarbeitsverhältnis
Unbefristetes Vollzeitarbeitsverhältnis (i. d. R. 37,5 – 42 Wochenstunden), das mit regelmäßigem und vertraglich festgelegtem Lohn oder Gehalt entlohnt wird und voll sozialversicherungspflichtig ist.

Wie verändern sich die Beschäftigungsverhältnisse?

M 9 Die Schattenseiten der neuen Arbeitswelt

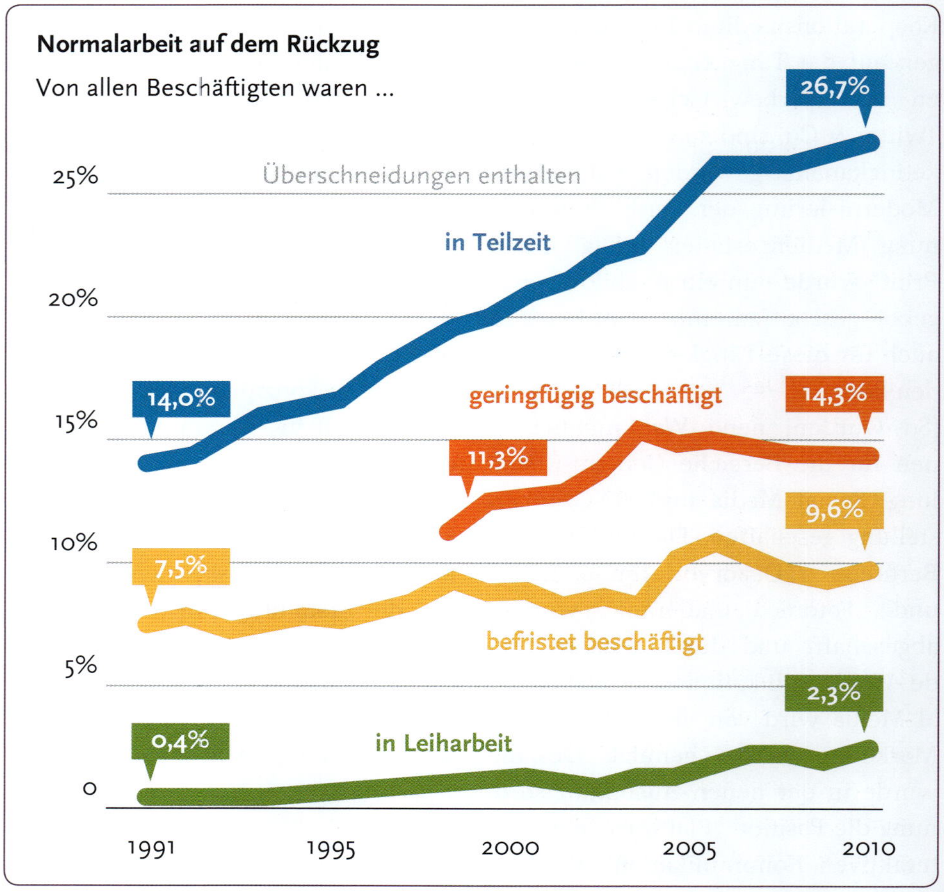

Quelle: Keller, Schulz, Seifert; © Hans-Böckler-Stiftung 2012

M 10 Droht der Fünftagewoche das Aus?

Wer außerhalb der Arbeitszeiten ständig erreichbar ist, wird auf Dauer krank, sagt man. Aber wie heilig sind den Deutschen die Stunden nach 17 Uhr eigentlich? Hier sprechen Menschen aus verschiedenen Berufen über ihr Verhältnis zur Freizeit.

Atypische Arbeitsverhältnisse
Befristete Beschäftigung
Arbeitnehmer und Arbeitgeber vereinbaren von Anbeginn eines Beschäftigungsverhältnisses, dieses zu einem bestimmten Datum oder mit einem bestimmten Ereignis ohne Kündigung zu beenden.

a) Erna Pollin, 54, ist Produktionsmitarbeiterin bei Porsche
„Ab 13.45 Uhr lass' ich los" – Ich arbeite im Schichtbetrieb, seit fast 25 Jahren: eine Woche von sechs bis 13.45 Uhr, die nächste von 13.45 bis 21.15 Uhr. Wenn ich Spätschicht habe, fühle ich mich so, als hätte ich nie Feierabend, denn vormittags, da muss ich mich um den Haushalt kümmern. Aber wenn ich Frühschicht habe, dann kann ich nach Feierabend

total abschalten: Ich gehe in den Garten, oder ich unternehme was mit meinem Mann – Freunde besuchen, ins Kino gehen, Nordic Walking. [...] Klar, manchmal bin ich dann schon ziemlich kaputt. Ich muss mich bei der Arbeit sehr konzentrieren. Wenn ich einen Fehler mache, bekommen die Autos falsche Teile. Wenn wir ein neues Modell haben, kann ich manchmal nach der Arbeit nicht abschalten. Ich mache mir dann Sorgen, ob ich alles richtig gemacht habe. Aber ich arbeite sehr gerne, und wenn ich mich mal nicht mehr konzentrieren kann, gehe ich vor Ort an die Arbeitsplätze und gucke nach meinen Bestellungen.

b) Peter Buchheim, 48, ist selbständiger MLP*-Berater und Leiter einer Geschäftsstelle der MLP Finanzdienstleistungen

„Ich bin gelassener geworden" – Mir ist eine vernünftige Balance zwischen Arbeitszeit und Freizeit sehr wichtig. Deswegen sage ich meinen Kunden: „Das Wochenende ist mir heilig. Das gehört der Familie und dem Sport." Aber im Kopf schalte ich eigentlich nie ab. Mein Beruf macht mir Spaß, ich habe nie das Gefühl, dass ich Pause machen sollte. Die Beziehung zu den Leuten, die ich berate, ist meist über Jahre gewachsen, ich kenne ihre Familien, es gibt da keine klare Trennung zwischen Freizeit und Job. Ich habe mich selbst schon gefragt, ob das normal ist, aber meine Arbeit zieht mich eben nicht runter. Deswegen lasse ich mein Handy auch meistens an; es beruhigt mich, zu wissen, dass meine Kunden mich im Notfall auch zu ungewöhnlichen Zeiten erreichen können. Im Urlaub mache ich das Handy aus, mein Team vertritt mich dann. Früher, als junger Berater, da hatte ich immer ein schlechtes Gefühl, wenn ich mal wegfuhr und nicht erreichbar war. Ich hatte Angst, dass gerade dann ein Großauftrag reinkommen und mir durch die Lappen gehen würde. Inzwischen bin ich gelassener.

**Finanzdienstleistungsunternehmen*

c) Erika Hollmann, 51, ist Grundschullehrerin

Das Problem bei uns Lehrern liegt ja auf der Hand, weil wir den Unterricht von zu Hause aus vor- und nachbereiten. Hinzu kommt jede Menge Organisatorisches. Da ist es wichtig, zu Hause klare Grenzen zu ziehen und zu sagen: „Ich arbeite jetzt noch zwei Stunden, und dann höre ich auf und kümmere mich um die Familie." Das ist jedenfalls meine Art, dafür zu sorgen, dass ich keinen Burnout kriege. Es gibt aber auch Tage, die sehen so aus: Schule – Schreibtisch – Bett. Ich arbeite vierzig bis fünfzig Stunden die Woche, bei einer Dreiviertelstelle. Das Handy ist immer an, ich bekommen jeden Tag Mails von Kollegen und Schulleitung; wenn ich die abends nicht lese, habe ich am nächsten Tag ein Problem, weil ich nicht auf dem neuesten Stand bin und improvisieren muss. Je älter ich werde, desto deutlicher merke ich, dass ich mir Pausen gönnen und auf mich achten muss.

Teilzeitarbeit
Ein Teilzeitbeschäftigungsverhältnis liegt vor, wenn die Arbeitszeit, die ein Arbeitnehmer regelmäßig arbeitet, kürzer ist als die Arbeitszeit bei Vollzeitbeschäftigung. Die Arbeitszeit kann dabei innerhalb der Woche unterschiedlich verteilt sein. So kann täglich kürzer oder nur an bestimmten Tagen in der Woche gearbeitet werden.

(Tele-)Heimarbeit
Als Telearbeit wird eine Tätigkeit bezeichnet, die sich auf die moderne Informations- und Kommunikationstechnik stützt und ausschließlich oder zumindest zeitweise an einem Arbeitsplatz erledigt wird, der außerhalb des Betriebes liegt (z. B.: unterwegs im Zug, zu Hause oder beim Kunden; über Laptop, Internet und Handy sind sie mit dem Betrieb verbunden).

Mini-Jobs
Die sog. Mini-Jobber dürfen im Monat max. 450 Euro verdienen. Das Einkommen ist steuerfrei. Auch müssen die Mini-Jobber keine Beiträge für die Arbeitslosen-, Kranken- und Pflegeversicherung bezahlen. Lediglich in die Rentenversicherung wird ein kleiner Beitrag eingezahlt, von dem man sich allerdings auch befreien lassen kann. Die Arbeitgeber zahlen hingegen einen pauschalen Betrag in die Sozialversicherung ein. Minijobs bezeichnet man auch als „geringfügige Beschäftigungsverhältnisse".

Leih- oder Zeitarbeit
Bei der Leiharbeit „überlässt“ der Arbeitgeber den Arbeitnehmer für einen gewissen Zeitraum einem anderen Arbeitgeber. Deshalb spricht man auch von „Arbeitnehmerüberlassung“.

Projektarbeit auf Zeit
Der Arbeitnehmer wird nur für die Dauer eines bestimmten Projektes eingestellt oder er führt als Selbständiger für ein Unternehmen ein Projekt durch.

d) Lars Böske, 42, ist freiberuflicher Licht- und Mediengestalter

„Frei ist, wenn es passt“ – Ich kenne keinen Feierabend. Und kein Wochenende. Von alldem habe ich mich verabschiedet, für mich ist jeder Tag gleich. Wenn es was zu tun gibt, dann mach ich das. Ich programmiere Lichtshows in Verbindung mit Videos und Fotos. Dazu reise ich beruflich durch ganz Europa. Zehn bis zwanzig Tage im Monat bin ich unterwegs. Wenn ich zu Hause bin, arbeite ich als Mediengestalter, mit freier Zeiteinteilung. Heute Morgen zum Beispiel bin ich erst spazieren gegangen und habe mich dann an den Rechner gesetzt. Es gibt für mich keine Grenze zwischen Job und Freizeit. Mein Job ist auch mein Hobby. Was es gibt, sind Zeiten, wo es wenig zu tun gibt. Dann beruhige ich mich damit, dass wieder andere Zeiten kommen. Frei mache ich, wenn nichts zu tun ist.

e) Kai Könecke, 48, ist Geschäftsführer bei Unilever Deutschland

„Im Kopf arbeite ich immer“ – Ich muss meinen Feierabend bewusst planen. Allerdings kann ich auch tagsüber mal Pause machen, weil wir ein Arbeitsmodell haben, das eine flexible Zeiteinteilung zulässt. Wenn ich was erfolgreich zu Ende geführt habe, kann ich mich also belohnen, indem ich zum Beispiel zwei Stunden laufen gehe, mitten am Tag. Danach dusche ich und setze mich wieder in eine Sitzung, in ein Mitarbeitergespräch oder in den Zug. Im Kopf arbeite ich immer. Auch abends und am Wochenende, da arbeite ich Mails ab oder denke über Strategien nach. In meiner freien Zeit mache ich viel Sport oder bin zu Hause bei der Familie. Faulenzen tue ich fast nie. Am deutlichsten spüre ich die Grenze zwischen Arbeit und freier Zeit, wenn ich im Urlaub bin oder wir ein Wochenende lang wegfahren. Darauf bereite ich mich richtig vor, ich arbeite dann alle Mails ab und lasse den Computer zu. Aber das Handy bleibt meistens an, ich möchte für meine Kollegen im Notfall erreichbar sein. Ich habe nicht das Bedürfnis, es abzuschalten.

Katrin Hummel, Jetzt aber Feierabend, Frankfurter Allgemeine Zeitung, 5.9.2014

Aufgaben

1. Analysiere die Entwicklung der Erwerbsformen seit dem Jahr 2000 und nimm kritisch Stellung zur Art der Darstellung in M 9.
2. Nimm Stellung: Siehst du eher Vorteile oder Nachteile mit einer kürzeren Arbeitszeit verbunden (M 10)? Führt darüber in der Klasse ein Streitgespräch (→ Methodenglossar).
3. Arbeitet in Gruppen. Wählt eines der atypischen Beschäftigungsverhältnisse aus den Randspalten aus und erläutert, was aus Sicht der Arbeitnehmer und Arbeitgeber dafür bzw. dagegen spricht.

zu Aufgabe 1
Arbeite aus der Grafik M 9 die für dich zwei auffälligsten Entwicklungstrends heraus.

Egal wo – egal wann: Licht und Schatten der neuen Arbeitswelt

M 11 Stressfaktor Smartphone?

Ein Drittel liest Job-Mails in der Freizeit

„Wie häufig lesen Sie außerhalb der Arbeitszeit dienstliche E-Mails?"

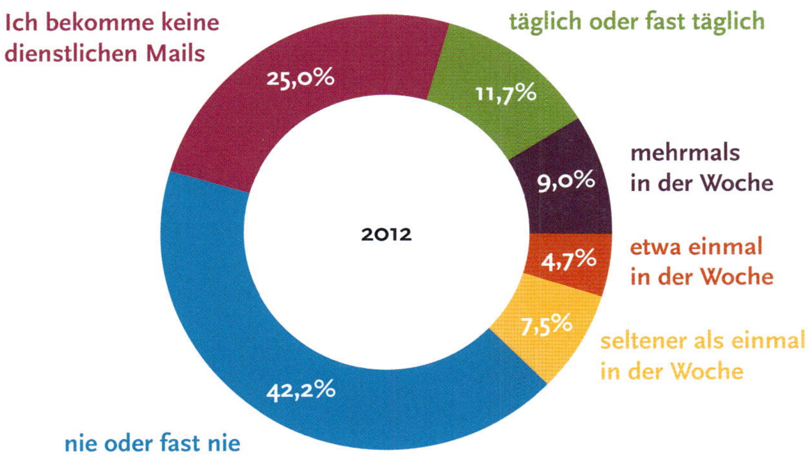

Abweichung zu 100% durch Rundung: 3.078 befragte abhängig Beschäftigte 2012

Böckler Impuls 20/2013

M 12 Wenn die Arbeit anruft

Um 20 Uhr, zur besten „Tagesschau"-Sendezeit, schaltet Felix Schell* sein Diensthandy ein. „Nur drei E-Mails, richtig kulant", meint der Ingenieur, der seinen wirklichen Namen nicht gedruckt wissen möchte. Schell, der für einen Hamburger Energiedienstleister arbeitet, hat das Smartphone von seinem Arbeitgeber erhalten. „Das ist das Problem: Man schaut einfach rein", meint Schell. „Das Smartphone erzeugt eine zwanghafte Verfügbarkeit." Wie Schell geht es vielen. Fast jeder zweite Beschäftigte hat heute eine Absprache mit seinem Arbeitgeber, auch außerhalb der Arbeitszeit erreichbar zu sein – so der Fehlzeitenreport 2012 der AOK. Laut dem Branchenverband Bitkom greift fast jeder dritte Beschäftigte mobil auf die Informationstechnologie seines Arbeitgebers zu. Notebooks, Tablet-Computer und handliche Smartphones machen die mobile Arbeit so leicht wie nie.

Im Zug, am Flughafen, beim Kun-

kulant
entgegenkommend

Arbeitsregime
hier: Arbeitsorganisation

den vor Ort und zu Hause: Überall ermöglichen mobile Endgeräte die Arbeit von unterwegs. Während früher nur bestimmte Berufsgruppen wie Vertriebsmitarbeiter oder Monteure unterwegs gearbeitet haben, lösen sich jetzt in vielen Branchen die räumlichen und zeitlichen Grenzen der Arbeit auf. Diese Entgrenzung geschieht nicht immer gegen den Willen der Arbeitnehmer. Durch die mobile Arbeit gewinnen sie, sofern faire Absprachen möglich sind, auch ein neues Maß an Freiheit und Flexibilität, die dazu dienen könnte, Privates und Berufliches besser zu vereinbaren als in den starren Arbeitsregimes der Vergangenheit. Sogenannte Telearbeitsplätze waren der Vorreiter dieser Entwicklung. Einen oder mehrere Tage pro Woche arbeiten Beschäftigte in diesem Arbeitsmodell zu Hause. Laut einer „Spiegel"-Umfrage nutzt nahezu jede dritte Firma dieses Arbeitsmodell.

**Name von der Redaktion geändert*
Marc von Lüpke, Immer und Überall, in: Mitbestimmung – das Magazin der Hans-Böckler-Stiftung 12/2013

M 13 Warum ständige Erreichbarkeit auch krank machen kann

Ständige Erreichbarkeit, Überstunden, wechselnde Arbeitsorte und lange Anfahrtswege: Die Flexibilisierung der Arbeitswelt lässt immer mehr Arbeitnehmer an ihre psychischen Belastbarkeitsgrenzen stoßen. Viele Angestellte sind schon gestresst, bevor sie an ihrem Schreibtisch ankommen. Viele Arbeitnehmer in Deutschland fühlen sich durch immer längere Arbeitswege, ständige Erreichbarkeit und Überstunden überlastet. Psychische Beschwerden sind laut dem Fehlzeiten-Report 2012 des Wissenschaftlichen Instituts der AOK (WIdO) häufig die Folge. [...]

Menschen, die Beruf und Freizeit nicht miteinander vereinbaren können, klagen über mehr als doppelt so viele Symptome wie Erschöpfung, Niedergeschlagenheit oder Kopfschmerzen wie der Durchschnitt. Wer häufig private Aktivitäten wegen des Jobs verschiebt, an Sonntagen arbeitet oder viele Überstunden macht, hat häufiger psychische Beschwerden.

Es sei zwar gut für die Gesundheit, wenn Beschäftigte ihre Arbeit räumlich und zeitlich an die eigenen Bedürfnisse anpassen können. [...] Nur: Offenbar gelingt dies oft nicht. Mehr als jeder dritte Erwerbstätige erhielt binnen vier Wochen häufig Anrufe oder E-Mails außerhalb der Arbeitszeit oder leistete Überstunden. Mehr als jeder zehnte nimmt Arbeit mit nach Hause. Fast jeder achte Beschäftigte gibt an, dass er Probleme mit der Vereinbarkeit von Arbeit und Freizeit hat. Insgesamt sind laut WIdO rund 40 Prozent der Berufstätigen entweder Wochenendpendler, fahren täglich mindestens eine Stunde zur Arbeit oder haben ihren Wohnort aufgrund beruflicher Anforderungen gewechselt. Zwar vermeiden sie dadurch oft Arbeitslosigkeit oder sichern sich Aufstiegschancen.

dpa/wolf/beu, Bürostress macht immer mehr Angestellte krank, Süddeutsche Zeitung, 16.8.2012

M 14 Recht auf Unerreichbarkeit und Anerkennung von „Mobilarbeit"

Der Automobilhersteller BMW fügt sich in die Reihe der deutschen Unternehmen ein, die sich selbst Regeln auferlegen, um Arbeit vom Smartphone oder Tablet aus in der Freizeit zu begrenzen. Dafür können Mitarbeiter an den deutschen Standorten künftig sogenannte „Mobilarbeit" in ihre Arbeitszeitkonten eintragen. Diese Zeiten können sie sammeln und dafür an anderen Tagen weniger arbeiten oder ganze freie Tage nehmen.

Das berichtet die Zeitschrift „Spiegel" unter Berufung auf Aussagen von Betriebsratschef Manfred Schoch. Dieser habe die neue Regelung in einer Betriebsvereinbarung mit dem Konzern ausgehandelt. BMW wolle auf diese Weise die Gefahr verringern, dass Mitarbeiter aufgrund ständiger Erreichbarkeit in der Freizeit gar nicht mehr abschalten können und frühzeitig einen Burnout erleiden. Um dem vorzubeugen soll es nicht nur den Freizeitausgleich über die Arbeitszeitkonten geben, sondern auch feste, mit den Vorgesetzten vereinbarte Zeiten, in denen Mitarbeiter nicht erreichbar sind.

Der Vorstoß des Automobilherstellers ist dabei nicht neu. Schon seit langer Zeit existieren etwa Regelungen gegen eine ständige Erreichbarkeit von Mitarbeitern im VW-Konzern und bei der Telekom. [...]

Die frühere Bundesarbeitsministerin Ursula von der Leyen hatte schon Mitte 2012 einen ersten Vorstoß für klarere Regeln zum Umgang mit dienstlichen Handynachrichten gestartet. Sie hatte sich aber an Appelle an Arbeitgeber beschränkt; eine entsprechende Verschärfung des Arbeitsschutzgesetzes wollte die Ministerin nicht einführen.

Etwa ein Jahr später führte sie dann immerhin einen Kodex zum Umgang mit Smartphones in ihrem eigenen Ministerium ein.

© FAZ.net, BMW-Mitarbeiter erhalten Ausgleich für Smartphonearbeit, www.faz.net, 16.2.2014

Betriebsvereinbarung
In einer Betriebsvereinbarung legen Arbeitgeber und Betriebsrat eines Betriebes oder Unternehmens verbindliche Regelungen für die Arbeitnehmerinnen und Arbeitnehmer dieses Unternehmens fest.

Aufgaben

1. Gib wieder, wie die Benutzung mobiler Endgeräte die Arbeitswelt für viele Arbeitnehmerinnen und Arbeitnehmer schon heute und in der Zukunft verändern werden (M 11, M 12).
2. Erkläre deinem Nachbarn mit eigenen Worten, was man unter Entgrenzung der Arbeit versteht (M 12).
3. Fasse zusammen, warum nach M 13 ständige Erreichbarkeit auch krank machen kann (M 13, Methodenglossar).
4. Arbeite heraus, welche Vor- und Nachteile die Entgrenzung der Arbeit für Arbeitgeber und Arbeitnehmer hat (M 12, M 13).
5. Diskutiert die Regelung, die der Automobilhersteller BMW für einen Teil seiner Angestellten betroffen hat (M 14)?
6. Befragt eure Eltern, wie ihre Arbeitszeitenregelungen gestaltet sind. Vergleicht eure Ergebnisse in der Klasse.

Arbeit 4.0 – die Arbeitswelt von morgen

M 15 Einchecken beim Roboter

Diese Rezeptionistin ist ein Roboter mit menschlichem Antlitz (Humanoide) und bedient an der Rezeption des Hotels „Henn na Hotel" in Sasebo/Japan im Juli 2015 die Gäste.

Am Hotelempfang wartet ein Roboter, der aussieht wie ein grimmiger Dinosaurier. „Wenn Sie einchecken wollen, drücken Sie die Eins", sagt das Urzeittier auf Englisch. Neben dem Saurier klimpert ein weiblicher Humanoide mit den Wimpern. Er ist für die Japanisch sprechenden Gäste zuständig. In seiner Herberge in einem Vergnügungspark im Südwesten Japans setzt Betreiber Hideo Sawada zur Kostensenkung fast vollständig auf Roboter – von der Rezeptionistin bis zum Kofferträger.

Die Geräte sind für ihn keine Spielerei, sondern ein ernstes Bemühen um mehr Effizienz. Das Hotel nutzt Gesichtserkennungs-Technologie statt normaler elektronischer Schlüssel. Dazu wird das digitale Bild des Gastes beim Einchecken registriert. Der Grund? Roboter sind nicht gut darin, Schlüssel wiederzufinden, sollte ein Gast seinen verlieren. [...]

Bei der Sicherheit stützt sich das Henn na Hotel allerdings doch noch auf Menschen. Es gibt jede Menge Überwachungskameras – und echte Menschen verfolgen alles auf einem Monitor. Das soll sicherstellen, dass den Gästen nichts passiert und sich niemand mit einem der teuren Roboter aus dem Staub macht. Die, gesteht Sawada, „können immer noch keine Betten machen".

©SZ.de/Reuters/AFP/ihe/chwa/jobr, Check-in beim Roboter, Süddeutsche Zeitung, 17.7.2015

M 16 Computer machen die Arbeit

Computer machen die Arbeit

Wahrscheinlichkeit des (teilweisen) Ersatzes des Menschen durch den Computer (innerhalb 20 Jahre)

	in %
Telefonverkäufer	99,0
Packer	98,0
Koch	96,0
Busfahrer	67,0
Piloten	55,0
Radio-/TV-Sprecher	10,0
Floristen	4,7
Mathematiker	4,7
Schriftsteller/Autoren	3,8
Vorstandsmitglieder	1,5
Zahnarzt	0,4
Gesundheitsberater	0,02

Quelle: University of Oxford F.A.Z.-Grafik: Niebel

Aus: Johannes Pennekamp, Angriff der Roboter, www.faz.net, 1.4.2014

M 17 Nehmen uns die Maschinen bald die Arbeit weg?

Nehmen uns die Maschinen die Arbeit weg? Welche Auswirkungen wird der Aufstieg der Roboter in den kommenden Jahrzehnten auf Gehälter und Beschäftigung haben? Diese Fragen treiben gerade wieder viele Menschen um: Die von der Digitalisierung befeuerte Automatisierung könnte schneller Arbeitsplätze zerstören, als neue entstehen, warnen Forscher aus Oxford und von der amerikanischen Eliteuniversität Massachusetts Institute of Technology (MIT). Fast die Hälfte der amerikanischen Arbeitsplätze sei potentiell gefährdet, in Deutschland sogar noch mehr. Es drohten schwerwiegende soziale Verwerfungen. Neu ist diese Sorge nicht: Sie begleitet die Menschen seit den Tagen der industriellen Revolution. [...] Bewahrheitet hat sich bisher keine dieser Befürchtungen. Denn frühere Maschinenstürmer saßen einem Trugschluss auf: Sie gingen davon aus, dass die Summe der verfügbaren Arbeit begrenzt ist. Je mehr Arbeit also von Maschinen ausgeführt wird, desto weniger bleibt für den Menschen übrig. Diese Annahme lässt außer Acht, dass durch den technischen Fortschritt auch neue Arbeitsplätze entstehen können. In der Vergangenheit war das bisher immer der Fall. Jedes Mal, wenn eine Industrie unterging, wurden an anderer Stelle neue Arbeitsplätze geschaffen. Waren Anfang des 20. Jahrhunderts noch 80 Prozent der deutschen Bevölkerung in der Landwirtschaft beschäftigt, sind es heute weniger als 5 Prozent – zu Massenarbeitslosigkeit kam es trotzdem nicht. [...] Der amerikanische Ökonom David H. Autor [...] hat [...] eine neue Studie vorgestellt, die zumindest teilweise Entwarnung gibt. Auf der einen Seite, schreibt Autor, würden zwar viele Berufe durch den technischen Fortschritt obsolet, da Maschinen die erforderlichen Aufgaben schneller und billiger ausführen könnten. Besonders gefährdet seien Berufe, in denen Routineaufgaben ausgeführt werden müssen, zum Beispiel repetitive Arbeiten am Fließband oder Verwaltungsaufgaben. [...] Auf der anderen Seite wachse aber die Nachfrage nach Arbeitskräften, die keine Routineaufgaben ausführen. [...] Trotz aller Veränderungen senke das aber nicht die Gesamtzahl der Arbeitsplätze:

Die Automatisierung verändere vielmehr die Art der Arbeit, die Menschen leisten. Maschinen könnten menschliche Arbeit nicht dauerhaft vollständig ersetzen. [...] Sie haben nämlich ein entscheidendes Manko: Maschinen können immer nur das tun, was ihnen der Programmierer vorgegeben hat. [...] Viele Tätigkeiten können wir nicht einmal selbst klar erklären, geschweige denn einen Computer darauf programmieren, sie auszuführen.

Johannes Fischer, Keine Angst vor Robotern, Frankfurter Allgemeine Zeitung, 24.8.2015

Arbeiten 1.0
Beginnende Industriegesellschaft am Ende des 18. Jahrhunderts

Arbeiten 2.0
Industrielle Revolution und Beginn der Massenproduktion am Ende des 19. Jahrhunderts, Entstehung der sozialen Frage und Anfänge des Sozialstaates

Arbeiten 3.0
Ausbildung des Sozialstaats und der Arbeitnehmerrechte auf Grundlage der sozialen Marktwirtschaft. Seit den 80er Jahren des 20. Jahrhunderts wird die Produktion durch den Einsatz von Informationstechnologie und Elektronik weiter automatisiert.

Arbeiten 4.0
Arbeitswelt der Zukunft, sie wird vernetzter, digitaler und flexibler sein, allerdings ist noch nicht klar, wie die zukünftige Arbeitswelt im Einzelnen aussehen wird.

Aufgaben

1. Das Roboter-Hotel – Faszination oder Schrecken? Nennt in Gruppenarbeit die Vor- und Nachteile des Robotereinsatzes im Hotel Henn na (M 15).
2. Nehmen uns die Maschinen künftig die Arbeit weg? Wertet die Tabelle (M 16) aus und erklärt, weshalb manche Berufe vom digitalen Wandel mehr betroffen sind als andere.
3. Diskutiert die Frage auch vor dem Hintergrund von M 17.

Was wir wissen

Bedeutung der Arbeit für den Menschen
M 1 – M 5

Arbeit als Erwerbsarbeit ist die Grundlage für den Wohlstand unserer Gesellschaft, gleichzeitig ist sie aber viel mehr als nur Gelderwerb. Arbeit gibt unserem Leben eine Struktur, sie vermittelt uns den Kontakt zur Außenwelt, lässt uns unsere Fähigkeiten und Grenzen erfahren. Schließlich bestimmt sie über unsere Stellung innerhalb der Gesellschaft. So leiden Arbeitslose zum Beispiel darunter, vom „normalen" Alltag ausgeschlossen zu sein und den gewohnten Tagesablauf zu verlieren. Viele Rentner müssen nach dem Ende ihrer Lebensarbeitszeit erst wieder „lernen", wie der Alltag ohne die tägliche Arbeit gestaltet werden kann.

Berufe im Wandel
M 6 – M 8

Der Arbeitsmarkt in Deutschland und den europäischen Staaten ist zunehmend durch sog. „atypische" Beschäftigungsverhältnisse gekennzeichnet. Zu diesen Beschäftigungsformen zählen u. a. die Teilzeitarbeit, die geringfügigen Beschäftigungsverhältnisse (Minijobs), die Leiharbeit und die befristete Beschäftigung. Diese orientieren sich nicht an unbefristeter Vollzeitarbeit (dem sog. Normalarbeitsverhältnis), die i. d. R. tarifvertraglich geregelt ist und den vollen Schutz der sozialen Sicherungssysteme in Deutschland gewährt. Auf der einen Seite bieten atypische Arbeitsverhältnisse tatsächlich zusätzliche Erwerbschancen insbesondere im Dienstleistungssektor, zeichnen sich gleichzeitig aber oft durch Abweichungen vom jeweiligen tarif-, unternehmens- oder betriebsüblichen Standard hinsichtlich Arbeitszeiten, Entlohnung oder Bestandssicherheit aus. Die Notwendigkeit der Regulierung atypischer Beschäftigungsformen steht deshalb auf dem Prüfstand und wird je nach Perspektive – beschäftigungspolitische vs. sozialpolitische Orientierung – unterschiedlich bewertet.

Neue Beschäftigungsverhältnisse
M 9, M 10, M 11 – M 14

Mit der technischen und globalen Entwicklung geht auch ein Wandel in den Beschäftigungsverhältnissen einher. So kann heutzutage in vielen Branchen an jedem Ort der Welt gearbeitet werden. Auch wenn das Normalarbeitsverhältnis nach wie vor das am meisten verbreitete Beschäftigungsverhältnis ist, hat sich daneben eine Vielfalt neuer Beschäftigungsformen entwickelt. Neben den neuen Selbständigen, befristet Beschäftigten, Leiharbeitern oder Home-Office-Arbeitern, sind es vor allem die Beschäftigten in Teilzeit und mit flexiblen Arbeitszeitmodellen, die die Beschäftigungslandschaft in Deutschland zunehmend prägen. Für viele Arbeitnehmer bedeutet diese Entwicklung eine bessere Vereinbarkeit von Familie und Beruf. Doch wird dieser Trend von vielen Experten und Beteiligten auch mit großer Sorge betrachtet, denn die atypischen Beschäftigungsverhältnisse führen zu einer Belastung der Sozialversicherungssysteme und bieten den Beschäftigten oft keine ausreichende Vorsorge für ihre Rente. Viele dieser Beschäftigungsverhältnisse tragen nicht einmal zur Existenzsicherung bei, deshalb wünschen sich die meisten Menschen nach wie vor ein klassisches Normalarbeitsverhältnis mit geregeltem Einkommen und einer geregelten Arbeitszeit.

Bald kommt das Kleinkind mit ins Büro

Die Babypause ist vorbei, der Job ruft. Wohin mit dem Kind? Vor dieser Frage stehen viele Mütter und Väter. Die Großeltern: wohnen oft weiter entfernt. Ein Kindermädchen: teuer, manchmal gewöhnungsbedürftig als Mitbewohnerin. Bleibt die Kindertagesstätte. Vielen Eltern fällt es aber schwer, sich vom Kind zu trennen, wenn es noch im Windelalter ist. [...]

Arbeiten zu Hause, das ist oft nur theoretisch eine gute Idee. Da ist die Ablenkung: Das Kind verwüstet die Wohnung, zwischendurch wird die Waschmaschine angeworfen. So hat es die Anwältin Sandra Runge, 37, erlebt. Die Mutter von zwei Söhnen gehört zum Team von „Coworking Toddler".

Das Berliner Projekt verbindet die Idee des Gemeinschaftsbüros (Coworking Space) mit Kindern im Krabbelalter (Toddler). „Man hat die Möglichkeit, ohne schlechtes Gewissen zu arbeiten, weil man den Kontakt und die Nähe zu den Kindern hat", sagt Runge.

Die „Coworking Space" haben sich seit ein paar Jahren in vielen Städten ausgebreitet. Meist mieten sich in den Kollektivbüros Berufstätige ein, die nur einen Computer brauchen und sich gerne beim Cappuccino mit anderen austauschen. Kinder sind in Laptopzonen selten.

In Leipzig gibt es das Projekt „Rockzipfel", das schon einige Ableger hat, darunter in Hamburg und München. Eltern oder Babysitter passen im Gemeinschaftsbüro auf den Nachwuchs auf. Eltern, die ihre Kleinen noch eingewöhnen, arbeiten mit Blickkontakt zum Kind, wie Gründerin Johanna Gundermann, 37, erklärt. Andere, die wirklich arbeiten müssen und nicht mehr eingewöhnen, ziehen sich zurück. Sie werden nur geholt, wenn die Kinder sie brauchen.

Stillen, wickeln, füttern, ins Bett legen – das machen die „Rockzipfel"-Eltern. „Das Prinzip ist ja, dass sie für ihre Kinder in diesen wichtigen Schlüsselsituationen da sein sollen", sagt Gundermann. Für die Erwachsenen blieben so etwa drei bis vier Stunden fürs eigene Arbeiten. [...]

Bei „Coworking Toddler" in Berlin sollen sich professionelle Erzieherinnen um die Kinder kümmern. Geplant ist eine Vollzeitbetreuung. Die Mütter und Väter können in Kontakt mit dem Nachwuchs bleiben und zusammen Mittagessen. Der Austausch mit den Erzieherinnen soll sich nicht auf Flurgespräche beschränken. Wenn der Sohn abends eine Beule hat, weiß die Mutter, wie das tagsüber passiert ist.

Eine Idee ist, dass ein Pieper am Schreibtisch den räumlich getrennt sitzenden Eltern Bescheid gibt, wenn ihr Kind sie braucht. Etwa sechs bis sieben Stunden Arbeit könnten für die Eltern möglich sein, schätzt Sandra Runge. Zur Zielgruppe gehören Selbstständige, Angestellte, die zu Hause im Homeoffice arbeiten können, oder Firmen, die ihren Mitarbeitern einen familienfreundlichen Wiedereinstieg bieten wollen.

Caroline Werner, Bald kommt das Kleinkind mit ins Büro, www.welt.de, 26.5.2015

Aufgabe

Arbeitet aus dem Text heraus, inwiefern sich im „Coworking Space" der Wandel der Arbeit und der Beschäftigungsverhältnisse widerspiegelt.

2.2 Berufswahl

Welcher Beruf ist der richtige?

M 1 Ich habe meinen Traumjob gefunden!

stringent
gradlinig

Marco Böhme ist Verleger und Herausgeber von regionalen Magazinen. Das Karriere-Portal der Universität Göttingen hat mit ihm ein Interview geführt.

Von heute aus betrachtet erscheint mein Weg von der Schulzeitung zum eigenen Verlag stringent. Dazwischen war allerdings vieles unklar und manches eher unsicher. In der Mittelstufe arbeitete ich für die Schulzeitung und sammelte so meine ersten journalistischen Erfahrungen. Ich hatte meinen Traumberuf gefunden. In der Oberstufe war ich dann Chefredakteur der Schülerzeitung und konnte mich selbst verwirklichen. Nach dem Abi bewarb ich mich bei der Tageszeitung für ein Volontariat. Die Absage kam prompt. Ich solle doch erst mal studieren und mich zusätzlich über freie Mitarbeit empfehlen. Im Studium habe ich dann meinen Traumjob erst mal aus den Augen verloren. Erst durch ein Journalismus-Seminar im Auslandssemester in den USA fand ich den Weg zurück. Zurück in Deutschland machte ich bei einem Magazin ein längeres Praktikum. Zu rechten Zeit am richtigen Ort übernahm ich ein dreiviertel Jahr später die Chefredaktion, worunter mein Studium litt. Am Ziel meiner Träume angekommen, schmiss ich mit der Einführung der Studiengebühren das Studium.

Insgesamt war ich fünfeinhalb Jahre lang Chefredakteur in diesem Verlag für unterschiedliche Magazintitel. Nachdem ich dort ausgeschieden bin, habe ich den eigenen Verlag aufgebaut und meine Rolle vom Journalisten in den vergangenen fünfeinhalb Jahren zum Verleger und Unternehmer entwickelt.

Warum haben Sie diese Tätigkeit gewählt?

Ich habe schon früh sehr gern geschrieben; so war ich als Kind bereits Autor einer Geschichte in einem Büchlein, das sich mit Sagen und Märchen meines Heimatdorfes beschäftigte. Später in der Schule fiel es mir sehr leicht, Texte zu verstehen und selbst welche zu verfassen. Bei meinem ersten richtigen Job als Journalist habe ich den organisatorischen Anteil genauso geschätzt wie den kreativen. Mit der Rolle als Unternehmer verbinde ich heute beide Bereiche und habe sehr viel Spaß dabei. […]

Welche Qualifikationen und Fähigkeiten halten Sie für wichtige Voraussetzungen für die Ausübung Ihrer Tätigkeit?

Neben dem Handwerkszeug, schreiben zu können, gehören Neugier, Interesse an Menschen und Begeisterungsfähigkeit zu den wichtigsten Faktoren im Journalismus. Als Unternehmer muss man risikobereit sein und Freude empfinden, Verantwortung für sich und andere zu übernehmen.

© Georg-August-Universität Göttingen, Career Guidance - Interviews mit Alumni: Marco Böhme, Herausgeber des faktor-Magazins, www.uni-goettingen.de, Abruf am 23.2.2016

M 2 Welcher Beruf passt zu mir?

Wieso sich junge Menschen für oder gegen etwas entscheiden, ist nicht einfach zu erklären: „Der Berufswahlprozess ist ein komplexer, sehr individueller Prozess mit vielen Variablen", weiß Christine Stiller [Beraterin bei der Agentur für Arbeit in Leipzig].

Das sieht Lore Funk ähnlich: „Es wäre viel zu kurz gegriffen, einfach zu sagen, Mädchen sind nicht technikaffin und Jungen interessieren sich nicht für soziale Berufe", sagt die Wissenschaftliche Referentin des Kompetenzzentrums Technik-Diversity-Chancengleichheit. Sie wertet die Aussagen Tausender Mädchen und Jungen aus, die jedes Jahr am Girls'- und Boys'Day teilnehmen, einem Projekt des Kompetenzzentrums. „Die Geschlechterrollen sind nicht starr. Es handelt sich immer um individuelle Persönlichkeiten mit unterschiedlichen Fähigkeiten und Interessen. Umso wichtiger ist es, sich von den tradierten Geschlechterbildern freizumachen und einen Beruf zu finden, der den eigenen Interessen entspricht." Und das ist die Crux: Denn die „eigenen" Interessen sind oft das Ergebnis von Erwartungen, die von anderen an uns herangetragen werden, ohne dass wir uns dessen immer bewusst sind. Wie reagieren Freunde und Eltern auf meine Wahl, wie wirkt mein Beruf nach außen? Welche Vorbilder und Rollenmodelle gibt es in der Gesellschaft und im persönlichen Umfeld? [...] Man kann niemanden in einen Berufszweig hineinreden, nur weil die Aussichten rosig erscheinen: „Jeder muss letztlich hinter seiner Entscheidung stehen", betont Berufsberaterin Stiller. Was will ich, was kann ich, und welche Chancen habe ich damit?

© Bundesagentur für Arbeit, Typisch Frau, typisch Mann ... und was machst du so?, www.abi.de, 24.3.2014

M 3 Vom Traum zum Beruf – Stationen zur Berufswahl

Station 1: Was will ich – was kann ich? – Das sind meine Interessen und Fähigkeiten

Das sind die wichtigsten Fragen, die du dir stellen solltest: Was kann ich am besten? – Was mache ich am liebsten? Hilfreich dabei sind Hobbys – Lieblingsfächer in der Schule – Gespräche mit anderen – Praxiserfahrungen (Praktikum, Ferienjob). Die Beraterinnen und Berater der Bundesagentur für Arbeit geben wertvolle Tipps für Tests und bieten individuelle Beratungsgespräche an.

Station 2: Recherchieren und Orientieren

Hast du schon ein paar Ideen, was dich beruflich interessieren könnte? Jetzt solltest du deine Wünsche mit der Berufspraxis abgleichen. Informiere dich über die Tätigkeiten in deinem Wunschberuf: gezielte Recherche im Internet (z. B. http://www.planet-beruf.de/Tagesablaeufe.163.0.html) – Gespräche mit Menschen, die den Beruf ausüben – Auswahl eines entsprechenden Praktikums usw.

Station 3: Ausbildung oder Studium?
Möchtest du lieber gleich praktisch arbeiten oder doch eher an der Hochschule studieren? Ob eine Ausbildung oder ein Studium das Richtige ist, hat damit zu tun, welcher Lern- und Arbeitstyp du bist. Das solltest du herausfinden und die Gründe die für bzw. gegen eine Ausbildung oder ein Studium sprechen, gut abwägen.

Station 4: Einen Blick in die Zukunft werfen – Prognosen und Arbeitsmarktchancen
Ingenieurmangel, Lehrerschwemme – häufig liest man von Berufen mit hohem oder sehr niedrigem Arbeitskräftebedarf. Experten sind sich einig: Arbeitsmarktprognosen sind ein möglicher Baustein bei der Entscheidungsfindung, viel wichtiger sind die eigenen Fähigkeiten und Interessen. Nur wer Freude im Beruf hat, ist langfristig motiviert, kann schwierige Zeiten durchstehen und sich gegen Mitbewerber durchsetzen.

Station 5: Einen Plan B haben – Alternativen für alle Fälle
Nicht immer klappt es mit dem Einstieg in den gewünschten Studiengang oder Ausbildungsberuf. Alternativen sind dann besonders sinnvoll, wenn du dir nicht ganz sicher bist. Idealerweise erstellst du eine Rangfolge deiner persönlichen Favoriten, denn dann kannst du schnell reagieren, wenn du nach dem Studien- oder Ausbildungsstart merkst, dass du auf dem falschen Weg bist. Hilfe im Beratungsdschungel bietet z. B. http://www.abi.de/index.htm?zg=schueler.

M 4 Was will ich? – Was kann ich?

a) Interessen herausfinden			
Welche Tätigkeiten interessieren mich?	1. anbauen/hegen ernten/züchten 2. bauen 3. herstellen/zubereiten/ Material bearbeiten	4. kaufen/verkaufen/ bedienen/beraten 5. behandeln/pflegen/ erziehen/unterrichten 6. gestalten/malen/ entwerfen/zeichnen	7. montieren/ installieren/reparieren 8. prüfen/untersuchen 9. schreiben/verwalten/ berichten 10. Maschinen steuern und bedienen
Wo möchte ich arbeiten?	1. Werkstatt/Halle 2. Verkaufsraum 3. im Freien/Natur	4. soziale/medizinische Bildungseinrichtung 5. Labor/Prüfstation 6. Hotel/Gaststätte	7. Fahrzeug/Transport-mittel 8. beim Kunden 9. Büro 10. Ausland/ferne Länder
Womit möchte ich arbeiten?	1. Baustoffe 2. chemische Stoffe 3. Elektronik 4. Fahrzeuge / Transportmittel 5. Glas/Keramik/ Edelstein 6. Holz/Papier	7. Lebensmittel 8. Mess- und Prüfgeräte 9. Menschen 10. Metalle 11. Pläne/Entwürfe 12. Regelungen/Gesetze/ Vorschriften 13. technische Anlagen	14. Textilien/Leder 15. Tiere/Pflanzen 16. Zeichen-/Schreibgeräte 17. Büromaschinen/ Büromaterial 18. Maschinen/Werkzeuge 19. Informationen/Medien/ Fremdsprachen

b) Über welche Fähigkeiten verfüge ich?			
Geistige Fähigkeiten?	1. Sprachbeherrschung/ sprachliche Gewandtheit 2. logisches Denken 3. räumliches Vorstellungsvermögen	4. Beobachtungsvermögen 5. rechnerisches Denken 6. Rechtschreibsicherheit 7. guter schriftsprachlicher Ausdruck	8. Konzentrationsfähigkeit 9. Merkfähigkeit 10. Kreativität 11. Sinn für Formen und Farben 12. Lern- und Leistungsbereitschaft
Soziale Fähigkeiten?	1. Kontaktfreudigkeit 2. sicheres Auftreten 3. Rücksichtnahme 4. Selbstständigkeit 5. Belastbarkeit 6. gute Umgangsformen	7. Teamfähigkeit 8. zuhören können 9. andere überzeugen können 10. Verantwortungsbereitschaft	11. Interesse für andere Menschen 12. Hilfsbereitschaft 13. Zuverlässigkeit 14. Höflichkeit 15. Toleranz
Körperliche Fähigkeiten?	1. körperliche Belastbarkeit (Stehen, Bücken, Sitzen)	2. gutes Hören 3. Farbsehen	4. robuste Gesundheit (Widerstandsfähigkeit) 5. handwerkliches Geschick

Bearbeiter

Aufgaben

1. Beschreibe den Weg, den Marco Böhme (M 1) bis zu seinem Traumberuf gegangen ist.
2. Frage Erwachsene in deinem Umfeld, wie sie zu ihrem Beruf gekommen sind. Welche Wege und Umwege haben sie beschritten, gibt es Gemeinsamkeiten und Unterschiede? Vergleiche deine Ergebnisse mit den Ergebnissen deiner Klassenkameradinnen und Klassenkameraden. Sammelt eure Ergebnisse auf einem Lernplakat (→ Methodenglossar) und hängt es sichtbar im Klassenraum auf (M 1, M 2).
3. Beurteile aus der Perspektive von M 2 den Weg des Verlegers und Herausgebers Marco Böhme (M 1).
4. Beschreibe, wie der ideale Weg zum Beruf aussehen kann (M 3). Erstelle mithilfe der Stationen in M 3 einen konkreten Plan der einzelnen Schritte, die du bis zu deinem Praktikum gehen möchtest. Halte deine Ergebnisse schriftlich fest.
5. Entwirf mithilfe von M 4 ein Profil deiner persönlichen Interessen und Fähigkeiten. Notiere die jeweiligen Ergebnisse.
6. Erkunde mithilfe der umseitigen Methode einen Arbeitsplatz aus deiner Umgebung, der nach Beantwortung der Fragen in M 4 für dich in Frage kommt (M 5).

Methode

M 5 Arbeitsplatzerkundung

Die vielfältigen Arbeitsformen, in denen Arbeitnehmerinnen und Arbeitnehmer heutzutage tätig sind, und die unterschiedlichen Tätigkeiten, die sie dabei ausüben, lassen sich sehr gut im Rahmen einer Arbeitsplatzerkundung kennenlernen. Anders als das Betriebspraktikum handelt es sich dabei um den einmaligen Besuch in einem Unternehmen oder Betrieb, der ermöglichen soll, durch Beobachtung, Befragung und auch Erleben von Menschen an ihrem Arbeitsplatz, Kenntnisse von der Art der Tätigkeit, der Qualifikationen, Anforderungen und Belastungen zu erlangen. Eine Arbeitsplatzerkundung bietet sich vor allem im persönlichen Umfeld an: So kann man die Arbeitsplätze der Eltern oder von Bekannten und Nachbarn erkunden. Sinnvoll ist es, wenn alle Schülerinnen und Schüler einer Klasse unterschiedliche Arbeitsplätze erkunden, damit man bei der Auswertung ein breites Spektrum vielfältiger Arbeitsplätze vorstellen und kennen lernen kann. Selbstverständlich kann eine Arbeitsplatzerkundung aber auch im Rahmen eines Betriebspraktikums durchgeführt werden.

Vorbereitung:

- *Inhaltliche Vorbereitung:* Welche Tätigkeiten üben die Menschen in meinem persönlichen Umfeld aus? Welchen Arbeitsplatz möchte ich genau erkunden? Was interessiert mich?
- *Organisation:* Eine Arbeitsplatzerkundung muss sehr genau geplant werden. Hier geben eure Lehrerinnen und Lehrer die entsprechenden organisatorischen Hinweise.

Durchführung:

Die Beobachtungen und Erkenntnisse aus Gesprächen sollten so genau wie möglich festgehalten werden. Die Beobachtung lässt sich mithilfe der folgenden W-Fragen gut strukturieren:

1) WO? – An welchem Arbeitsplatz und -ort wird die Tätigkeit ausgeübt? (z. B. im Freien – auf einer Baustelle – in einem Labor – in einer Werkstatt – im Verkaufsraum – im Büro – im Krankenhaus – in einem Pflegeheim – in einer Kindertagesstätte usw.)

2) WAS? – Welche Aufgabe wird bewältigt? Welche Tätigkeit wird genau ausgeführt? (z. B. herstellen – pflegen – instand halten – montieren – reinigen – bewirten – bedienen – beraten – gestalten usw.)

3) WIE? – Welche Arbeitsbedingungen sind vorherrschend? (z. B. Lärm oder Ruhe – Hitze oder Kälte – Sauberkeit oder Schmutz – Gestank – Gedränge – Enge – Zeitdruck – Sicherheit – Sitzen oder Stehen – schwere Lasten heben usw.)

4) WOMIT? – Welche Arbeitsmittel werden benötigt? (z. B. Werkzeuge – Maschinen – Computer – Messgeräte – Telefon – Fahrzeug usw.) Welche Gegenstände werden bearbeitet? (Nahrungsmittel – Autos – Möbelstücke – Handelsware – Menschen usw.)

5) WIE LANGE? WANN? – Wie lange ist die tägliche, die wöchentlich, die monatliche Arbeitszeit? Wie viele Tage Urlaub erhält man? Wie ist die Lage der täglichen Arbeitszeit? (z. B. Schicht-, Nacht-, Wochenendarbeit)

Auswertung:

Zur Auswertung der Arbeitsplatzerkundung sollten die Ergebnisse für eine Präsentation ausgebreitet werden. Dazu ist es z. B. sinnvoll, Fotos oder kleine Videos zu präsentieren, die die einzelnen Arbeitsabläufe dokumentieren (Zuvor aber bitte im Betrieb nach Erlaubnis fragen!).

Bearbeiter

Die moderne Arbeitswelt – was wird erwartet?

M 6 Stellenangebote

Wir suchen für unser 10-Mann-Büro in München zum nächstmöglichen Zeitpunkt eine freundliche, flexible

Empfangsdame/ Team-Assistentin

Tätigkeit:
- Empfang von Gästen und Dienstleistern
- Telefonzentrale (D/E)
- Unterstützung des dyn. Teams bei Termin- und Reiseplanungen
- Allg. Büromanagement (Material/Reisekosten/ Datenbank/Serienbrief)

Sie beherrschen D/E in Wort und Schrift, verfügen durch Berufserfahrung über sehr gute MSOffice Kenntnisse, sind verlässlich und haben Spaß am Umgang mit Menschen? Dann freuen wir uns über die Zusendung Ihrer Bewerbungsunterlagen!

Zur Verstärkung unseres Teams suchen wir Sie als

Zeitungszusteller/-in

- Wir bieten Ihnen einen sicheren Arbeitsplatz in der Nähe Ihrer Wohnung!
- Sie haben Ihr Geld schon verdient, wenn andere in die Arbeit gehen!
- Optimaler Zusatzverdienst für Rentner, Hausfrauen und Berufstätige!

Wir suchen Sie als zuverlässigen und verantwortungsbewussten Zeitungszusteller/-in, ab 18 Jahre, zwischen 3.30 Uhr und 6.00 Uhr morgens für die Stadt und den Landkreis München.

Nutzen Sie diese lukrative Verdienstmöglichkeit und kommen Sie ins Team.

- auf 450-Euro-Basis
- mit 25% steuerfreiem Nachtzuschlag
- in Teilzeit mit Lohnsteuerkarte

Wir freuen uns auf Ihr Interesse!

Junior Key Account Manager m/w

zum schnellstmöglichen Eintritt.

Nach einer intensiven Einarbeitung gewährleisten Sie eine optimale Betreuung unserer Kunden im Werklohn, GV-, C&C- und LEH-Bereich. Weiterhin gehört zu Ihrem Zuständigkeitsbereich eine qualifizierte Vertriebsleiterassistenz, u.a. die detaillierte Erstellung von Angebots-Kalkulationen. Dabei berichten Sie direkt an den Vertriebsleiter D/A/CH. Bei schneller Einarbeitung ist eine rasche Weiterentwicklung zum Key Account Manager geplant.

Ihre Aufgaben:
- Umfassende, aktive Betreuung von Kunden (nach Einarbeitung in Eigenverantwortung)
- Markt-, Absatz- und Ertragsanalysen
- Durchführung von Kundengesprächen inklusive Vor-und Nachbereitung
- Operative und administrative Unterstützung des Vertriebsleiters D/A/CH
- Projektarbeit im Vertriebsbereich
- Messeteilnahmen
- Kalkulationserstellung, DB-Analysen

Ihr Profil:
- Betriebswirtschaftliches Studium mit Schwerpunkt Vertrieb und Marketing oder vergleichbare kaufmännische Ausbildung mit entsprechender Weiterqualifizierung
- Fundierte EDV-Kenntnisse im MS-Office und Internet
- Erste Berufserfahrung im Vertrieb – vorzugsweise in der Konsumgüterindustrie – ist von Vorteil. Gerne geben wir auch überzeugenden Berufseinsteigern/-innen mit entsprechender Ausbildung eine Chance.
- Für die Tätigkeit ist ein hohes Maß an Eigenmotivation, Flexibilität, ein überzeugendes Auftreten und Reisebereitschaft Voraussetzung.

Wir bieten:
- Einen modernen Arbeitsplatz in einem wirtschaftlich stabilen Unternehmen
- Eine anspruchsvolle Tätigkeit in einem sehr motivierten, sympathischen und sehr gut eingespielten Team
- Eine leistungsorientierte Vergütung und weitere interessante Sozialleistungen

Bearbeiter

Soft Skills
Als **Soft Skills** oder auch personale Kompetenzen werden die berufsübergreifenden Qualifikationen bezeichnet, die man benötigt, um die beruflichen Anforderungen zu bewältigen. Dazu gehören u.a. Ausdauer, Belastbarkeit, Zuverlässigkeit, Verantwortungsbereitschaft, Kreativität, Gewissenhaftigkeit. Auch die sozialen Kompetenzen wie Kontakt- und Kommunikationsfähigkeit, Teamfähigkeit, Konfliktfähigkeit, Höflichkeit oder Toleranz gehören dazu. **Hard Skills** sind die eigentlichen Fachkompetenzen, die man in der Ausbildung bzw. im Studium erwirbt.

M 7 Bewerbungen im digitalen Zeitalter

Karikatur: Thomas Plassmann

Aufgaben

1. Projektarbeit in Kleingruppen: Schneidet aus der Tageszeitung eurer Stadt / Gemeinde Stellenanzeigen (Rubrik Stellenmarkt, meist in der Samstagsausgabe) heraus und vergleicht sie mit den in M 6 dargestellten Stellenanzeigen. Achtet dabei vor allem auf Unterschiede und Gemeinsamkeiten, formaler und inhaltlicher Art. Kriterien formaler Art können sein: Aufbau und Struktur und Informationsgehalt der jeweiligen Stellenanzeigen. Kriterien inhaltlicher Art können sein: geforderte Schulabschlüsse/Berufsausbildungen bzw. Universitätsabschlüsse, weitere Anforderungen und Angebote an die Stellenbewerber. Unterscheidet dabei auch zwischen Hard Skills und Soft Skills. Stellt abschließend eure Ergebnisse der Klasse in einem Kurzreferat (→ Methodenglossar) vor (M 6).
2. Erklärt, weshalb insbesondere die Soft Skills als Erfolgsfaktoren im Beruf bezeichnet werden.
3. Diskutiert, ob man Soft Skills in der Schule „lernen“ kann.
4. Interpretiert die Karikatur (M 7).
5. Stellt euch vor, ihr seid Personalchef in einem großen Unternehmen. Nennt die Informationen über (künftige) Mitarbeiter, nach denen ihr im Internet suchen würdet. Nennt Konsequenzen, die ihr persönlich im Umgang mit euren Daten ziehen würdet.

Haben Berufe ein Geschlecht?

M 8 Die zehn beliebtesten Ausbildungsberufe

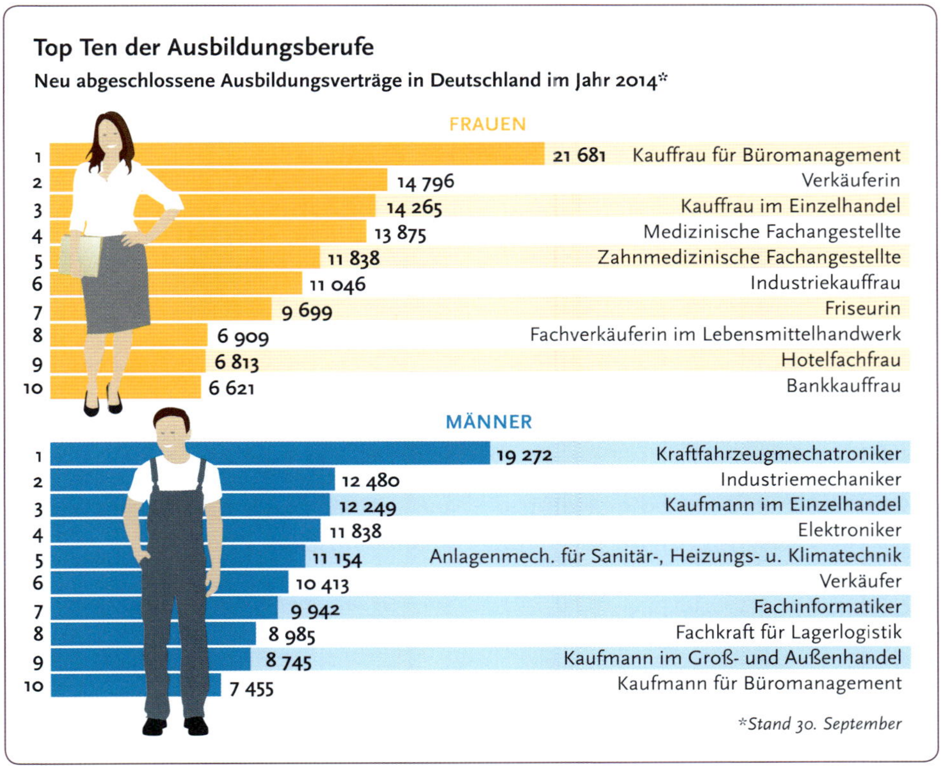

Quelle: Bundesinstitut für Berufsbildung, Globus-Grafik 10258

M 9 Warum wählen Mädchen Frauenberufe?

Die Sozialwissenschaftlerin Ursula Nissen hat das Berufswahlverhalten von jungen Frauen untersucht:

sueddeutsche.de: Bei den beliebtesten Ausbildungsberufen von Schülerinnen ist kein einziger Technik-Beruf dabei, stattdessen haben seit Jahren Arzthelferin und Bürokauffrau einen festen Platz in den Top Ten. Warum bewegt sich da nichts?

Ursula Nissen: Es gibt mittlerweile schon mehr Frauen in Technikberufen. Aber die Veränderungen sind minimal.

sueddeutsche.de: Was versteht man eigentlich unter einem „Frauenberuf"?

Nissen: Als typische Frauenberufe gelten zum Beispiel Krankenschwester oder Erzieherin. In der Statistik heißen sie „weiblich dominierte Berufe", das heißt es gibt zwischen 80 und 100 Prozent weibliche Auszubildende. Diese Berufe gelten als familiennah, weil man hier soziale Kompetenzen einsetzen kann, die man auch in der Familie braucht. Sie weisen häufig ein entsprechend diffuses Tätigkeitsprofil auf. Viele junge Mädchen ergreifen diese Berufe mit der Begründung, sie könnten dann Arbeit und Familie besser vereinbaren. Dabei ist das in diesen Berufen gerade nicht der Fall. Die Technikberufe sind zum Beispiel sehr viel familien- und arbeitszeitfreundlicher als die Berufe in der Krankenpflege oder im Handel. Und Frauenberufe sind sehr häufig Sackgassenberufe: Es ist kein Aufstieg möglich. Wer einmal Arzthelferin geworden ist, bleibt es auch. Die gesellschaftliche Bewertung dieser Berufe hört man ihnen geradezu an: Frauenberufe sind die „Helferinnen"- und „Assistenz"-Berufe. Kein Geselle würde sich als Assistent von einem Ingenieur bezeichnen.

Adoleszenzphase
Phase von der späten Kindheit über die Pubertät bis hin zum vollen Erwachsensein

sueddeutsche.de: Warum wählen Frauen bei all diesen Nachteilen diese Berufe dann überhaupt?

Nissen: Junge Frauen haben wenig Wissen über die tatsächliche Berufsrealität und ihre Aufstiegschancen. Außerdem ist bei uns in der Bundesrepublik der gesellschaftliche Druck sehr hoch, dass die Frau einen Beruf haben sollte, der dem Geschlechtsrollenbild entspricht - in anderen europäischen Ländern ist man da viel weiter. Und das beeinflusst die jungen Mädchen. Man weiß, dass in der Grundschule die Interessen bei beiden Geschlechtern noch ziemlich gleich sind. In dem Moment, in dem die Mädchen in die Adoleszenzphase kommen, schwindet auf einmal das Interesse an Technik und technischen Berufen.

© Süddeutsche.de, „Mädchen sollten dahin kommen, sich jeden Beruf zuzutrauen", www.sueddeutsche.de, 11.5.2010

M 10 Erfolgreiche Frauen als Vorbilder?

Zuerst die gute Nachricht: es gibt so viele weibliche MINT-Studierende und Absolventinnen wie noch nie. Jede vierte Studienanfängerin entschied sich 2012 für ein Fach aus dem Bereich Mathematik, Informatik, Naturwissenschaft, Technik (MINT). [...] Der Beschäftigungszuwachs in diesen Bereichen war in den vergangenen Jahren überdurchschnittlich; das Risiko, arbeitslos zu werden, gering. Dennoch ist der Frauenanteil in den sogenannten MINT-Berufen weiterhin unterdurchschnittlich. Hier gibt es nur knapp 18,7 Prozent Frauen. [...]

Jumana Al-Sibai ist Mutter von zwei kleinen Kindern und Leiterin Marketing und Vertrieb bei der Robert Bosch GmbH in Stuttgart. Die Wirtschaftsingenieurin mit Schwerpunkt Unternehmensberatung sieht in der Kombination Familie und Erfolg im Beruf keinen Widerspruch. Ihr Mann ist ebenfalls Manager bei Bosch. „Wir wollten immer beides, Kinder und Karriere." Die 41-Jährige ist davon überzeugt, dass flexible Arbeitsmodelle, die Wertschätzung von Familienpflichten und der Abbau von Vorurteilen wichtige Stellhebel seien, um mehr weibliche Führungskräfte zu gewinnen. Natürlich weiß sie, dass Frauen mit überholten Rollen- und Denkmustern gerade im technischen Umfeld konfrontiert sind.

In ihrem Unternehmen werde auf allen Ebenen an einem echten Wandel gearbeitet, der auch mit klischeehaften Ansichten breche. Deshalb übernehme sie unter anderem die Rolle einer Mentorin für angehende weibliche Führungskräfte. Vorbehalte abzubauen und junge Frauen für MINT-Karrieren zu begeistern, gelingt meist im persönlichen Gespräch, noch besser bei einer Vorbildfrau, die quasi an der Quelle sitzt. Wie Corinna Salander. Sie hat den Lehrstuhl für Schienenfahrzeugtechnik an der Universität Stuttgart. Vorausgegangen sind ein Physikstudium, eine Promotion in Elektrotechnik und 18 Jahre in der Eisenbahnbranche. [...]

Die 47-Jährige, die ihre drei Kinder einige Jahre allein erzog, vermisst bei vielen jungen Frauen einen strategischen Umgang mit der eigenen Lebensplanung. Hier sei der Knackpunkt für den Mangel an weiblichen Führungskräften in MINT-Berufen. Der berufliche Karriereweg als Mutter werde von jungen Frauen selten aktiv geplant. Salander rät jungen Frauen, die Kinderfrage bei einem Vorstellungsgespräch selbst offensiv anzusprechen und mit ihrem Partner gemeinsam entwickelte Lösungsvorschläge anzubieten. Frauen sollten sich aber auch im Klaren darüber sein, was sie letztendlich für Beruf und Karriere investieren wollen. Noch immer sei die Gesellschaft nicht ausreichend darauf vorbereitet, die Vereinbarkeit von Familie und Karriere für alle Seiten zufriedenstellend zu ermöglichen. Den Schlüssel für Veränderungen, für das Aufbrechen herkömmlicher Rollenmuster zu Gunsten von Vielfalt bei Lebensmodellen sieht Salander in der Erziehung der eigenen Kinder. „Es war einfach selbstverständlich, dass ich arbeite."

Sigrun Lutz, Erfolgreiche Frauen als Vorbilder, Stuttgarter Zeitung, 2.2.2015

Aufgaben

1. Macht in der Klasse eine Umfrage zu den Berufswünschen und vergleicht das Ergebnis mit M 8.
2. Die Texte in M 9 und M 10 geben Gründe dafür an, weshalb Frauen in der Regel Frauenberufe wählen. Gib diese Gründe wieder und ergänze mögliche weitere Gründe (M 9, M 10, Methodenglossar).
3. In den letzten Jahren wurde in den Schulen viel unternommen, die geschlechtsspezifische Berufswahl aufzubrechen. Ihr selbst habt vielleicht schon an entsprechenden Veranstaltungen (z. B. „Girlsday") teilgenommen. Diskutiert den Nutzen dieser Einrichtungen während einer Podiumsdiskussion (→ Methodenglossar).
4. Fernsehserien als Vorbilder bei der Berufswahl? Macht dazu einen Praxistest und untersucht – am besten arbeitsteilig – einige deutsche und ausländische Serienproduktionen. Vergleicht die Frauenrollen im Hinblick auf die ausgeübten Berufe (M 10).

Methode

M 11 Das Betriebspraktikum

1. Vor dem Betriebspraktikum

In diesem oder im kommenden Schuljahr werdet ihr ein Betriebspraktikum absolvieren. Ein Betriebspraktikum ist kein Betriebsausflug. Es ist vielmehr der gezielte Versuch, Betriebs- und Arbeitswelt in Handwerks-, Industrie- oder Wirtschaftsunternehmen kennen zu lernen. Betriebspraktika sollten vorwiegend durchgeführt werden, um Einblicke in bestimmte Arbeitsbereiche und soziale Aspekte des Betriebs zu ermöglichen. Wenn das Betriebspraktikum gut vorbereitet wird, kann es besonders gewinnbringend sein. Besonders wichtig ist, dass vor dem Praktikum Interessenschwerpunkte und Erwartungen zu bestimmten Berufsfeldern bereits geklärt sind.

2. Auswahl eines geeigneten Betriebs

Zuerst solltet ihr z. B. mithilfe des Selbsteinschätzungsbogens M 4 klären, welche Interessen ihr habt, was ihr besonders gerne macht und gut könnt. Klären solltet ihr aber auch, was ihr überhaupt nicht mögt. Eltern, Freunde und Bekannte und eure Lehrer können euch bestimmt wertvolle Hinweise geben.

Erstellt dann euer Persönlichkeitsprofil und überlegt, welcher Beruf bzw. welcher Betrieb für ein Praktikum in Frage kommen kann. Hilfreich dabei sind ein Besuch im Berufsinformationszentrum der örtlichen Arbeitsagentur oder einer Ausbildungsmesse, die „Gelben Seiten“, Werbeanzeigen in der Tagespresse, Berichte von Freunden und Bekannten und ehemaligen Praktikanten. Allgemein über Berufe informiert man sich am besten auf der Homepage der Agentur für Arbeit unter: *http://www.berufenet.arbeitsagentur.de*.
Daneben gibt es auch Online-Praktikumsbörsen: z. B. *www.meinpraktikum.de* und *www.praktikant24.de*.

Für die Auswahl des Betriebs sollten einige Verhaltensregeln beachtet werden:

a) Die erste Kontaktaufnahme – ob schriftlich, mündlich oder telefonisch – ist besonders wichtig. Denn der erste Eindruck bleibt haften.

b) Die schriftliche Anfrage oder Bewerbung um eine Praktikumsstelle enthält:
- ein Anschreiben
- einen tabellarischen Lebenslauf
- das Begleitschreiben der Schule

Befragt dazu euren Deutsch-Fachlehrer.

c) Habt ihr euch gleichzeitig bei mehreren Stellen beworben, teilt ihr nach Zusage einer Stelle den anderen Stellen mit, dass ihr eure Bewerbung zurückzieht.

d) Achtet auf ein entsprechendes äußeres Erscheinungsbild, vor allem dann, wenn die Berufserkundung mit Kundenkontakten verbunden ist.

e) Korrektes Verhalten im Betrieb wird von euch erwartet. Dazu gehören: Höflichkeit, Pünktlichkeit, Zuverlässigkeit, Rücksichtnahme, vertrauliche Behandlung von Interna, rechtzeitige Information der Berufserkundungsstelle bei Erkrankung, ein Dankeschön am Ende des Praktikums.

3. Während des Praktikums

Während des Praktikums informiert ihr euch möglichst umfassend über euer Arbeitsumfeld. Dazu solltet ihr allerdings Schwerpunkte setzen. Seid euch auch darüber im Klaren, dass ihr Praktikanten und keine richtigen Arbeitnehmer seid, weshalb euch wahrscheinlich bestimmte Bereiche des Tätigkeitsfeldes verschlossen bleiben. Umso wichtiger ist es deshalb, möglichst viele Einblicke zu gewinnen. Die Mitarbeiter (Auszubildende, Ausbilder, Facharbeiter, Meister, Angestellte) sind sicher bereit, eure Fragen zu beantworten. Dazu müsst ihr aber selbst aktiv werden. Dokumentiert eure Eindrücke und Erfahrungen durch stichwortartige Notizen oder das Führen eines Tagebuchs. Vielleicht könnt ihr auch Video- oder Fotodokumente anfertigen. Befragt dazu vorher euren Vorgesetzten.

Zur Analyse des Arbeitsplatzes während des Praktikums kann der folgende Fragebogen hilfreich sein:

Was wird gearbeitet?
(Arbeitsaufgabe)

Wo wird gearbeitet?
(Arbeitsort, Arbeitsumgebung, Funktionsbereiche)

Womit wird gearbeitet?
(Objekte und Arbeitsmittel)

Mit wem wird gearbeitet?
(Qualifikation/Status)

Wann wird gearbeitet?
(Arbeitszeit/Arbeitsform)

4. Auswertung des Praktikums (Praktikumsbericht)

Mit der Durchführung des Betriebspraktikums ist die Arbeit noch nicht abgeschlossen. Es schließen sich noch einige wichtige Schritte an:

- Betrieb danken und evtl. Kopien der Praktikumsergebnisse beifügen bzw. zur Ergebnispräsentation einladen
- Systematische Auswertung der Praktikumsunterlagen und Anfertigen eines Praktikumsberichts und ggf. einer Dokumentation des Praktikums. Der Bericht sollte ca. 6-8 Seiten umfassen und folgendermaßen aufgebaut sein:

Inhalte eines Praktikumsberichts

- Erwartungen an mein Praktikum
- Allgemeines zum Betrieb
  - Name, Anschrift, Größe (Mitarbeiter etc.)
  - Arbeitsbereich (Produktionsbereich, Dienstleistung, Versorgung etc.)
  - Zusammenarbeit mit anderen Betrieben
- Organisation und Weisungsordnung im Betrieb
  - Zusammensetzung der Mitarbeiter (männlich, weiblich, Arbeiter, Angestellte ...)
  - Auflistung sämtlicher im Betrieb vertretenen Berufe
  - Abteilungen des Betriebes
  - Weisungsordnung (evtl. nur Bereich, in dem mein Praktikum stattfindet: Bsp. Direktor – Betriebsleiter – Abteilungsleiter – Meister – Facharbeiter – angelernte Kräfte)
  - Möglichkeiten der Fort- und Weiterbildung
- Allgemeines zur Arbeit im Betrieb, soziale Leistungen, Mitbestimmung
  - Arbeitszeiten
  - Unfallschutzmaßnahmen
  - Betriebsrat
  - Besondere soziale Leistungen
- Mein Arbeitsplatz
  - Art des Arbeitsplatzes
  - Ausgeführte Tätigkeiten (selbständig ausgeführt; unter Anleitung ausgeführt)
  - Verlangter Bildungsabschluss; Dauer und Art der Ausbildung
  - Arbeitsplatzsituation
  - Möglichkeiten der weiteren Qualifizierung
- Tagesbericht
- Kritische Zusammenfassung der Erfahrungen
  - Erfüllung bzw. Nichterfüllung der Erwartungen
  - Beurteilung der Erfahrungen (sinnvoll oder nicht) mit Begründung

Was wir wissen

Wege zum Beruf
M 1 – M 4

Den passenden Beruf zu finden, ist nicht einfach. Im Laufe unserer persönlichen Entwicklung ändern sich unsere Vorstellungen vom Wunsch- oder Traumberuf. Mit dem Prozess des Älterwerdens gehen wir immer realistischer mit dem Traumberuf um. Wir fangen an, unsere Fähigkeiten, Fertigkeiten und Interessen mit den Anforderungen, die ein ganz bestimmter Beruf an die Persönlichkeit des Menschen stellt, abzugleichen. Dabei kommt es immer wieder vor, dass wir Berufswünsche verwerfen, da sich uns andere Möglichkeiten aufzeigen. Weil es eine nahezu unüberschaubare Anzahl an Ausbildungs- und Studienmöglichkeiten und ebenso viele Berufsbilder gibt, ist es ratsam, bei der Entscheidung Hilfe von Experten der Berufsberatung zu holen.

Die Berater der Arbeitsagentur raten Jugendlichen, die vor der Berufsentscheidung stehen, sich auf die persönlichen Stärken und Neigungen zu verlassen, denn es nützt oft wenig, wenn man einen Beruf wählt, nur weil er vermeintlich zu einem sicheren Arbeitsplatz führt. Dann fehlt häufig die für die Ausübung des Berufs notwendige Motivation. Da sich die Berufsbilder ständig ändern, gibt es heute schon kaum jemanden mehr, der seinen Beruf ein ganzes Berufsleben lang ausübt. Der erlernte Beruf bleibt aber nach wie vor die Eintrittskarte in das Arbeitsleben.

Anforderungen der Arbeitswelt
M 6, M 7

Die Anforderungen, die heutzutage und verstärkt in Zukunft an die Arbeitnehmerinnen und Arbeitnehmer gestellt werden, sind sehr vielfältig und anspruchsvoll. Zentrale Bedeutung haben dabei die Bereitschaft und die Fähigkeit zum lebenslangen Lernen. Aber auch sogenannte Sekundärtugenden wie Fleiß, Pünktlichkeit oder Höflichkeit werden von Arbeitgebern wieder vermehrt eingefordert. Darüber hinaus wird es für die Arbeitnehmerinnen und Arbeitnehmer immer wichtiger, Privat- und Arbeitsleben in ein „gesundes“ Verhältnis zu setzen, denn die Grenzen zwischen diesen beiden Lebensbereichen verschwimmen immer mehr.

Geschlechtsspezifische Berufswahl
M 8 – M 11

Obwohl Jungen und Mädchen gemeinsam aufwachsen und dieselben Schulen besuchen, ihnen dieselben Ausbildungs- und Studienmöglichkeiten offenstehen, wählen Jungen und Mädchen unterschiedliche Studienfächer und Ausbildungsberufe. Zumindest in den westlichen Bundesländern ist zu beobachten, dass immer noch wenig junge Frauen technische Berufe ergreifen. Über die Ursachen dieser geschlechtsspezifischen Berufswahl wird immer neu diskutiert. Neuere Untersuchungen haben ergeben, dass sich insbesondere Mädchen auch von Rollenbildern in den Medien bei der Berufswahl beeinflussen lassen.

Berufsberatung simulieren

1. **Berufsporträts erstellen:**
   Vielleicht habt ihr euren Traumberuf schon gefunden? Erstellt zu den in eurer Klasse genannten Berufswünschen jeweils Kurzporträts.

   Formuliert zunächst Leitfragen. Berücksichtigt z. B. folgende Aspekte:
   - Über welche Fähigkeiten sollte derjenige, der den Beruf ausüben möchte, verfügen?
   - Welche schulischen Voraussetzungen werden verlangt?
   - Wie lange dauert die Ausbildung?
   - Welche Tätigkeiten werden ausgeübt?
   - Wie sind die Verdienstmöglichkeiten?
   - Welche Aufstiegschancen hat man?
   - Hat man die Möglichkeit, diesen Beruf auch im Ausland auszuüben?
   - Wie ist die aktuelle Lage auf dem Arbeitsmarkt?
   - Ist der Beruf ein krisensicherer Beruf? Wie sind die Zukunftschancen?
   - Wird dieser Beruf in gleicher Weise von Männern und Frauen ausgeübt?

Analysiert in einem zweiten Schritt, z. B. durch die Auswertung entsprechender Stellenanzeigen, welche spezifischen Anforderungen an diesen Beruf gestellt werden.

Informationen findet ihr z. B. hier:
Seite der Bundesagentur für Arbeit für Jugendliche und Auszubildende:
www.planet-beruf.de

Erstellt mit diesen Informationen eine kleine Sammlung von Berufsbeschreibungen (Wandposter, Karteikarten, Dateien ...).

2. **Beratung simulieren**
   Jeweils zwei Schüler spielen nun Berufsberater. Legt diesen Schülern euer Interessen- / Fähigkeitenprofil aus M 4 vor. Die Berater prüfen nun, ob das Profil zum genannten Wunschberuf passt, und machen gegebenenfalls alternative Vorschläge.

Kompetenzen prüfen

I. Diagnose

Ich kann …	Dazu benötige ich u. a. folgende Begriffe …	Das klappt schon …		Hier kann ich u. a. noch üben …
… individuelle und gesellschaftliche Bedeutung von Arbeit beschreiben	• Erwerbsarbeit • Selbstbewusstsein • Einkommen • Herausforderung • Berufung • Identität	😎	☹	Kapitel 2.1 • M 1 – M 4 • Was wir wissen
… den Wandel von Berufen und Tätigkeiten am Beispiel darstellen	• Wandel der Berufe • Beschäftigungsverhältnisse	😎	☹	Kapitel 2.1 • M 6 – M 10 • Was wir wissen
… den eigenen Berufswunsch skizzieren	• Traumjob • Interessen und Fähigkeiten • Stationen zur Berufswahl	😎	☹	Kapitel 2.2 • M 1 – M 4 • Was wir wissen
… mögliche Arbeitsformen der Zukunft charakterisieren	• Soft Skills • Moderne Arbeitswelt	😎	☹	Kapitel 2.2 • M 6 • Methode M 5 • Was wir wissen
… sich mit dem Betriebspraktikum auseinandersetzen	• Betriebspraktikum • Praktikumsbericht	😎	☹	Kapitel 2.2 • Methode M 11

II. Lernkontrolle

Karikatur: Christiane Pfohlmann, 2015

1. Beschreibe die Karikatur.

2. Stelle die Aussageabsicht des Karikaturisten dar.

3. Überprüfe diese Aussage. Denke dabei daran, dass der Begriff Karikatur aus dem italienischen „caricare" abgeleitet wird, was so viel bedeutet wie „überspitzen".

4. Welche Konsequenzen lassen sich aus der Entwicklung zur Industrie 4.0 für die eigene Berufswahl ziehen? Skizziere Deine Überlegungen.

Erwartungshorizonte zur Lernkontrolle Kapitel 2

Mediencode: 71007-02

Stellt euch vor, ihr schwebt in einem Ballon „Staat". (Gebt eurem Ballon einen Namen!)
An Bord sind schwere Lastenpakete mit Aufgaben des Staates, die den Ballon immer wieder an Höhe verlieren lassen. Er droht abzustürzen. Um den Abstieg aufzuhalten, müsst ihr ein Lastenpaket über Bord werfen. Ihr müsst euch dabei überlegen, welche Staatsaufgaben ihr leicht aufgeben könnt und welche ihr so lange wie möglich an Bord behalten wollt.
Der Ballon fängt sich wieder, verliert aber nach einer Weile wieder an Höhe. Ein weiteres Paket (2. Spielrunde) muss also abgeworfen werden. Dies geht so weiter, bis der Ballon sich endlich stabilisiert hat. Dokumentiert jeden Abwurf: In welcher Reihenfolge wurden die Lasten abgeworfen? Begründet jeden einzelnen Abwurf (Argumente, Kontroversen).

Anmerkung für den Spielleiter:

Alle Mitspieler erhalten die Liste mit den Lasten. Außerdem wird eine große Tabelle mit den Namen der Ballone und der mitfahrenden Spielerinnen und Spieler benötigt, um am Schluss die Ergebnisse vergleichen zu können.

3

Sozialstaatlichkeit in Deutschland

In vielen Ländern der Welt entfernen sich Arm und Reich voneinander. Wie viel Ungleichheit soll es sein? Dass jeder genau das Gleiche hat, finden die meisten Leute nicht gut. Wer mehr leistet, soll auch mehr haben. Aber was ist Leistung überhaupt? Und wie groß ist die Chancengleichheit.

Um solche Fragen beantworten zu können, hilft es, unterschiedliche Wirtschaftsordnungen zu verstehen. Welche Wirkungen haben sie auf das Handeln der Menschen? Insbesondere interessiert hier das System der Sozialen Marktwirtschaft in Deutschland.

Kompetenzen

Am Ende dieses Kapitels solltest du Folgendes können:

- grundlegende Unterscheidungsmerkmale von Wirtschaftsordnungen nennen
- volkswirtschaftliche Zusammenhänge mithilfe des Wirtschaftskreislaufs beschreiben
- wesentliche Prinzipien der Sozialen Marktwirtschaft in Deutschland erläutern
- Bausteine der gesetzlichen Sozialversicherung erklären
- die Herausforderungen des Generationenvertrages darstellen

Was weißt du schon?
Spielt das Ballonspiel wie in der Spielanleitung beschrieben.

3.1 Wie steuern Regeln das wirtschaftliche Verhalten?

Wie reagieren Menschen auf Anreize?

M 1 Warum sind die Supermarktregale so gut gefüllt?

Das Angebot ist üppig. Doch wie und warum kommen die Produkte auf den „Markt"?

Jeden Tag werden in einer Großstadt wie Berlin Millionen von Menschen pünktlich mit Nahrungsmitteln und Mahlzeiten versorgt, sei es im Supermarkt, an Imbissbuden, in Kantinen, in Restaurants oder in privaten Küchen. Dabei hat jeder die Möglichkeit, seine ganz individuellen Bedürfnisse zu befriedigen. Kebab, Sushi, Hamburger, Eintopf – es werden die unterschiedlichsten Gerichte angeboten. Die allerwenigsten Zutaten für diese Mahlzeiten werden in Berlin selbst hergestellt.

An unterschiedlichsten Orten und in unterschiedlichen Ländern produzieren Menschen Nahrungsmittel und Zutaten, die transportiert, weiterverarbeitet und schließlich an andere Menschen verteilt werden: Wie kann erreicht werden, dass alle Bedürfnisse und Güter so koordiniert werden, dass die Nahrungsmittelversorgung jedes Einzelnen in einer so großen Stadt gesichert ist?

Um dieses „Wunder" zu verstehen, muss man sich den Regeln widmen, nach denen das wirtschaftliche Geschehen funktioniert. Ähnlich wie beim Sport hängen nämlich die wirtschaftlichen Aktivitäten in ihrer genauen Ausführung und in ihren Ergebnissen von bestimmten Regeln ab. Solche Regeln oder Verfahren werden auch als Institutionen bezeichnet. Für die Wirtschaft besonders wichtig sind zum Beispiel das Vertragsrecht, der Markt mit seinem Wettbewerb und das Geldwesen.

M 2 Wirtschaftliches Handeln – eine Folge von Anreizen

Ökonomie ist im Kern eine Untersuchung über die Wirkung von Anreizen. Es geht dabei um die Frage, wie die Leute bekommen, was sie wollen oder brauchen, besonders wenn andere Leute dasselbe wollen oder brauchen. Ökonomen lieben Anreize. Sie lieben es, sich Anreize auszudenken, sie einzusetzen, sie zu studieren und daran herumzubasteln. Der typische Ökonom glaubt, dass die Welt noch kein Problem erfunden hat, das er nicht lösen könnte, wenn er freie Hand hätte, das passende Schema von Anreizen zu konstruieren. […]

Ein Anreiz ist einfach ein Mittel, mit dem man Leute dazu bewegt, mehr Positives und weniger Negatives zu tun. Aber die meisten Anreize ergeben sich nicht von selbst. Irgendjemand – ein Ökonom oder Politiker, ein Vater oder eine Mutter – muss ihn erfinden. Ihre dreijährige Tochter isst eine ganze Woche lang das Gemüse auf? Dafür darf sie sich im Spielzeugladen etwas aussuchen. Eine große Stahlfabrik stößt zu viele Abgase aus? Das Unternehmen muss für jeden Kubikmeter, der über die zulässige Menge hinausgeht, Strafe zahlen. Zu viele Leute zahlen ihre Steuer nicht vollständig? Es war der Ökonom Milton Friedman, der in den USA zur folgenden Lösung beigetragen hat: Die Steuer wird automatisch vom Lohn einbehalten. Grundsätzlich gibt es drei verschiedene Arten von Anreizen: ökonomische, soziale und moralische. Sehr oft sind alle drei Varianten in einem einzigen Schema zusammengefasst.

Steven D. Levitt/Stephen J. Dubner, Freakonomics, übersetzt von Gisela Kretzschmar, München 2006, S. 39 ff.

M 3 Lofanga oder die Kultur des Teilens

Papageien- und Doktorfische, Zackenbarsche, Schnapper und Meeräschen zappeln im Netz – um die südpazifische Insel Lofanga im Königreich Tonga gibt es Fisch im Überfluss. Die Fischer hier kennen ein Abgabesystem, das gleichzeitig als Sozialversicherung, Nachbarschaftshilfe und Ökosteuer wirkt: Wer mehr fängt, als er verbraucht, muss seinen Fang mit anderen teilen, zum Beispiel mit alten und kranken Bewohnern oder Fischern, die weniger Glück hatten. Täglich lieferten die Fischer etwa ein Drittel ihres Ertrags ab – Renten in Form von frischen Nahrungsmitteln. Weil sich große Fänge nicht lohnen, gehen sie mit der natürlichen Ressource sparsam um. Und nur ausnahmsweise, wenn sie einmal Geld für Benzin oder Schulen brauchen, dürfen die Männer ihren Fisch an einem Marktstand verkaufen.
Völlig anders – und ähnlich wie in den Industriestaaten – wirtschaften die Fischer der etwas größeren Nachbarinsel Uiha: Sie bringen einen Großteil ihrer Fänge auf den Markt und mancher legt das eingenommene Geld für die eigene Alters- und Krankheitsvorsorge auf einer Bank an. Damit sind sie motiviert, mehr Fische zu fangen, als sie und ihre Familien essen können. Folge: Die Fischgründe bei Uiha sind heute nahezu erschöpft.

Christoph Dieffenbacher, Horizonte, Schweizer Forschungsmagazin 45/2000, S. 14

Aufgaben

1. Fasse zusammen, welche Bedeutung Regeln und Anreize für das wirtschaftliche Handeln der Menschen haben (M 1, M 2).
2. Charakterisiere Beispiele aus deinem Alltag als Anreize, die dein Verhalten und das deiner Umgebung steuern (M 2).
3. Arbeite die unterschiedlichen „Verteilungsregeln" aus M 3 genau heraus und erläutere, wie sich diese auf das Verhalten der Menschen auswirken.

Wie lassen sich Wirtschaftssysteme vergleichen?

M 4 Wirtschaftsordnungen – Wirtschaftssysteme

Soll ein unübersichtliches und zusammenhangloses Nebeneinander einzelwirtschaftlicher Aktivitäten vermieden werden, sind Regeln, Normen und Institutionen erforderlich, die von allen Wirtschaftssubjekten akzeptiert werden. Die Gesamtheit der wirtschaftlich relevanten rechtlichen Vorschriften, Koordinationsmechanismen, Zielsetzungen, Verhaltensweisen und Institutionen, die den organisatorischen Ablauf und Aufbau einer Volkswirtschaft bestimmen, werden als Wirtschaftsordnung bezeichnet.

Wirtschaftsordnungen setzen sich aus unterschiedlichen Bausteinen zusammen.
Im Wesentlichen sind dies:

- Die Formen der Planung und Lenkung
- Das Eigentumsrecht
- Die Formen der Geld- und Finanzwirtschaft
- Das Außenwirtschaftsrecht
- Die Rolle der Wirtschaftssubjekte, besonders auch des Staates
- Die Rolle des Marktes, z. B. bei der Preisbildung
- Das Unternehmensrecht

Im Allgemeinen werden zwei Wirtschaftsmodelle gegenübergestellt:

- **Marktwirtschaft** und
- **Zentralverwaltungswirtschaft**

In einem **marktwirtschaftlichen System** werden Nachfrage und Angebot dadurch koordiniert, dass die Unternehmen ihre Güter und Leistungen auf Märkten gegen Geld anbieten, zu Preisen, die sich entsprechend dem Verhältnis von Angebot und Nachfrage, also entsprechend der Knappheit, frei herausbilden.

[...] In der **Zentralverwaltungswirtschaft** ist die gesamte Produktion und Verteilung der Güter den Dispositionen der Haushalte und Unternehmen entzogen. Stattdessen entscheidet eine staatliche Stelle (Planbehörde) darüber, welche Güter in welcher Menge und Qualität zu erzeugen und nach welcher Rangfolge sie an andere Unternehmen und Haushalte zu verteilen sind (Planauflagen). Oberste Pflicht der Unternehmen ist die fristgerechte Erfüllung der Planauflagen (Planerfüllungsprinzip). Artunterscheidendes Merkmal der Zentralverwaltungswirtschaft ist also, dass der arbeitsteilige Wirtschaftsprozess zentral geplant und aufgrund dieses Planes gelenkt wird. Ein häufig angeführtes Kriterium der Zentralverwaltungswirtschaft ist die Form des Eigentums. In Übereinstimmung mit der kommunistischen Doktrin wird an sachlichen Produktionsfaktoren kein privates Eigentum zugelassen.

Im Falle zentraler Steuerung einer Volkswirtschaft müssen die Koordinatoren über eine außerordentliche Informationsfülle in Bezug auf die Bedürfnisse, die Güter- und Rohstoffvorräte, die Produktionskapa-

Dispositionen
hier: Verfügbarkeit, Verfügung

Wirtschaftsordnungen
Gemeint sind die Wirtschafts- und Gesellschaftsordnungen „Kapitalismus“ und „Kommunismus“.

Wirtschaftssubjekte
hier: alle am Wirtschaftsgeschehen Beteiligten wie z. B. Staat, Banken, Haushalte usw.

Zentralverwaltungswirtschaft
auch „Planwirtschaft“ genannt

zitäten, d. h. die Sachkapitalbestände und das Arbeitskräftepotenzial, verfügen. Daher ist eine umfangreiche, hochqualifizierte und kostspielige staatliche Bürokratie erforderlich, die die Informationen beschafft, auswertet, Teilpläne entwirft, aufeinander abstimmt, zum Gesamtplan zusammenfügt, die Pläne gegebenenfalls revidiert, die Einhaltung der Pläne kontrolliert und durchsetzt.

Nach: Schul/Bank, Wirtschaft, Materialien für den Unterricht, Berlin 2006, S. 10 f., Artur Woll, Allgemeine Volkswirtschaftslehre, 13. Aufl., München 2000, S. 69 f. und Heinz Lampert/Albrecht Bossert, Die Wirtschafts- und Sozialordnung der Bundesrepublik Deutschland im Rahmen der Europäischen Union, 15. Aufl., München 2004, S. 35

M 5 Zentrale Anreizstrukturen einer Wirtschaftsordnung im Überblick

Die Gesamtheit der rechtlichen Regeln und Vorschriften, die den Aufbau einer Volkswirtschaft bestimmen, werden als Wirtschaftsordnung bezeichnet. Wirtschaftsordnungen setzen sich aus unterschiedlichen Bausteinen zusammen.

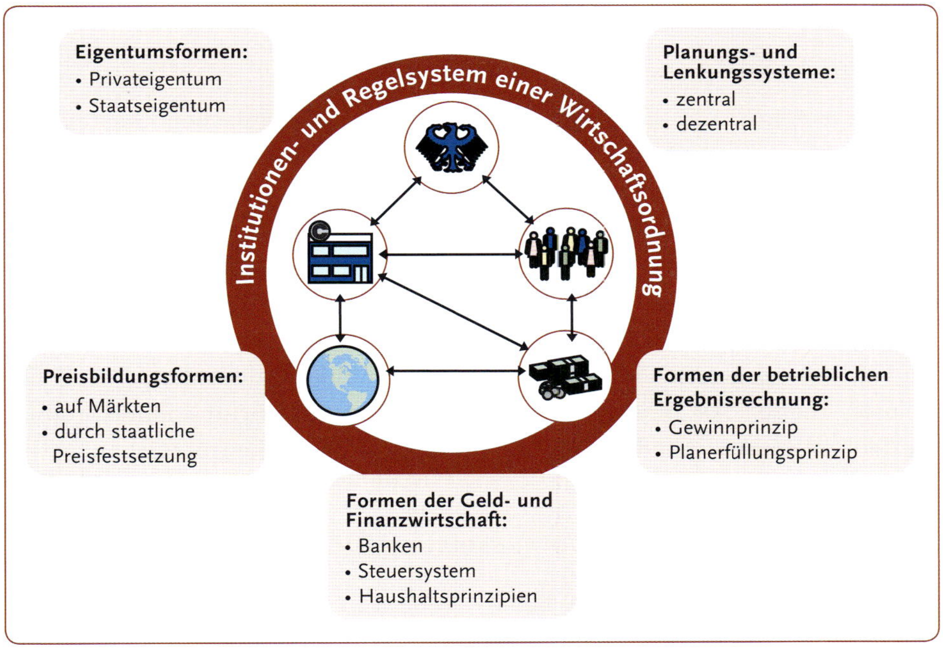

Nach: Hans Kaminski, Michael Koch, Institut für Ökonomische Bildung, Oldenburg

Aufgaben

1. Erkläre den Begriff „Wirtschaftsordnung“ (M 4).
2. Fast täglich wird über Eingriffe in das Wirtschaftsleben diskutiert, sei es in Deutschland oder auf EU-Ebene. Suche dir aus der Tagespresse drei entsprechende Schlagzeilen und ordne sie den unterschiedlichen Bausteinen der Wirtschaftsordnung zu (M 5).

Der Markt – vom Wirken der „unsichtbaren Hand“

M 6 Markt und Wohlstand

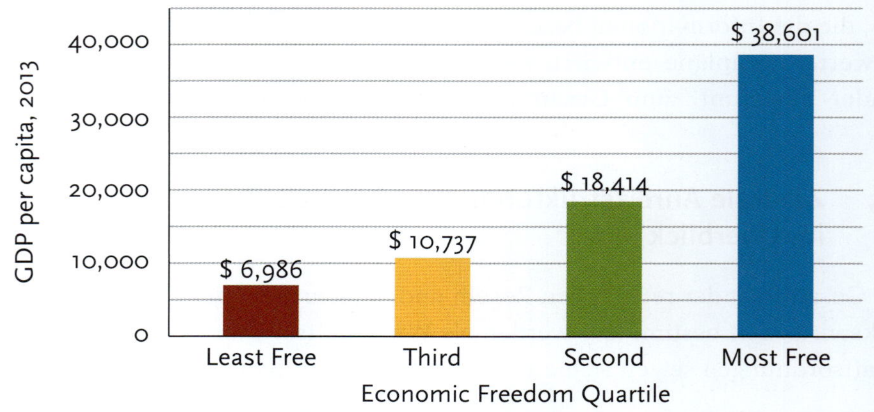

Fraser Institut, Economic Freedom of the World: 2015 Annual Report, S. 23

Auf der x-Achse sind die Länder der Welt entsprechend ihrem Grad an wirtschaftlicher Freiheit in den Jahren zwischen 1990 und 2013 (z. B. sichere Eigentums- und Verfügungsrechte, offene Wettbewerbsmärkte, Vertragsfreiheit und Rechtsstaatlichkeit) in Viertel geteilt, links das unfreieste, rechts das freieste Viertel. Zu den unfreiesten Ländern gehören u. a. die afrikanischen Staaten Republik und Demokratische Republik Kongo, die Zentralafrikanische Republik, Simbabwe und das asiatische Myanmar, zu den freiesten u. a. Neuseeland, die Schweiz, Großbritannien, Australien, Kanada und die Bundesrepublik Deutschland. Auf der y-Achse ist das Bruttoinlandsprodukt pro Kopf in Dollar abgetragen.

M 7 „Kapitalismus“ als Voraussetzung für die Marktwirtschaft?

Unter den Produktions- und Arbeitsbedingungen des ausgehenden 18. Jahrhunderts und des beginnenden 19. Jahrhunderts wurde der Begriff [Kapitalismus] für eine Wirtschafts- und Gesellschaftsordnung, in der das private Eigentum an den Produktionsmitteln (Fabrikhallen, Maschinen, Anlagen), das Prinzip der Gewinnmaximierung und die Steuerung der Wirtschaft über den Markt typisch ist, geprägt. Das wirtschaftliche und soziale Zusammenleben in der damaligen Gesellschaft wurde weitgehend von den Interessen der Kapitaleigentümer bestimmt. Im Kapitalismus ist Kapitalbesitz die Voraussetzung für die Verfügungsgewalt über die Produktionsmittel, was das Weisungsrecht über die Arbeitskraft der abhängig Beschäftigten einschließt.

Nach: Das Lexikon der Wirtschaft, Bundeszentrale für politische Bildung, 5. Aufl., Bonn 2013, S. 25

M 8 Die „unsichtbare Hand“ als Ordnungsprinzip

In seinem wichtigsten Werk, das 1776 veröffentlicht wurde, „Der Wohlstand der Nationen" (auch unter „Der Reichtum der Nationen" bekannt), erklärte der berühmte Schotte Adam Smith so präzise und allgemeingültig wie kein anderer vor allem eins: Er zeigte, inwiefern Individuen im Marktgeschehen letztlich das Interesse der Allgemeinheit voranbringen, obwohl sie nur auf ihren eigenen Vorteil bedacht sind. Es ist jene berühmte „unsichtbare Hand", die den Einzelnen dazu bringt, einen Zweck zu erfüllen, der keineswegs in seiner Absicht liegt. Obwohl er nur seine persönlichen Interessen verfolgt, arbeitet er damit oft auf wirkungsvollere Weise für das Interesse der Gesellschaft, als wenn er sich dies zum Ziel gesetzt hätte.

Aber der britische Denker musste nicht bei Null anfangen. Er ließ sich von dem Holländer Bernard Mandeville inspirieren, der 1714 mit der Veröffentlichung seiner Bienenfabel einen Skandal verursachte. Und worum ging es in dieser Fabel? In einem Bienenstock – Spiegel unserer Gesellschaft – herrscht großer Wohlstand, aber auch großes Laster. Die Gesellschaft wünscht sich die Tugenden, insbesondere die christliche Nächstenliebe, zurück. Als jedoch dieser Wunsch erfüllt wird und es tatsächlich keine Laster mehr in dieser Gesellschaft gibt, verschwinden mit einem Mal auch jede Aktivität und aller Wohlstand, und bald stellen sich Müßiggang, Langeweile und Chaos ein!

Smith nimmt diesen Grundgedanken auf, geht jedoch nicht ganz so weit. Er behauptet lediglich, dass das persönliche Interesse (eher eine „niedere Tugend" als ein wirkliches Laster) unbewusst und ungewollt zu Wohlstand führt. Ganz schön schockierend, diese Idee, oder? Aber so unbeschreiblich menschlich.

André Fourçans, Die Welt der Wirtschaft, Frankfurt/New York 1998, S. 26 f., übersetzt von Sabine Schwenk

Adam Smith (1723 – 1790), englischer Philosoph und Ökonom

Aufgaben

1. Gib die zentrale Aussage der Grafik als „Je ..., desto ...“-Satz (M 6) wieder.
2. Fasse die Aussagen zur „unsichtbaren Hand“ mit deinen eigenen Worten zusammen (M 8).
3. Erkläre, was „schockierend“ ist an der Idee der „unsichtbaren Hand“ (M 8).
4. Stelle dar, wo du mögliche Schwachstellen eines marktwirtschaftlichen Systems siehst/vermutest (M 7, M 8).
5. Arbeite die wesentlichen Merkmale des Menschenbildes der freien Marktwirtschaft heraus (M 7, M 8).

zu Aufgabe 5
Vergleiche das Menschenbild der freien Marktwirtschaft mit anderen dir bekannten Menschenbildern, z. B. aus Religion / Ethik oder Biologie (M 8).

Der große Plan – kann das funktionieren?

M 9 So war's in der DDR

Warteschlange vor einem Lebensmittelgeschäft in der DDR 1982

Die FAZ-Hospitantin Franziska Jäger stammt aus Vorpommern. Am Tag, als die Mauer fiel, feierte sie ihren sechsten Geburtstag. 25 Jahre später befragt sie ihre Eltern über das Leben in der DDR.

Franziska Jäger: Was war für euch aus heutiger Sicht das Schlechteste an der DDR?

PETER JÄGER: Der ganze Konsum. Alles, was es nicht gab. Südfrüchte zum Beispiel. Apfelsinen bekamen wir hier oben auf Zuteilung, ein Stück pro Person. Als wir mal in Ost-Berlin waren, konnten wir es nicht fassen: Da fragte uns die Verkäuferin, wie viele Apfelsinen wir denn haben wollten. Die waren dort überhaupt nicht rationiert!

CHRISTINE JÄGER: Wenn man hier im Ort am Gemüseladen vorbeiging und eine Schlange sah, hat man sich gleich angestellt. Auch wenn kein Mensch eine Ahnung hatte, was es da überhaupt gab.

PETER JÄGER: Aber man wusste, es ist etwas Besonderes. Man konnte sich auf etwas freuen. [...]

Franziska Jäger: Auf Apfelsinen oder ein eigenes Auto könnte ich verzichten. Für mich wäre es das Schlimmste, wenn ich nicht reisen dürfte. Das hat euch nicht so sehr gestört?

PETER JÄGER: Na ja, in alle sozialistischen Länder durften wir ja fahren. Wir sind oft in Ungarn gewesen. Das war für uns eigentlich der Westen. Man hat dort Westprodukte bekommen.

CHRISTINE JÄGER: Das war ein echtes Highlight. Unsere erste gemeinsame Urlaubsfahrt.

Ralph Bollmann, Frankfurter Allgemeine Sonntagszeitung, 28.9.2014, S. 24

DDR
Deutsche Demokratische Republik

M 10 Wie funktioniert die Planwirtschaft?

In einer zentral geleiteten Verwaltungswirtschaft (Planwirtschaft) wird versucht, die wirtschaftliche Tätigkeit der Millionen Betriebe und Haushalte (Produktions- und Konsumeinheiten) in einem zentralen Plan im Voraus festzulegen und aufeinander abzustimmen. Eine aus Experten bestehende zentrale Plankommission muss den Bedarf an Wirtschaftsgütern für einen bestimmten Zeitraum schätzen. Z. B. muss überlegt werden, wie viele Autos im festgelegten Zeitraum benötigt werden. Anschließend müssen die Produktionsmöglichkeiten der einzelnen Betriebe ermittelt werden. Aufgrund der Meldungen wird ein Gesamtplan erarbeitet, der jedoch wieder in konkrete Produktionsziele für die einzelnen Unternehmen aufgeteilt werden muss. So muss die Planbehörde zum Beispiel wissen, wie viele Arbeitskräfte, Maschinen und Rohstoffe für die Planungsperiode zur Verfügung stehen bzw. beschafft werden können. Die Umsetzung der Pläne muss außerdem überwacht werden.

M 11 Wirtschaftliche Leistungsfähigkeit: Vergleich BRD und DDR

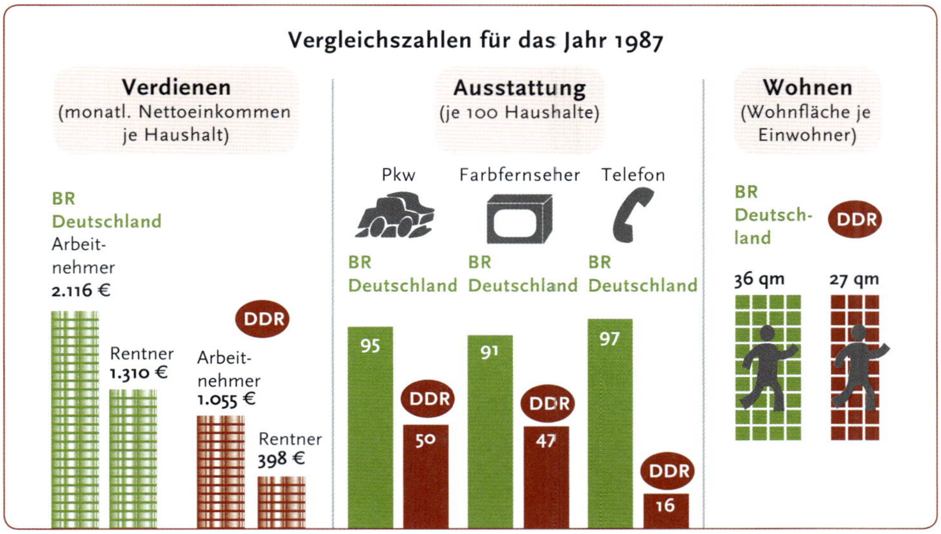

Globus-Grafik 7928

M 12 Vergleich der Wirtschaftssysteme

	Marktwirtschaft	Planwirtschaft
Lenkung	Freier Wettbewerb auf Märkten (dezentral): Angebot und Nachfrage	Zentral durch staatliche Planung
Wirtschaftliche Initiative	Unternehmen/Konsumenten	Staatliche Planungszentrale
Preisbildung	Angebot und Nachfrage regeln den Preis	Staatliche Preisfestsetzung und -kontrolle
Eigentumsverfassung	Privateigentum an Produktionsmitteln (Kapitalismus)	Staatseigentum an Produktionsmitteln (Kommunismus)
Verteilung (Distribution)	Nach Leistungsprinzip	Nach Gleichheitsprinzip und Bedarfsprinzip
Lohnbildung	Lohnfestsetzung durch die Tarifpartner	Lohnfestsetzung durch den Staat

Aufgaben

1. Fasse die Merkmale der Planwirtschaft (M 9, M 10) zusammen.
2. Diskutiert in der Gruppe, inwiefern die Planwirtschaft Schwächen aufweist (M 9, M 10).
3. Auch Unternehmen folgen planwirtschaftlichen Prinzipien. Beschreibe, worin diese bestehen.
4. Vergleiche die wirtschaftliche Leistungsfähigkeit der BRD und der DDR im Jahr 1987 (M 11).
5. Vergleiche die freie Marktwirtschaft mit der Planwirtschaft hinsichtlich der Kriterien „Menschenbild“ und „Schwächen“ und ergänze die Tabelle entsprechend (M 12).

Was wir wissen

Regeln, Institutionen
M 1, M 4, M 5

Wirtschaftliches Handeln hängt entscheidend von Regeln ab, die das Handeln der Wirtschaftsakteure in eine bestimmte Richtung lenken. Solche Regeln oder Verfahren werden allgemein auch als Institutionen bezeichnet.

Wirtschaftsordnungen / Wirtschaftssysteme
M 4, M 5

Die existierenden Wirtschaftsordnungen lassen sich danach unterscheiden, welches charakteristische Institutionen- und Regelsystem in der jeweiligen Ordnung gegeben ist (Planungs- und Lenkungsform, Eigentumsform, Markt- und Preisbildungsform, Unternehmensform).
In der Geschichte haben sich bislang vor allem zwei Wirtschaftssysteme herausgebildet, die auf ganz unterschiedlichen Institutionen- und Regelsystemen basieren. Marktwirtschaften in allen Variationen (z. B. freie oder soziale) und Planwirtschaften. Letztere existieren heute allerdings in ihrer reinen Form nur noch in wenigen Staaten (z. B. in Nordkorea oder Weißrussland).

Merkmale und Menschenbild der Wirtschaftssysteme

Marktwirtschaft
M 4 – M 8, M 12

Man kann die beiden Wirtschaftssysteme vor allem daran unterscheiden, wie frei die Menschen in ihren wirtschaftlichen Handlungen sind und wie die Verteilung der Güter organisiert wird. Haben die Menschen eine große wirtschaftliche Handlungsfreiheit und ist die Verteilung der Güter dezentral durch Märkte mit freier Preisbildung organisiert? Dann handelt es sich um das Modell der Marktwirtschaft. Die Marktwirtschaft nutzt den Egoismus des Einzelnen, um über die Koordination auf Märkten die Wohlfahrt aller zu mehren.

Planwirtschaft
M 4, M 9, M 10, M 12

Sind die Menschen in ihrer wirtschaftlichen Handlungsfreiheit stark eingeschränkt und ist die Verteilung der Güter durch einen zentralen Plan mit festen Preisen für die Güter organisiert? Dann handelt es sich um das Modell der Planwirtschaft oder auch Zentralverwaltungswirtschaft. In einer Planwirtschaft bestehen nur in sehr eingeschränktem Maße Anreize für die Menschen, Eigeninitiative und Eigenverantwortung zu übernehmen und den eigenen Gewinn zu vermehren.

Wirtschaftliche Freiheit und Wohlstand in der Welt

Nicht nur der Zusammenbruch der kommunistischen Staaten Ende der 1980er-Jahre hat gezeigt, dass die Marktwirtschaft der Planwirtschaft überlegen ist, weil sie mehr Wohlstand zu erzeugen vermag und die Anbieter der Waren und Dienstleistungen dazu zwingt, sich an den Bedürfnissen der Kunden zu orientieren. Wirtschaftliche Handlungsfreiheit oder allgemein die Freiheit des Einzelnen ist somit offensichtlich eine wichtige Voraussetzung für Wohlstand und Demokratie.

Warum heizen die Berner mehr als die Münchner?

In einer Umweltbefragung […] in den Städten Bern und München wurde u. a. das Energiesparverhalten erhoben. Als Indikator für den sparsamen Umgang mit Heizenergie galt die Zustimmung zu der folgenden Frage: „Wenn Sie im Winter Ihre Wohnung für mehr als vier Stunden verlassen, drehen Sie da normalerweise die Heizung ab oder herunter?“ Nur 23 Prozent der Befragten in der eidgenössischen Hauptstadt, dagegen aber 69 Prozent der Münchnerinnen und Münchner bejahten die Frage. […] Diese enorme Differenz kann nun wirklich kein Zufall sein. Sind die Bernerinnen und Berner vielleicht weniger umweltbewusst als die Bewohner der bayerischen Metropole? Dies ist nicht der Fall, denn beim Umweltbewusstsein erzielen die Berner keine geringeren Werte als die Münchner. Unterschiedlich war zum Zeitpunkt der Befragung aber die Art der Heizkostenabrechnung in den beiden Städten. Während in München überwiegend nach dem individuellen Verbrauch abgerechnet wurde, war in Bern der kollektive Abrechnungsmodus vorherrschend (z. B. die Aufteilung der Heizkosten nach der Wohnungsgröße).

Andreas Diekmann, Umweltsoziologie, Reinbek 2001, S. 80 f.

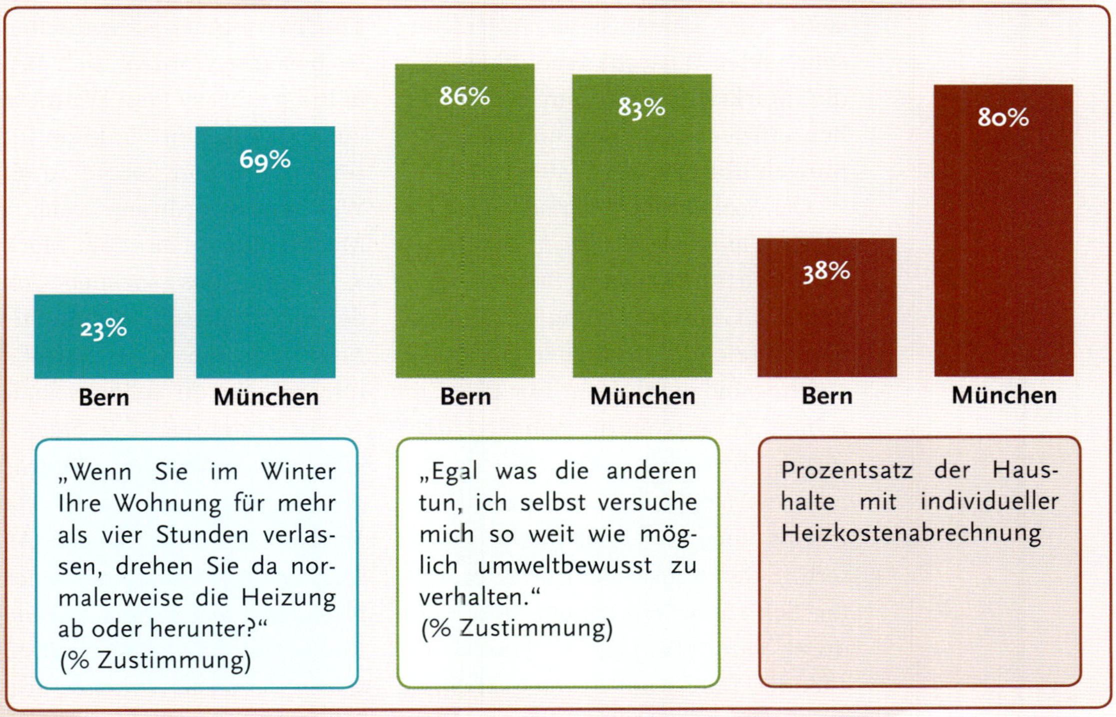

Aufgaben

1. Arbeite heraus, warum sich das Heizverhalten von Bernern und Münchnern so stark unterscheidet. Gehe dabei insbesondere darauf ein, wie sich die Art der Kostenabrechnung auf das Verhalten der Beteiligten auswirkt.
2. Entwickle einen Anreiz, der dazu führt, dass bei individueller Abrechnung noch stärker gespart wird.

3.2 Die Soziale Marktwirtschaft in Deutschland

Die Soziale Marktwirtschaft – die wesentlichen Prinzipien

M 1 Was gehört zum Grundbild der Sozialen Marktwirtschaft?

„Ich will, dass der Einzelne sagen kann: ‚Ich will mich aus eigener Kraft bewähren, ich will das Risiko des Lebens selbst tragen, will für mein Schicksal selbstverantwortlich sein. Sorge du, Staat, dafür, dass ich dazu in der Lage bin'."
Ludwig Erhard

1. Die Soziale Marktwirtschaft basiert auf der Funktion eines beweglichen und sich dynamisch entwickelnden Marktes. Wenigstens in dieser Hinsicht besteht eine gemeinsame Auffassung sehr vieler Wirtschaftspolitiker, dass die Marktwirtschaft ein wirtschaftlich effizientes, ja den anderen Ordnungen überlegenes System sei.

2. Die Soziale Marktwirtschaft ist angetreten mit dem Anspruch, durch den marktwirtschaftlichen Prozess nicht nur die Gütererzeugung anzuheben, den Bereich persönlicher freier Gestaltungsmöglichkeiten für die Einzelnen zu erweitern, sondern *auch soziale Fortschritte zu bringen.* Der marktwirtschaftliche Prozess hat fraglos eine unvergleichliche Erweiterung der Konsumkaufkraft breitester Schichten ermöglicht und auch durch sein von Jahr zu Jahr vorrückendes Wachstum Arbeitsplätze neu geschaffen, die Vollbeschäftigung gesichert und die Voraussetzung für steigende Löhne und Einkommen aller Schichten begründet.

3. Die Soziale Marktwirtschaft fordert keinen schwachen Staat, sondern sieht in einem starken demokratischen Staat die Voraussetzung für das Funktionieren dieser Ordnung. Der Staat hat nicht nur der Sicherung der Privatrechtsordnung zu dienen, er ist gerade durch die marktwirtschaftliche Theorie in einer wesentlichen Aufgabe bestärkt worden, sich für die Erhaltung eines echten Wettbewerbs als einer politischen Funktion [...] einzusetzen. Die vom Staate zu sichernde Wettbewerbsordnung wehrt zugleich Machteinflüsse auf dem Markt ab.

4. Garant des sozialen Anspruchs der Marktwirtschaft ist nicht nur der Markt, dessen wirtschaftliche Leistungen sehr oft schon sozialen Fortschritt bedeuten. *Der Staat hat vielmehr die unbestrittene Aufgabe, über den Staatshaushalt und die öffentlichen Versicherungen die aus dem Marktprozess resultierenden Einkommensströme umzuleiten und soziale Leistungen, wie Kindergeld, Mietbeihilfen, Renten, Pensionen, Sozialsubventionen usw., zu ermöglichen. Das alles gehört zum Wesen dieser Ordnung, und es wäre eine Farce, nur den unbeeinflussten Marktprozess zu sehen, ohne seine vielfältige Einbettung in unsere staatliche Ordnung zu beachten.*

Das bedeutet keineswegs ein Hinüberwechseln aus dem Markt in

den staatlichen Bereich, sofern man sich dabei bewusst ist, dass die Mittel, die der Staatshaushalt transformiert, von der wirtschaftlichen Leistung des Marktes abhängig bleiben und „marktkonform" sein müssen. Es muss die Grenze eingehalten werden, deren Überschreitung eine Störung der Marktvorgänge bewirkt.
5. Neben den engeren Aufgaben der Wettbewerbssicherung und den weiteren Aufgaben des sozialen Schutzes *steht der Staat seit je und heute bewusster als früher vor Aufgaben der Gesellschaftspolitik, um die heute so gern zitierte ‚Qualität des Lebens', d. h. die Lebensumstände für alle, zu verbessern.* Es gibt eben neben den Leistungen, die sich der Einzelne im Markte zu beschaffen hat oder die er aus den Sozialfonds des Staates erhält, eine Fülle von gesellschaftspolitischen Aufgaben. Ich nenne Erweiterung der Vermögensbildung, Verbesserungen der Investitionen im Bereiche des Verkehrs, des Gesundheitswesens, Aufwendungen für Bildung und Forschung, Schutz gegen die wachsende Verschlechterung vieler Umweltbedingungen, Städtebauförderung und eine verbesserte Gliederung des Wohn-, Arbeits- und Erholungsraumes der gesamten Bevölkerung.

Ludwig Erhard/Alfred Müller-Armack, Soziale Marktwirtschaft – Ordnung der Zukunft. Manifest '72, Berlin 1972, S. 25-27 (Kursivierung im Original)

M 2 Merkmale der Sozialen Marktwirtschaft

Eine der wichtigsten Aufgaben des Staates in der Sozialen Marktwirtschaft ist die Schaffung eines rechtlichen Rahmens, innerhalb dessen sich das wirtschaftliche Handeln abspielen kann. Dazu gehört die Sicherung persönlicher Freiheitsrechte [...]. Die Gewährleistung des marktwirtschaftlichen Wettbewerbs [... ist] ebenfalls von grundsätzlicher Bedeutung.
Der Anspruch der Sozialen Marktwirtschaft ist, die Vorteile einer freien Marktwirtschaft wie wirtschaftliche Leistungsfähigkeit oder hohe Güterversorgung zu verwirklichen, gleichzeitig aber deren Nachteile wie zerstörerischer Wettbewerb, Ballung wirtschaftlicher Macht oder unsoziale Auswirkungen von Marktprozessen (z. B. Arbeitslosigkeit) zu vermeiden.

Duden Wirtschaft von A bis Z: Grundlagenwissen für Schule und Studium, Beruf und Alltag. 5. Aufl. Mannheim: Bibliographisches Institut 2013. Lizenzausgabe Bonn: Bundeszentrale für politische Bildung 2013.

Aufgaben

1. Arbeite heraus, welche Ziele mit der Sozialen Marktwirtschaft erreicht und welche Werte verwirklicht werden sollen (M 1, M 2).
2. Erläutere, welche Aufgaben in der Sozialen Marktwirtschaft dem Staat zugeschrieben werden, welche dem Markt (M 1, M 2).
3. Entwirf drei Fragen zur Sozialen Marktwirtschaft und gib sie deinem Nachbarn mit der Bitte, Antworten zu finden (M 2).

M 3 Die Soziale Marktwirtschaft im Grundgesetz

Prinzipien der Sozialen Marktwirtschaft
Die Konzeption der Sozialen Marktwirtschaft basiert auf drei zentralen Prinzipien:

(1) Nach dem **Wettbewerbsprinzip** muss der Staat dafür Sorge tragen, dass in allen Branchen und Sektoren möglichst (große) Konkurrenz herrscht.

(2) Das **Prinzip der Marktkonformität** besagt, dass kein (wirtschafts-)politischer Eingriff des Staates die Preisbildung aus Angebot und Nachfrage stören darf.

(3) Allerdings bleibt es nach dem **Sozialstaatsprinzip** möglich, aus sozialen Gründen Mitglieder der Gesellschaft zu unterstützen, sodass sie (durch Konsum) am Markt teilnehmen können.

Nach: Kersten Ringe, in: Politischer Entscheidungsprozess und Soziale Marktwirtschaft, Bamberg 2010, S. 167

Mindestanforderungen des GG an ein Wirtschaftssystem

Im Grundgesetz findet sich keine Entscheidung für ein bestimmtes Wirtschaftssystem. Seine „wirtschaftspolitische Neutralität" ermöglicht es dem Gesetzgeber, die ihm jeweils sachgemäß erscheinende Wirtschaftspolitik zu verfolgen. Die gegenwärtige Wirtschafts- und Sozialordnung ist keinesfalls die verfassungsrechtlich einzig mögliche. (BVerfGE 4, 8/18). Der Gesetzgeber ist nur verpflichtet, die von der Verfassung an jede Wirtschaftspolitik gestellten Mindestanforderungen zu beachten: Die Wirtschaftspolitik muss dem Grundrecht der freien Entfaltung der Persönlichkeit einerseits und der in Art. 20 Abs. 1 getroffenen Entscheidung für den Sozialstaat (vgl. dazu Art. 20) andererseits gerecht werden.

Dieter Hesselberger, Das Grundgesetz, Kommentar für die politische Bildung, 9. Auflage, Bonn 1995, S. 69

Verfassungsrechtliche Grundlagen der Sozialen Marktwirtschaft

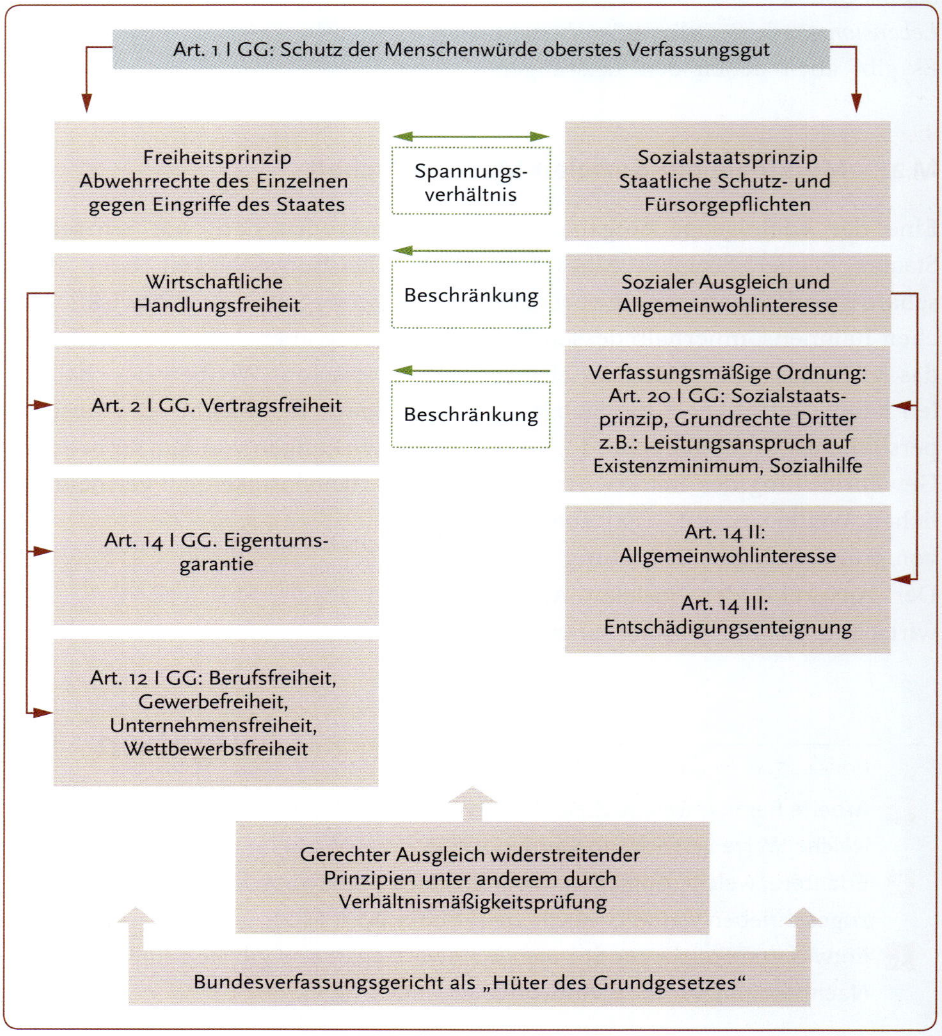

Nach: Unterricht Wirtschaftspolitik, 2/2011, S. 10

M 4 Wirtschaftliche Freiheit und Sozialstaat

„Sozial" steht für soziale Gerechtigkeit und Sicherheit, „Marktwirtschaft" für wirtschaftliche Freiheit. Die Soziale Marktwirtschaft hält grundsätzlich an der Souveränität des Individuums fest. Diese sollte allerdings dort ihre Grenze finden, wo fundamentale Rechte und Interessen anderer beeinträchtigt werden. Das Grundziel der Sozialen Marktwirtschaft heißt entsprechend: „So viel Freiheit wie möglich, so viel staatlicher Zwang wie nötig." Ihre Aufgabe ist es, auf der Grundlage von Markt und Wettbewerb das Prinzip der Freiheit mit dem des sozialen Ausgleichs und der sozialen Gerechtigkeit zu verknüpfen. Wirtschaftliche Freiheit bedeutet, dass die Verbraucher frei entscheiden können, wie sie ihr Einkommen verwenden. Die Eigentümer der Produktionsmittel können frei wählen, ob sie ihre Arbeitskraft, Sachgüter oder unternehmerischen Fähigkeiten zur Verfügung stellen (Gewerbefreiheit, Berufsfreiheit, Freiheit der Eigentumsnutzung). Unternehmer haben die Freiheit, Güter nach ihrer Wahl herzustellen und abzusetzen. Käufern und Verkäufern von Gütern steht es frei, sich neben anderen um das gleiche Ziel zu bemühen (Wettbewerbsfreiheit). [...] Die wirtschaftliche Freiheit soll durch den Staat dort beschränkt werden, wo sie die soziale Gerechtigkeit und die soziale Sicherheit gefährdet. Der Staat übernimmt Aufgaben, die der Markt nicht oder nur sehr eingeschränkt erfüllen kann, wie etwa struktur- und bildungspolitische Aufgaben.

Herbert Buscher u.a., Wirtschaft heute, Bundeszentrale für politische Bildung, Bonn 2009, S. 30

M 5 Wirtschaftliche Ziele in der Sozialen Marktwirtschaft – das Stabilitäts- und Wachstumsgesetz (StWG)

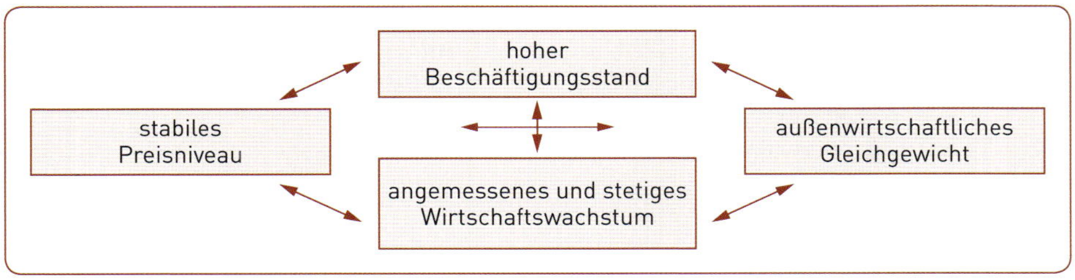

Bearbeiter

Vom Viereck zum Vieleck
Neben den im Stabilitätsgesetz von 1967 festgelegten Zielen der Wirtschaftspolitik wird von Zeit zu Zeit diskutiert, ob nicht eine Ergänzung des Zielkatalogs erforderlich ist. Schon 1994 wurde der Umweltschutz als allgemeines Staatsziel in das Grundgesetz (Art. 20a) aufgenommen, sodass eine umweltverträgliche Wirtschaftsentwicklung als weiteres Stabilitätsziel angesehen werden kann. Umstritten ist das Ziel der Verteilungsgerechtigkeit, da die Definition von Gerechtigkeit einem dauernden Wandel unterworfen ist.

Aufgaben

1. Erkläre die Prinzipien der Sozialen Marktwirtschaft anhand geeigneter Beispiele aus dem / deinem Alltag (Randspalte zu M 3).
2. Untersucht in Gruppenarbeit die rechtlichen Bestimmungen des deutschen Wirtschaftssystems. Beachtet dabei besonders zwei Aspekte: erstens das Spannungsverhältnis zwischen der individuellen Freiheit des Einzelnen und der Einschränkung dieser Freiheit durch den Staat und zweitens die Aufgaben des Staates in einer Sozialen Marktwirtschaft. Stellt eure Ergebnisse in einem Referat (→ Methodenglossar) vor (M 1 – M 5).

Die Soziale Marktwirtschaft – was zeichnet sie aus?

M 6 Bausteine der Sozialen Marktwirtschaft

Die Soziale Marktwirtschaft fördert den freien Wettbewerb der Anbieter. Dort, wo Unternehmen ihre Freiheit missbrauchen, um z. B. Kartelle und Monopole zu bilden, greift der Staat regulierend ein (z. B. durch die Kartellbehörden).

Die Soziale Marktwirtschaft garantiert die Vertragsfreiheit, d. h. dass jeder mit jedem die Verträge abschließen kann, die für ihn vorteilhaft sind. Doch werden der Vertragsfreiheit Grenzen gesetzt. So werden die schwächeren Vertragspartner auf vielfältige Weise geschützt (z. B. durch Kündigungsfristen im Mietrecht und Arbeitsrecht oder durch das Gewährleistungsrecht).

Das Privateigentum ist in der Sozialen Marktwirtschaft garantiert. Jeder kann mit seinem Eigentum im Prinzip tun, was er möchte. Doch gibt es eine Verpflichtung: Das Eigentum soll auch dem Wohle der Allgemeinheit dienen. So muss man sich als Hauseigentümer z. B. an Vorschriften des Denkmalschutzes halten.

In der Sozialen Marktwirtschaft werden die Einkommen nicht nur nach der individuellen Leistungsfähigkeit verteilt. Der Staat sorgt für einen sozialen Ausgleich, indem er z. B. hohe Einkommen höher besteuert oder soziale Leistungen wie Kindergeld, Mietbeihilfen oder die Grundsicherung Hartz IV bezahlt.

Die Soziale Marktwirtschaft versucht mit unterschiedlichen Mitteln, negative Auswirkungen des Marktprozesses auf die Umwelt zu verhindern. So gibt es Gesetze gegen Luftverschmutzung, Pfand auf Einwegverpackungen usw.

Die Soziale Marktwirtschaft ist schon deshalb sozial, weil sie durch ihre wirtschaftliche Leistungsfähigkeit dazu beiträgt, dass alle Menschen vom technischen Fortschritt, von steigenden Einkommen und der Schaffung neuer Arbeitsplätze profitieren. Darüber hinaus betreibt der Staat in der Sozialen Marktwirtschaft Gesellschaftspolitik, er investiert in die Infrastruktur, in Bildung und Forschung, in Kultur und Städtebau.

M 7 Drei Wirtschaftssysteme im Vergleich

Freie Marktwirtschaft	Soziale Marktwirtschaft	Planwirtschaft
In der freien Marktwirtschaft hat der Staat lediglich die Aufgabe für die innere und äußere Sicherheit zu sorgen. Er greift darüber hinaus so wenig wie möglich in das Marktgeschehen und die Ergebnisse ein.	In der Sozialen Marktwirtschaft sorgt der Staat für einen freien Wettbewerb, er greift aber dort ein, wo der Markt keine guten Ergebnisse hervorbringt und schützt die wirtschaftlich Schwächeren vor den Stärkeren.	In der Planwirtschaft gibt es keinen freien Wettbewerb. Der Staat legt fest, was, wann, wie und von wem produziert werden muss und sorgt für die Verteilung der Güter. Dadurch soll eine möglichst große Gleichheit der Bürger erreicht werden.

M 8 Die Soziale Marktwirtschaft – Wohlstand für alle!?

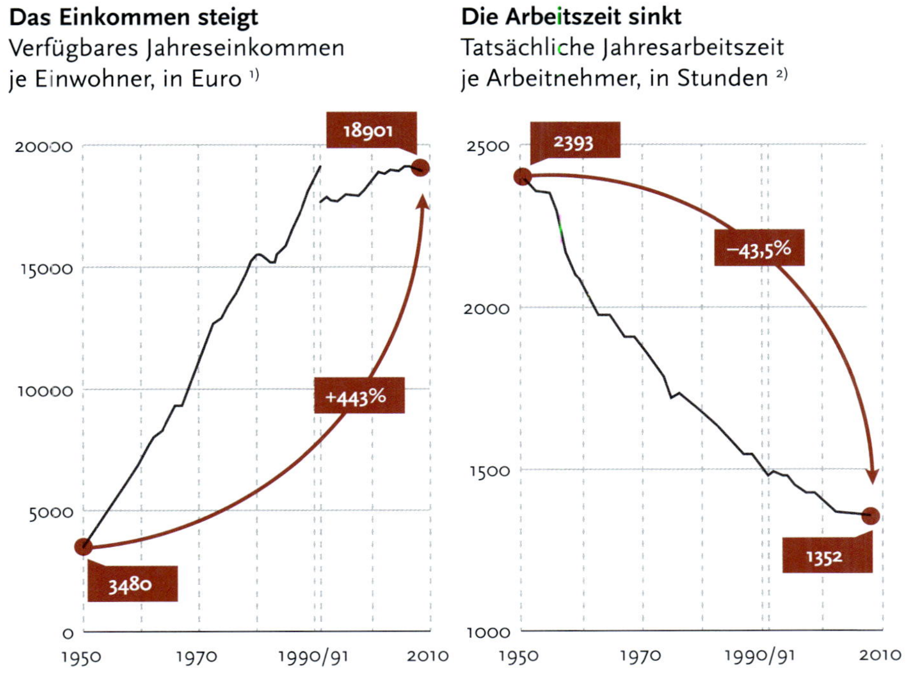

1) In Preisen von 2008. Bruttoeinkommen abzüglich Steuern und Sozialabgaben. 1950-1991: Westdeutschland, 1991-2008: Deutschland gesamt; 2) Vollzeit und Teilzeit

Quelle: www.faz.net, IW, Statista/F.A.Z.-Grafik Piron, 4.3.2015

Aufgaben

1. Gib die einzelnen Bausteine der Sozialen Marktwirtschaft wieder (M 6).
2. Überprüfe, welche der folgenden staatlichen Maßnahmen mit welchem Wirtschaftssystem vereinbar / nicht vereinbar wären (M 6, M 7):
   – Der Staat legt Höchstpreise für Brot fest.
   – Der Staat legt fest, dass nur noch Autos mit Elektroantrieb produziert werden dürfen.
   – Der Staat zahlt allen Familien mit Kindern Kindergeld.
   – Der Staat verpflichtet die Menschen dazu, in eine Rentenversicherung einzuzahlen.
3. Erläutere, in welchem Wirtschaftssystem die meisten Vorschriften und Regeln erlassen werden müssen (M 6, M 7).
4. Betrachte die Bausteine in M 6. Erörtere, in welchen Bereichen die Soziale Marktwirtschaft deiner Meinung nach als Erfolgsmodell gelten kann, in welchen nicht (M 6, M 8).

Methode

M 9 Der erweiterte Wirtschaftskreislauf als Analyseinstrument

Im Modell des erweiterten Wirtschaftskreislaufs werden die gesamten Beziehungen zwischen den einzelnen Wirtschaftssubjekten einer Volkswirtschaft vereinfacht dargestellt. Dabei werden nur die Geldströme berücksichtigt.

Die Sektoren

Private Haushalte
Die privaten Haushalte stellen den Unternehmen Produktionsfaktoren (Arbeit, Boden, Kapital) zur Verfügung und verwenden ihr Einkommen, das sie von den Unternehmen beziehen, für den Konsum der von den Unternehmen produzierten Güter und Dienstleistungen. Von den Banken erhalten sie Sparzinsen oder nehmen Kredite auf. Vom Staat erhalten sie Transferleistungen, im Gegenzug entrichten sie Steuern und Abgaben (Beiträge zu den Sozialversicherungen).

Die Unternehmen
Die Konsumausgaben der privaten Haushalte sind die Einkommen der Unternehmen, im Gegenzug bezahlen sie die Einkommen der Haushalte. Von den Banken erhalten sie Sparzinsen oder nehmen Kredite auf. Vom Staat empfangen sie Subventionen, aber sie bezahlen auch Steuern.

Der Staat
Der Staat erhält von den Haushalten und den Unternehmen Steuern, Gebühren und Beiträge. Von diesen Einnahmen zahlt der Staat Beträge für unterschiedlichste Zwecke: Investitionen (z. B. Straßenbau, Bau von Schulen) und andere Sachleistungen; Gehaltszahlungen an die Angestellten und Beamten des öffentlichen Dienstes; Transferzahlungen (Zahlungen ohne direkte Gegenleistung des Empfängers) an die Haushalte in Form von sozialen Leistungen (z. B. Wohngeld, Sozialhilfe); Transferzahlungen an die Unternehmen in Form von Subventionen.

Kapitalsammelstellen (Vermögensveränderung)
Banken und Versicherungen werden als Kapitalsammelstellen bezeichnet. Sie erhalten die nicht verwendeten Teile der Einkommen von Unternehmen und Haushalten (theoretisch auch vom Staat). Damit stellen sie Haushalten, Unternehmen und dem Staat Kredite zur Verfügung. Für die ausgegebenen Kredite werden Schuldzinsen eingenommen, andererseits werden den Anlegern Guthabenzinsen bezahlt.

Zur Vertiefung: das Ausland
Der Sammelbegriff Ausland steht für ausländische Staaten, Unternehmen und Haushalte, zwischen ihnen wird nicht unterschieden. Da im Kreislaufmodell nur die Geldströme dargestellt werden, verlaufen die Ausgaben für den Import (z. B. Kauf von Erdöl aus Saudi-Arabien, Honorar für einen Architekten in Italien) und die Einnahmen aus dem Export (z. B. Verkauf eines Pkw in die USA) jeweils entgegen der Richtung der Warenströme.

Der Wirtschaftskreislauf als Analyseinstrument

Das Modell des Wirtschaftskreislaufs eignet sich dazu, um die Auswirkungen wirtschaftlicher Ereignisse in Form von Wirkungsketten zu analysieren. Angenommen, der Staat erhöht seine Transferzahlungen, zum Beispiel in Form von Kindergeld und Sozialhilfe. Welche gesamtwirtschaftlichen Folgen hätte dies?

Man kann davon ausgehen, dass Sozialhilfeempfänger und auch kinderreiche Familien einen Großteil ihres Einkommens für den Konsum verwenden. Also wird der Konsum der Haushalte deutlich und das Sparen nur etwas steigen. Der erhöhte Konsum führt zu höheren Einkommen der Unternehmen usw.

Grafische Darstellung:

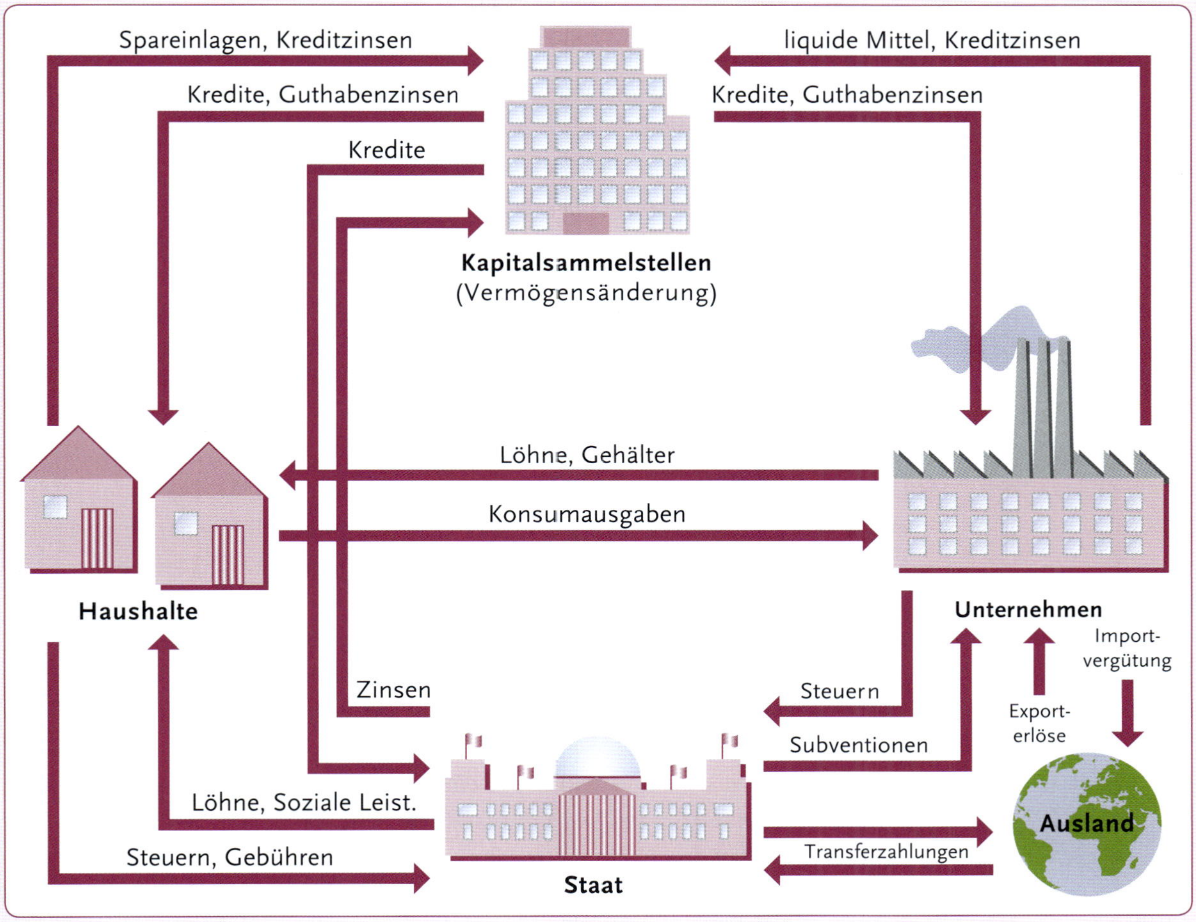

Udo Schmitz, Bernd Weidtmann, Handbuch der Volkswirtschaftslehre, Stuttgart 2000, S. 66 f.

Aufgaben

1. Erläutere, welche Auswirkungen auf die Sektoren folgende wirtschaftliche Ereignisse haben könnten:
   - Der Staat erhöht die Transfereinkommen (Kindergeld, Arbeitslosengeld II) für die privaten Haushalte.
   - Der Preis für Rohöl steigt stark an.
   - Die Zinsen für Guthaben bei den Banken steigen.
   - Der Staat erhöht die Steuern für die privaten Haushalte.
   - Der Staat zahlt eine Prämie, wenn Haushalte für ihre Rente zusätzlich sparen.
2. Entwirf dazu mögliche Wirkungsketten.

Was wir wissen

Soziale Marktwirtschaft
M 1 – M 8

Der Kern der Sozialen Marktwirtschaft liegt nach Ludwig Erhard (1897 – 1977), erster deutscher Wirtschaftsminister nach dem Zweiten Weltkrieg und Bundeskanzler von 1963 – 1966, darin, die Freiheit auf dem Markt mit dem Prinzip des sozialen Ausgleichs zu verbinden. Das Wirtschaftssystem erfordert deshalb einen starken Staat in der Rolle des Schiedsrichters: Er überwacht das Spiel, garantiert das Wirtschaftssystem, mischt sich selbst aber möglichst wenig in das Wirtschaftsgeschehen ein. So sichert er zum Beispiel den Wettbewerb, indem er Kartelle verbietet. Nur dann kann das Wirtschaftssystem zu sozialem Fortschritt führen, u. a. in Form einer wachsenden Wirtschaft und steigender Massenkaufkraft der Verbraucher. Daneben gilt als weitere Staatsaufgabe eine umfassende Gesellschaftspolitik überall dort, wo der Markt nicht automatisch zu guten Ergebnissen führt, z. B. im Bereich des Umweltschutzes.

Zu den konstituierenden Prinzipien, die das Wirtschaftssystem der Sozialen Marktwirtschaft erst ausmachen, zählen:

- ein funktionierendes Preissystem, das Informationen über veränderte Knappheiten und Präferenzen liefert und das Scharnier zwischen Angebot und Nachfrage darstellt;
- der Vorrang der Währungspolitik, die einen stabilen Binnen- und Außenwert des Geldes gewährleisten soll, um die schädlichen Wirkungen einer Geldentwertung zu verhindern. Als letzte Instanz wirkt hier die Europäische Zentralbank;
- offene Märkte; dieses Grundprinzip meint vor allem den freien Marktzutritt, denn bei einer Schließung der Märkte besteht die Gefahr der Behinderung der vollständigen Konkurrenz;
- Privateigentum; Privates Eigentum gibt Sicherheit und Unabhängigkeit. Darüber hinaus motiviert Eigentum. Auf das, was einem gehört, passt man besser auf. Es muss gleichzeitig eingehegt sein von den Eigentumsrechten anderer, vom Wettbewerb, aber auch von klarer Haftung;
- Vertragsfreiheit; Die Wettbewerbsordnung fußt darauf, dass wirtschaftliche Entscheidungen dezentral und freiwillig gefällt werden. Einzelne Unternehmen und Individuen schließen einmütig Verträge über ihre Transaktionen ab und handeln deren Bedingungen aus – an der Metzgertheke ebenso wie in Gehaltsgesprächen oder in den Vertragsverhandlungen bei Zulieferbeziehungen;
- Haftung; das Prinzip der Haftung ist deshalb so entscheidend, weil nur derjenige, der auch für die Folgen seines Tuns vollumfänglich haftet, wirklich verantwortlich handelt;
- die Konstanz der Wirtschaftspolitik. Damit ist gemeint, dass die politischen Rahmenbedingungen zuverlässig berechenbar sein mögen, damit die wirtschaftlichen Akteure planen können. So entsteht eine Atmosphäre des Vertrauens.

Was wir können

Erfolgsgeschichte

Gemessen am Wirtschaftswachstum (BIP) ist die Geschichte der Sozialen Marktwirtschaft seit der Gründung der Bundesrepublik Deutschland zumindest bis Ende der 1980er-Jahre eine einzige Erfolgsgeschichte. Die Wirtschaftsleistung der BRD hat sich im besagten Zeitraum nach Abzug der Preissteigerungen fast verzehnfacht.

Ein Werbeplakat zur Sozialen Marktwirtschaft gestalten

Bildet Gruppen. Ihr arbeitet in einer bekannten Werbeagentur und bekommt den Auftrag, im Rahmen einer Kampagne für die Soziale Marktwirtschaft ein Werbeplakat zu gestalten. Alternativ kann auch ein „Warnplakat" zu den negativen Seiten der Sozialen Marktwirtschaft gestaltet werden. Überlegt euch zunächst, welche Art von Plakat ihr gestalten wollt.

Beachtet bei der Umsetzung folgende Punkte:
- Welche Grundbotschaft wollt ihr übermitteln (Textaussage)?
- Wie soll das Plakat aufgebaut werden (Anteil Text / Bild, Farben, Schriften, Gestaltung)?
- Wie sollen Text und Bild miteinander interagieren?
- Welche Stimmungen oder Gefühle sollen provoziert werden?

Diese Hinweise solltet ihr berücksichtigen:
- einfacher Text, klare Sprache, gut lesbare Schrift
- auf komplexe Grafiken oder Bilder verzichten
- wichtige Dinge auf einer Diagonalen platzieren, die von oben links nach unten rechts verläuft
- farblich sollte ein Plakat nicht zu bunt und nicht zu voll gestaltet werden

3.3 Der Sozialstaat in Deutschland

Soziale Marktwirtschaft und Gerechtigkeit

M 1 Niemand muss im Regen stehen ...

Karikatur: Aurel Voigt

M 2 Das Sozialstaatsgebot im Grundgesetz

Art. 1 GG
(1) Die Würde des Menschen ist unantastbar. Sie zu achten und zu schützen ist Verpflichtung aller staatlichen Gewalt.

Art. 20 GG
(1) Die Bundesrepublik Deutschland ist ein demokratischer und sozialer Bundesstaat.

Im Grundgesetz, der deutschen Verfassung, werden die Grundrechte der Bürgerinnen und Bürger garantiert und die Organisation des Staates festgelegt. Artikel 20 fasst die wichtigsten Staatsprinzipien zusammen. Das darin enthaltene „Sozialstaatsgebot" verpflichtet den Staat dazu, das Ziel eines sozialen Ausgleichs bei allen staatlichen Maßnahmen zu berücksichtigen. In Verbindung mit dem Grundrecht auf ein menschenwürdiges Leben ergibt sich daraus ein Anspruch des Einzelnen gegen den Staat, für ihn im Falle seiner – verschuldeten oder unverschuldeten – Bedürftigkeit so zu sorgen, dass sein Existenzminimum gesichert ist. Wer zum Beispiel durch Krankheit oder Alter in eine Notlage geraten ist, muss durch die Unterstützung staatlich organisierter Sozialsysteme eine angemessene Behandlung und ausreichende Hilfe bei der Existenzsicherung erhalten. Der Staat ist auch dazu verpflichtet, „Daseinsvorsorge" zugunsten der Bürgerinnen und Bürger zu betreiben, d. h. die Versorgung mit Gas, Wasser, Strom und Schulen, öffentlichen Verkehrsmitteln u. a. sicherzustellen. Er muss dies allerdings nicht immer kostenlos tun, sondern kann dafür eine zumutbare Gegenleistung in Geld fordern.

M 3 Das soziale Sicherungssystem in Deutschland

Das Kernstück des Sozialstaats in Deutschland ist die gesetzliche Sozialversicherung. Sie ist im Sozialgesetzbuch geregelt und schreibt verpflichtend vor, dass jeder Mensch, der in einem regulären Beschäftigungsverhältnis (sozialversicherungspflichtige Vollzeit- und Teilzeittätigkeiten) steht, gegen bestimmte Grundrisiken des Lebens versichert sein muss. Arbeitgeber und Arbeitnehmer beteiligen sich in etwa je zur Hälfte an der Finanzierung der einzelnen Versicherungszweige. Eine Ausnahme bildet die gesetzliche Unfallversicherung. Bei dieser Versicherung sind nur die Arbeitgeber beitragspflichtig. Auf diese Weise ist ein Arbeitnehmer versichert bei Arbeitslosigkeit, bei Krankheit, bei Pflegebedürftigkeit, im Alter, wenn er nicht mehr berufstätig sein kann, und bei Unfällen. Diejenigen, die aus der gesetzlichen Sozialversicherung keine oder keine ausreichenden Leistungen beziehen können, erhalten im Falle ihrer Bedürftigkeit eine Grundsicherung, die aus allgemeinen Steuermitteln finanziert wird.

Der Sozialstaat wird von dem Grundgedanken der „Solidarität" getragen, d. h. dem Prinzip gegenseitiger Hilfe.

Erklärfilm „Gesetzliche Sozialversicherung"

Mediencode: 71007-03

M 4 Die Säulen der sozialen Sicherung

Sozialleistungen

Systeme des öffentlichen Dienstes	Staatlich geförderte private Vorsorge	Gesetzliche Sozialversicherung	Förder- und Fürsorgesysteme	Arbeitgebersysteme
• Beamtenpensionen • Beihilfe • Familienzuschläge	• Private Altersvorsorge („Riester-Rente", „Rürup-Rente") • Private Pflegeversicherung („Pflege-Bahr")	• Gesetzliche Rentenversicherung • Gesetzliche Krankenversicherung • Pflegeversicherung • Arbeitslosenversicherung • Unfallversicherung	• Kindergeld • Elterngeld • Grundsicherung für Arbeitssuchende (ALG II, Sozialgeld für Angehörige) • Grundsicherung im Alter • Sozialhilfe • BAföG	• Entgeltfortzahlung im Krankheitsfall • Betriebliche Altersvorsorge

Aufgaben

1. Sammle die in der Abbildung (M 1) dargestellten Situationen bzw. Risiken. Ordne sie den Säulen und Bausteinen des sozialen Sicherungssystems in Deutschland (M 3) zu.
2. Führe den Satz zu Ende: „Das soziale Sicherungssystem in Deutschland baut auf ...". Begründe dein Satzende (M 1 – M 4).

Die Bausteine der gesetzlichen Sozialversicherung

M 5 Die gesetzliche Rentenversicherung

Die gesetzliche Rentenversicherung ist für Arbeitnehmer in der Bundesrepublik verpflichtend. Sie ist nach dem Prinzip des Umlageverfahrens konstruiert. Danach werden die Beiträge der Arbeitnehmer und Arbeitgeber, die in die gesetzlichen Rentenkassen eingezahlt werden, sofort zur Finanzierung der Renten verwendet. Die heutigen Einzahler finanzieren also die Renten der jetzigen Altersgeneration. Das bedeutet, dass die Kinder und Enkel der jetzigen Einzahler einmal deren Renten aufbringen müssen. Dieses Prinzip wird auch **Generationenvertrag** genannt. Die Beiträge (18,7 % vom Bruttoarbeitseinkommen im Jahr 2016) teilen sich Arbeitgeber und Arbeitnehmer „paritätisch", d. h. zu gleichen Anteilen. Das Bruttoeinkommen wird jedoch nur bis zu einer Beitragsbemessungsgrenze (6.200 € West / 5.400 € Ost monatlich) zu Grunde gelegt. Der darüber liegende Teil des Einkommens ist beitragsfrei. Der Staat zahlt einen Zuschuss aus allgemeinen Steuermitteln. Die Höhe der Altersrente richtet sich zum einen nach der Einzahlungsdauer und nach der Höhe der eingezahlten Beiträge (also nach der Höhe des Gehalts) über die gesamte Versicherungszeit hinweg. Seit dem Jahre 2012 steigt das Renteneintrittsalter schrittweise von 65 Jahren auf 67 Jahre. Selbständige können der gesetzlichen Rentenversicherung beitreten, müssen es aber nicht. Beamte werden später vom Staat durch Pensionen aus Steuermitteln versorgt, können aber auch eine „Riester-Rente" abschließen.

Riester-Rente
Der Staat fördert solche privaten Versicherungsabschlüsse, indem er Zulagen finanziert, wenn das Versicherungsangebot bestimmte Bedingungen erfüllt. Diese private Zusatzversicherung mit staatlicher Förderung wurde nach ihrem „politischen Vater", dem ehemaligen Arbeitsminister Walter Riester, „Riester-Rente" genannt.

M 6 Die Arbeitslosenversicherung und die Grundsicherung

Für Arbeitnehmer ist die Beteiligung an der gesetzlichen Arbeitslosenversicherung verpflichtend. Finanziert werden die Leistungen durch die Beiträge der Arbeitnehmer und Arbeitgeber. (Seit dem 1.1.2011 3,0 % vom Bruttoentgelt). Hat jemand nach Ablauf der Bezugsdauer (in der Regel 1 Jahr) keine neue Beschäftigung gefunden und kann auch nicht von seinem Partner unterstützt werden, wird Arbeitslosengeld II, die Grundsicherung für Arbeitssuchende, gezahlt. Es ist am Existenzminimum orientiert und beträgt für einen Alleinstehenden 404 Euro (Stand: 2016). Außerdem werden die Kosten für die (angemessene) Unterkunft übernommen. Das Arbeitslosengeld II ist Bestandteil des Systems der Grundsicherung. Nicht arbeitsfähige Bedürftige erhalten Sozialhilfe, für alte Menschen gibt es die „Grundsicherung im Alter". Alle Leistungen aus dem Grundsicherungssystem haben eine einheitliche Höhe und werden aus Steuermitteln finanziert.

Arbeitslosengeld I
Im Falle von Arbeitslosigkeit erhält ein Arbeitnehmer die Leistungen der Arbeitslosenversicherung, das Arbeitslosengeld I, wenn er oder sie vorher mindestens sechs Monate sozialversicherungspflichtig beschäftigt gewesen ist. Die Höhe der Zahlung ist abhängig von seinem letzten Nettoentgelt und beträgt ca. 60 % davon.

M 7 Die gesetzliche Kranken- und die Pflegeversicherung

Die gesetzliche Krankenversicherung (GKV) ist eine Pflichtversicherung für Arbeitnehmer, Studenten und Landwirte. Beamte, Richter und Selbständige unterliegen nicht der Versicherungspflicht. Nicht erwerbstätige Ehepartner und Kinder eines Beitragszahlers sind ohne Zuzahlung mitversichert. Die Finanzierung der Leistungen erfolgt aus den Beiträgen der Versicherten und ihrer Arbeitgeber (seit 1.1.2015 insgesamt 14,6 % des Bruttoentgelts, davon tragen 7,3 % die Arbeitnehmer und 7,3 % die Arbeitgeber). Die Krankenkassen können außerdem Zusatzbeiträge (derzeit ca. 1 %; Stand: 2016) von den Arbeitnehmern erheben. Seit 2009 fließen die Gelder in einen sogenannten „Gesundheitsfonds", aus dem die einzelnen Krankenkassen für jeden Versicherten Geld erhalten. Die GKV tritt auch ein, wenn ein Arbeitnehmer länger als sechs Wochen wegen Krankheit arbeitsunfähig ist. Dann wird das Krankengeld in Höhe von 70 % des Nettolohns ausgezahlt. Seit 1994 gibt es auch eine gesetzliche Pflegeversicherung. Sie ist sowohl für gesetzlich Krankenversicherte als auch für privat Krankenversicherte verpflichtend. Träger der Pflegeversicherung sind die Krankenkassen. Die gesetzliche Pflegeversicherung wird über Beiträge finanziert (2,35 % des Bruttoentgelts, je zur Hälfte von Arbeitnehmer und Arbeitgeber aufgebracht). Kinderlose Mitglieder, die älter als 22 Jahre sind, zahlen einen Zuschlag.

Gesetzliche Unfallversicherung
Die verpflichtende Gesetzliche Unfallversicherung wird vollständig von den Arbeitgebern finanziert. Sie zahlen die Beiträge (abhängig vom Bruttoeinkommen des Versicherten und von der Gefahrensituation im Betrieb) an die Berufsgenossenschaften. Bei Arbeitsunfällen oder Unfällen auf dem Weg zur oder von der Arbeit zahlt die Unfallversicherung die Behandlungskosten beim Arzt oder im Krankenhaus. Das gilt auch für den Weg zur Schule oder Universität sowie für Unfälle, die in der Schule oder Universität passieren.

Lohnfortzahlung im Krankheitsfall
Wird ein Arbeitnehmer, dessen Arbeitsverhältnis mindestens vier Wochen ununterbrochen besteht, krank, sodass er vom Arzt vorübergehend für arbeitsunfähig erklärt wird, so hat er Anspruch auf eine einhundertprozentige Lohnfortzahlung durch den Arbeitgeber. Die Lohnfortzahlung endet nach 6 Wochen.

Aufgaben

1. Arbeitet in Vierergruppen. Teilt die Bausteine der gesetzlichen Sozialversicherung unter euch auf und bearbeitet sie zunächst alleine, indem ihr Wichtiges markiert. Fasst eure Ergebnisse abschließend gemeinsam in einer Übersichtstabelle zusammen (M 5 – M 7).

Name der Versicherung	Welches Risiko wird abgesichert?	Passendes Symbol	Wie wird sie finanziert?	Welche Leistungen gibt es?	Wer ist anspruchsberechtigt?

2. Aus dem Sozialstaatsgebot des Grundgesetzes wird abgeleitet, dass Arbeitnehmer einer Sozialversicherungspflicht unterliegen sollen. In den USA ist erst in jüngster Zeit der Gesetzentwurf für eine Krankenversicherungspflicht debattiert worden. Erörtere Vor- und Nachteile einer verpflichtenden Sozialversicherung (M 5 – M 7).

Soziale Sicherung in einer alternden Gesellschaft

M 8 Generationenvertrag in Gefahr

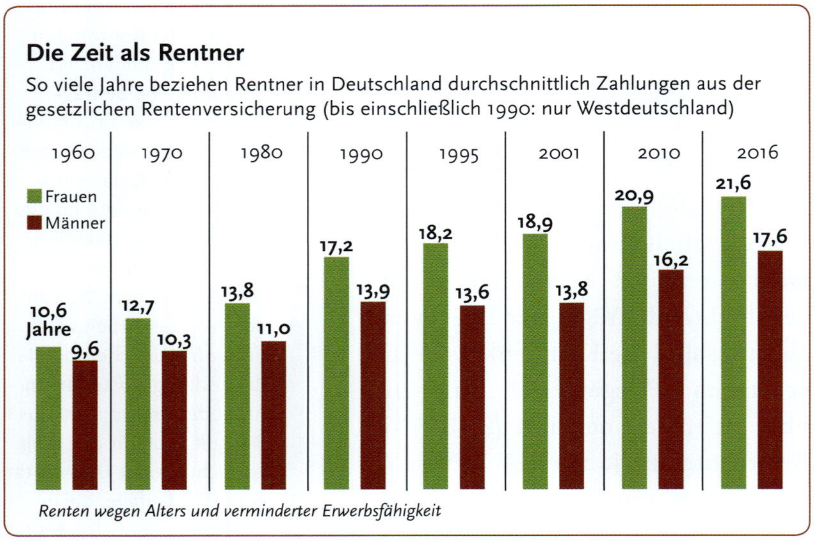

Globus-Grafik 27640; Quelle: Deutsche Rentenversicherung, 2017

Generationenvertrag
Er bezeichnet einen unterstellten gesellschaftlichen „Vertrag", der die Solidarität mit anderen Generationen und Verantwortung für die kommende Generation beinhaltet. Der Generationenvertrag soll vor allem die Finanzierung der gesetzlichen Sozialversicherungen gewährleisten. Die jeweils sozialversicherungspflichtigen Erwerbstätigen zahlen dabei mit ihren Beiträgen direkt die notwendigen Leistungen (Krankheit, Pflege, Rente) an alle (auch nicht erwerbstätigen) Anspruchsberechtigten und erwerben so selbst einen Anspruch auf ähnliche Leistungen der nachfolgenden Generationen an sie selbst.

Im Rahmen der demografischen Verschiebungen ist mit einem wachsenden Bedarf an Gesundheitsleistungen zu rechnen, da die gesundheitlichen Risiken mit dem Alter wachsen. Besonders relevant zur Abschätzung des künftigen Pflegebedarfs ist der abzusehende Anstieg der Anzahl an Hochbetagten (80 Jahre und älter), welche ein überdurchschnittliches Pflegerisiko aufweisen.

Ein wichtiger Aspekt in der Renten-, Kranken- und Pflegeversicherung ist die Umverteilung der finanziellen Mittel von Jung zu Alt. In diesem „Generationenvertrag" wird vorgesehen, dass die jüngeren Menschen mit ihren Beiträgen zur Sozialversicherung die Leistungen für die Älteren finanzieren. Aufgrund dieser Beiträge erwerben die Erwerbstätigen künftige Ansprüche an die sozialen Sicherungssysteme, die dann von den nachrückenden Generationen getragen werden. Dieses System setzt also voraus, dass es immer eine genügend große nachrückende Generation gibt, die nicht nur in der Lage, sondern auch bereit ist, die älteren Menschen zu unterstützen. Der Generationenvertrag sei am Beispiel der Gesetzlichen Krankenversicherung erklärt. In den höheren Altersstufen werden im Durchschnitt mehr und kostenintensivere Leistungen in Anspruch genommen. In der Regel sind jedoch ihre Einnahmen aus den sozialversicherungspflichtigen Renteneinkommen deutlich niedriger als die Ausgaben. Hier herrscht eine „Unterdeckung" der verursachten Ausgaben vor. Bei den jüngeren Erwerbstätigen ist umgekehrt eine „Überdeckung" zu beobachten. Die Überschüsse in den jungen Altersgruppen werden zur intergenerativen Umverteilung verwendet. Kommen die Erwerbstätigen selbst in den Ruhestand, können sie erwarten, dass die nachrückende Generation sie in gleicher Weise unterstützt. Doch wie ist der Generationenvertrag einzuhalten, wenn immer weniger junge Beitragszahler für die (voraussichtlich steigenden) Ansprüche ihrer Vorgängergeneration aufkommen müssen?

Die Finanzierung der sozialen Leistungen kann unter den genannten demografischen Bedingungen – weniger potenzielle Beitragszahler bei gleichzeitig mehr Leistungsempfängern – unter Druck geraten. Hier gilt es, Arbeitslosigkeit abzubauen und die

Potenziale in der Erwerbsbevölkerung auszuschöpfen, um einen möglichst hohen Beschäftigungsgrad in sozialversicherungspflichtigen Arbeitsverhältnissen zu erreichen.

Bundesinstitut für Bevölkerungsforschung und Statistisches Bundesamt, Daten, Fakten, Trends zum demographischen Wandel in Deutschland, Wiesbaden 2008, S. 68 ff.

M 9 Es ist Zeit, über die Rente mit 83 nachzudenken

Neulich stand in einer Zeitung, die Beiträge zur Pflegeversicherung müssten dringend erhöht werden, weil die Babyboomer im Jahr 2030 ins Pflegealter einträten. Da wäre Ursula Lehr dem Verfasser furchtbar gerne an die Gurgel gesprungen. Aber der war nicht greifbar, solange ihr Zorn noch rauchte. Und Frau Lehr ist mit 84 Jahren auch nicht mehr so beweglich wie früher. Stattdessen referiert sie mit der wuchtigen Kompetenz der führenden Altersforscherin Deutschlands: „Es gibt ein Alter, in dem Kinder mit dem Krabbeln beginnen, es gibt ein Alter, in dem sie zahnen. Aber es gibt kein Alter, von dem an Menschen automatisch pflegebedürftig sind." [...] Viele Menschen werden uralt und bleiben trotzdem unabhängig. Von den 70- bis 75-Jährigen sind 95 Prozent nicht pflegebedürftig, von den 75- bis 80-Jährigen können 90 Prozent auf sich selbst achten. [...]

Wer ein Gegenbild haben möchte, der muss James Vaupel zuhören. Der Mann ist 69 Jahre alt, geschäftsführender Direktor des Max-Planck-Instituts für demografische Forschung in Rostock und einer der international anerkannten Wissenschaftler seiner Disziplin. Auf die Frage, ob es denn Vorzüge einer alternden Gesellschaft gebe, sagt der Amerikaner: „Enorme Vorzüge." Jeder wolle länger leben, sich länger mit seinen Kindern, Enkeln, Urenkeln und Freunden beschäftigen, seinen Geschwistern, seinem Ehepartner.

Aus individueller Perspektive ist die Angelegenheit glasklar. „Jeder will alt werden", sagt Vaupel. Langlebigkeit werde als großer Fortschritt empfunden. Was die Alterung aber laut Vaupel zu einem bedrohlichen Phänomen macht, sind allein die sozialen Arrangements, etwa das Eintrittsalter in die gesetzliche Rente. Diese ignorierten den Fortschritt und die wahre Natur der Langlebigkeit. In den Industrieländern steigt die Lebenserwartung in stetigem Tempo Jahr für Jahr um drei Monate. Und ein Ende dieses Trends ist nicht in Sicht.

Winand von Petersdorff, Es ist Zeit, über die Rente mit 83 nachzudenken, www.faz.net, 26.11.2014

Aufgaben

1. Entwerft in Gruppen ein Gutachten zu den Auswirkungen des demografischen Wandels auf die Sozialversicherungen (M 5 – M 7) in Deutschland. Stellt dabei alle Faktoren dar, die die Einnahmen und Ausgaben beeinflussen. Erläutert für jeden Faktor, wie er sich vermutlich entwickeln wird und welche Ursachen dies hat (M 8, M 9).
2. Diskutiert Maßnahmen, wie die Finanzierung der Sozialversicherungen auch in Zukunft sichergestellt werden könnte (M 9). Berücksichtigt dabei auch mögliche Variablen, die neben der demografischen Entwicklung Einfluss auf den Generationenvertrag haben könnten, wie z. B. Produktivitätssteigerungen.
3. Verfasst in Partnerarbeit ein Streitgespräch (→ Methodenglossar) über die Heraufsetzung des Rentenalters (M 9).

Was wir wissen

Sozialstaat in Deutschland
M 2

Im Grundgesetz ist die soziale Selbstverpflichtung des Staates in den Artikeln 20 (1) und 28 (1) des Grundgesetzes verankert, den sogenannten Sozialstaatsklauseln. Aus dem „Sozialstaatsgebot“ leitet sich die Pflicht des Staates ab, seine Bürgerinnen und Bürger nicht im Stich zu lassen, wenn sie – verschuldet oder unverschuldet – in soziale Not geraten. Darüber hinaus muss sich der Staat bei der Gestaltung politischer Maßnahmen am Ziel des sozialen Ausgleichs und der Gerechtigkeit orientieren. Die Verbindung von Rechtsstaatlichkeit, Demokratie und Sozialstaatlichkeit prägt das politische Selbstverständnis der Bundesrepublik Deutschland.

Gesetzliches Versicherungssystem
M 3 – M 7

Ein wichtiges Fundament des Sozialstaates ist das System der gesetzlichen Sozialversicherung in Deutschland. Für jeden Arbeiter oder Angestellten ist es Pflicht, in die gesetzliche Kranken*-, Arbeitslosen-, Renten- und Pflegeversicherung einzuzahlen. Finanziert werden diese Versicherungen durch Beiträge, die in der Regel zur Hälfte von den Arbeitnehmern und den Arbeitgebern entrichtet werden. Für jeden Versicherungszweig wird ein bestimmter Prozentsatz des Bruttolohns einbezahlt. Für die Rentenversicherung sind das z. B. 18,7 Prozent, d. h. 9,35 Prozent werden vom Arbeitnehmer und 9,35 Prozent vom Arbeitgeber entrichtet (Stand: 2016). Eine Ausnahme ist die Unfallversicherung. Sie wird nur von den Arbeitgebern finanziert. Durch die Beitragszahlungen erwerben die Versicherten einen Anspruch auf Leistungen im Bedarfsfall.

Einige Berufsgruppen, vor allem Beamte und Selbständige, sind nicht in das System der Pflichtversicherungen einbezogen. Während die Beamten nach einem besonderen Versorgungsrecht aus Steuern abgesichert sind, sind Selbständige darauf angewiesen, private Kranken- und Rentenversicherungen abzuschließen.

**Bei der gesetzlichen Krankenversicherung gilt die Einzahlungspflicht nur bis zu einer bestimmten Einkommsensgrenze. Derzeit liegt diese bei monatlich 4.687 € Bruttomonatseinkommen (Stand: 2016)*

Sozialleistungen
M 3 – M 7

Menschen, die kein Einkommen haben, keine (ausreichenden) Ansprüche auf Versicherungsleistungen erworben haben und auch nicht von Angehörigen unterstützt werden können, erhalten Leistungen aus den steuerfinanzierten Fürsorgesystemen (z. B. Arbeitslosengeld II oder Sozialhilfe). So soll vermieden werden, dass Menschen in Armut leben müssen.

Herausforderung demografischer Wandel
M 8, M 9

Alle Sozialversicherungszweige sind von einem ausgeglichenen Verhältnis von Beitragszahlern und Beitragsempfängern abhängig, da sie auf dem Generationenvertrag beruhen. Durch den demografischen Wandel entsteht hier ein immer größer werdendes Missverhältnis, da die Beitragszahler weniger werden und die Leistungsempfänger immer mehr. Die Situation verschärft sich dadurch, dass die Gesundheitskosten durch mehr ältere und damit krankheitsanfällige Menschen steigen werden.

Prinzipien der Gerechtigkeit – ein Gedankenexperiment

Entwirf mit deinen Mitschülern die Verfassung für eine gerechte Gesellschaft. Schreibe in Artikeln die Grundsätze nieder, die du für eine gerechte Gesellschaft für wichtig und notwendig hältst.
Es gelten dabei folgende Bedingungen:

1. Du weißt, wie eine Gesellschaft im allgemeinen funktioniert und dass es bestimmte Grundgüter gibt. „Die wichtigsten gesellschaftlichen Grundgüter sind Rechte, Freiheiten und Chancen sowie Einkommen und Vermögen.“ (Rawls)

Es kommt also darauf an, nach welchen Grundsätzen diese Grundgüter verteilt werden sollen.

2. Der „Schleier der Unwissenheit“:
   Alle individuellen Dinge über dich selbst weißt du nicht – nicht dein Alter, nicht dein Geschlecht, auch nicht deine Begabungen, vor allem aber nicht die politische, soziale und wirtschaftliche Lage, die du künftig einnehmen wirst.

Es kommt also darauf an, dass du in deinem eigenen Interesse bei der Festlegung der Grundsätze eine unparteiische Haltung einnimmst.

Entwurf einer Verfassung für eine gerechte Gesellschaft

Artikel 1: …

Artikel 2: …

Artikel 3: …

Kompetenzen prüfen

I. Diagnose

Ich kann …	Dazu benötige ich u. a. folgende Begriffe …	Das klappt schon …		Hier kann ich u. a. noch üben …
… grundlegende Unterscheidungsmerkmale von Wirtschaftsordnungen nennen	• Eigentumsform: privat / nicht privat • Planungs- und Lenkungsform: dezentral / zentral • Markt- und Preisbildungsform: auf Märkten / Preisfestsetzung • Unternehmensform: gewinnorientiert / Planerfüllung	😎	☹	Kapitel 3.1 • M 4, M 5 • Was wir wissen
… volkswirtschaftliche Zusammenhänge mithilfe des Wirtschaftskreislaufs beschreiben	• Haushalte • Kapitalsammelstellen • Unternehmen • Staat	😎	☹	Kapitel 3.2 • Methode M 9
… wesentliche Prinzipien der Sozialen Marktwirtschaft in Deutschland erläutern	• Wettbewerbsprinzip • Prinzip der Marktkonformität • Sozialstaatsprinzip	😎	☹	Kapitel 3.2 • M 2, M 3, M 4 • Randspalte zu M 3 • Was wir wissen
… Bausteine der gesetzlichen Sozialversicherung erklären	• Krankenversicherung • Arbeitslosenversicherung • Pflegeversicherung • Rentenversicherung • Unfallversicherung	😎	☹	Kapitel 3.3 • M 3, M 5 – M 7 • Was wir wissen
… die Herausforderungen des Generationenvertrages darstellen	• Generationenvertrag • Demografischer Wandel • Renteneintrittsalter	😎	☹	Kapitel 3.3 • M 8 – M 9

II. Lernkontrolle

Gewinne und Verluste bei der staatlichen Umverteilung, aufgeschlüsselt nach den Haushalts-Nettoeinkommen.

Haushalts-Nettoeinkommen im Monat (Euro)[1]	Staatliche Geldtransfers an Haushalte[2]	Abgaben der Haushalte[3]	Gewinne oder Verluste im Monat (Geldtransfers minus Abgaben)
unter 1.000	533	– 56	+476
1.000 bis 1.500	804	– 193	+610
1.500 bis 2.000	889	– 380	+509
2.000 bis 2.500	970	– 561	+410
2.500 bis 3.000	948	– 758	+190
3.000 bis 3.500	842	– 984	–142
3.500 bis 4.000	838	– 1.263	–424
4.000 bis 4.500	773	– 1.552	–779
4.500 bis 5.000	843	– 1.829	–986
5.000 bis 6.000	760	– 2.193	–1.434
6.000 bis 7.000	651	– 2.772	–2.120
7.000 bis 10.000	625	– 3.782	–3.156
mehr als 10.000	625	–8.470	–7.845

1) 2012. 2) Gesetzliche Renten, Kindergeld usw. 3) Einkommensteuer, Sozialversicherungs-Arbeitnehmerbeiträge usw.

Quelle: www.faz.net, IW; F.A.Z.-Grafik Thomas Heumann, 3.8.2015

Die Grafik zeigt die Gewinne und Verluste bei der staatlichen Umverteilung, aufgeschlüsselt nach den Haushalts-Nettoeinkommen. Sie gibt also einen Überblick darüber, wie der deutsche Sozialstaat zwischen den unterschiedlich leistungsfähigen Haushalten umverteilt.

1. **Beschreibe das Ergebnis der staatlichen Umverteilungsmaßnahmen.**

Ins Heft

2. **Erläutere andere (Um-)Verteilungsmuster, die sich in einer freien Marktwirtschaft und einer Planwirtschaft ergeben würden.**

Ins Heft

3. **Nimm Stellung zum Maß der staatlichen Umverteilung in der Sozialen Marktwirtschaft der Bundesrepublik Deutschland.**

Ins Heft

Erwartungshorizonte zur Lernkontrolle Kapitel 3

Mediencode: 71007-04

BUNDESRAT

ES GEHT UM MEHR
8%
für mehr

4

Parlamentarische Demokratie und politisches System

Die Verfassung gibt vor, wie ein Gesetz zu Stande kommt und welche Akteure daran beteiligt werden müssen. Wer darf in Deutschland Gesetze initiieren und beschließen? Wie können die unterschiedlichen Akteure ihre Interessen in den Entscheidungsprozess einbringen?

Kompetenzen

Am Ende dieses Kapitels solltest du Folgendes können:

- die Gründe für die zentrale Bedeutung der Menschenrechte im Grundgesetz wiedergeben
- die Verfassungsprinzipien darstellen
- das Wahlsystem zum Deutschen Bundestag erklären
- die Stellung des Bundeskanzlers im politischen System erläutern
- die Arbeitsweise und die Kontrollfunktion des Deutschen Bundestages und die Stellung seiner Abgeordneten beurteilen
- den Gang der Gesetzgebung an einem Beispiel erläutern

Was weißt du schon?

- Sammelt alle politischen Akteure, die euch einfallen, auf einem Blatt. Ihr könnt euch zu Beginn an den Bildern auf dieser Seite orientieren.
- Welche dieser politischen Akteure haben großen Einfluss auf die Politik und sind mächtig? Erstellt eine Hierarchie und beginnt mit dem eurer Ansicht nach mächtigsten Akteur. Begründet eure Entscheidung und übertragt eure Ergebnisse auf ein Wandplakat (→ Methodenglossar).

4.1 Das Grundgesetz – Grundrechte und Grundwerte

Grundrechte im Grundgesetz – Menschen- und Bürgerrechte

M 1 Grundrechte im Alltag – verstößt die Schwimmunterrichtspflicht für Muslima gegen das Grundgesetz?

Zwei Schülerinnen im Burkini (rechts) beim Schwimmunterricht

Burkini-Urteil des Bundesverwaltungsgerichts
Die Entscheidung des OVG Münster wurde vom Bundesverwaltungsgericht inhaltlich im September 2013 für einen ähnlich gelagerten Fall aus Hessen bestätigt.

Art. 4 GG
(1) Die Freiheit des Glaubens, des Gewissens und die Freiheit des religiösen und weltanschaulichen Bekenntnisses sind unverletzlich.
(2) Die ungestörte Religionsausübung wird gewährleistet.

Art. 7 GG
(1) Das gesamte Schulwesen steht unter der Aufsicht des Staates.

Immer wieder gab es in der Vergangenheit Unsicherheit, wenn muslimische Schülerinnen ihre Befreiung vom Schwimmunterricht beantragt haben. Klärung hat das OVG Münster nunmehr in zwei Entscheidungen von grundsätzlicher Bedeutung gebracht. Es hat bestätigt, dass auch strenggläubigen muslimischen Schülerinnen das Tragen einer den islamischen Bekleidungsvorschriften entsprechenden Schwimmkleidung in aller Regel zumutbar ist. Seit einigen Jahren gibt es als taugliche Bade- und Schwimmbekleidung für muslimische Mädchen und Frauen etwa einen Badeanzug mit hoch geschlossenem Kragen und fest sitzender Kopfbedeckung (sog. Burkini). Das OVG sieht im Tragen derartiger Schwimmbekleidung eine diskriminierungsfreie Ausweichmöglichkeit, die geeignet ist, einen im Einzelfall auftretenden Glaubenskonflikt ohne Trennung der Geschlechter und ohne Befreiung von der Unterrichtsteilnahme zu bewältigen.

Ministerium für Schule und Weiterbildung des Landes Nordrhein-Westfalen (Hg.), Teilnahme von muslimischen Schülerinnen am Schwimmunterricht, www.schulministerium.nrw.de, Abruf am 17.9.2013

M 2 Zwei Verfassungsrechte prallen aufeinander

Kern der Problematik ist nach Auffassung verschiedener Gerichte, dass hier zwei Verfassungsrechte aufeinanderprallen: Der staatliche Bildungs- und Erziehungsauftrag (Art. 7 (1) des Grundgesetzes) und die Glaubensfreiheit (Art. 4). Diese beinhaltet auch das Recht, sein gesamtes Verhalten an den Lehren seines Glaubens auszurichten. Dies betrifft auch die von tiefgläubigen Moslems als Vorschrift des Korans angesehene Regel, die körperliche Blöße müsse komplett verhüllt werden. [...] Da auf keinen Fall ein Verfassungsgut hinter ein anderes zurücktreten dürfe, betrachtet das Schulministerium den „Burkini" als einen „schonenden Ausgleich" zwischen Verfassungsgütern. Mithilfe des „Burkinis" trage eine Schülerin im Schwimmunterricht eine den Bekleidungsvorschriften des Islam entsprechende Kleidung. Deshalb hätten Gerichte in mehreren Fällen Anträge von Eltern auf Befreiung vom gemeinsamen Schwimmunterricht von Jungen und Mädchen abgelehnt. [...] Die Eltern begründeten ihre Anträge auch damit, dass „die Betroffene dem Anblick leicht bekleideter Mitschüler ausgesetzt" sei. Zudem sei eine den religiösen Vorschriften gemäße Körperbedeckung nicht möglich. Diese Argumente wiesen die Verwaltungsrichter mit dem Verweis auf den „Burkini" zurück [...]. Deshalb sieht das Schulministerium den „Burkini" sogar als Chance für mehr Verständnis: „Im gemeinsamen Schwimmunterricht, an dem die Mädchen in ihrer islamkonformen Kleidung teilnehmen, kann Toleranz veranschaulicht und praktisch eingeübt werden."

Peter Szymaniak, Schulministerium NRW sieht Burkini als Chance für Toleranz, www.derwesten.de, 1.7.2011

M 3 Grundrechte-Artikel im Grundgesetz

Artikel 1

(1) Die Würde des Menschen ist unantastbar. Sie zu achten und zu schützen ist Verpflichtung aller staatlichen Gewalt.

(2) Das Deutsche Volk bekennt sich darum zu unverletzlichen und unveräußerlichen Menschenrechten als Grundlage jeder menschlichen Gemeinschaft, des Friedens und der Gerechtigkeit in der Welt.

(3) Die nachfolgenden Grundrechte binden Gesetzgebung, vollziehende Gewalt und Rechtsprechung als unmittelbar geltendes Recht.

Artikel 2

(1) Jeder hat das Recht auf die freie Entfaltung seiner Persönlichkeit, soweit er nicht die Rechte anderer verletzt und nicht gegen die verfassungsmäßige Ordnung oder das Sittengesetz verstößt.

(2) Jeder hat das Recht auf Leben und körperliche Unversehrtheit. Die Freiheit der Person ist unverletzlich. In diese Rechte darf nur auf Grund eines Gesetzes eingegriffen werden.

Artikel 3

(1) Alle Menschen sind vor dem Gesetz gleich.

(2) Männer und Frauen sind gleichberechtigt. Der Staat fördert die tatsächliche Durchsetzung der Gleichberechtigung von Frauen und Männern und wirkt auf die Beseitigung bestehender Nachteile hin.

(3) Niemand darf wegen seines Geschlechtes, seiner Abstammung, seiner Rasse, seiner Sprache, seiner Heimat und Herkunft, seines Glaubens, seiner religiösen oder politischen Anschauungen benachteiligt oder bevorzugt werden. Niemand darf wegen seiner Behinderung benachteiligt werden.

Artikel 5

(1) Jeder hat das Recht, seine Meinung in Wort, Schrift und Bild frei zu äußern und zu verbreiten und sich aus allgemein zugänglichen Quellen ungehindert zu unterrichten. Die Pressefreiheit und die Freiheit der Berichterstattung durch Rundfunk und Film werden gewährleistet. Eine Zensur findet nicht statt.

Artikel 8

(1) Alle Deutschen haben das Recht, sich ohne Anmeldung oder Erlaubnis friedlich und ohne Waffen zu versammeln.

Artikel 9

(1) Alle Deutschen haben das Recht, Vereine und Gesellschaften zu bilden.

(2) Vereinigungen, deren Zwecke oder deren Tätigkeit den Strafgesetzen zuwiderlaufen oder die sich gegen die verfassungsmäßige Ordnung oder gegen den Gedanken der Völkerverständigung richten, sind verboten.

Artikel 10

(1) Das Briefgeheimnis sowie das Post- und Fernmeldegeheimnis sind unverletzlich.

(2) Beschränkungen dürfen nur auf Grund eines Gesetzes angeordnet werden.

Artikel 13

(1) Die Wohnung ist unverletzlich.

(2) Durchsuchungen dürfen nur durch den Richter, bei Gefahr im Verzuge auch durch die in den Gesetzen vorgesehenen anderen Organe angeordnet und nur in der dort vorgeschriebenen Form durchgeführt werden.

Grundrechte im Alltag – Fallbeispiele

1. Vor der Diskothek „Starlight“ verweigern Türsteher Menschen mit dunkler Hautfarbe den Eintritt.

2. Die Polizei durchsucht die Redaktionsräume einer großen Wochenzeitung, beschlagnahmt Aktenordner und Computer und verlangt von dem Chefredakteur die Preisgabe von Informationsquellen.

3. Der Schulleiter einer Schule, die von vielen Schülerinnen und Schülern mit Migrationshintergrund besucht wird, verbietet die russische Sprache auf dem Schulhof.

4. In der Firma „Holzwurm“ erhalten Frauen grundsätzlich einen geringeren Stundenlohn als die Männer. Der Chef argumentiert, die Männer seien in der Regel Haupternährer der Familie.

Bearbeiter

M 4 Grund-, Menschen- und Bürgerrechte

Viele betrachten die Grundrechte als etwas Selbstverständliches, das ihre persönliche Sphäre kaum berührt. Wie die geschichtliche Erfahrung zeigt, sind sie keineswegs selbstverständlich gewährleistet, und sie beeinflussen den Alltag des Einzelnen und das Zusammenleben aller in Staat und Gesellschaft. Grundrechte [...] sind Abwehrrechte des Bürgers gegen den Staat. [...]

Zu unterscheiden ist zwischen allgemeinen Menschenrechten, die jedem zustehen, und Bürgerrechten, die nur für Staatsangehörige gelten. Menschenrechte sind überstaatliche Rechte, sie gehören zur Natur des Menschen, es sind natürliche, angeborene Rechte. Dazu gehören die meisten Freiheitsrechte oder Grundfreiheiten, wie Freiheit der Person, Meinungsfreiheit, Glaubensfreiheit. Bürgerrechte sind beispielsweise das Recht der Vereinigungs- und Koalitionsfreiheit und der Freizügigkeit.

Im Grundgesetz beginnen die Menschenrechte mit den Worten: „Jeder hat das Recht ...“, bei den Bürgerrechten heißt es: „Alle Deutschen haben das Recht ...“

Nach: Horst Pötzsch, Die Deutsche Demokratie, 5. überarbeitete und aktualisierte Auflage, Bonn: Bundeszentrale für politische Bildung 2009, S. 18 – 21

Aufgaben

1. Erläutert – zunächst in Kleingruppen, dann in der Klasse – mithilfe der Grundgesetzartikel 4 und 7 (Randspalte zu M 2) die in M 1 und M 2 dargestellte Problematik des Aufeinanderprallens von zwei unterschiedlichen Grundrechten.
2. Diskutiert in der Klasse die Entscheidung des Gerichtes. Welche Gründe sprechen für und welche Gründe sprechen gegen die Kompromisslösung des Gerichtes? Ihr könntet in eurer Diskussion auch zu einem Urteil über die Auffassung des Schulministeriums gelangen, der „Burkini“ könne auch ein Beitrag zu mehr Toleranz sein (M 1, M 2).
3. Stellt – in Kleingruppen – mithilfe von M 4 Grund-, Menschen- und Bürgerrechte gegenüber.
4. Analysiert die Fallbeispiele in der Randspalte auf dieser Seite, indem ihr
   a) untersucht, gegen welche der in M 3 dargestellten Grundrechte in den genannten Beispielen verstoßen wird. Begründet im Einzelnen, warum es sich um einen Verstoß handeln könnte.
   b) entscheidet, in welchen Fällen ein Verstoß gegen Menschenrechte bzw. gegen Bürgerrechte vorliegt.
   c) die Fälle kennzeichnet, in denen es sich nicht um Grundrechtsverstöße staatlicher Institutionen handelt. Formuliert in einem Urteil, ob ihr die Grundrechte der Bürgerinnen und Bürger gegenüber Mitbürgerinnen und Mitbürgern für genau so schützenswert haltet wie gegenüber staatlichen Institutionen.

Grundwerte im Grundgesetz – die Staatsprinzipien

M 5 Verfassung in Kurzform – Artikel 20 GG

(1) Die Bundesrepublik Deutschland ist ein demokratischer und sozialer Bundesstaat.
(2) Alle Staatsgewalt geht vom Volke aus. Sie wird vom Volke in Wahlen und Abstimmungen und durch besondere Organe der Gesetzgebung, der vollziehenden Gewalt und der Rechtsprechung ausgeübt.
(3) Die Gesetzgebung ist an die verfassungsmäßige Ordnung, die vollziehende Gewalt und die Rechtsprechung sind an Gesetz und Recht gebunden.

M 6 Die politische Struktur Deutschlands – die Staatsprinzipien

Demokratie (→ M 7a – M 7c), Republik (→ M 8a – M 8b), Bundesstaat (→ M 10a – M 10c), Rechtsstaat (→ M 11a – M 11b), Sozialstaat (→ M 12a – M 12b)

Autorengrafik

Was genau sind Staatsprinzipien?
Staatsprinzipien sind diejenigen grundlegenden Verfassungsnormen, die den Geist und den Charakter der Verfassung und somit auch des Staates, dessen Ordnung auf ihr beruht, erkennen lassen, besonders hinsichtlich Staatsform, Herrschaftsform und Rechtsstaatlichkeit sowie ihrer territorialen Gliederung.
Nach: Duden Recht A-Z. Fachlexikon für Studium, Ausbildung und Beruf, 2. Aufl. Mannheim, Bibliographisches Institut & F.A. Brockhaus 2010. Lizenzausgabe Bonn, Bundeszentrale für politische Bildung

Aufgaben

1. Gib mithilfe von Artikel 20 GG (M 5) die Staatsprinzipien, die im Schaubild M 6 in den Tortenstücken dargestellt werden, wieder (M 5, M 6).
2. Bearbeitet nachfolgende Materialien M 7a – M 12b u. a. mithilfe des Gruppenpuzzles (→ Methodenglossar) und gestaltet am Ende einen Flyer (→ Methodenglossar), der über die Staatsprinzipien Deutschlands kurz informiert.

zu Aufgabe 1
Die Begriffe in den Rechtecken helfen euch bei der Wiedergabe der Staatsprinzipien.

M 7a Demokratie in Nordkorea? – eine polemische Stellenanzeige

Seit dem 29.12.2011 ist Kim Jong-un „Oberster Führer" Nordkoreas.

Sind Sie unser Typ?

Wir sind ein kleiner, familiär betriebener Staat im Norden der koreanischen Halbinsel mit einer langen Familientradition seit 1953.

Für unsere demokratische und volksnahe Regierung in Pjöngjang suchen wir ab dem 29.12.2011 eine/n motivierte/n

DIKTATOR/IN

Sie haben langjährige Erfahrung in Unterdrückung der Pressefreiheit, Verletzung der Menschenrechte, Folter, Mord und Verfolgung politisch Andersdenkender oder religiöser Minderheiten?
Dann sind Sie unser/e Mann/Frau!

Möchten Sie mehr über uns oder unser herzliches Arbeitsumfeld erfahren, dann informieren wir Sie gerne unter:

www.igfm1.de

Wir freuen uns auf Sie!

Autorengrafik

Am 17.12.2011 verstarb der nordkoreanische Führer Kim Jong-il, weshalb Nordkorea ein neues Staatsoberhaupt suchte.
Am 20.12.2011 schaltete die „igfm" eine Stellenanzeige für diese „frei gewordene Stelle", um auf die Menschenrechtsverletzungen in Nordkorea aufmerksam zu machen. Schließlich trat Kim Jong-un, der Sohn des verstorbenen Führers, am 29.12.2011 die Nachfolge an.

Nach: Internationale Gesellschaft für Menschenrechte, Stellenanzeige: Diktator für Nordkorea gesucht, in: http://www.igfm.de, Abruf am 13.12.2012

M 7b Demokratie – was bedeutet das eigentlich?

Der Begriff Demokratie kommt aus dem Griechischen und setzt sich aus den Wörtern Demos (Volk) und Kratein (Herrschaft) zusammen. Demokratie ist also eine Herrschaftsform und bedeutet „Herrschaft des Volkes" bzw. „Volksherrschaft." Fast alle Staaten der Welt beanspruchen für sich, eine demokratische Herrschaftsform zu haben. Wann jedoch eine freie Demokratie vorliegt, kann nicht eindeutig bestimmt werden, da es immer von den Merkmalen abhängt, die untersucht werden. Modernen Vergleichsstudien zufolge weisen jedoch freie Demokratien vor allem folgende Merkmale auf: Volkssouveränität, Mehrheitsentscheidungen, Pluralismus und Gewaltenteilung.

Volkssouveränität

Die Lehre von der Volkssouveränität löste die traditionelle Vorstellung ab, nach der dem König oder Fürsten kraft seiner Abstammung aus einer von Gott begnadeten Dynastie die Herrschaft zustehe. [...] Die Demokratie sieht im Staate nicht eine von übernatürlichen Kräften eingesetzte und also hinzunehmende obrigkeitliche Herrschaft, sondern erkennt ihn als Ausfluss des Willens aller beteiligten Individuen zur Lösung der gemeinsam zu bewältigenden Aufgaben. [...] Dass alle Staatsgewalt vom Volke ausgeht, bedeutet freilich nicht, dass das Volk auch regiert und bei allen Einzelheiten der politischen Entscheidungen mitwirkt.

Pharos e.V. (Hg.), Demokratie, www.dadalos-d.org, Abruf am 7.10.2013

Mehrheitsentscheidungen

In einer Demokratie gilt der Grundsatz, dass bei Wahlen und Abstimmungen die Mehrheit entscheidet und dass die Minderheit die Mehrheitsentscheidung anerkennt. Sie hat dafür die Chance, bei künftigen Wahlen und Abstimmungen ihrerseits die Mehrheit zu erringen, und kann erwarten, dass dann ihre Entscheidungen respektiert werden. Das Mehrheitsprinzip ist eine Kompromisslösung. Die Entscheidung der Mehrheit muss nicht „richtig“ sein. Das Mehrheitsprinzip gewährleistet aber, dass Konflikte friedlich ausgetragen werden.

Horst Pötzsch, Demokratie, www.bpb.de, 15.12.2009

Pluralismus

Pluralismus ist ein zentrales Leitbild moderner Demokratien, deren politische Ordnung und Legitimität ausdrücklich auf der Anerkennung und dem Respekt vor den vielfältigen individuellen Meinungen, Überzeugungen, Interessen, Zielen und Hoffnungen beruhen. Keine (politische, religiöse o. ä.) Instanz darf in der Lage sein, (allen) anderen ihre Überzeugung etc. aufzuzwingen, d. h. die prinzipielle Offenheit pluralistischer Demokratien zu gefährden. Grundlage des politischen und sozialen Zusammenlebens fortschrittlicher Gesellschaften ist daher das pluralistische Prinzip der Vielfalt (nicht das der undemokratischen Einfalt).

Klaus Schubert, Martina Klein, Pluralismus, in: Das Politiklexikon, 5. aktual. Auflage, Bonn 2011, S. 225

Demokratie und Diktatur

In der **Demokratie** haben alle Bürger die gleichen Rechte, sie bestimmen in freien Wahlen, von wem sie regiert werden wollen. Auch der Staat muss sich an die geltenden Regeln und Gesetze halten.
Der **Diktator** ist in der Regel nicht frei gewählt, sondern hat sich selbst mit Gewalt an die Macht gebracht. Dies geschieht häufig mithilfe des Militärs. Man spricht dann von einer Militärdiktatur. In Diktaturen wird das Volk von der politischen Mitbestimmung ausgegrenzt und mit Gewalt unterdrückt.

Gewaltenverschränkung
Für die Demokratie in der Bundesrepublik Deutschland trifft die in der Grafik dargestellte strenge Trennung zwischen Legislative und Exekutive nicht zu. Die Bundesregierung (die Bundeskanzlerin) stützt sich auf die Mehrheit des Parlaments („Regierungskoalition"), die die Bundeskanzlerin gewählt hat. Viele Ministerinnen und Minister und auch die Bundeskanzlerin sind zugleich Mitglieder des Bundestags. Der Bundesrat besteht nicht aus Vertretern der Länderparlamente, sondern der Länderregierungen. Man spricht daher von „Gewaltenverschränkung". Die Rechtsprechung bleibt jedoch streng getrennt.

Gewaltenteilung

Durch die Gewaltenteilung werden die Konzentration und der Missbrauch politischer Macht verhindert und die Ausübung politischer Herrschaft begrenzt. Die Teilung der Staatsgewalt soll die Freiheit des Staatsbürgers sichern und ihn vor einem übermächtigen Staat schützen. Die Staatsgewalt wird geteilt zwischen der gesetzgebenden Gewalt (Legislative), der ausführenden Gewalt (Exekutive) und der rechtsprechenden Gewalt (Judikative) unterschieden. Diese Funktionen werden unabhängigen Staatsorganen (Parlamenten, Regierung, Gerichten) zugewiesen.

Bearbeiter

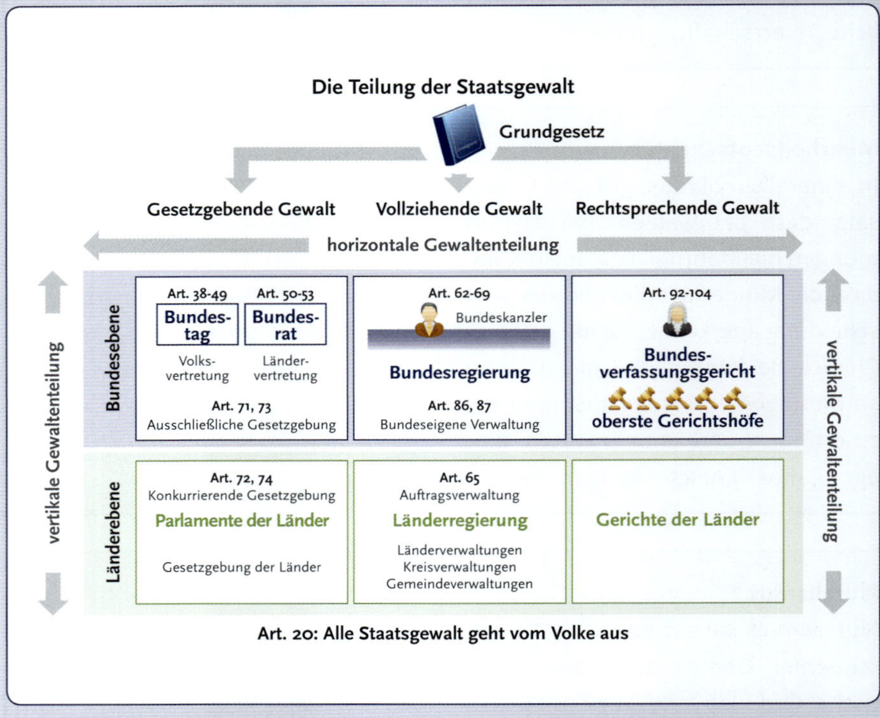

Bergmoser + Höller Verlag AG, Aachen

M 7c Warum es zur Demokratie keine Alternative gibt

Nach wie vor gilt […]: „die zweitbeste Demokratie ist immer noch besser als die beste Nicht-Demokratie". Die Demokratie mag nur als das kleinere Übel angesehen werden, vereint aber andererseits so viele Vorteile auf sich, dass sie als die beste bekannte Herrschaftsform bezeichnet werden kann. Einer dieser Vorteile ist ihre Lernfähigkeit, die sie in die Lage versetzt, auch große Herausforderungen zu bestehen […]. Die moderne Demokratie ist gemäßigt, basiert auf Gewaltentrennung, repräsentativer Willens- und Entscheidungsbildung und, ganz entscheidend, auf Recht und Verfassung. Mit der Achtung von Recht und Gesetz, mit unabhängigen Gerichten und einer Verfassungsgerichtsbarkeit kann auch der von Alexis de Tocqueville und John Stuart Mill in der Mitte des 19. Jahrhunderts beschworenen Gefahr einer Tyrannei der Mehrheit begegnet werden. Individuen und Minderheiten müssen sich nicht bedingungslos einer Mehrheit beugen, die sich ja auch irren kann. Leben, Freiheit und Eigentum genießen den Schutz des Rechtes. Individuelle Freiheit und demokratische Selbstregierung lassen sich in der modernen Demokratie miteinander vereinbaren. [...] Demokratien haben auch gelernt, mit grundlegenden gesellschaftlichen Problemen umzugehen. Sie können besser als nicht-demokratische Systeme zwischen Staat und Gesellschaft vermitteln. Durch Repräsentativität und Responsivität ihrer Institutionen greifen sie Problemlagen aus der Gesellschaft auf und entschärfen sie, indem sie sie zu allgemein verbindlichen Entscheidungen verarbeiten. So hat sich durch die Entwicklung wohlfahrtsstaatlicher Maßnahmen in Reaktion auf die „soziale Frage" beispielsweise die soziale Demokratie herausgebildet. Gleichwohl vermag die Demokratie keineswegs alle Probleme zu lösen. Immer wieder wird ihr vorgehalten, dass sie nur die gut organisierten und machtvoll artikulierten Interessen berücksichtige und dabei nur die kurzfristigen Ziele, nicht aber das nachhaltige Gemeinwohl, auch nicht die Belange nachfolgender Generationen im Auge habe. Das mag in der Tat eine Achillesferse der Demokratie sein, aber ein prinzipieller Einwand gegen diese Herrschaftsform ist es nicht. Die Demokratie ist die einzige Herrschaftsform, die es den Bürgern erlaubt, Regierende zu sanktionieren, ohne das politische System selbst beseitigen zu müssen. Politische Führung kann ausgewechselt werden, weil es in der Demokratie nur Herrschaft auf Zeit gibt. [...] Und vor allem: Nur der Wille der Bürgerinnen und Bürger, artikuliert in Wahlen und Abstimmungen, begründet und legitimiert die Herstellung kollektiv verbindlicher Entscheidungen. Nur die Demokratie bietet den Menschen die Chance, sich umfassend an Willensbildung und Entscheidungsfindung zu beteiligen, ihre Angelegenheiten selbst in die Hand zu nehmen. Denn – schon die alten Griechen wussten es, als sie die Demokratie erfanden –: Die Politik ist vor allem die Sache ihrer Bürgerinnen und Bürger.

Hans Vorländer, Demokratie – die beste Herrschaftsform, in: Demokratie Information zur politischen Bildung Nr. 284/2004, S. 56 ff.

Formen der Demokratie
Es gibt unterschiedliche Formen der Demokratie. Eine Form ist die direkte Demokratie, bei der das Volk (z. B. in Gestalt einer Volksversammlung) die Staatsgewalt unmittelbar (das heißt direkt) ausübt. Es entscheidet mit Volksabstimmungen („Plebiszit") über alle politisch wichtigen Anliegen, einschließlich der Wahl und Abwahl wichtiger Amtsträger in Staat und Gesellschaft.
Im Gegensatz zur direkten Demokratie wird die Herrschaft in der repräsentativen Demokratie mittelbar (das heißt indirekt) über vom Volk gewählte „Abgeordnete" ausgeübt. Diese sind „Repräsentanten" des Volkes und sollen für dieses in eigener Verantwortung zeitlich befristet handeln, wobei ihr Auftrag sich in regelmäßig stattfindenden Wahlen bewähren muss und erneuert werden kann.
Bearbeiter

Aufgaben

1. Gib die Merkmale von Demokratie in M 7b mit eigenen Worten wieder (M 7b, Methodenglossar).
2. Untersucht in Kleingruppen die Texte in M 7a auf jene politischen Verhältnisse in Nordkorea, die nicht den Staatsprinzipien des Grundgesetzes der Bundesrepublik Deutschland entsprechen.
3. Stellt in Kleingruppen Vor- und Nachteile einer demokratischen Herrschaft tabellarisch gegenüber und beurteilt, ob Hans Vorländer mit seiner Bewertung von Demokratie uneingeschränkt Recht hat (M 7a – 7c).

zu Aufgabe 3
Erläutert den Unterschied zwischen horizontaler und vertikaler Gewaltenteilung.

Bestimmung der Staatsformen – im Wandel
Die Bestimmung von Staatsformen unterliegt einem Bedeutungswandel. Den Beginn machte Niccolò Machiavelli (1469 – 1572). Er hatte die aristotelische Dreiteilung (Alleinherrschaft, Herrschaft weniger, Herrschaft vieler) auf eine Zweiteilung reduziert und die Staaten der Welt nach Republiken und Monarchien unterschieden. In den Republiken herrschten viele, in den Monarchien gehe die Staatsgewalt von einem Einzigen aus. Das Unterscheidungskriterium war – wie bei Aristoteles – „Anzahl der Herrschenden". Nachdem jedoch in den späteren Befreiungs- und Unabhängigkeitskriegen viele Monarchien „parlamentarisiert" wurden, verlor das Unterscheidungskriterium „Anzahl der Herrschenden" seine Bedeutung. In der modernen Vergleichsforschung werden Staatsformen daher hauptsächlich nach der Stellung des Staatsoberhauptes unterschieden: Während die Monarchie über ein gekröntes oder fürstliches Staatsoberhaupt verfügt, sind alle Staaten ohne Kaiser, Könige oder Fürsten Republiken.

M 8a Republik oder Monarchie? Staatsformen in Deutschland

Kaiser Wilhelm II – Staatsoberhaupt des Deutschen Reiches von 1888 – 1918

Bundespräsident Frank-Walter Steinmeier – Staatsoberhaupt der Bundesrepublik Deutschland seit 2017

M 8b Republik als Staatsstrukturprinzip

Mit Republik ist jede Nicht-Monarchie gemeint. Das Staatsoberhaupt wird also nicht durch Erbfolge bestimmt. Die Frage der Staatsform – Republik oder Monarchie – ist demnach weitaus weniger wichtig als die Frage nach der [Herrschafts-]form – Demokratie oder Diktatur. Schließlich sagt die jeweilige Staatsform noch nichts über die tatsächlichen Herrschaftsträger und über die Legitimität des Staates aus. Die DDR war ebenso eine Republik wie die BRD. In diesem Sinne ist Republik ein bloßer Formalbegriff, der eine klare Einteilung der Staaten nach diesem Kriterium ermöglicht. [...] Wer Republik nicht bloß als Gegensatz zur Monarchie begreift, kommt in Schwierigkeiten bei der Begründung, worin sich denn die Republik von der Demokratie oder dem Rechtsstaat unterscheidet. Mit dieser Verwischung ist einer klaren Begrifflichkeit nicht gedient. Auch die Herleitung aus der Tradition überzeugt nicht: „Republik ist freiheitliche Ordnung. Demokratie ist Freiheit schlechthin. Die Republik stammt aus der römischen, die Demokratie aus der griechischen Tradition. Beide antiken Welten haben unsere Kultur geprägt, aber auf verschiedene Weise. Römisch ist das Gesetz und das Festhalten und vorsichtige Ändern des Überkommenen, griechisch ist das freie Denken und Gestalten".

Uwe Andersen, Wichard Woyke (Hg.), Handwörterbuch des politischen Systems der Bundesrepublik Deutschland, 5. aktual. Aufl., Leske + Budrich 2003, Lizenzausgabe Bonn, BpB 2003

Methode

M 9 Eine politische Rede verfassen und halten

Eine Rede ist dann gut, wenn es dem Redner oder der Rednerin gelingt, den Funken der eigenen Überzeugung auf die Zuhörerinnen und Zuhörer überspringen zu lassen. Nur wenn du genau weißt, wovon du sprichst und zu wem du sprichst, wird deine Rede überzeugen. Anders als ein Referat wird eine politische Rede in der Regel Wort für Wort vorbereitet und ausformuliert.

Gliederung einer politischen Rede

1. **Einleitung**
Warum spreche ich? Worin besteht der Anlass? Welches Problem nehme ich mir vor?

2. **Hauptteil**
a) Wie sind die Zustände (Was war, was ist?) Wie ist das Problem entstanden?
b) Was müsste stattdessen sein? Welchen Zustand wünsche ich mir?
c) Wie können die herrschenden Zustände geändert werden? Welche Maßnahmen müssten ergriffen werden? Welche Maßnahmen halte ich für ungeeignet und warum?

3. **Der Schluss** enthält die Aufforderung zur Tat, den vom Redner gewiesenen Weg zu gehen und so die Zustände zu ändern: Was können, was müssen wir tun?

Worauf du bei deiner Rede achten solltest:

Verwende kurze Sätze
Den Zuhörern fällt es schwer, den Inhalt langer und verschachtelter Sätze aufzunehmen. Eine Rede wird durch kurze (Haupt-)Sätze klarer und verständlicher. Setze Nebensätze nur sparsam ein.

Rede langsam
In einem mit vielen Zuhörern gefüllten Raum gehen undeutlich gesprochene Silben verloren. Ein ruhiges Sprechtempo wirkt dem entgegen.

Setze Pausen ein
Angemessene Pausen verleihen einer Rede Wirkung. Deshalb folgt nach wichtigen Punkten eine Pause. Sage innerlich „Punkt. Pause.“, dann ist die Pause lang genug und du kannst weiterreden und dich dem nächsten Themenpunkt zuwenden.

Weitere Tipps für das Halten einer politischen Rede

- **Suche den Blickkontakt zum Publikum**
Wähle dazu eine oder mehrere Personen aus dem Publikum aus, die du während deines Vortrages hin und wieder für mindestens eine Sekunde lang anschaust. Noch besser ist es, den Blick beim Sprechen durch die Zuschauerränge schweifen zu lassen, um das ganze Publikum anzusprechen.
- **Kleide dich passend**
Trage Kleidung, in der du dich wohl fühlst und die dem Redeanlass angemessen ist.

Aufgaben

1. Wilhelm II. und Joachim Gauck symbolisieren die Staatsformen Monarchie und Republik. Erklärt mithilfe von M 8a – M 8b zentrale Unterschiede dieser Staatsformen.
2. Die derzeitige Vergleichsforschung unterscheidet Staatsformen hauptsächlich nach dem „Staatsoberhaupt“. Andere Unterscheidungskriterien sind aber auch denkbar: Entwickelt eigene Kriterien für die Unterscheidung von Staatsformen.
3. Es gibt vereinzelt Forderungen, Deutschland solle wieder monarchisch werden. Verfasse mithilfe von M 9 eine politische Rede über diese Forderung, indem du u. a. auf deren Konsequenzen hinweist.

zu Aufgabe 1
Bestimme für die Beantwortung der Aufgabe geeignete Kriterien wie Macht, Amtsdauer und Legitimation.

zu Aufgaben 1 und 2
Seit 1871 hat es fünf deutsche Staaten gegeben. Bestimme deren Staatsformen.

Bundesstaat
Ein Bundesstaat (oder auch föderaler Staat) setzt sich aus mehreren Teilstaaten zusammen. Anders als beim sog. Einheitsstaat hat die Bundesebene hier die ausschließliche Gesetzgebungskompetenz lediglich bei Aufgaben, die eine gesamtstaatliche Regelung zwingend erfordern. Alle anderen Gesetze werden auf der Ebene der Gliedstaaten beschlossen (Subsidiarität). Dennoch ist der Bundesstaat ein viel engerer Zusammenhang als ein Staatenbund, bei dem sich die Mitglieder nur für einen oder wenige politische Regelungsbereiche zusammenschließen.

M 10a Bundesstaatlichkeit – am Beispiel des Bildungsföderalismus

Karikatur: Thomas Plassmann, Baaske Cartoons

M 10b Aufgabenverteilung zwischen Bund und Ländern – eine Auswahl

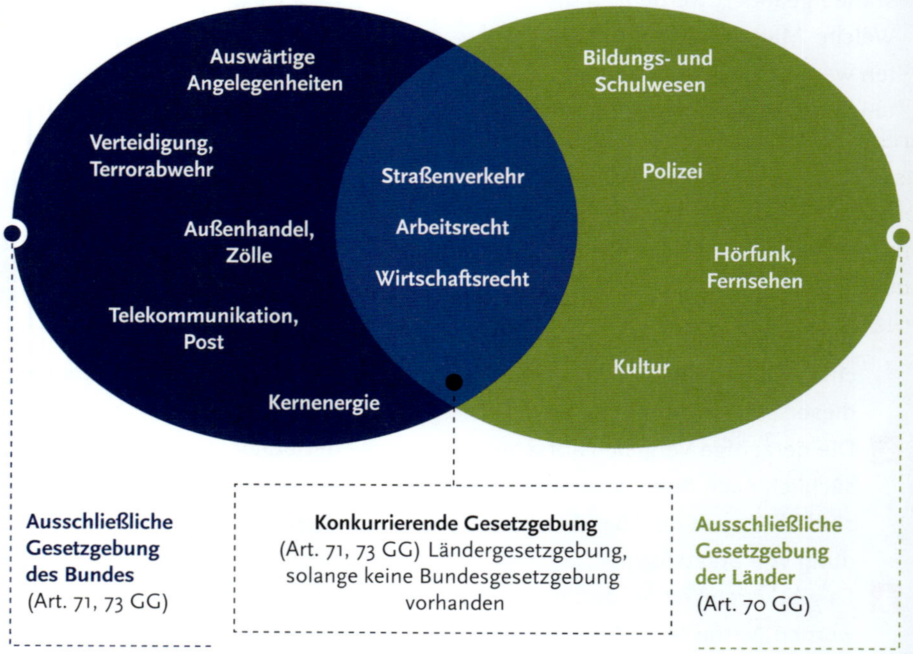

Autorengrafik

Erklärfilm „Föderalismus"

Mediencode: 71007-05

M 10c Bundesstaatlichkeit – kontrovers diskutiert.

a) Heribert Prantl: Bildungsföderalismus macht keinen Sinn

Der deutsche Föderalismus ist so, dass er sogar die alten Spruchweisheiten Lügen straft: „Variatio delectat" sagen die Lateiner. Vielfalt macht Freude. Die Vielfalt gibt es in Deutschland, die Freude nicht: Die 16 Bundesländer leisten sich 16 verschiedene Bildungssysteme. Das ist keine schöne Abwechslung. Wem macht es Freude, wenn in Deutschland einige tausend verschiedene Lehrpläne gelten? Wem macht es Freude, wenn jedes Bundesland seine eigenen Hochschulen betreibt? Wenn hier Studiengebühren erhoben werden und dort nicht? [...] Die Anforderungen im Gymnasium weichen so stark voneinander ab, dass Jugendliche besser in Köln bleiben, wenn Väter oder Mütter eine neue Arbeitsstelle in München antreten. Ist das die Bürgernähe, von der Landespolitiker reden, wenn sie den Föderalismus verteidigen? Dieser Bildungsföderalismus ist praktizierte Bürgerferne.

Heribert Prantl, Ein deutscher Sadismus, in: Süddeutsche Zeitung, 22.10.2008

Heribert Prantl ist ein deutscher Jurist, Journalist und Autor. Er leitet seit 1995 das Ressort für Innenpolitik bei der Süddeutschen Zeitung.

b) Roman Herzog: Für einen Wettbewerbsföderalismus

Was mich stört, ist [...] die unbefragte Annahme, Einheitlichkeit sei ein Wert an sich, oder [...] die unkritische Unterstellung, der höheren Entscheidungsebene stehe automatisch auch die höhere Weisheit bei ihren Entscheidungen zu Gebote. [...] Einheitlichkeit ist manchmal nötig, um uns das Leben durch Verlässlichkeiten zu erleichtern (auf welcher Straßenseite rollt der Verkehr?). Aber produktiv ist sie nicht. Das Prinzip Vielfalt ist das Leitprinzip eines jeden recht verstandenen Föderalismus. Es geht darum, vorgefundener Vielfalt gerecht zu werden: Die Verhältnisse im Saarland sind anders als in Mecklenburg- Vorpommern. Darum werden ihnen Entscheidungen, die in Saarbrücken bzw. in Schwerin getroffen werden, eher gerecht als Entscheidungen, die in Berlin für die ganze Bundesrepublik getroffen werden. Es geht um das vielbeschworene (aber wenig praktizierte) Prinzip der Subsidiarität. [...] Ist Vielfalt damit zum einen Ausdruck und Bedingung von Freiheit, so beruht zum anderen ihre produktive Kraft auf dem Wettbewerb, den sie ja erzeugt, sobald man sie als „Vielfalt der Lösungsansätze" versteht. Geht man davon aus, dass es dem Erkenntnisvermögen nur ausnahmsweise gelingt, auf Anhieb die richtige Lösung eines Problems zu finden, so wird klar: Dass sich unter 16 Lösungsansätzen der richtige findet, ist 16-mal wahrscheinlicher, als dass ein einziger flächendeckender Ansatz die Lösung bringt.

Roman Herzog, Kooperation und Wettbewerb – Essay, in: Aus Politik und Zeitgeschichte 50/2006, S. 5 – 7

Roman Herzog (CDU) war Präsident des Bundesverfassungsgerichts und von 1994 – 1999 Deutscher Bundespräsident.

Aufgaben

1. Analysiere die Karikatur (M 10a).
2. Erkläre, warum der Bund für die Landesverteidigung und die Terrorabwehr zuständig ist und die Länder für die Polizei verantwortlich sind (M 10b).
3. Stelle Heribert Prantls Kritik an der Länderzuständigkeit für das Bildungs- und Schulwesen dar und beziehe sie auf die Karikatur in M 10a (M 10c).
4. Stelle Roman Herzogs Forderung nach einem „Wettbewerbsföderalismus" Heribert Prantls Föderalismuskritik gegenüber (M 10c).

Der Rechtsstaat – Schutz vor dem Staat
(D)ie Gesetzgebung (ist) an die Verfassung und die Verwaltung und die Justiz an Recht und Gesetz gebunden. [...] Alle staatlichen Maßnahmen müssen eine förmliche gesetzliche Grundlage haben, man muss immer eine Antwort auf die Frage bekommen (und fragen dürfen!): „Wo steht das, dass der Staat das darf?" Und es muss die Möglichkeit geben, die Rechts- und Verfassungsmäßigkeit hoheitlicher Maßnahmen überprüfen zu lassen und sein Recht auch gegen den Staat durchzusetzen. [...] Die umfassende Rechtskontrolle durch den ungehinderten Zugang zu allen Gerichten ist ein wichtiges Grundelement des Rechtsstaatsprinzips.

LpB Baden-Württemberg (Hg.), Der Rechtsstaat, www.politikundunterricht.de, Abruf am 18.9.2013

M 11a Rechtsstaat – Schlagzeilen

Gäfgen bekommt Schmerzensgeld
3.000 Euro bekommt der verurteilte Kindsmörder Magnus Gäfgen vom Land Hessen. Nach dem Mord an dem 11-jährigen Jakob von Metzler hatten ihm [Polizei-]Beamte mit Folter gedroht. [...] Das Vorgehen der Ermittler sei eine „schwerwiegende Rechtsverletzung" und könne nicht auf andere Weise befriedigend ausgeglichen werden als durch die Zahlung einer Entschädigung, sagte der Vorsitzende Richter.
dpa/afp/dapd, Gäfgen bekommt Schmerzensgeld, die tageszeitung, 4.8.2011

Hartz IV – Klagen im Zwölf-Minuten-Takt
Noch in diesem Monat wird im Berliner Sozialgericht die 150.000 Hartz-IV-Klage eingehen, in mehr als jedem zweiten Fall bekommen die Kläger recht.
Thomas Öchsner, Hartz IV – Klagen im Zwölf-Minuten-Takt, Süddeutsche Zeitung, 12.1.2012

Karlsruhe kippt Vorratsdatenspeicherung
Das [...] Bundesverfassungsgericht [...] erklärte die seit 2008 geltende gesetzliche Regelung zur massenhaften Speicherung von Telefon- und Internetverbindungsdaten für verfassungswidrig und nichtig – sie verletze das Telekommunikationsgeheimnis.
©tagesschau.de, Karlsruhe kippt Vorratsdatenspeicherung, www.tagesschau.de, 2.3.2010

M 11b Formales und materielles Rechtsstaatsprinzip

[D]ie bloße Bindung der Staatsgewalt an das Gesetz, der nur formale Gesetzesstaat, [bietet] keinen Schutz vor staatlicher Willkür. Das nationalsozialistische Herrschaftssystem kleidete seine Unrechtsmaßnahmen formal in Gesetze, vom Ermächtigungsgesetz bis zu den Rassengesetzen, und zerstörte damit den Rechtsstaat. In der DDR herrschte die „sozialistische Gesetzlichkeit", in der das Recht dazu diente, den Willen der Partei zu vollziehen. Die bloß formale Bindung der Staatsgewalt an das Gesetz reicht offensichtlich nicht aus, um den Rechtsstaat zu bewahren. Hinzutreten muss die inhaltliche Bindung an eine höherrangige Wertordnung, zum Beispiel an das Naturrecht. Das formale Prinzip des Gesetzesstaates muss ergänzt werden durch das inhaltliche, materielle Rechtsstaatsprinzip. Nach dem Grundgesetz ist die Würde des Menschen der oberste Grundwert, dem alle staatliche Gewalt verpflichtet ist.

Horst Pötzsch, Rechtsstaat, www.bpb.de, 15.12.2009

M12a Der Sozialstaat – wo kann man ihm begegnen?

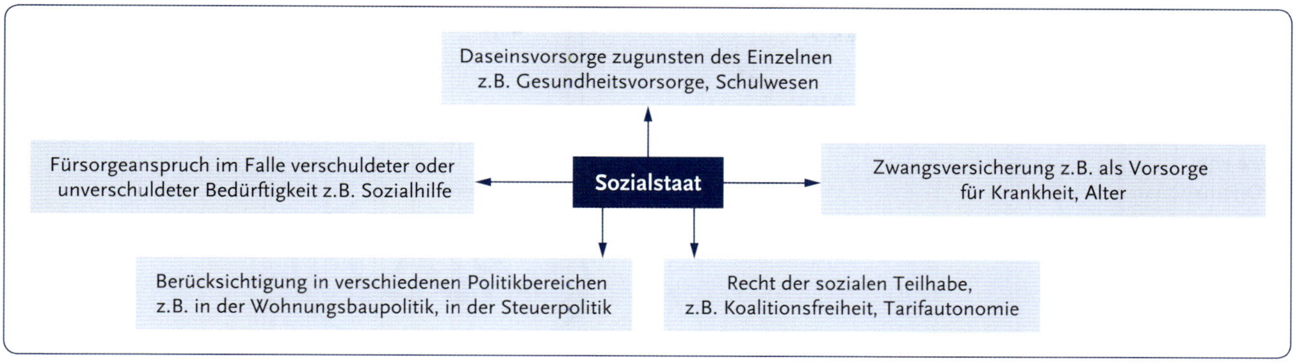

Autorengrafik

M12b Was bedeutet das Sozialstaatsprinzip – im Alltag?

[Der Sozialstaat drückt aus], dass sich die Gesetzgebung in unserem Staat auch um soziale Gerechtigkeit und die soziale Sicherheit der Bürgerinnen und Bürger zu kümmern hat, also – kurz gesagt – auch Sozialpolitik zu betreiben hat. Soziale Gesetzgebung hat in Deutschland eine lange Tradition. Ihr historisch ältester Zweig ist die Sozialversicherung. Als erstes Land der Welt führte Deutschland 1883 eine gesetzliche Krankenversicherung für Arbeiter ein. Sie besteht heute für alle abhängig Beschäftigten als Pflichtversicherung (bis zu einer bestimmten Einkommenshöhe). Weitere gesetzliche Versicherungen sind hinzugekommen, die bei Arbeitslosigkeit, Unfall, Arbeitsunfähigkeit, Pflegebedürftigkeit einspringen und im Alter eine Rente zahlen. Sie sind meist bis zu einer bestimmten Einkommenshöhe verpflichtend (Pflichtgrenze), können darüber hinaus aber auch freiwillig fortgeführt werden. Zusätzlich finanziert der Staat aus seiner Kasse soziale Leistungen, z. B. Kindergeld, Erziehungsgeld, Wohngeld, Hartz IV.

Eckart Thurich, pocket politik. Demokratie in Deutschland. überarb. Neuaufl. Bonn, Bundeszentrale für politische Bildung 2011

Gesetzliche Sozialversicherung – im Erklärfilm
→ Kapitel 3.3

Aufgaben

1. Arbeite heraus, welche Rechte des Bürgers gegenüber staatlichen Entscheidungen bzw. Stellen (Verwaltung, Polizei ...) in den Zeitungsmeldungen zum Ausdruck kommen und auf welche Weise sie durchgesetzt werden (M 11a – 11b).
2. Erläutere den Begriff „soziale Rechtsstaatlichkeit“ (M 12a – M 12b).
3. „Wer anderen in verbrecherischer Absicht schweres Leid zufügt, sollte damit seine rechts- und sozialstaatlichen Ansprüche verwirken.“, heißt es oft an Stammtischen. Erörtere diese Forderung.

zu Aufgabe 3
Beziehe dich u. a. auf Artikel 1 GG..

Die wehrhafte Demokratie – wie werden unsere Grundrechte geschützt?

Zitate von NPD-Funktionären

„Unser Augenmerk hat den Gesunden und Starken zu gelten. Dieses ist zuallererst zu fördern und zu unterstützen. Dies ist keine Selektion, sondern einfache Logik, damit wir auch morgen den Schwachen und Kranken überhaupt noch helfen können."

Udo Pastörs, NPD-Fraktionsvorsitzender in Mecklenburg-Vorpommern

„Innerhalb des Systems gibt es keine Hoffnung auf Erneuerung. Erst die rücksichtslose und restlose Beseitigung des korrupten liberal-kapitalistischen Systems kann den Weg freimachen für einen nationalen und sozialen Neuanfang in Frieden und Freiheit für unser Volk."

Winfried Petzold (1943 – 2011), ehemaliger NPD-Landesvorsitzender in Sachsen

M 13 Aus!

Karikatur: Burkhard Mohr / Baaske Cartoons, 2005

M 14 Wie der Staat die Demokratie schützt

Die „wehrhafte Demokratie" der Bundesrepublik Deutschland kann als eine Reaktion auf das Scheitern der Weimarer Republik verstanden werden. Der Aufstieg der Nationalsozialisten, deren erklärtes Ziel die Abschaffung der Demokratie war, warf die Frage auf, wie sich ein demokratischer Staat gegen politischen Extremismus wehren kann, ohne die Freiheitsrechte seiner Bürger zu sehr einzuschränken.

Im Zentrum der wehrhaften Demokratie steht die sogenannte Ewigkeitsgarantie des Art. 79 Abs. 3. Darin heißt es: „Eine Änderung dieses Grundgesetzes, durch welche die Gliederung des Bundes in Länder, die grundsätzliche Mitwirkung der Länder bei der Gesetzgebung oder die in den Artikeln 1 und 20 niedergelegten Grundsätze berührt werden, ist unzulässig." Zu den Grundsätzen gehören u. a. die Menschenwürde, die Rechts-, Sozial- und Bundesstaatlichkeit sowie das Demokratieprinzip.

Wehrhafte Demokratie
In einer streitbaren Demokratie wird die freiheitliche Ordnung vom Staat geschützt und kann nicht auf legalem Weg oder mithilfe legaler Mittel aufgehoben werden.

M 15 Die wehrhafte Demokratie im Grundgesetz

Artikel 5

(1) Jeder hat das Recht, seine Meinung in Wort, Schrift und Bild frei zu äußern und zu verbreiten und sich aus allgemein zugänglichen Quellen ungehindert zu unterrichten. Die Pressefreiheit und die Freiheit der Berichterstattung durch Rundfunk und Film werden gewährleistet. Eine Zensur findet nicht statt. [...]

(3) Kunst und Wissenschaft, Forschung und Lehre sind frei. Die Freiheit der Lehre entbindet nicht von der Treue zur Verfassung.

Artikel 9

(1) Alle Deutschen haben das Recht, Vereine und Gesellschaften zu bilden.

(2) Vereinigungen, deren Zwecke oder deren Tätigkeit den Strafgesetzen zuwiderlaufen oder die sich gegen die verfassungsmäßige Ordnung oder gegen den Gedanken der Völkerverständigung richten, sind verboten. [...]

Artikel 18

Wer die Freiheit der Meinungsäußerung, insbesondere die Pressefreiheit (Artikel 5 Abs. 1), die Lehrfreiheit (Artikel 5 Abs. 3), die Versammlungsfreiheit (Artikel 8), die Vereinigungsfreiheit (Artikel 9), das Brief-, Post- und Fernmeldegeheimnis (Artikel 10), das Eigentum (Artikel 14) oder das Asylrecht (Artikel 16a) zum Kampfe gegen die freiheitliche demokratische Grundordnung missbraucht, verwirkt diese Grundrechte. Die Verwirkung und ihr Ausmaß werden durch das Bundesverfassungsgericht ausgesprochen.

Artikel 20

(1) Die Bundesrepublik Deutschland ist ein demokratischer und sozialer Bundesstaat.

(2) Alle Staatsgewalt geht vom Volke aus. [...]

(3) Die Gesetzgebung ist an die verfassungsmäßige Ordnung, die vollziehende Gewalt und die Rechtsprechung sind an Gesetz und Recht gebunden.

(4) Gegen jeden, der es unternimmt, diese Ordnung zu beseitigen, haben alle Deutschen das Recht zum Widerstand, wenn andere Abhilfe nicht möglich ist.

Artikel 21

(1) Die Parteien wirken bei der politischen Willensbildung des Volkes mit. Ihre Gründung ist frei. Ihre innere Ordnung muss demokratischen Grundsätzen entsprechen. [...]

(2) Parteien, die nach ihren Zielen oder nach dem Verhalten ihrer Anhänger darauf ausgehen, die freiheitliche demokratische Grundordnung zu beeinträchtigen oder zu beseitigen oder den Bestand der Bundesrepublik Deutschland zu gefährden, sind verfassungswidrig. Über die Frage der Verfassungswidrigkeit entscheidet das Bundesverfassungsgericht. [...]

Artikel 79

(3) Eine Änderung dieses Grundgesetzes, durch welche die Gliederung des Bundes in Länder, die grundsätzliche Mitwirkung der Länder bei der Gesetzgebung oder die in den Artikeln 1 und 20 niedergelegten Grundsätze berührt werden, ist unzulässig.

Aufgaben

1. Analysiere die Karikatur M 13.
2. Arbeite aus M 14 und M 15 die Mittel heraus, die die wehrhafte Demokratie bereithält, um die Grundwerte unserer Demokratie zu schützen.
3. Überprüfe, inwiefern die Aussagen der NPD-Funktionäre (Randspalte zu M 13) die Grundsätze unserer Demokratie verletzen.

Was wir wissen

Grundrechte
M 3, M 4

Als Grundrechte werden die Menschen- und Bürgerrechte bezeichnet. Menschenrechte stehen jedem Menschen, Bürgerrechte nur deutschen Staatsbürgern zu. Die Grundrechte schützen jeden einzelnen Menschen gegen Ansprüche und Übergriffe der Staatsgewalt. Ausnahmslos jeder Mensch hat demnach ein Recht auf Leben, körperliche Unversehrtheit und Gleichbehandlung vor dem Gesetz. Als eigenverantwortliches Wesen soll er außerdem seine Persönlichkeit frei entfalten können, solange er nicht die Rechte anderer verletzt und nicht gegen die verfassungsmäßige Ordnung oder das Sittengesetz verstößt.

Demokratie
M 6, M 7a – c

Deutschlands Herrschaftsform ist die Demokratie. Der Begriff kommt aus dem Griechischen und setzt sich aus den Wörtern demos (Volk) und kratia (Herrschaft) zusammen. Demokratie bedeutet also Herrschaft des Volkes oder Volksherrschaft. D. h., dass alle Gewalt vom Volk ausgeht, also jede staatliche Betätigung nur dann gerechtfertigt ist, wenn sie sich auf eine eindeutige Willensäußerung der entscheidungsberechtigten Staatsbürger zurückführen lässt.

Republik
M 6, M 8a – b

Das Verfassungsprinzip Republik bezeichnet die Staatsform Deutschlands. In der Politikwissenschaft gilt heute u. a. das „Staatsoberhaupt" als das wesentliche Unterscheidungskriterium für Staatsformen. Während die Monarchie über ein gekröntes oder fürstliches Staatsoberhaupt verfügt, sind alle Staaten ohne Kaiser, Könige oder Fürsten Republiken.

Föderalismus
M 6, M 10a – c

Die Bundesrepublik als Gesamtstaat (Bund) besteht aus mehreren Gliedstaaten bzw. Bundesländern – seit 1990 aus insgesamt 16. Diese sind ebenso Staaten wie der Bund, jedoch mit eingeschränkter Souveränität. Sie haben ihre eigenen staatlichen Organe, z. B. Landesregierungen. Dass die Länder andererseits nur teilsouverän sind, verdeutlicht die Tatsache, dass sie nicht über ein Verteidigungsministerium oder eine eigene Außenpolitik verfügen.

Rechtsstaat
M 6, M 11a – b

Das Rechtsstaatsprinzip bindet die gesamte Staatsgewalt an Recht und Gesetz. Es wird u. a. durch folgende Grundsätze konstituiert: Rechtsbindung – Bindung der Legislative an die Grundsätze der Verfassung: Vorrang des Gesetzes gegenüber jeder anderen staatlichen Handlung; Gesetzesvorbehalt – Handeln der Verwaltung nur auf Grundlage eines Gesetzes; Rechtssicherheit – Rechtswegegarantie, rechtliches Gehör für jedermann; Rechtsgleichheit – Gleichbehandlung gleich liegender Sachverhalte; Verhältnismäßigkeit – Schutz des Einzelnen vor unnötigen staatlichen Eingriffen; Unabhängigkeit der Gerichte – Freiheit der Rechtsprechung, keine Bindung an Weisungen der Regierung, aber Ausrichtung juristischer Entscheidungen an Recht und Gesetz.

Sozialstaat
M 6, M 12a – b

Das Sozialstaatsprinzip verpflichtet die staatliche Gemeinschaft zum Schutz von sozial und wirtschaftlich Schwachen. Anders als die anderen Verfassungsprinzipien lässt es dem Gesetzgeber einen großen Spielraum zur Ausgestaltung. Der Staat muss aber zum einen die Existenzgrundlage seiner Bürger sichern (soziale Sicherheit); zum anderen muss er für sozialen Ausgleich zwischen sozial schwachen und sozial starken Bürgern sorgen.

Leben in Nordkorea – Klassenfahrt zur Hinrichtung

Kindern wird von klein auf eingetrichtert, dass der oberste Führer wichtiger ist als das eigene Leben und das der Eltern. Der Unterricht ist auf Führerkult ausgerichtet, genauso die Paraden und Massenveranstaltungen, bei denen Teilnahme Pflicht ist. Schon im Kindergarten beginnen wöchentliche Kritikstunden, in denen sich die Jungen und Mädchen zu den Prinzipien der Kim-Dynastie bekennen und Verfehlungen beichten müssen. Plakate, Monumente, Parolen – Propaganda durchdringt das öffentliche Leben. [...]

Außer auf Propaganda setzt der Staat auf totale Kontrolle. Kommandos des Staatssicherheitsdienstes durchforsten Häuser nach geschmuggelten Handys, Radios und Filmen. [...] Die Nordkoreanerin L., eine Liebhaberin südkoreanischer Filme, schilderte einen Trick der Spezialeinheit in ihrer Heimatregion: Vor Razzien schalteten die Agenten manchmal den Strom ab, damit Betroffene nicht mehr rechtzeitig die DVD aus dem Apparat holen können. Einer ihrer Freunde warf seinen DVD-Player gerade noch rechtzeitig aus dem Fenster.

Fürchten müssen Nordkoreaner aber nicht nur Polizei und Agenten der Staatssicherheit. Gefahr lauert auch durch Arbeitskollegen und Nachbarn. Jeder ist angehalten, beim anderen herumzuschnüffeln. Siedlungen sind unterteilt in „Neighbourhood Watch"-Einheiten, Auffälligkeiten dem jeweiligen Vorgesetzten zu melden. Der hat besondere Befugnisse: Beispielsweise muss ihm zu jeder Tages- und Nachtzeit Einlass gewährt werden. [...]

Fast jeder Nordkoreaner hat nach Einschätzung der UN-Kommission mindestens einer Exekution beigewohnt. Sie finden auf öffentlichen Plätzen statt, häufig wird die Bevölkerung gezwungen zuzuschauen. Selbst die Angehörigen und Kinder werden nicht verschont. Die Geflohenen Choi Young-hwa und Kim Joo-il waren zehn Jahre alt, als sie das erste Mal einer Hinrichtung zusehen mussten. In beiden Fällen unterbrach der Lehrer den Unterricht und führte die Klasse gesammelt zum Exekutionsort.

Lee Jae-geun erlebte mindestens zehn Exekutionen in 30 Jahren. „Sie schickten uns zu öffentlichen Hinrichtungen wie auf eine Exkursion, damit niemand wagte, die Partei und die Ideologie von Kim Il Sung infrage zu stellen", erinnerte er sich. Einmal hatten sich rund 1.000 Zuschauer versammelt. Ein Mann wurde hingerichtet, weil er die Arbeiterpartei kritisiert hatte.

Nordkorea erhebt keine Statistik über die Zahl der Hinrichtungen. Das Korea Institute for National Unification dokumentierte 510 öffentliche Exekutionen in den Jahren 2005 bis 2012 auf Basis von Zeugenaussagen Geflohener. Die tatsächliche Zahl dürfte erheblich höher sein. Die Todesstrafe steht auf Mord und Drogenhandel, aber auch auf Kritik an Autoritäten oder der Arbeiterpartei, „schweren" wirtschaftlichen Vergehen wie Schmuggel und mutwillige Zerstörung von Staatseigentum.

Zu Zeiten der Hungerkatastrophe in den 1990er-Jahren wurde auch Diebstahl mit dem Tod geahndet. Die Menschen klauten Lebensmittel, um zu überleben. In einem dokumentierten Fall wurden mehrere Bauern exekutiert, weil sie heimlich eine Kuh geschlachtet hatten. Einen Prozess gab es nicht, ein lokaler Funktionär fällte das Urteil – keine Seltenheit.

Sandra Tjong, Klassenfahrt zur Hinrichtung – wie Kim Jong-un mit Herrscher-Kult sein Volk quält, www.focus.de, 21.2.2014

Aufgabe

Beurteile die politische Situation in Nordkorea anhand deiner persönlichen Maßstäbe für einen demokratischen Staat und formuliere in einem Brief Forderungen an den Machthaber Kim Jong-un.

4.2 Wahlen – Parteien – Interessenverbände

Wählen – Partizipation von gestern?

M 1 „... eigentlich ist es logisch, wählen zu gehen"

Wählen oder nicht wählen? Ein Schlagabtausch unter Erst(nicht)wählern.

Luisa: Ich finde, es ist meine Pflicht, wählen zu gehen. Andere Menschen auf der Welt haben dieses Recht gar nicht. Dann kann ich doch dieses Recht nicht einfach so wegschmeißen, wenn Menschen in anderen Ländern sich darum schlagen, wählen zu dürfen.

Alex: Jede Stimme, die nicht abgegeben wird, ist eine Stimme für eine extreme Partei.

Christian: Die Wahl könnte für mich ein Weg sein für meine Ziele und Wünsche. Eine Partei zu wählen, die meine Vorstellungen in gewisser Weise bestmöglich vertreten kann. [...]

Luisa: Mir geht es beim Wählen darum, dass auf keinen Fall eine falsche Partei an die Macht kommen darf. Das möchte ich verhindern. [...] Wenn ich mal gucke, was in der Vergangenheit durch politische Fehlentscheidungen passiert ist, wenn ich nur ans Dritte Reich denke, dann wird mir schon klar, wen ich garantiert nicht wähle. Nämlich die rechte Partei, NPD und so. [...]

Doreen: Von dem Argument würde ich mich noch am ehesten überzeugen lassen, obwohl ich eigentlich mit den Bundestagswahlen nichts am Hut habe.

Wolfram: Na ja, vielleicht gibt es doch falsche Parteien. Aber wenn jetzt alle die falsche Partei wählen, dann regeln das sowieso die anderen Parteien untereinander durch eine Koalition. Jedenfalls, das Thema interessiert mich nicht, und es schlägt mir keiner den Kopf ab, wenn ich nicht wähle. Es ändert sich einfach nichts für mich durch die Wahlen.

Andrea: Eigentlich ist es logisch, dass man wählen gehen sollte, wenn man das Recht dazu hat. Aber bei mir ist einfach mein Desinteresse größer! Denn es wird sich nix ändern, egal ob ich wählen gehe oder nicht.

Anne-Katrin: Genau das ist es: Es ändert sich morgen nichts dadurch, dass ich heute nicht wählen gehe – das ist der Grund, warum die jungen Leute nicht so einen Bezug zur Politik haben oder nie hatten. Denn auf lange Sicht macht es schon einen Unterschied, ob eine Partei an der Macht ist, die viel für Sozialpolitik macht, wenn ich irgendwann mal eine Familie gründen will. Im Vergleich zu einer Partei, die alles in die Wirtschaft buttert oder in die Rüstung.

Alex: Ist doch egal, wohin die das buttern, weil nach vier Jahren die nächste Partei kommt und alles wieder ändert.

Fabian: Eure Argumente überzeugen mich überhaupt nicht! Ihr habt alle möglichen Gründe, warum ihr wählen geht, und kein einziger davon hat mich überzeugt. Ich kann doch wählen, wen ich will – es ver-

Drittes Reich
Bezeichnung für das Deutsche Reich unter der nationalsozialistischen Regierung Adolf Hitlers zwischen 1933 – 1945

sprechen alle dasselbe. Also ist meine Stimme doch komplett egal! Egal, in welche Partei ich sie reinstecke.

Wolfram: Toll wäre es, wenn mir die Partei 500 Euro rübergeben würde, dafür, dass ich sie wähle. Das wäre eine schöne Sache! Das wäre für mich persönlich ein Anreiz.

Das Interview führte Alexandra von Streit, Fluter Nr. 3/Juni 2002

M 2 Die Bedeutung von Wahlen

Aufgrund der regelmäßig stattfindenden freien Wahlen muss die Politik den Aspekt der Herrschaft auf Zeit stets mit einkalkulieren. Die Politikverantwortlichen müssen, wenn sie wieder gewählt werden wollen, die Meinungs- und die Willensbildung der Wählerschaft berücksichtigen. Das gilt unabhängig davon, ob sich durch Kreuze auf dem Wahlzettel die Machtverhältnisse ändern oder nicht. Die Einflussmöglichkeiten der Bürgerinnen und Bürger auf die Politik sind somit umfassender und längerfristiger, als es der kurze Wahlakt suggeriert - sofern faktisch unterschiedliche Personen, Parteien und Programme zu wählen sind. Parteien sowie Politikerinnen und Politiker reagieren auf Trends der öffentlichen Meinung und berücksichtigen die Erwartungen sowie die Reaktionen derjenigen, die sie gewählt haben, in ihren Entscheidungen. Karl R. Popper hat diesen Zusammenhang treffend beschrieben: „Jede Regierung, die man wieder loswerden kann, hat einen starken Anreiz, sich so zu verhalten, dass man mit ihr zufrieden ist. Und dieser Anreiz fällt weg, wenn die Regierung weiß, dass man sie nicht so leicht loswerden kann." Die Bürgerinnen und Bürger entscheiden nicht nur über die Verteilung der politischen Macht für eine bestimmte Zeit, sondern sie legitimieren sie auch. Regieren kann nur dann legitim sein, wenn es auf einer Form der Zustimmung der Regierten beruht. Wahlen legitimieren politische Herrschaft, kontrollieren die Regierenden und garantieren die Bindung der Politik an die Meinungen der Regierten. Die Regierung bleibt durch die Wahlen gegenüber der Wählerschaft politisch verantwortlich. Der Wahlakt ist eine aktive Teilhabe am politischen Entscheidungsprozess. Aber auch diejenigen, die nicht wählen, üben Einfluss aus. Die Höhe der Wahlbeteiligung hat Auswirkungen auf das Ergebnis. Je nach Wahltypus können die Wählenden über die Zusammensetzung der Parlamente, die Regierungsbildung und somit über die politischen Sachprogramme der kommenden Jahre entscheiden. Die Auswirkungen der Stimmabgabe sind vielfältig. Sie bedeutet weit mehr als die Entscheidung darüber, wer die zukünftige Regierung bilden wird.

Karl-Rudolf Korte, Wahlen in Deutschland, Bonn 2010, S. 9 f.

Bei Klassensprecherwahlen ist es selbstverständlich, dass sich alle Schülerinnen und Schüler an der Wahl beteiligen. Überlege, was es für das Amt bedeuten würde, wenn sich beispielsweise nur 50 % einer Klasse an der Wahl beteiligen.

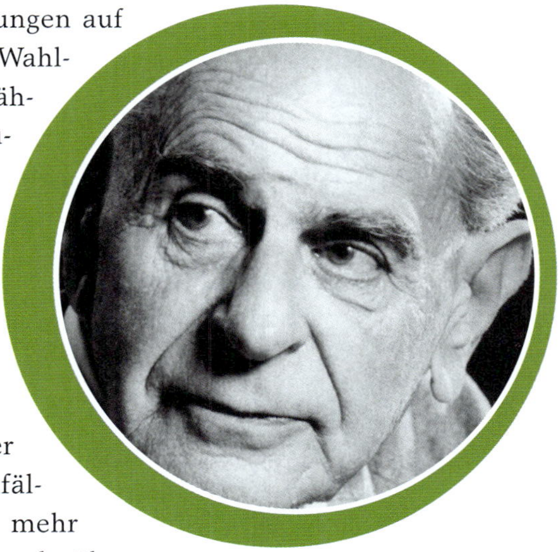

Karl R. Popper
Karl Raimund Popper, 1902 – 1994, österreichisch-britischer Philosoph, begründete u. a. die empirische Methode.

M 3 Wahlbeteiligung in Deutschland seit 1949

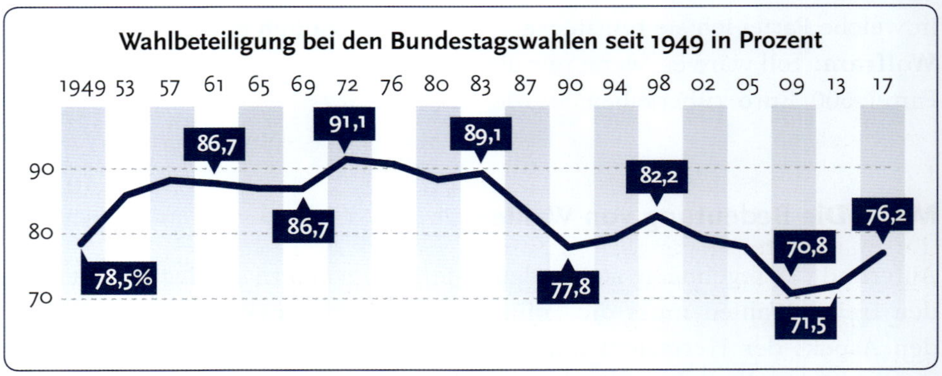

Quelle: Bundeswahlleiter, Stat. Bundesamt, 2017

M 4 Warum Nichtwähler nicht wählen

Im Interview mit heute.de informiert der Politikwissenschaftler Karl-Rudolf Korte über Gründe und Folgen der niedrigen Wahlbeteiligung vergangener Wahlen.

heute.de: Welche Auswirkungen hat es, wenn immer weniger Bürger wählen gehen?

Karl-Rudolf Korte: Immer weniger entscheiden über immer mehr. Denn auch die wenigen Stimmen, die abgegeben werden, führen am Ende zu einer Entscheidung. Außerdem sind auch die Chancen höher, dass extreme Parteien bei geringer Wahlbeteiligung aufgewertet werden. Geringe Wahlbeteiligung führt also immer mehr dazu, dass das Ergebnis am Ende nicht repräsentativ ist, dass nicht alle Bevölkerungsgruppen abgedeckt werden – und letztlich auch dazu, dass sich die Spaltung unserer Gesellschaft vergrößert. Geringe Wahlbeteiligung ist immer auch ein Indiz für nachlassende Integrationskraft einer Gesellschaft.

Liegt darin auf Dauer auch eine Gefahr für die Demokratie?

Wenn es Ausmaße annimmt, die die Legitimität der Wahlen generell unterhöhlen. Es gibt aus der Wahlforschung zwar keine Zahl, bei der man sagt: Jetzt wird es kritisch für die Demokratie. Bei Bundestagswahlen ist die Beteiligung noch relativ hoch. Dramatischer ist es bei all den Ebenen darunter. Es gab schon Landtagswahlen, bei denen der Anteil der Nichtwähler höher war als der Anteil der Wähler. Das verändert die Qualität der Demokratie, die sich ja durch Teilhabe ausdrückt.

Sehen Sie die Einführung einer Wahlpflicht als Möglichkeit, die Wahlbeteiligung zu erhöhen?

Nein! Oft existiert eine solche Wahlpflicht in Unrechtsregimen, die mit diesem einmaligen Zwang ihre Politik vier oder fünf Jahre lang rechtfertigen. Dort heißt es dann: Die Bürger haben ein Mal abgestimmt, jetzt müssen sie nicht mehr weiter beteiligt werden. Das passt nicht in unsere demokratische Kultur. Zur Systematik der Demokratie passt, wenn

Karl-Rudolf Korte ist Professor für Politikwissenschaft und Leiter der School of Governance an der Universität Duisburg-Essen. Für das ZDF kommentiert und analysiert er Wahlergebnisse und politische Ereignisse.

die Bürger aus freier Entscheidung wählen und nicht nur Vorschriften befolgen. Parteien und Politiker sollten attraktive Politikangebote machen, die auch Anreize setzen, wählen zu gehen.

Das misslingt gerade bei jungen Menschen. Besonders niedrig ist die Wahlbeteiligung bei denen, die zum ersten Mal wählen dürfen. Was lässt sich konkret dagegen tun?

Schulen können zum Beispiel spezielle Formate anbieten, in denen Wählen geübt wird. Solche simulierten Wahlen gibt es teilweise schon. Wer das einmal mitmacht, der kann sich auch dafür begeistern. Der weiß nämlich, was dahintersteckt und wird sich, wenn er endlich richtig wählen darf, darauf freuen. Außerdem müssen Parteien selbst Ideen entwickeln, um junge Menschen anzusprechen. Jugendliche haben ein großes Vertrauen gegenüber bestimmten Sängern und Musikern. Wenn man diese Idole dazu bringt, für eine Partei Farbe zu bekennen, erreicht man auch die Jüngeren.

Zum ersten Mal tritt bei der Bundestagswahl die „Partei der Nichtwähler“ an. Was halten Sie davon?

Ich kann nicht erkennen, worin der Reiz liegen sollte, diese Partei zu wählen. Bei der Wahl geht es darum, eine Regierung abzuwählen oder Macht neu zu verteilen. Mir stellt sich die Frage, warum ich die Macht einer Partei geben sollte, die praktisch ohne Programm antritt. Sie erhält Aufmerksamkeit, weil das irgendwie originell klingt. Es gibt genügend Auswahl an unterschiedlichen Parteien, die ein inhaltliches Programm haben.

Das Interview führte Christine Haas, Warum Nichtwähler nicht wählen, www.heute.de, 20.9.2013

Typen von Nichtwählern

Der Unzufriedene
Der Unzufriedene ist ein Protestwähler, der dem politischen System kritisch gegenübersteht und sich bewusst für die Nichtwahl entscheidet.

Der Rationale
Der Rationale tendiert zu wechselhaftem Wahlverhalten und entscheidet sich je nach Bedeutung der Wahl kurzfristig auch für die Nichtwahl.

Der Gleichgültige
Der Gleichgültige ist desinteressiert und hat keinerlei Verbindung zur Politik.

Der Verhinderte
Der Verhinderte ist im Urlaub, krank oder kürzlich verstorben. Diese Gruppe ist in den meisten Fällen die geringste Gruppe der Nichtwähler.

Aufgaben

1. Analysiert in Kleingruppen die Meinungen der Jugendlichen in M 1 hinsichtlich einer positiven oder negativen Einstellung zu Wahlen.
- Haltet auf einer Folie oder auf einer Wandzeitung positive und negative Einstellungen zu Wahlen fest.
- Vergleicht und ergänzt eure Ergebnisse.
- Diskutiert abschließend in einer Podiumsdiskussion (→ Methodenglossar) die Meinungen und beurteilt, welche Argumente euch überzeugen.

2. Fasse zusammen, welche Einflussmöglichkeiten die Bürgerinnen und Bürger durch die Wahlen in unserem Staat haben (M 2).

3. Nimm Stellung zur These: „Wenn ein Abgeordneter erst einmal gewählt ist, kann er vier Jahre lang machen, was er will!“ (M 2 – M 4).

4. Analysiere die Grafik M 3 und arbeite mithilfe von M 4 mögliche Gründe für die Entwicklung der Wahlbeteiligung heraus.

5. Gib wieder, wie der Politikwissenschaftler Korte die Entwicklung der Wahlbeteiligung beurteilt und welche Lösungsmöglichkeiten er für eine Erhöhung der Wahlbeteiligung für sinnvoll hält bzw. ablehnt (M 4).

zu Aufgabe 4
Beziehe in deine Bewertung insbesondere die Repräsentationsfunktion von Wahlen mit ein.

Welches Wahlsystem soll es sein?

Sperrklausel oder 5 %-Hürde
Die Parteien müssen 5 % der abgegebenen Zweitstimmen erhalten oder drei Direktmandate erreichen, um in den Deutschen Bundestag einziehen zu können.

M 5 Wahlsysteme im Vergleich

Wenn wie in Deutschland ca. 60 Millionen Menschen wählen dürfen, dann muss es ein Verfahren geben, aus dem hervorgeht, wie die einzelnen Stimmen in Parlamentssitze umgewandelt werden. Dieses Verfahren wird als Wahlsystem bezeichnet.

Die Stimmen der Wählerinnen und Wähler müssen in Parlamentsmandate umgerechnet werden. Hierfür gibt es unterschiedliche Methoden mit Vor- und Nachteilen. Bei der Entscheidung für ein Verfahren gilt es abzuwägen: Das Wahlergebnis soll den politischen Willen der gesamten Wählerschaft im Parlament möglichst korrekt abbilden – es soll aber gleichzeitig eine regierungsfähige Mehrheit hervorbringen. Hier gibt es einen Zielkonflikt, denn beides ist nicht gleichzeitig in idealer Weise zu erreichen. Die meisten Wahlsysteme streben deshalb einen Kompromiss an.

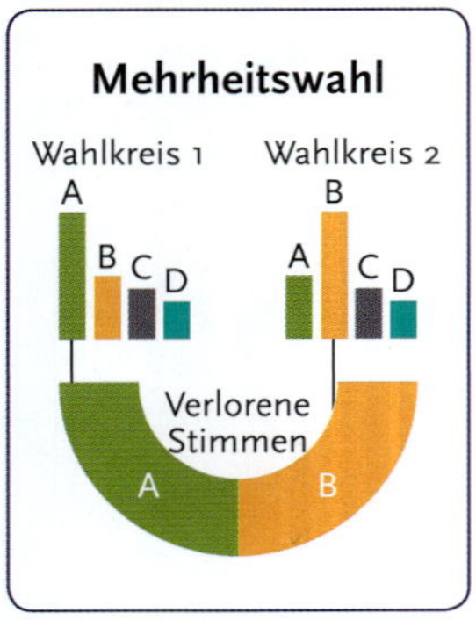

Mehrheitswahl
Zu klaren Mehrheiten führt es meistens, wenn alle Abgeordneten direkt in den Wahlkreisen gewählt werden. Hier spricht man von einem Mehrheitswahlsystem. Wer im Wahlkreis die meisten Stimmen auf sich vereinigen konnte, ist gewählt. Parteilisten gibt es nicht. Die Stimmen für alle nicht gewählten Kandidaten verfallen – sie wirken sich nicht auf die Zusammensetzung des Parlaments aus.
Die Mehrheitswahl begünstigt, wie das Beispiel Großbritannien zeigt, immer die großen Parteien. Kleinere politische Strömungen haben kaum eine Chance, ihre Ideen in die parlamentarische Debatte einzubringen. Die Folge ist, dass sich große Gruppen der Bevölkerung mit ihren Überzeugungen politisch überhaupt nicht vertreten fühlen. Der Vorteil für das politische System: Eine klare absolute Mehrheit für eine Partei ist die Regel. Die Regierungsbildung ist meist kein Problem.
Ein Mehrheitswahlsystem bringt auch ganz andere Parteien hervor: Die Parteien sind weniger mächtig, und die Abgeordneten spielen in ihnen eine wichtige Rolle. Diese sind sehr unabhängig und die Parteizentralen können ihnen kaum etwas vorschreiben.

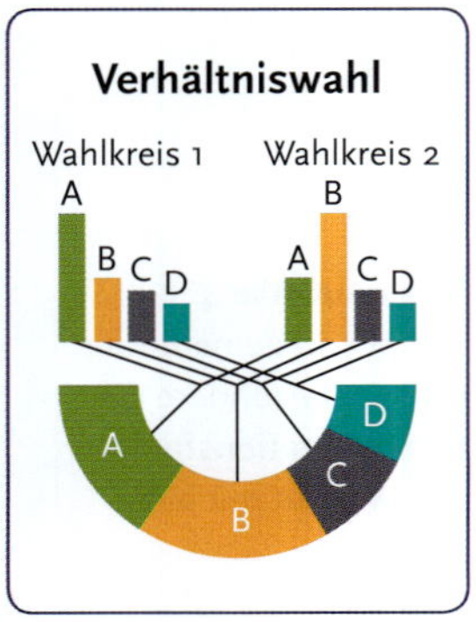

Verhältniswahl
Das Verhältniswahlsystem dagegen kennt überhaupt keine direkt gewählten Wahlkreiskandidaten. Die Stimmberechtigten entscheiden sich für die Kandidatenlisten einer Partei. Jede Partei schickt so viele Abgeordnete ins Parlament, wie es ihrem Anteil an den abgegebenen Wahlstimmen entspricht. Im reinen Verhältniswahlsystem sind deshalb auch sehr kleine Parteien vertreten. Wenn es keine Sperrklausel gibt, entspricht die Zusammensetzung des Parlaments genau der Verteilung der Stimmen auf den Listen, die zur Wahl standen.
Ein reines Verhältniswahlsystem führt – wie es die Geschichte der Wei-

marer Republik gezeigt hat – leicht zur Zersplitterung der Parteienlandschaft. Ein in viele Fraktionen zerfallendes Parlament bringt schwache, wenig stabile Regierungen hervor, die sich auf Mehrparteienkoalitionen stützen müssen. Die Parteiapparate sind in einem solchen System übermächtig, denn die gewählten Abgeordneten sind von ihnen abhängig. Bei der nächsten Wahl wollen sie wieder auf einem aussichtsreichen Listenplatz aufgestellt werden.

Personalisierte Verhältniswahl

Der Bundestag wird auf vier Jahre gewählt, und zwar nach dem Verfahren der sogenannten personalisierten Verhältniswahl. Danach wird die Hälfte der Abgeordneten in einem Wahlkreis direkt gewählt, während die andere Hälfte über die Landeslisten der Parteien in den Bundestag einzieht. Jeder Wähler und jede Wählerin kann zu diesem Zweck zwei Stimmen vergeben. Die Erststimme ist der „personalisierte" Teil des Wahlsystems. Mit ihr wird der oder die Wahlkreisabgeordnete nach dem Prinzip der relativen Mehrheitswahl gewählt. Das bedeutet: Gewählt ist, wer die meisten Stimmen auf sich vereint.

Wichard Woyke, Bundestagswahlen 2002, Bonn 2002, S. 3 f.

a) Simulation: Sitzverteilung im Bundestag nach der Bundestagswahl 2013

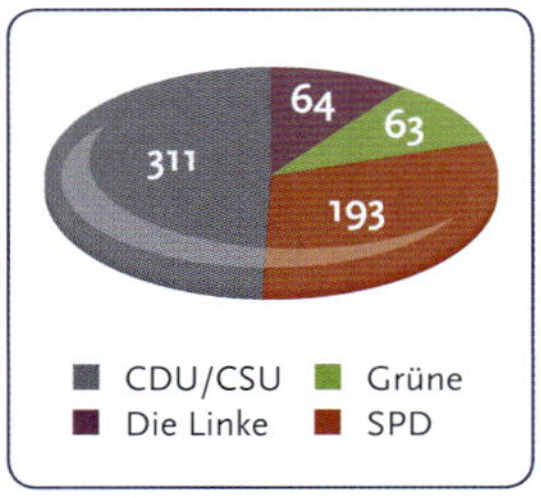

b) Simulation: Sitzverteilung nach Mehrheitswahl in Einer-Wahlkreisen

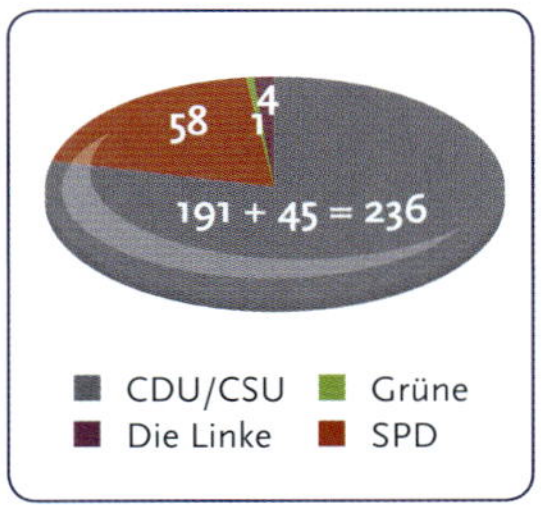

Um die Auswirkungen des Mehrheitswahlrechts auf die Zusammensetzung des Deutschen Bundestags zu simulieren, wird einfach angenommen, dass lediglich die in den 299 Wahlkreisen nach der relativen Mehrheitswahl direkt gewählten Abgeordneten einen Sitz im Parlament erhalten. Unberücksichtigt bleiben muss, dass auch das Wahlsystem die Wahlentscheidung der Wähler beeinflusst.

M 6 Ergebnisse der Bundestagswahlen seit 1949

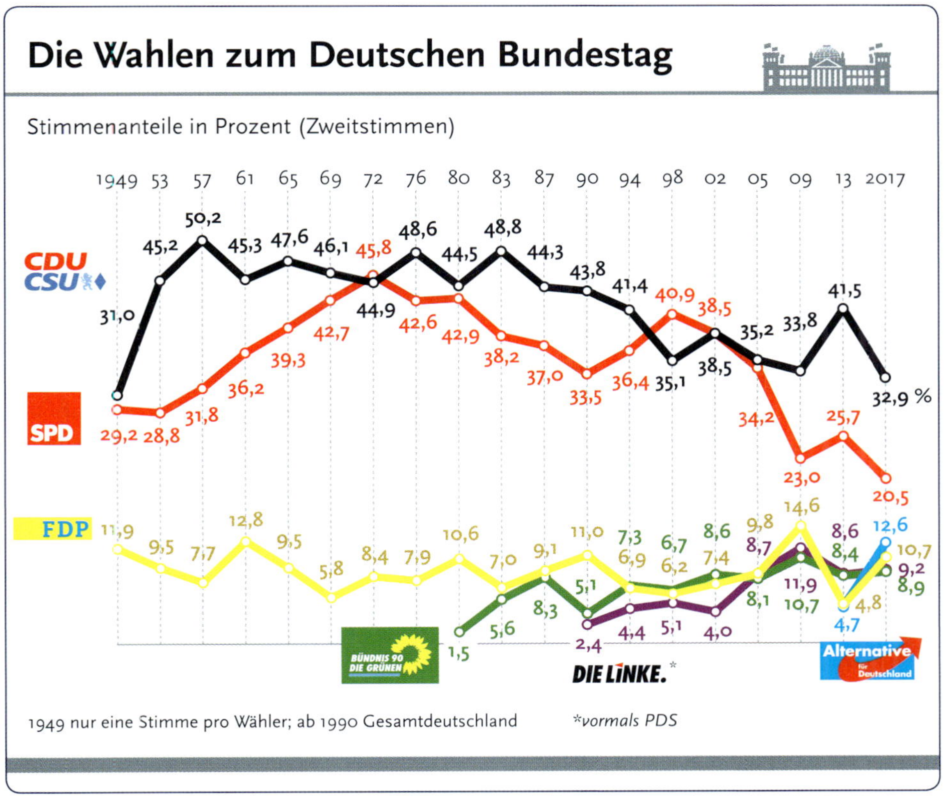

Globus-Grafik 12060; Quelle: Bundeswahlleiter

M 7 Das Wahlsystem zum Deutschen Bundestag

Die Erststimme und ihre Bedeutung

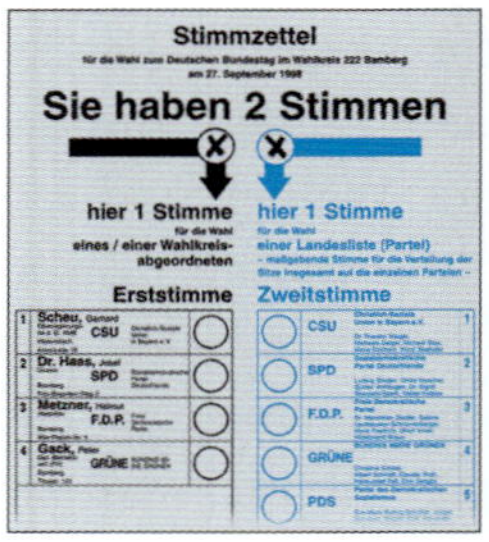

Das Gebiet der Bundesrepublik ist in 299 Wahlkreise eingeteilt. Jeder Wähler entscheidet sich für einen Kandidaten seines Wahlkreises. Gewählt ist, wer mindestens eine Stimme mehr hat als jeder andere Bewerber (*relative Mehrheitswahl*). Ein gewählter Direktkandidat kommt auf jeden Fall ins Parlament, auch wenn seine Partei die 5 %-Hürde nicht schafft.

Die Zweitstimme und ihre Bedeutung

Nach der Gesamtzahl der Zweitstimmen, die für eine Partei bei der Wahl abgegeben werden, richtet sich die Anzahl der Sitze, die diese Partei im Bundestag erhält (*Verhältniswahl*). Die Wähler geben ihre Stimme dabei der Landesliste einer Partei in ihrem Bundesland. 299 Abgeordnete ziehen bei der Sitzverteilung über diese Listen in den Bundestag ein.

Überhangmandate

Hat eine Partei in einem Bundesland mehr Direktmandate errungen als ihr – den Zweitstimmen nach – zustehen, erhält sie Überhangmandate.
Beispiel: Die Partei B hat im Bundesland Y 28 Direktmandate gewonnen. Nach Zweitstimmen stehen ihr nur 26 Mandate zu. Die zwei fehlenden Sitze erhält die Partei als Überhangmandate. Für die Überhangmandate einer Partei erhalten die anderen Parteien entsprechend der Mehrheitsverhältnisse **Ausgleichsmandate**. Die Gesamtzahl der Sitze nimmt zu.

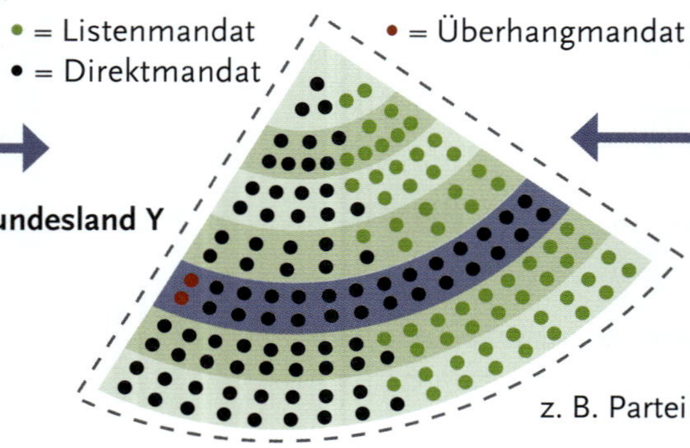

Verteilung der Sitze auf die Parteien

Bei der Vergabe der Sitze werden nur Parteien berücksichtigt, die bundesweit mindestens 5 % der Zweitstimmen oder drei Direktmandate errungen haben (*Sperrklausel*).
Wie viele Abgeordnetensitze den Parteien zustehen, wird mithilfe der *Divisormethode mit Standardrundung* (Sainte-Laguë/Schepers) berechnet. Die Stimmen der Parteien, die an der Stimmvergabe teilnehmen, werden dazu durch einen Divisor geteilt. Als Divisor eignet sich die Zahl der durchschnittlich auf einen Sitz entfallenen Stimmen. Die Ergebnisse der Division werden anschließend mit Standardrundung zu ganzen Zahlen auf- oder abgerundet. Die ganzen Zahlen entsprechen der Sitzverteilung. Ist die Summe der Sitze größer/kleiner als die zu vergebenden Sitze, so wird das Verfahren mit einem größeren/kleineren Divisor wiederholt. Beispielrechnung:

Partei	Zweitstimmen	Divisor	Ergebnis	Sitze
A	3.700.000	18.896	195,80	196
B	5.500.000	18.896	291,06	291
C	2.100.000	18.896	111,13	111
598 Sitze zu vergeben	gesamt: 11.300.000	Gesamtstimmenzahl / Gesamtzahl der Sitze	Stimmen für Partei X / Divisor	nach Standardrundung

Die Sitzverteilung nach Zweitstimmen

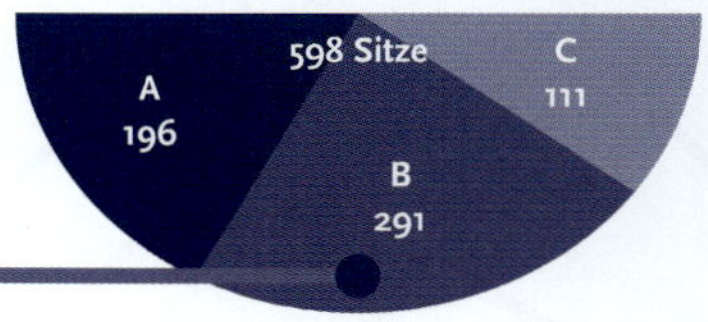

Verteilung der Sitze auf die Landeslisten der Parteien

Der Landesverband einer Partei erhält die Anzahl an Sitzen, die dem Anteil an Zweitstimmen entspricht, der auf seine Landesliste entfiel.

Partei	Sitze insgesamt	Zweitstimmen im Bundesland Y	Gesamtzahl der Zweitstimmen der Partei B		Sitze im Bundesland Y
B	291	x 500.000	: 5.500.000	= 26,45	26

Die Anzahl der errungenen Bundestagssitze wird dann zunächst mit den in dem Bundesland direkt gewählten Wahlkreiskandidaten dieser Partei besetzt (*Direktmandate*), die verbleibenden Sitze mit Kandidaten der Landesliste (*Listenmandate*).

Methode

M 8 Ein politisches Urteil fällen

In einem Land, in dem sehr viele Menschen wählen dürfen, muss es ein Verfahren geben, das bestimmt, wie die abgegebenen Stimmen der Wähler in Parlamentssitze umgewandelt werden. Dafür stehen unterschiedliche Wahlsysteme zur Verfügung, z. B. die Mehrheitswahl und die Verhältniswahl (vgl. M 7). Die Wahlsysteme haben natürlich jeweils ihre Stärken und Schwächen. Wie kann man nun die Stärken und Schwächen eines Wahlsystems beurteilen?
Wahlsysteme müssen u. a. zwei wesentliche Dinge leisten: Zum einen müssen sie für stabile Mehrheiten im Parlament sorgen, damit eine stabile Regierung gewählt werden kann. Zum anderen wünschen sich die Menschen, dass die abgegebenen Stimmen zu einer gerechten Verteilung der Sitze im Parlament führen.
Das Problem besteht nun darin, dass nicht immer beide Ziele erreicht werden können. Ein politisches Urteil fällen bedeutet nun abzuwägen und dann zu entscheiden, welches Ziel wichtiger ist und vornehmlich erreicht werden soll.
Experten haben für dieses Problem Fachbegriffe geprägt, um die verschiedenen Wege, zu einem Urteil zu kommen, zu verdeutlichen:

Sachurteil	**Werturteil**
Sachurteile fragen, ob politische Entscheidungen zur Lösung eines Problems beitragen. Man untersucht, ob eine politische Maßnahme effizient ist. *Frage: Gelingt es, eine stabile Regierungsmehrheit zu schaffen?*	Werturteile beurteilen politische Entscheidungen nach moralischen Maßstäben. Dabei ist entscheidend, welche Werte (z. B. Freiheit, Gleichheit, Gerechtigkeit, ...) die Menschen vertreten. *Frage: Sind die Wähler in einem gerechten Verhältnis im Parlament repräsentiert?*

Man berücksichtigt bei einem politischen Urteil beide Dimensionen und deshalb enthält ein Urteil immer Sach- und Wertaspekte – allerdings in unterschiedlicher Gewichtung. Häufig besteht zwischen den beiden Aspekten eines Urteils ein Spannungsverhältnis. Sach- und Wertaspekte lassen sich allerdings nicht immer vollständig und trennscharf voneinander abgrenzen.

Aufgaben

1. Vergleiche Mehrheits- und Verhältniswahlsysteme miteinander (M 5).
2. Beurteile die unterschiedlichen Wahlsysteme. Berücksichtige dabei die Projektionen in M 5 und begründe mithilfe der Methode in M 8 dein Urteil. Nenne die Werte, die für dein Urteil entscheidend sind (M 5 – M 8).
3. Nimm an: Bei der nächsten Bundestagswahl liegt folgendes Wahlergebnis in Mio. Zweitstimmen vor: SPD 18,5; CDU/CSU 19,7; Grüne: 3,8; FDP: 2,9; Die Linke: 1,5.
   a) Berechne die Verteilung der Stimmen in Prozent und die Verteilung der Sitze nach dem Sainte-Laguë/Schepers-Verfahren, wenn 598 Sitze zu vergeben sind (M 7).
   b) Untersuche, welche Parteien (zusammen) eine absolute Mehrheit der Sitze erringen könnten (M 7).

zu Aufgabe 3
Erläutere, unter welchen Bedingungen die Parteien Überhangmandate bekommen würden (M 7).

Warum gibt es überhaupt Parteien?

M 9 Parteien – unbeliebt aber notwendig?

Karikatur: Gerhard Mester

Volkspartei
Als Volkspartei bezeichnet man eine Partei, die aufgrund ihres Programms für Wähler und Mitglieder aller gesellschaftlichen Schichten und unterschiedlicher Weltanschauungen offen ist.

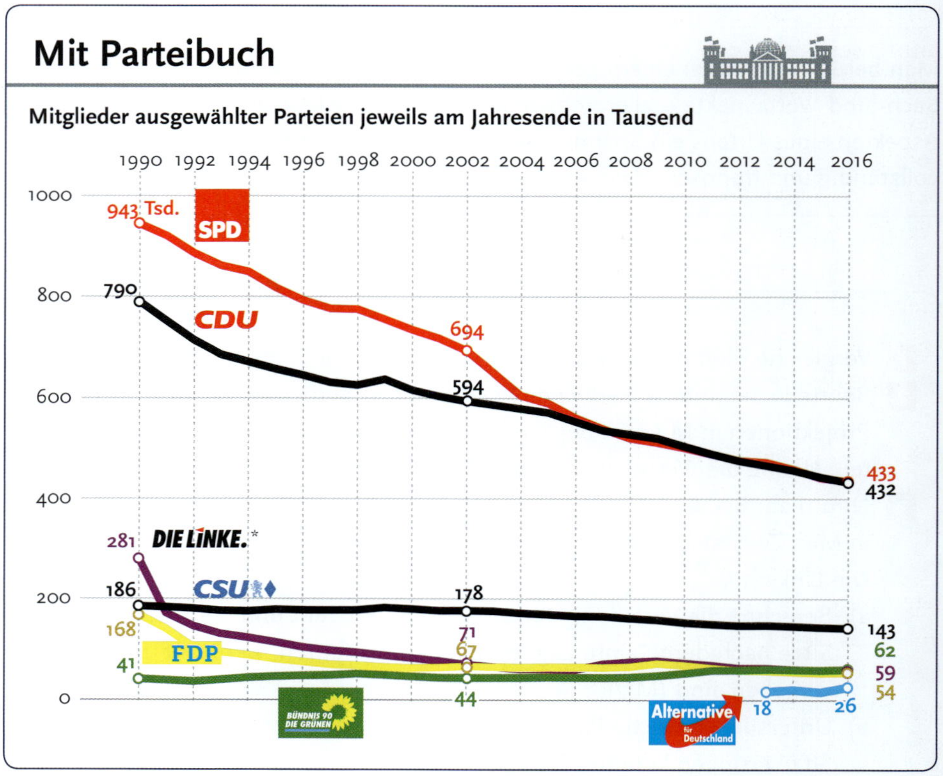

*Globus-Grafik 11699; Quelle: FU Berlin, O. Niedermayer; *2007 Vereinigung von PDS und WASG*

M 10 Die Demokratie – eine Dampfmaschine?

Stellt man sich die deutsche Demokratie als Dampfmaschine vor, dann sind Parteien der Keilriemen: Sie sorgen dafür, dass Bewegung von einem Teil der Maschine in den anderen kommt – und zurück. Parteien werden deshalb oft auch als demokratisches Bindeglied zwischen Staat und Gesellschaft bezeichnet. Es gibt kaum politische Entscheidungen in Deutschland, an denen sie nicht beteiligt sind. Fast alle Abgeordneten in den Parlamenten gehören einer Partei an – obwohl es die Möglichkeit gibt, direkt für ein Amt zu kandidieren. Die Bundesrepublik Deutschland wird daher häufig als Parteiendemokratie bezeichnet. […]

Wozu gibt es Parteien?

Parteien sollen der Demokratie beim Funktionieren helfen: Sie sollen sicherstellen, dass die unterschiedlichen Interessen der Bevölkerung in politische Entscheidungen umgesetzt werden und dass umgekehrt die Ideen der Politiker bei den Bürgern ankommen. Zentrale Aufgabe der Parteien ist es, an Wahlen teilzunehmen, politische Ideen und Forderungen in Parteiprogrammen zu bündeln und Personal für politische Ämter bereitzustellen, wie etwa Bundestagsabgeordnete oder Stadträte. Außerdem sollen sie in der Gesellschaft für Akzeptanz der Politiker-Entscheidungen sorgen, die Menschen für Politik interessieren und zum Wählen bewegen. Im Wahlkampf werden Parteien daher besonders aktiv und betonen ihre inhaltlichen und personellen Unterschiede.

Sind Parteien nur gut?

Ob die Parteien diesen Aufgaben gerecht werden, ist umstritten. Derzeit wenden sich viele Menschen frustriert von der Politik ab: Es herrscht „Politikverdrossenheit". Andere kritisieren, dass Parteien auch dort Macht haben und ausüben, wo sie es gar nicht sollen. So reden Parteien bei der Besetzung von Posten mit, deren Vergabe gar nicht durch eine öffentliche Wahl entschieden wird. Das ist zum Beispiel bei Chefredakteuren im öffentlich-rechtlichen Fernsehen oder wichtigen Posten in Ministerien häufig der Fall.

Wie funktionieren Parteien?

Im Inneren sind Parteien Zusammenschlüsse von politisch interessierten Menschen, die nach demokratischen Grundsätzen organisiert sind – so schreibt es das deutsche Parteiengesetz vor. In Parteien wird laufend gewählt: Bevor ein politisches Amt zur öffentlichen Wahl steht, wurde schon parteiintern über die Bewerber abgestimmt. Auch die Parteiführung wird in demokratischen Parteien grundsätzlich gewählt. Jeder Bürger kann Mitglied einer Partei werden, aber er muss sich für eine Partei entscheiden: Mehrfachmitgliedschaften sind in den Parteisatzungen in der Regel untersagt. Insgesamt sind in Deutschland etwa 2,5 Millionen Menschen Mitglied einer Partei. Das sind etwa vier Prozent der Wahlberechtigten. Eine Gruppe

Art. 21 GG

(1) Die Parteien wirken bei der politischen Willensbildung des Volkes mit. Ihre Gründung ist frei. Ihre innere Ordnung muss demokratischen Grundsätzen entsprechen. Sie müssen über die Herkunft und Verwendung ihrer Mittel sowie über ihr Vermögen öffentlich Rechenschaft geben.

Parteien in den Nachrichten

Die Parteien erweitern ihre Informationsangebote im Internet

Bundestagsabgeordneter diskutiert mit Schülern über den Syrien-Einsatz der Bundeswehr

Eine Umfrage alarmiert die Regierung. 2/3 der Befragten sind mit Steuererhöhungen unzufrieden

Politiker aller Parteien diskutieren in Talkshow über die Energiewende

Besuchergruppe im Deutschen Bundestag wird von ihrem Wahlkreisabgeordneten empfangen

Bürgersprechstunde des Landtagsabgeordneten am Freitag von 14-16 Uhr

Interview mit einem Parteivorsitzenden, der für die Regierungsarbeit wirbt

Bürger wählen Abgeordnete in den Bundestag

von politisch interessierten Menschen gilt nach dem Grundgesetz und Parteiengesetz jedoch nur dann als Partei, wenn sie laufend und dauerhaft Politik machen und in ein Parlament auf Bundes- oder Landesebene gewählt werden will. Dies unterscheidet Parteien von Bürgerinitiativen oder Lobbyverbänden. Parteien werden vom Staat mit Steuergeldern unterstützt und finanzieren sich außerdem durch Mitgliedsbeiträge und Spenden. Die staatliche Teilfinanzierung richtet sich nach der Summe der Mitgliedsbeiträge und Spenden sowie der Anzahl der Wählerstimmen, die für eine Partei abgegeben wurden. 150,8 Millionen Euro Steuergelder wurden so im Jahr 2012 unter den Parteien verteilt. Seit 2013 wird die sog. „absolute Obergrenze" jährlich angepasst. Ohne Parteien liefe in der deutschen Demokratie also gar nichts und aus der Politik-Dampfmaschine käme nur heiße Luft.

Nach: Sebastian Gievert, Parteien für Einsteiger, www.bpb.de, 28.8.2009

M 11 Politiker dringend gesucht

Wenn die großen Parteien massiv an Rückhalt verlieren, bröckelt die Substanz des demokratischen Prozesses. [...]

Der Mitgliederschwund einer Volkspartei wie der CDU geht nicht nur die CDU an. So wie der Schwund der SPD nicht nur die SPD angeht. Dass die einstigen Riesen in der Parteienwelt verzwergen, stellt den gesetzlichen Auftrag von Parteien infrage, vor allem den der Rekrutierung von Personal.

Die großen Parteien haben manches dafür getan, dass ihr Niedergang auch Schadenfreude hervorruft. Aber man sollte nicht übersehen, dass hier die Substanz des demokratischen Prozesses bröckelt. Mehr partizipative Demokratie jenseits von Parlamenten und Parteien mag wünschenswert sein. Doch Volksabstimmungen allein machen noch keine Politik. Dazu braucht es auch künftig Politiker. Die Partizipation vor allem auch in den Parteien zu stärken, erscheint deshalb als das richtige Rezept, bei dem man allen etablierten Parteien nur Erfolg wünschen kann; auch denen, deren politische Ziele man nicht teilt.

Nico Fried, Polizei dringend gesucht, Süddeutsche Zeitung, 24.6.2014

Aufgaben

1. Analysiere die beiden Materialien aus M 9 und arbeite das dargestellte politische Problem heraus.
2. „Wenn die Demokratie eine Dampfmaschine ist, dann sind die Parteien der Keilriemen." Übertrage das Bild vom „Keilriemen" in dein Heft, gib dem Keilriemen eine Laufrichtung und ordne die Überschriften der Randspalte auf dieser Seite der jeweils passenden Laufrichtung zu (M 10).
3. Erkläre hypothesenartig, was passiert, wenn die Parteien als Keilriemen der Demokratie geschwächt werden (M 10, M 11).

Methode

M 12 Parteien im Internet – einen Steckbrief erstellen

CDU: www.cdu.de

SPD: www.spd.de

FDP: www.fdp.de

Bündnis 90/Die Grünen: www.gruene.de

Die Linke: www.die-linke.de

Aufgabe

Verfasse zu jeder Partei einen Steckbrief. Beachte dabei folgende Fragen:

- Wann wurde die Partei gegründet?
- Welche prominenten Mitglieder hat sie?
- Wann und wo war/ist die Partei an der Regierung beteiligt?
- Hat die Partei eine Jugendorganisation?
- Einigt euch auf ein aktuelles politisches Thema (z. B. Einführung von Ganztagsschulen) und recherchiert, was die Parteien dazu auf ihren Homepages sagen.
- Ihr könnt die Internetauftritte der Parteien auch nach verschiedenen Kriterien (z. B. Gestaltung, Navigation etc.) bewerten.

Wahlkampf – beflügelt er die Demokratie?

M 13 Wahlplakate

M 14 Die Bedeutung des Wahlkampfs

Wahlkampf bedeutet konkurrierende Werbung der Parteien um Wählerstimmen. Alle Ziele eines Wahlkampfes sind in der Regel auf drei Aspekte ausgerichtet, wobei natürlich der Wahlsieg das Hauptziel darstellt: das eigene Stammwählerpotenzial optimal zu mobilisieren, Wechselwähler zu binden und den Anteil von Nichtwählern bei der gegnerischen Stammwählerschaft zu erhöhen. Probleme, bei denen man in den Augen der Bürger am besten abschneidet, werden in Wahlkampfzeiten besonders in den Vordergrund gerückt und der Amtsbonus der Regierungschefs genutzt. Wahlkampf ist zunächst einmal besonders verdichtete politische Kommunikation. Sie stellt immer ein Beziehungsgeflecht zwischen dem politischen System, den Medien und der Öffentlichkeit als Publikum der Medien her.

Neben der Bewusstmachung von politischen Problemen lenken die Parteien – oft gleichzeitig und nebeneinander – auch absichtlich von den Problemen ab. Das Buhlen um den Wahlbürger ist seit den 1990er-Jahren für die Parteien schwieriger geworden.

Nach: Karl-Rudolf Korte, Wahlen in der Bundesrepublik Deutschland, 4. Aufl., Bonn 2003, S. 112 f.

M 15 Werden die Wahlkämpfe immer „amerikanischer"?

Werden die Wahlkämpfe immer „amerikanischer"? Gemeint ist damit dreierlei: eine Personalisierung, eine Professionalisierung und die Tatsache, dass die Medien im Wahlkampf immer wichtiger werden. Alle drei Komponenten sind nicht völlig neu für die Bundestagswahlkämpfe, doch ihre Bedeutung wächst seit den 1990er- Jahren dramatisch.

Personalisierung: Wahlkämpfe sind immer mehr auf den Spitzenkandidaten einer Partei ausgerichtet. Die Sachthemen treten immer mehr in den Hintergrund, der Spitzenkandidat verkörpert die Politik und die Ziele seiner

Partei. Strategisch ist hier die Person des Amtsinhabers im Vorteil.
Personen repräsentieren politische Botschaften. Je größer das Potenzial an Wechselwählern ist, umso stärker ist der Drang zur Personalisierung. Die Spitzenkandidaten stecken dabei in einer Doppelrolle: Sie sind Hauptdarsteller und zugleich Inhalt der Kampagne. Zu den strategischen Vorbedingungen gehört, dass der Kandidat die geschlossene Unterstützung der Partei und der Anhängerschaft besitzt.
Die Rolle der Medien: Die meisten Bürger erleben Politik nur noch in den Medien. Direkte Parteiwerbung wird kaum beachtet, und Wahlversammlungen erreichen zumeist nur eine kleine, ohnehin überzeugte Minderheit.
Deshalb kommt dem Fernsehen eine besondere Bedeutung zu. Der Fernsehwahlkampf beschränkt sich nicht nur auf Nachrichtensendungen und politische Magazine, erst recht nicht auf Wahlspots der Parteien. Wirkungsvoller ist der Auftritt in Unterhaltungssendungen, dort gilt das Motto: mehr Infotainment als seriöse Information. Bislang wird jedoch diese in den US-Wahlkämpfen bewährte Methode nur zögernd von den politischen Parteien in ihr Konzept aufgenommen. Als vergleichsweise neues Wahlkampfmedium entpuppt sich das Internet. Auch dort errichten die Parteien seit 1998 eine Wahlkampfzentrale. Sie überlegen, wie sich das neue Medium strategisch in ihre Kampagnen einpassen lässt. Schwer zugängliche Wählergruppen scheinen so leichter erreichbar zu sein. Abrufen kann man neben Veranstaltungsterminen aktuelle Reden und Parteiprogramme. Die Mehrheit der Internetbesucher ist jedoch daran interessiert, selber etwas loszuwerden. Deshalb sind besonders die Diskussionsforen der Parteien erfolgreich.
Professionalisierung: Wahlkampf ist nicht mehr allein Sache der Partei oder der Parteizentralen, die eine Wahlkampfkommission einsetzen. Die Parteien ziehen Experten hinzu, die ihnen und ihren Kandidaten beratend zur Seite stehen. Neben den Demoskopen und Sozialwissenschaftlern kommen diese Fachleute zunehmend aus Werbung, Journalismus und Management. Die deutschen Parteien sind dazu übergegangen, PR-Agenturen zu beauftragen, um den Wahlkampf zu steuern, konkret, um das Image der Kandidaten und die Kontakte zu den Medien zu verbessern.

Karl-Rudolf Korte, Die Amerikanisierung der Wahlkämpfe, www.bpb.de, 20.5.2009

Stammwähler
sind stark auf eine Partei festgelegt und bleiben dieser über viele Jahre treu.

Wechselwähler
sind nicht an eine bestimmte Partei gebunden, sondern entscheiden von Wahl zu Wahl neu.

Protestwähler
sind Wähler, die unzufrieden sind mit ihrer Partei. Sie wählen dann oft extreme Parteien, um ihre Unzufriedenheit zu demonstrieren.

Image
(englisch: „Bild") bezeichnet das Ansehen bzw. die Ausstrahlung einer Person. Dieses Ansehen sucht man sich v. a. auf einer positiven Emotions- oder Sympathieebene.

M 16 Welche Rolle spielen die Spitzenkandidaten?

Mit den Spitzenkandidaten und ihrer werbewirksamen Vermarktung steht und fällt der Wahlkampf. Sie müssen Glaubwürdigkeit, Sachkompetenz und Vertrauen ausstrahlen.
Die Bewertung des „Images" gründet besonders auf dem Sympathie- und dem Leistungsbereich. Die Spitzenkandidaten sind eine Art Werbesymbol. Sie erhöhen die Mobilisierungschancen der Stammwähler und die Einsatzbereitschaft der Anhänger. Dennoch sollte nicht ausgeblendet werden, dass auch die Spitzenkandidaten den Wahlvorgang nicht allein entscheiden. Es geht immer noch

Die Kanzlerkandidaten der beiden großen Parteien für die Bundestagswahl 2017: Angela Merkel (CDU) und Martin Schulz (SPD)

um die Wahl einer politischen Partei. Nichts geht in Deutschland ohne die politischen Parteien, relativ wenig ohne ein dazugehöriges politisches Programm.

Neben dem Image der Kandidaten ist natürlich ihr Bekanntheitsgrad ein wichtiges Kriterium für die Auswahl der Spitzenkandidaten. Andererseits lässt sich die Bekanntheit eines Politikers heute innerhalb kürzester Zeit durch das Fernsehen herstellen. Wenn sich jemand zum Kandidaten küren lässt, beginnt die Medienoffensive. Die Redaktionen möchten im Wettlauf mit der Zeit möglichst vieles – politisch wie privat – über die Person publizieren.

In der „Schlussphasendramatisierung" des Wahlkampfes spielt auch das Duell der Spitzenkandidaten in der Öffentlichkeit eine besondere Rolle. Es bietet für die Wähler eine weitere Möglichkeit der Bewertung. Dazu wurde bei den zurückliegenden Bundestagswahlen häufig eine große Fernsehdiskussion mit den Spitzenkandidaten wenige Tage vor der Wahl durchgeführt.

Ebd.

zu Aufgabe 1
Beschreibe zunächst die Wahlplakate.

Aufgaben

1. Vergleiche Aussage und Gestaltung der Wahlplakate in M 13.
2. Nenne die Gründe, weshalb die Parteien Wahlkampf betreiben (M 14).
3. „Wahlkampf ist Werbung". Recherchiere im Internet, wie sich die Spitzenpolitiker der Parteien präsentieren. Überprüfe, welche Mittel sie anwenden und welches Image sie aufbauen (M 15, M 16).
4. Die Bundestagswahlen, Landtagswahlen, Kommunalwahlen und Europawahlen finden an unterschiedlichen Terminen statt und deshalb ist immer irgendwo eine Wahl in Deutschland. Diskutiert, inwieweit dieser „Dauerwahlkampf" die Arbeit der Bundesregierung erschwert und was man dagegen tun könnte.

Interessenverbände – wie beeinflussen sie die Politik?

M 17 Mietpreisbremse – die Haltung der Verbände

2015 beschloss die Regierung aufgrund immer stärker ansteigender Mieten das Gesetz zur Mietpreisbremse. Es sieht vor, dass die Miete beim Abschluss eines Mietvertrags max. zehn Prozent über der ortsüblichen Vergleichsmiete liegen darf. Die Mietpreisbremse gilt nicht überall, sondern nur in „angespannten Wohnungsmärkten", die von den Landesregierungen für das jeweilige Bundesland ausgewiesen werden. Die Reaktionen der Verbände fielen unterschiedlich aus.

Der Verband Haus & Grund befürchtet eine Verschärfung der Probleme. In einer Pressemitteilung heißt es, dass das Festhalten der Bundesregierung an der Mietpreisbremse von ideenloser Klientelpolitik statt von einer sozial orientierten Wohnungspolitik zeuge. Nach Einschätzung von Haus & Grund sind sich alle Experten einig, dass die in einigen Städten bestehenden Probleme mit der Mietpreisbremse eher verschärft als gelöst würden. Statt potenzielle Investoren abzuschrecken, sollte die Politik Bauwillige ermuntern zu investieren, fordert der Verband.

Der Immobilienverband IVD befürchtet, dass Wohnungssuchende künftig deutlich weniger freie Wohnungen angeboten bekommen. [...] Außerdem sei das Gesetz nicht verfassungsgemäß.

Die Bundesarbeitsgemeinschaft Immobilienwirtschaft Deutschland zeigt sich unzufrieden: Zwar seien im Gesetz zentrale Forderungen der Immobilienwirtschaft berücksichtigt worden – wie die unbefristete Herausnahme neu errichteter Wohnungen, die Befristung der Mietpreisbremse auf fünf Jahre und die Beschränkung der Mietpreisbremse auf tatsächliche Mangellagen. Das eigentliche Ziel – mehr bezahlbarer Wohnraum in angespannten Wohnungsmärkten – werde nach Ansicht der BID jedoch eindeutig verfehlt.

Lukas Siebenkotten (Bundesdirektor des Deutschen Mieterbundes DMB) kommentiert die Einigung der Koalitionsspitzen: „Wir freuen uns, dass sich CDU/CSU und SPD endlich geeinigt haben. Die von uns seit langem geforderte Mietpreisbremse wird kommen [...]. Das sind gute Nachrichten für Mieter. Erstmals wird es eine gesetzliche Vorschrift geben, die überzogene Vermieterforderungen beim Abschluss eines Mietvertrages verhindert. Und endlich muss derjenige den Makler zahlen, der ihn auch bestellt hat, also im Regelfall der Vermieter."

© Copyright 2015 – IMMOVATION news_blog, Stimmen zur Mietpreisbremse: Showdown vor dem Verfassungsgericht?, www.immovation-blog.de, 26.2.2015

M 18 Was sind Interessenverbände?

Um ihre Interessen besser vertreten zu können, schließen sich einzelne Bürgerinnen und Bürger in Organisationen zusammen. Interessenverbände haben meist eine auf Dauer angelegte, feste Struktur, während Bürgerinitiativen organisatorisch eher lockere und in der Regel zeitlich begrenzte Zusammenschlüsse mit einem ganz konkreten Anliegen sind. Es gibt kaum Sachbereiche des Lebens, in der sich keine Interessenorganisation gebildet hat. Ein durch Vielfalt gekennzeichnetes Verbändewesen ist Merkmal einer funktionierenden pluralistischen Demokratie. Zu den wichtigsten Interessenverbänden gehören v. a. Gewerkschaften und Arbeitgeberverbände. Sofern die Interessenverbände auf die Gesetzgebung und andere politische Aktivitäten Einfluss zu nehmen suchen, werden sie auch als „Pressure-groups" bezeichnet. Im Unterschied zu Parteien stellen Interessenverbände nicht selbst Kandidaten bei der Wahl auf, sondern sie versuchen, indirekt auf Gesetzgebung und Verwaltung Einfluss zu nehmen.

Nach: Schülerduden Politik und Gesellschaft, 5. Aufl., Mannheim u. a., 2005, S. 201

M 19 Tätigkeitsfelder der Interessenverbände

Interessenorganisationen im Wirtschafts- und Arbeitsbereich:	Verbände im sozialen Bereich:
• Branchenverbände, z. B. Bundesverband der Deutschen Industrie (BDI) • Kammern, z. B. die Industrie- und Handelskammern (IHKs) • Arbeitnehmerverbände, z. B. Deutscher Gewerkschaftsbund (DGB) • Verbraucher- und Kundenorganisationen, z. B. Pro Bahn • Berufsverbände, z. B. Verein Deutscher Ingenieure (VDJ) • etc.	• Wohlfahrtsverbände • Deutsches Rotes Kreuz • Deutscher Caritasverband • etc.
Politische und ideelle Verbände und Vereinigungen:	**Verbände öffentlicher Gebietskörperschaften:**
• Greenpeace • Amnesty International • etc.	• Deutscher Städte- und Gemeindetag • etc.

Nach: Wolfgang Rudzio, Das politische System der Bundesrepublik Deutschland, 7. Aufl., Wiesbaden, 2006, S. 61

M 20 Wo nehmen Interessenverbände Einfluss?

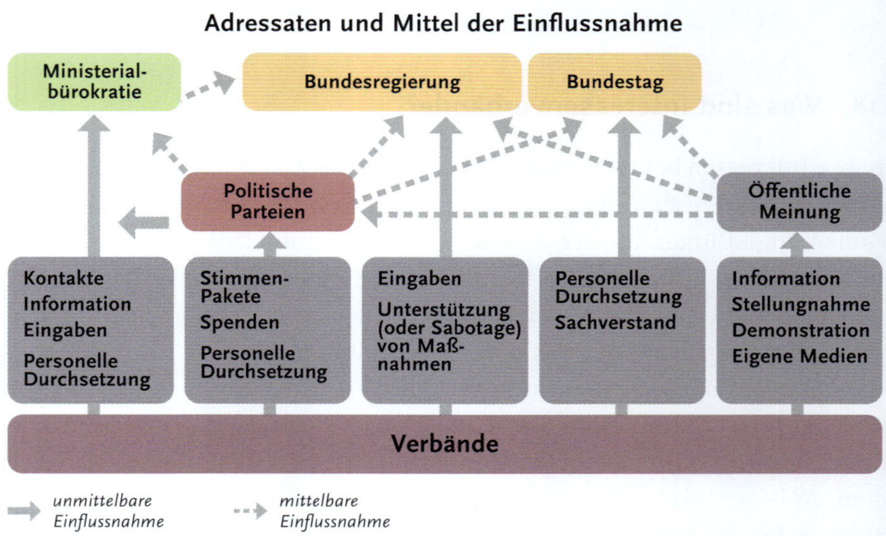

Wolfgang Rudzio, Die organisierte Demokratie, Parteien und Verbände in der Bundesrepublik, Stuttgart, 1977, S. 41

M 21 Offizielle Lobbyliste des Deutschen Bundestages

Gemäß Beschluss des Deutschen Bundestages vom 21. September 1972 führt der Präsident des Deutschen Bundestages eine öffentliche Liste, in der Verbände, die Interessen gegenüber dem Bundestag oder der Bundesregierung vertreten, eingetragen werden können.

Grundsätzlich werden nur diejenigen Verbände in die öffentliche Liste aufgenommen, die eine Aufnahme von sich aus beantragt haben. [...]

Mit der Registrierung sind keine Rechte und auch keine Pflichten verbunden. Die Eintragung in die Liste begründet [...] keinen Anspruch auf Anhörung oder Ausstellung eines Hausausweises.

Am 20.11.2015 waren insgesamt 2.274 Verbände auf der „öffentlichen Liste über die Registrierung von Verbänden und deren Vertretern" beim Deutschen Bundestag aufgeführt.

©Deutscher Bundestag, öffentliche Liste über die Registrierung von Verbänden und deren Vertretung, www.bundestag.de, Abruf am 24.2.2016

Lobbyismus
Der Begriff Lobbyismus bezieht sich auf die Vorhalle des Parlaments, die Lobby. Sie galt insbesondere in US-amerikanischen und britischen Parlamenten als der klassische Treffpunkt von Interessenvertretern und Abgeordneten. Lobbyismus beschreibt eine Methode der Einwirkung auf politische Interessenvertreter. Dabei geht es meist nicht um die Vermittlung allgemeiner Interessen, sondern um die gezielte Einflussnahme auf Gesetzesvorhaben.

M 22 Kontrovers diskutiert: Schaden Interessenverbände der Demokratie?

a) Pro: Lobbyismus ist fester Bestandteil des demokratischen Prozesses

Die Soziale Marktwirtschaft ist hierzulande gesellschaftlicher Konsens. Vor diesem Hintergrund ist es unabdingbar, dass die Wirtschaft mit der Politik darüber diskutiert, wie Rahmenbedingungen angepasst und verändert werden müssen. Die Entscheidungsträger im Deutschen Bundestag und in den Ministerien sind auf diesen Dialog angewiesen. Sie fordern ihn aktiv ein, um aus unterschiedlichen Blickwinkeln in Erfahrung zu bringen, wie sich die Industrie und Wirtschaft verändert und was die Unternehmen brauchen, um Arbeitsplätze zu schaffen oder zu erhalten.

Deutschland hat sich in den letzten Jahrzehnten vom „kranken Mann Europas" zum „German Wunder" entwickelt – ein Erfolg, der sowohl politischen Reformen zu verdanken ist – an denen Interessenvertreter mitgearbeitet haben – als auch den Anstrengungen der Wirtschaft [...].

Klare Regeln für Lobbying

Eine Public Affairs-„Umfrage der Kommunikationsberatung MSL Germany" zeigt, dass Lobbyisten selber mehr Transparenz breit befürworten. 19 % können sich ein umfangreiches, verpflichtendes Register vorstellen, in dem z. B. Budgets, Personalstärke und Ziele angegeben werden. 65 % sprechen sich für eine namentliche Registrierung aus, ohne die Erfassung weiterer Daten.

Wir sollten uns wieder bewusst machen, [n]ur im offenen Austausch von Positionen mit Experten aus NGOs, Wirtschaft und Wissenschaft kann Politik gute Gesetze für das Land schaffen.

Axel Wallrabenstein, Pro: Lobbyismus ist fester Bestandteil des demokratischen Prozesses, www.bpb.de, 29.9.2015

Axel Wallrabenstein

NGOs
Nichtregierungsorganisationen (Organisationen wie Ärzte ohne Grenzen, Amnesty International, Greenpeace)

Martin Reyher

Erklärfilm „Lobbyismus“

Mediencode: 71007-06

b) Kontra: Lobbyismus im Geheimen schadet der Demokratie!

Wann entsteht ein Schaden für die Gesellschaft, wenn Konzerne oder Verbände zu ihrem Vorteil die Politik „beraten"?

Machen wir uns nichts vor: Unternehmen verfolgen Geschäftsinteressen. Sie wollen, nein müssen Geld verdienen, das ist legitim. Doch […]: Was gut für ein Unternehmen oder eine Branche ist, muss noch lang nicht gut für die meisten Menschen sein.

Demokratie lebt davon, dass alle Positionen gehört werden und in die Meinungsbildung unserer Politiker einfließen. Tatsächlich jedoch dringen vor allem diejenigen zu den politischen Entscheidungsträgern vor, die sich in Berlin und Brüssel einen ganzen Stab an Lobbyisten leisten können. Wenn man die „Listen mit den Gesprächsterminen" der Kanzlerin und den Ministern durchgeht, die die Bundesregierung nach parlamentarischen Anfragen der Opposition offenlegen musste, findet man darauf fast ausschließlich Vertreter großer Konzerne und einflussreicher Interessenverbände. Nichtregierungsorganisationen oder mittelständische Unternehmen, die oftmals ganz andere Bedürfnisse haben als Großkonzerne, erhielten dagegen fast nie einen Termin. […]

Das Problem […] ist nicht der Lobbyismus an sich, sondern der Lobbyismus im Geheimen. Wenn nicht (oder erst nach langer Zeit) bekannt wird, welche Konzernvertreter mit welchen politischen Entscheidungsträgern worüber sprachen oder ob sie hohe Summen an eine Partei gespendet haben, ist eine wirksame Kontrolle des Parlaments und des Regierungshandelns kaum möglich. Rezepte, wie sich diese Missstände beheben lassen, gibt es viele: etwa durch Einführung eines verpflichtenden Lobbyregisters, schärferer Transparenzregeln bei Parteispenden oder die Bekanntmachung von Lobbyisten, die am Gesetzgebungsprozess mitgewirkt haben („legislativer Fußabdruck").

Martin Reyher, Contra: Lobbyismus im Geheimen schadet der Demokratie!, www.bpb.de, 29.9.2015

Aufgaben

1. Beschreibe, wie die verschiedenen Verbände auf die Mitpreisbremse reagierten und arbeite heraus, welche Interessen jeweils dahinter stehen könnten (M 17).
2. Charakterisiere Interessenverbände in Abgrenzung zu Parteien (M 18).
3. Sammle weitere dir bekannte Interessenverbände und ordne sie den verschiedenen Tätigkeitsfeldern zu. Analysiere, woraus sich die Macht eines Verbandes ergibt (M 19, M 20).
4. Diskutiert in Gruppen die Positionen in M 22 zum Lobbying der Interessenverbände und nehmt Stellung zur Frage: „Schaden Interessenverbände der Demokratie?“ (M 21, M 22).

Was wir können

Wahlen
M 1 – M 4

Freie Wahlen erfüllen verschiedene Funktionen: *Repräsentation des Wählerwillens, Legitimation und Kontrolle der Regierenden, Integration der Wähler in das politische System, Konkurrenz personeller und programmatischer Alternativen.* Durch das Grundgesetz wird die BRD als repräsentative Demokratie definiert, in der die Bürger nicht ständig selbst politische Entscheidungen treffen, sondern nach Art. 38 (1) GG Abgeordnete wählen, die dies in ihrem Auftrag tun.

Wählerstruktur
M 4

Die veränderten gesellschaftlichen Bedingungen lassen gegenwärtig einen Wandel im Wählerverhalten beobachten. Dennoch ist die Bindung an eine Partei immer noch wahlentscheidender als die Sympathie für einzelne Politiker oder aktuelle Themen. Zwar haben langfristige Parteibindungen, die durch soziostrukturelle Merkmale (Konfession, Beruf, ...) beeinflusst sind, tendenziell abgenommen. Ob aber zukünftig mit größeren Wählerwanderungen zu rechnen ist, bleibt abzuwarten.

Wahlsysteme
M 5

Grundsätzlich kann man zwischen Verhältniswahlsystem und Mehrheitswahlsystem unterscheiden. Bei der reinen Verhältniswahl erhalten die Vertreter der Parteien genauso viele Mandate im Parlament, wie es ihrem Anteil an den abgegebenen Stimmen entspricht. Beim reinen Mehrheitswahlsystem erhalten nur die Kandidaten ein Mandat, die in einem Wahlkreis die meisten Stimmen auf sich vereinigen konnten.

Wahlsystem in Deutschland
M 7

Das Wahlsystem der Bundesrepublik Deutschland ist im Bundeswahlgesetz festgelegt. Für die Wahl der 598 Abgeordneten des Bundestages haben die Wähler zwei Stimmen: Mit der Erststimme entscheidet der Wähler nach dem Prinzip der relativen Mehrheitswahl, welcher Wahlkreisabgeordnete einen Sitz im Parlament erhalten soll. Die Zweitstimme, die nach den Prinzipien der Verhältniswahl abgegeben wird, ist die wichtigere Stimme, denn durch sie wird die Zahl der Sitze festgelegt, die jeder Partei im Bundestag zustehen. Hat eine Partei die Sperrklausel (fünf Prozent der Zweitstimmen oder drei Direktmandate) überwunden, wird die Gesamtzahl der für sie abgegebenen Zweitstimmen in Mandate umgerechnet. Das Wahlsystem zum Deutschen Bundestag wird häufig als „personalisierte Verhältniswahl" bezeichnet. Dies verdeutlicht, dass das Stimmenergebnis auf der Verhältniswahl beruht, durch die Erststimme aber die Möglichkeit besteht, direkt einzelne Personen zu wählen (Personalisierung).

Aufgaben der Parteien
M 10

Zu den Aufgaben der Parteien gehören:

- Mitwirkung: Parteien ermöglichen den Bürgern als Wähler oder als Mitglieder die Teilnahme am politischen Geschehen. Als Parteimitglied kann der Bürger bei Programmformulierungen und bei der Auswahl der Kandidaten mitwirken.

Was wir wissen

- Meinungsbildung: Parteien nehmen – vor allem mithilfe der Medien – auf die öffentliche Meinung Einfluss und fördern die politische Bildung der Bürger.
- Ermöglichung von Wahlen: In den Parteien werden die Interessen und Meinungen der Bürger artikuliert, gebündelt und daraus programmatische Alternativen für Wahlen entwickelt. In der Parteiarbeit wird Führungspersonal ausgebildet, das bei Wahlen auch für die Kandidatur um politische Ämter bereitsteht.
- Integration: Parteien sorgen für eine kontinuierliche Verbindung zwischen Staat und Gesellschaft, indem sie einerseits die Bürgerinteressen gegenüber staatlichen Institutionen artikulieren und andererseits den Bürger über staatliche Entscheidungen aufklären und diese erläutern. Diese Funktion trägt wesentlich zur Stabilität des politischen Systems bei.

Wahlkampf
M 14 – M 16

Um den Wahlsieg zu erringen, müssen die Parteien v. a. die eigenen Stammwähler mobilisieren und potenzielle Wechselwähler und Nichtwähler gewinnen. Die Parteien versuchen, die Wähler von der Überlegenheit ihres Programms und ihres Personals zu überzeugen. Wahlkampf ist wichtig, weil er dem Wähler ermöglicht, sich über die Programme und das politische Personal der Parteien zu informieren. Zu beobachten ist auch in Deutschland, dass Wahlkämpfe immer stärker auf einzelne Personen zugeschnitten sind (Personalisierung), zunehmend von externen Unternehmen und Beratern gelenkt und geführt werden (Professionalisierung) und die Medien eine immer größere Rolle dabei spielen (Mediatisierung, Amerikanisierung).

Interessen-verbände
M 18 – M 22

Interessenverbände sind Zusammenschlüsse von Bürgerinnen und Bürgern in einer auf Dauer angelegten, festen Organisationsstruktur. Ein durch Vielfalt gekennzeichnetes Verbändewesen ist Merkmal einer funktionierenden pluralistischen Demokratie. Um eine Berücksichtigung der von ihnen vertretenen Interessen zu erreichen, versuchen die Verbandsvertreter gezielt, politische Entscheidungen zu beeinflussen. Naturgemäß konzentrieren sie sich dabei auf die wichtigsten politischen Institutionen wie Ministerien, Bundesregierung und Bundestag, doch nutzen sie auch die indirekte Einflussnahme über die Medien und die Öffentlichkeit. Als „Mittler" zwischen der Gesellschaft und den staatlichen Institutionen kommt den Verbänden eine wichtige Aufgabe zu, etwa bei der Bereitstellung von Fachinformationen oder bei der Klärung der Frage, ob eine bestimmte politische Entscheidung sachgemäß ist bzw. auf großen Widerstand in der Bevölkerung stößt. So werden die Interessenverbände z. B. regelmäßig in den Ausschüssen des Bundestags gehört. Beachtet werden muss, dass sich viele Interessen (z. B. von Kindern, Arbeitslosen oder Behinderten) nur schwer organisieren lassen und finanzkräftige und mitgliederstarke Verbände mit großen Blockademöglichkeiten bessere Chancen haben, ihre Interessen einzubringen.

Was wir können

Wahlen in der DDR

Am 7. Mai 1989 sind die DDR-Bürger wieder einmal aufgerufen, die „Kandidaten der Nationalen Front“ zu wählen. Das Wahlverfahren ist jedoch nur scheinbar frei: Auf einer von der SED abgesegneten Einheitsliste stehen die Kandidaten – die fast keinem der Wähler bekannt sind. Eine Abstimmung über einzelne Wahlvorschläge ist nicht möglich. Es gibt nur die Unterscheidung zwischen Ja-Stimme, Nein-Stimme und ungültiger Stimme für die gesamte Liste. Was nur wenige DDR-Bürger wissen: Eine Nein-Stimme, also eine Ablehnung des Vorschlags wird nur dann anerkannt, wenn der Wähler auf der Liste jeden einzelnen Namen säuberlich durchstreicht. Jede Abweichung von dieser äußeren Form macht den Stimmzettel ungültig. Zwar ist in jedem Wahlbüro eine Wahlkabine aufgebaut, doch werden die Bürger, welche die Kabine tatsächlich benutzen, von den gestellten, linientreuen Wahlhelfern registriert: In einem sozialistischen Staat hat in ihren Augen ein rechtschaffener Mensch nichts zu verbergen. In der Bevölkerung wird der Gang zur Wahlurne deshalb auch zutreffend als „Zettelfalten“ bezeichnet. Es gibt die ungeschriebene Verpflichtung, an der Wahl teilzunehmen, und die Wahlbeteiligung der DDR-Bevölkerung liegt auch ohne die unmittelbare Anwendung von Druckmitteln bei weit über 90 Prozent. Wer jedoch bis 16 Uhr nicht ins Wahllokal kommt, muss damit rechnen, dass ihn Wahlhelfer zu Hause aufsuchen, um die fehlende Stimme abzuholen. Die Wahlkreise konkurrieren untereinander um die höchste Zustimmungsrate. 99 Prozent sollten es am besten sein – und so muss hier und da manipuliert werden.

Aufgabe
International ist es mittlerweile üblich, dass Wahlbeobachter aus anderen Ländern die heimischen Wahlen überprüfen. Stell dir vor, du wärst einer dieser Wahlbeobachter und müsstest die Wahl vom 7.5.1989 in der DDR beobachten.
Beurteile anhand der Wahlgrundsätze in Art. 38 (1) GG, ob die Wahl in der DDR vom 7. Mai 1989 als frei bezeichnet werden kann und welche Rolle die Parteien bei dieser Wahl spielen.
Verfasse dazu einen Bericht, den du in einer Pressekonferenz der Öffentlichkeit vorstellen willst.

In einem Bericht vom 7. Mai 1989 über die Wahl im Ort Menz (Brandenburg) hält die Staatssicherheit fest, dass der ehemalige Parteivorsitzende der CDU (Name geschwärzt) alle Kandidaten auf dem Wahlzettel durchgestrichen hat.

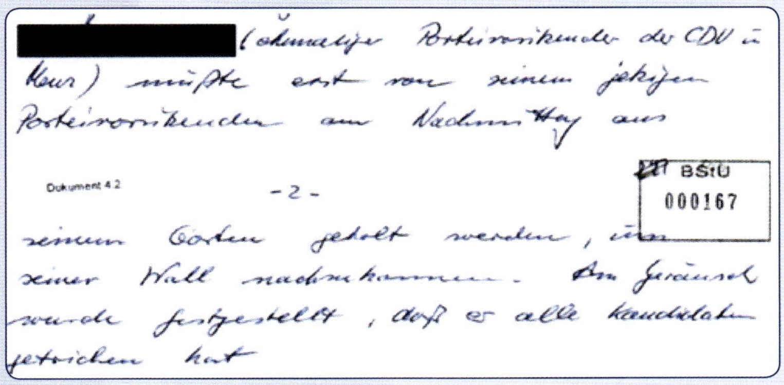
[redacted] (ehemalige Parteivorsitzender der CDU in Menz) mußte erst von seinem jetzigen Parteivorsitzenden am Nachmittag aus

Dokument 4.2

-2-

BStU 000167

seinem Garten geholt werden, um seiner Wahl nachzukommen. Am [illegible] wurde festgestellt, daß er alle Kandidaten gestrichen hat

Bruno Zandonella, Wahl(un)recht in der Geschichte, in: Thema im Unterricht, Wahlen für Einsteiger, Bundeszentrale für politische Bildung, 2. Auflage, 10/2011, S.7

4.3 Herrschaft und Kontrolle: Regierung und Opposition

Wie wird die Regierung gebildet?

M 1 Nach der Wahl ist vor der Koalition – Schlagzeilen

❶ Wahlergebnis: CDU stärkste Partei

❷ Die Bundesminister werden auf Vorschlag des Bundeskanzlers vom Bundespräsidenten ernannt

❸ SPD lenkt im Streit um Ministerposten und Energiewende ein

❹ CDU auf der Suche nach Regierungspartner – Sondierungsgespräche mit SPD und Grünen angekündigt

❺ Parteitag der SPD stimmt Koalitionsvertrag zu

❻ Der Bundeskanzler und die Bundesminister leisten bei der Amtsübernahme vor dem Bundestag den Amtseid

❼ Koalitionsvertrag unterzeichnet

❽ SPD stellt Bedingungen für Koalitionsverhandlungen

❾ Der Bundeskanzler wird auf Vorschlag des Bundespräsidenten vom Bundestag ohne Aussprache mit der Mehrheit seiner Mitglieder gewählt

❿ Der Gewählte ist vom Bundespräsidenten zu ernennen

⓫ CDU nimmt Koalitionsverhandlungen mit SPD auf

M 2 Die Etappen der Regierungsbildung

Nach einer Bundestagswahl wählt der Deutsche Bundestag auf Vorschlag des Bundespräsidenten mit der Mehrheit seiner Mitglieder den Bundeskanzler oder die Bundeskanzlerin. Bis es so weit ist und die neue Bundesregierung ihre Arbeit aufnehmen kann, sind aber meist schon einige Wochen vergangen, in denen intensive Verhandlungen über die Bildung einer mehrheitsfähigen Koalition und das künftige Regierungsprogramm geführt wurden.

Meist stehen die Wunschpaarungen auf Grund fester Koalitionsaussagen schon vor der Wahl fest. Es gibt aber auch Beispiele dafür, dass die Koalitionsfrage bis nach der Wahl offengehalten wurde (so 1969, als sich die FDP in einer kühnen Wende zur Aufnahme von Koalitionsgesprächen mit der SPD entschloss) oder dass der Wahlausgang das angestrebte Bündnis vereitelte (so 2005, als CDU/CSU und FDP die schon sicher geglaubte gemeinsame Mehrheit verfehlten).

Haben sich nach klärenden Vorgesprächen die möglichen Partner gefunden, geht es für sie in den eigentlichen Koalitionsverhandlungen darum, den Vorrat an politischen Gemeinsamkeiten zu ergründen, die groben Züge der gemeinsamen Regierungsarbeit festzulegen und gegebenenfalls ein konkretes Sachprogramm für die einzelnen Politikbereiche zu entwickeln. Darüber hinaus müssen sie sich über personelle Fragen verständigen (insbesondere über die Besetzung der Regierungsposten) und gemeinsame Regeln und Prozeduren für die Zusammenarbeit im Bundestag und in der Regierung, zur Beilegung von Konfliktsituationen usw. vereinbaren.

Das Ergebnis der Verhandlungen wird – mehr oder weniger systematisch, mehr oder weniger ausführlich – in einem Koalitionsvertrag festgehalten, der abschließend durch die Entscheidungsgremien der beteiligten Parteien gebilligt werden muss. Eine solche förmliche Vereinbarung wurde erstmals 1961 zwischen CDU/CSU und FDP geschlossen.

Der „Koalitionsvertrag" ist eine Absichtserklärung, dessen Einhaltung mit rechtlichen Mitteln allerdings nicht erzwungen werden kann. In aller Regel setzen die Koalitionspartner einen Koalitionsausschuss ein, der die Umsetzung der Vereinbarungen laufend überwacht und gegebenenfalls klärend oder ändernd eingreift. Sind die Koalitionsvereinbarungen allgemein zugänglich, wie es heute meist der Fall ist, übt auch die Öffentlichkeit eine Kontrolle darüber aus, wie weit die Koalition ihren selbstgesetzten Versprechen nachkommt.

Die Regierungskoalitionen seit der Wiedervereinigung
CDU/CSU/FDP 1990-98
SPD/Bündnis 90/Die Grünen 1998-2005
CDU/CSU/SPD 2005-2009
CDU/CSU/FDP 2009-2013
CDU/CSU/SPD seit 2013

M 3 Aufbau und Arbeitsweise der Bundesregierung

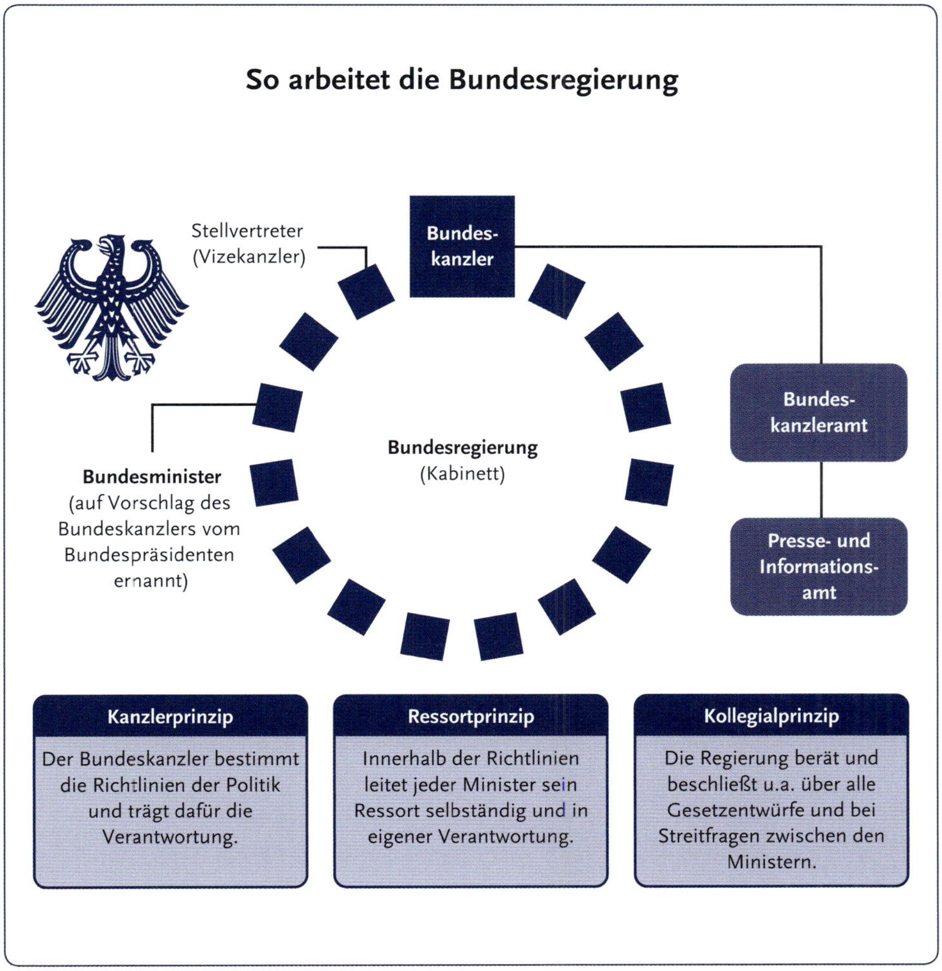

Bergmoser + Höller Verlag AG, Zahlenbilder 67 123

Art. 65 GG
Der Bundeskanzler bestimmt die Richtlinien der Politik und trägt dafür die Verantwortung. Innerhalb dieser Richtlinien leitet jeder Bundesminister seinen Geschäftsbereich selbständig und unter eigener Verantwortung. Über Meinungsverschiedenheiten zwischen den Bundesministern entscheidet die Bundesregierung. Der Bundeskanzler leitet ihre Geschäfte nach einer von der Bundesregierung beschlossenen und vom Bundespräsidenten genehmigten Geschäftsordnung.

M 4 Wie mächtig ist der Bundeskanzler?

Bundeskanzlerin Merkel bei einem Vortrag an der Universität Leipzig im Jahre 2015

Legitimation
Rechtfertigung für die Ausübung staatlicher Gewalt hier: durch eine Wahl

Kabinett
der Bundeskanzler und die Bundesminister

Der Bundeskanzler wird häufig als mächtigster politischer Akteur in Deutschland bezeichnet. Dies liegt daran, dass er sowohl gegenüber dem Parlament eine besondere Rolle einnimmt als auch innerhalb der Bundesregierung über eine Sonderstellung verfügt. So wird innerhalb der Bundesregierung nur der Bundeskanzler direkt vom Bundestag gewählt. Alle anderen Mitglieder der Regierung werden auf seinen Vorschlag hin vom Bundespräsidenten ernannt. Damit verfügt er über eine besondere demokratische Legitimation. Innerhalb der Bundesregierung besitzt der Bundeskanzler die Richtlinienkompetenz. Das bedeutet, dass er die Grundlinien der Politik, also die allgemeine politische Ausrichtung der Regierungspolitik, bestimmen kann. Gegen den Willen des Kanzlers kann innerhalb der Regierung keine Entscheidung getroffen werden. Das Kabinett kann ihn nicht einfach überstimmen. Wie der Bundeskanzler diese Richtlinienkompetenz ausfüllen kann, hängt entscheidend von seiner Persönlichkeit, seiner Beliebtheit innerhalb der Bevölkerung und seinem Regierungsstil ab. Seine Macht ist natürlich dann beschränkt, wenn er mit einer Koalition aus verschiedenen Parteien regiert, da er auf andere Parteien einen geringeren Einfluss besitzt.

Auch gegenüber dem Parlament verfügt er über eine Sonderrolle. Wenn der Bundeskanzler den Eindruck hat, dass die Mehrheit der Abgeordneten im Parlament seine Politik nicht mehr unterstützt, dann kann er im Deutschen Bundestag die Vertrauensfrage stellen. Wird er nicht mehr von der Mehrheit der Abgeordneten unterstützt, so kann er Neuwahlen herbeiführen. Viele Abgeordnete fürchten bei Neuwahlen um ihre Wiederwahl und werden so den Kanzler eher unterstützen. Aber wehrlos ist das Parlament beileibe nicht. Das Parlament verfügt über ein starkes Machtmittel: das konstruktive Misstrauensvotum (→ M 9). Über das konstruktive Misstrauensvotum kann das Parlament den Kanzler und damit die gesamte Regierung abwählen.

zu Aufgabe 1
Markiere in verschiedenen Farben die formellen (gesetzlich vorgegebenen) und informellen Aspekte der Regierungsbildung

zu Aufgabe 4a
Erstelle zuvor eine Hierarchie der Machtinstrumente.

zu Aufgabe 4a
Benenne die derzeitigen Kabinettsmitglieder und deren Ressort.

Aufgaben

1. Ordnet die Schlagzeilen in Kleingruppen in die richtige chronologische Reihenfolge (M 1, M 2).
2. Erläutere, welche Vor- und Nachteile der in Deutschland übliche Zwang zur Bildung von Koalitionen hat (M 2).
3. Erkläre, welche Prinzipien die Regierungsarbeit leiten (M 3).
4. a) Der Bundeskanzler gilt als mächtiger politischer Akteur. Was kann er tun, um seine Vorstellungen durchzusetzen? Stelle eine Liste der Machtinstrumente des Bundeskanzlers zusammen.
   b) Beurteile, welches Machtinstrument am wirkungsvollsten ist? (M 3, M 4)

Wer kontrolliert die Regierung?

M 5 Die Opposition – Gegenspielerin der Regierung

Die politische Grenzlinie verläuft in erster Linie nicht mehr zwischen dem Parlament auf der einen und der Regierung auf der anderen Seite, die entscheidende Trennungslinie liegt in einem parlamentarischen System zwischen der Regierungs- beziehungsweise Parlamentsmehrheit und der Regierung auf der einen sowie der Opposition auf der anderen Seite. Die Regierungsmehrheit, die heute einen Regierungschef wählt, kann morgen nicht so tun, als ob sie mit dessen Person und Regierung nichts verbinde. Durch eine Verweigerung der Zusammenarbeit mit dem von ihr gestellten Regierungschef würde sie sich selbst einen Fehler bescheinigen – nämlich denjenigen, den falschen Kanzler gewählt zu haben. Die Brücke, über die Parlamentsmehrheit und Regierung im heutigen parlamentarischen Regierungssystem verbunden sind, bilden die Parteien. Jedoch muss dies nicht unbedingt bedeuten, dass Regierung und Parlamentsmehrheit eine absolute Einheit darstellen. Die unterschiedliche Intensität der Beziehungen zwischen diesen beiden Organen hängt in erster Linie ab von der Anzahl der Parteien, die zur Bildung einer Regierung notwendig sind.

Emil Hübner, Informationen zur politischen Bildung Nr. 227, Parlamentarische Demokratie 1, Neudruck 1993, S. 26 f.

Welche Aufgaben hat die Opposition?

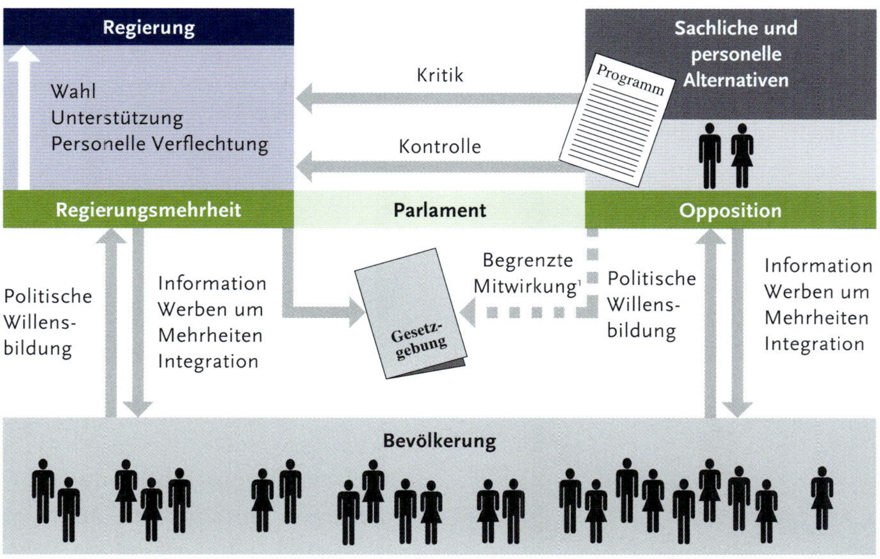

Nach: Bergmoser + Höller Verlag AG, Zahlenbilder 67 260, ¹über Ausschüsse, evtl. Bundesrat

M 6 Wie können Abgeordnete die Regierung kontrollieren?

Stelle dir folgende Situation vor: Die Regierung möchte die von der CSU geforderte allgemeine Maut für PKW einführen und bringt einen entsprechenden Gesetzesvorschlag in den Bundestag ein. Doch viele Abgeordnete, auch der Regierungsparteien, sind damit nicht einverstanden. Wie sollen sie ihre Kritik äußern?

Folgende Maßnahmen stehen den Abgeordneten zur Verfügung:

in einer nicht-öffentlichen Versammlung Bedenken gegenüber der Parteispitze äußern

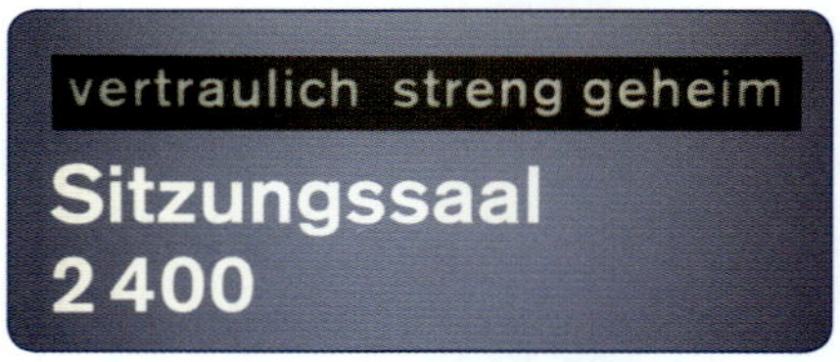

in einem Fachausschuss des Bundestages hinter verschlossenen Türen Kritik üben

in einer Fernsehtalkshow die Regierung offen und hart kritisieren

im Kreis aller Abgeordneten ihrer Partei (Fraktion) Bedenken äußern

eine Aktuelle Stunde im Bundestag beantragen, in der in aller Breite und öffentlich Mitglieder der Regierung Stellung nehmen müssen; die Debatte wird sogar im Fernsehen übertragen

auf einem Parteitag eine Rede halten, in der sie die Politik der Regierung geißeln

noch nicht veröffentlichte Informationen heimlich und anonym an die Presse geben

M 7 Interview mit dem Bundestagsabgeordneten Michael Donth

Michael Donth (CDU) ist Mitglied des Deutschen Bundestags und vertritt dort seit 2013 den Wahlkreis Reutlingen.

Herr Donth, wieso braucht die Regierung eine Kontrolle durch den Bundestag?

Macht an sich birgt die Gefahr in sich, dass sie missbraucht werden kann. Deshalb ist es wichtig, dass die Ausübung der Macht durch die Regierung eine Kontrolle durch das Parlament, die gewählten Vertreter des Volkes, erfährt. Dies geschieht üblicherweise und prinzipiell durch die Opposition, aber auch durch die die Regierung tragenden Parteien.

Kritiker sagen oft, dass eigentlich nur die Opposition die Regierung kontrollieren würde. Können Sie diesen Vorwurf aus der Sicht der Regierungsfraktionen entkräften?

Jeden dieser Kritiker würde ich gerne einmal zu einem Praktikum in den Bundestag einladen oder auch nur in eine Fraktionssitzung der CDU/CSU-Fraktion. Allein zu unserer Fraktion gehören schon zwei Parteien, dazu kommen Sitzungen der entsprechenden Landesgruppen jede Sitzungswoche. Diese diskutieren Themen sehr kontrovers und bringen sehr viele unterschiedliche Aspekte zur Sprache. Auch die Minister der eigenen Partei müssen sich gegenüber diesen Gremien für ihre Entscheidungen und Beschlüsse rechtfertigen. Letztlich gibt es für alle Abgeordneten im Bundestag die Bilanz; spätestens nach vier Jahren müssen sich alle wieder vor den Wählern verantworten und sich an ihren Taten und Aussagen messen lassen. Da werden die Regierung und deren Partei(en) natürlich auch kritischer beäugt, als die Opposition. Und da jeder meiner Kollegen sich dann in seinem Wahlkreis den Bürgern stellt, ist eine Kontrollfunktion auch hier durchaus erfüllt.

Die jetzige Regierung der Großen Koalition verfügt über eine überwältigende Mehrheit im Parlament. Wie wirkt sich dies auf die Kontrollaufgabe des Parlaments aus?

Ich würde behaupten, fast gar nicht. Natürlich waren den beiden Oppositionsparteien aufgrund ihres Wahlergebnisses von zusammen rund 20 % zunächst manche Kontrollrechte versagt. Dies betraf z. B. die Einsetzung von Untersuchungsausschüssen oder einer Enquete-Kommission, sowie die Durchsetzung einer öffentlichen Anhörung in einem Ausschuss. Deshalb haben wir die Geschäftsordnung so geregelt, dass dafür in dieser Wahlperiode nicht die sonst üblichen 25 % erforderlich sind, sondern 120 Oppositionsabgeordnete ausreichen. Außerdem wurde Grünen und Linken zusätzliche Redezeit zugestanden. Ich denke, die Regierungsfraktionen haben deutlich gemacht, dass sie bereit sind, der Opposition entgegen zu kommen, um eine Kontrolle der Regierung, auch durch Parlamentarier, die nicht in einer Regierungsfraktion sitzen, zu gewährleisten. Allerdings ist auch die Große Koalition, obgleich vor der Wahl von vielen Wählern durchaus gewünscht, keine Liebesheirat gewesen. Man kann also keineswegs sagen, dass die Parteien sich überall nur einig sind und nicht auch hier eine gewisse gegenseitige Kontrolle stattfindet. Kontrolle

Enquete-Kommissionen
überfraktionelle Arbeitsgruppen zur Vorbereitung von Entscheidungen über umfangreiche und bedeutsame Sachkomplexe

hat nicht nur mit Quantität, sondern vielmehr mit Qualität zu tun.

Dem Bundestag stehen verschiedene Kontrollinstrumente zur Verfügung. Welche dieser Instrumente halten Sie für besonders wirkungsvoll?

Ich denke, da muss man differenzieren: Das allerschärfste Schwert ist sicher das Misstrauensvotum, das zum Regierungswechsel führen kann. Außerdem ebenfalls sehr spektakulär und mit richterlichen Vollmachten ausgestattet: die Untersuchungsausschüsse. Am effizientesten sind in meinen Augen die Ausschüsse, in denen ein großer Teil aller geplanten Gesetzesentwürfe ausgearbeitet wird. Hier zeigt sich auch, dass alle Parlamentarier, ob mit oder ohne Regierungsbeteiligung, in der Regel sehr konstruktiv miteinander arbeiten. Obgleich naturgemäß die Ansichten divergieren, kann man hier in Ruhe Standpunkte austauschen und ein gutes Ergebnis erlangen. Die Kontrollfunktion auszuüben heißt in meinen Augen nicht, einfach nur den Finger auf Entscheidungen zu halten, die man nicht mittragen kann, sondern mit den eigenen Standpunkten zu einem guten Endergebnis beizutragen. Gerade in der Arbeit des Bundestages sollte eine Kontrolle weniger eine nachträgliche Überprüfung und dafür umso mehr eine vorgeschaltete Einflussnahme auf Entscheidungen und Beschlüsse der Bundesregierung sein. Auch in Berlin wird nicht nur schwarz/weiß gedacht.

Inwieweit wird die öffentliche Wirkung bei der Auswahl der Instrumente berücksichtigt?

Die öffentliche Wirkung ist natürlich insbesondere in einer aktuellen Stunde oder einem Untersuchungsausschuss sicher eines der entscheidenden Kriterien bei der Wahl des Mittels. Hier erzeugt man ein großes Medieninteresse und nimmt somit großen Einfluss auf die Wahrnehmung eines Themas in der Öffentlichkeit, also bei den Wählern. Denn die Öffentlichkeit und die veröffentlichte Meinung nehmen in unserem Staat ja zusätzlich zum Parlament eine wichtige Kontrollfunktion wahr. Man muss sich immer fragen: „Was will ich denn erreichen?" und das Mittel entsprechend wählen. Ein gutes Endergebnis habe ich in der regulären Ausschussarbeit, eine hohe öffentliche Wirkung erziele ich durch einen Untersuchungsausschuss.

Interview des Bearbeiters mit Michael Donth MdB über die Wahrnehmung der Kontrollrechte des Bundestags durch die Abgeordneten am 3.6.2014.

M 8 Das konstruktive Misstrauensvotum

Der Bundestag kann nach Art. 67 Grundgesetz (GG) den Bundeskanzler abwählen, indem er mit der absoluten Mehrheit seiner Mitglieder einen Nachfolger wählt. Damit wird gesichert, dass der Bundeskanzler nur dann aus dem Amt entfernt werden kann, wenn sich im Bundestag eine neue Regierungsmehrheit zusammenfindet. Verhindert wird dadurch, dass wie in der Weimarer Republik negative Mehrheiten, die sich nur in der Ablehnung der Regierung einig sind, die Regierung stürzen können. Die-

Weimarer Republik
Bezeichnung für erste deutsche Republik (9.11.1918 – 30.1.1933)

se Bestimmung wird als „konstruktives Misstrauensvotum" bezeichnet. Ein konstruktives Misstrauensvotum hat es im Bundestag bisher zweimal gegeben, das gescheiterte gegen Bundeskanzler Willy Brandt 1972 und das erfolgreiche gegen Bundeskanzler Helmut Schmidt 1982.

Art. 67 GG
(1) Der Bundestag kann dem Bundeskanzler das Misstrauen nur dadurch aussprechen, dass er mit der Mehrheit seiner Mitglieder einen Nachfolger wählt und den Bundespräsidenten ersucht, den Bundeskanzler zu entlassen. Der Bundespräsident muss dem Ersuchen entsprechen und den Gewählten ernennen.
(2) Zwischen dem Antrage und der Wahl müssen achtundvierzig Stunden liegen.

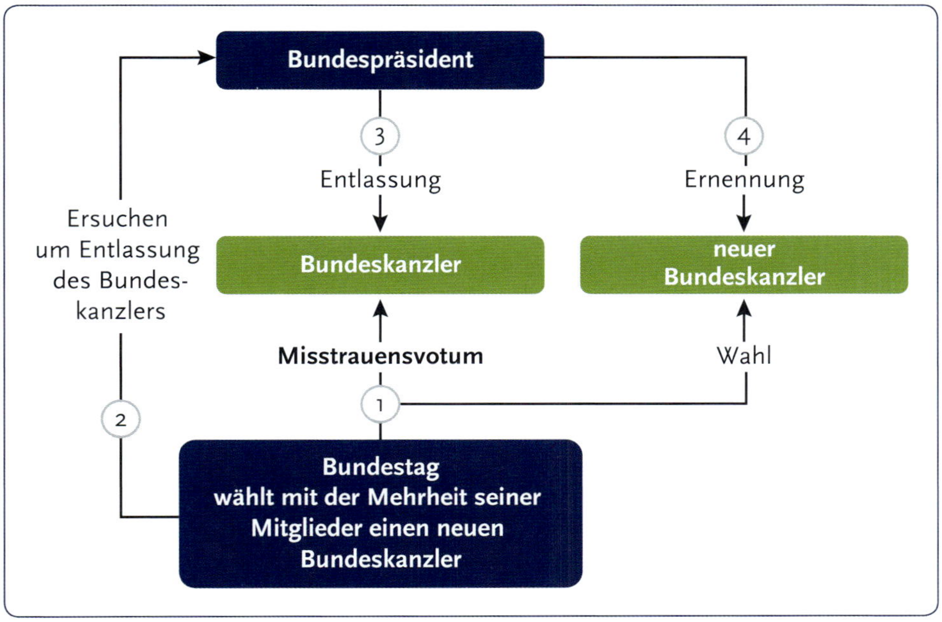

Horst Pötzsch, Die deutsche Demokratie, 5. Auflage, Bonn 2009, S. 73 f.

Aufgaben

1. Charakterisiere das jeweilige Verhältnis eines Abgeordneten der Regierungsfraktion und eines Abgeordneten der Oppositionsfraktion zur Bundesregierung (M 5).
2. Versetze dich in einen Abgeordneten der Regierungsfraktion und der Opposition. Beurteile aus deiner Perspektive und mithilfe von M 6, welche Maßnahmen die beiden treffen sollen, um Kritik an der Regierung zu üben. Wähle dazu die Maßnahmen aus, die dir am sinnvollsten erscheinen und begründe deine Auswahl.
3. Fasse die Aussagen Michael Donths zu den Kontrollmöglichkeiten der Regierung durch die Abgeordneten zusammen (M 7).
4. Überprüfe die folgenden Aussagen zur Kontrolle der Regierung. Stimmen sie? Begründe deine Entscheidungen (M 6 – M 8).
   - Hauptaufgabe des Bundestages ist die Kontrolle der Regierung.
   - Bei der Auswahl der Kontrollmöglichkeiten ist die öffentliche Wirkung von entscheidender Bedeutung.
   - Nur die Opposition kontrolliert die Regierung.
   - Regierung und Parlament sind nicht vollständig voneinander getrennt.

zu Aufgabe 4
Entwirf weitere Aussagen zur Kontrolle der Regierung und lasse sie von deinem Nachbarn überprüfen.

Wie frei ist ein Abgeordneter?

M 9 Die Streitfrage: Mopedfahren schon ab 15 Jahren?

In Sachsen, Sachsen-Anhalt und Thüringen startete zum 1. Mai 2013 ein Modellversuch, der vorsieht, dass bereits 15-Jährige einen Führerschein der Klasse M erwerben dürfen. Dieser erlaubt das Fahren von Mopeds und kleineren vierrädrigen Gefährten wie Quads mit einer Höchstgeschwindigkeit von bis zu 45 Stundenkilometern. In den übrigen dreizehn Bundesländern dürfen 15-Jährige nach wie vor nur auf 25 Stundenkilometer gedrosselte Mofas fahren. Die Verkehrsminister der drei Länder wollen durch den Modellversuch eine bessere Mobilität vor allem junger Leute auf dem Land erreichen. Die Entscheidung ist umstritten und in vielen Internet-Foren wird darüber diskutiert, ob Jugendliche mit schneller fahrenden Gefährten nicht überfordert sind.

Stephan (8.5.2013 16:04)
Na endlich ... Ich sehe das mal aus Sicht der schnelleren Verkehrsteilnehmer: Mofas sind extreme Verkehrsbehinderer (weil sie nicht mal auf den Fahrradweg dürfen!), da man sie bei unserer hohen Verkehrsdichte oft nur mit hohem Risiko oder längere Zeit gar nicht überholen kann. Gut, dass das bald ein Ende hat. Davon abgesehen reizt es die Jugendlichen dann auch sicher deutlich weniger, ihr Fahrzeug zu frisieren.

Heidi (7.5.2013 19:08)
Ich finde die Idee absolut super. Ich muss sonst meine Tochter noch ein Jahr lang zum Reiten fahren (12 Kilometer Landstraße). Mit dem Mofa ist es deutlich gefährlicher.

Gerd (7.5.2013 17:34)
Es ist doch unverantwortlich, dass die Jugend, die sich sonst auch kaum an Regeln hält, jetzt eine Lizenz zum Schnellfahren bekommt.

Anne (7.5.2013 16:56)
Sind unsere Politiker jetzt völlig verrückt geworden? Seit in Österreich 15-Jährige Moped fahren dürfen, steigt die Zahl der Moped-Unfälle dort sprunghaft. Und das wollen wir jetzt auch bei uns?

Ralf (8.5.2013 20:02)
Ich habe eine Schreinerei auf dem Land in einem kleinen Dorf. Busse gibt es nicht. Also habe ich Probleme, Azubis zu bekommen, weil diese oft nicht mobil sind. Wenn die in Zukunft Moped fahren dürfen, wäre mir damit sicher geholfen.

M 10 Der Abgeordnete – wie soll er entscheiden?

Der Deutsche Bundestag soll entscheiden, ob der Mopedführerschein bundesweit bereits für 15-Jährige eingeführt werden soll. Diese Entscheidung ist nicht unumstritten und die Abgeordneten werden von unterschiedlicher Seite beeinflusst. Irgendwann muss der Abgeordnete aber wissen, ob er dem Gesetz zustimmt oder nicht. Sein Problem ist dabei, dass er es nicht allen recht machen kann.

Elterngruppe
Du vertrittst eine Gruppe von Eltern aus dem Wahlkreis des Abgeordneten. Ihr habt euch zusammengeschlossen, da ihr davon überzeugt seid, dass es viel zu gefährlich ist, eure Kinder schnelle Mopeds fahren zu lassen. Erfahrungen aus Österreich haben gezeigt, dass es zu vielen schweren Unfällen kommt. Der Abgeordnete will kommendes Wochenende in den Wahlkreis kommen und ihr plant bereits eine Kundgebung auf dem Marktplatz, um auf eure Forderung aufmerksam zu machen.

Fraktionsführer der Regierungspartei
Die Mehrheit der Abgeordneten und auch die Regierung sind dafür, die Altersgrenze abzusenken. Innerhalb der Fraktion gibt es aber einige Abgeordnete, die sich nicht sicher sind, ob sie dem Vorschlag zustimmen. Der Bundeskanzler hat mit dir telefoniert und er wünscht sich, dass die Fraktion im Bundestag geschlossen zustimmt und das Thema damit endlich erledigt ist.

Einfacher Abgeordneter der Regierungsfraktion
Du bist Mitglied des Verkehrsausschusses und musst bald entscheiden, ob du für oder gegen den Gesetzentwurf stimmst. Im Vorfeld setzen sich verschiedene Menschen mit dir in Verbindung, um deine Entscheidung zu beeinflussen.

Azubi in einem Betrieb auf dem Land
Du bist 15 Jahre alt und um in die Berufsschule zu kommen, musst du sehr weit fahren. Mit dem Bus ist das fast nicht zu schaffen. Ein Moped würde dir sehr helfen. Du hast bereits mit den anderen Berufsschülern gesprochen und dabei gemerkt, dass es sehr vielen von ihnen auch so geht wie dir.

Vorsitzender der Handwerkskammer der ländlichen Region
Viele eurer Auszubildenden haben große Schwierigkeiten, den Ausbildungsbetrieb oder die Berufsschule mit öffentlichen Verkehrsmitteln zu erreichen. Deine Hoffnung ist, dass sich diese Situation entspannen würde, wenn 15-Jährige bereits Moped fahren dürften.

M 11 Die Vertreter des Volkes

Die Abgeordneten des Deutschen Bundestags sind stellvertretend für die Bürgerinnen und Bürger in Deutschland gewählt, um für das Volk die richtigen Entscheidungen zu treffen. Wir geben ihnen bei der Wahl mit unserer Stimme den Auftrag, die Interessen der ganzen Bevölkerung im Parlament zu vertreten. Mit unserem Votum für einen Abgeordneten ist aber keinesfalls ein konkreter Auftrag verbunden – etwa wie sich ein Abgeordneter bei einer bestimmten Abstimmung verhalten soll. Das ist das Prinzip des freien Mandats – und im Grundgesetz festgeschrieben.

Wenn wir die Abgeordneten für vier Jahre in den Bundestag wählen, dann treffen wir diese Entscheidung aber nicht nur wegen ihrer Person, sondern auch aufgrund ihrer Zugehörigkeit zu einer politischen Partei. Bei der Zweitstimme wird es besonders deutlich: Damit wählen wir eine Partei, keine Person. Das hat einen Grund: Parteien spielen in einer Demokratie eine wichtige Rolle. Wenn wir einen Politiker wählen, dann gibt uns seine Mitgliedschaft in einer Partei Aufschluss über seine politischen Überzeugungen und Ziele [...]. Um [die] Interessen aber auch im Parlament durchzusetzen, bilden Abgeordnete Fraktionen.

Wenn es nun also um Abstimmungen geht, erwarten die Fraktionen in der Regel von ihren Mitgliedern, dass sie so votieren, wie es zuvor beschlossen wurde. Das bezeichnet man als Fraktionsdisziplin. Einen rechtlichen Zwang, im Sinne der eigenen Fraktion auftreten oder abstimmen zu müssen, gibt es jedoch nicht. Das freie Mandat sichert somit die individuelle Verantwortlichkeit der Abgeordneten und die Fraktionsdisziplin seine kollektive Verantwortlichkeit. Aber es gibt auch Abstimmungen – oft über Fragen, die besonders das Gewissen jedes einzelnen Abgeordneten berühren – bei denen die Fraktionsdisziplin bewusst aufgehoben ist.

dpa, Die Vertreter des Volkes, www.bundestag.de, Abruf am 20.11.2010

Aufgaben

1. Arbeite ausgehend von den Kommentaren in M 9 Argumente für bzw. gegen das Absenken der Altersgrenze für den Moped-Führerschein heraus.
2. Bildet Gruppen und teilt die fünf Rollen (→ Methodenglossar) untereinander auf. Stellt euch vor, der Abgeordnete hat euch alle in seine Bürgersprechstunde eingeladen. Ihr müsst nun versuchen, ihn von eurer Position zu überzeugen. Im Anschluss an das Streitgespräch (→ Methodenglossar) muss der Abgeordnete sich entscheiden und seine Entscheidung vor der Klasse begründen (M 10).
3. In Art. 38 (1) GG steht, dass die Abgeordneten des Deutschen Bundestages in ihren Entscheidungen frei und nur ihrem Gewissen unterworfen sind. Arbeite heraus, warum der Abgeordnete in der Praxis der Parlamentsarbeit auch die Wünsche seiner Fraktion berücksichtigen muss (M 11).

zu Aufgabe 3
Überlege, wie sich die Stellung der Abgeordneten verändert, wenn die Regierung nur über eine knappe Mehrheit verfügt.

zu Aufgabe 3
Stelle das Spannungsverhältnis, in dem sich die Abgeordneten befinden, in einer Zeichnung oder Karikatur dar.

Wie arbeitet der Deutsche Bundestag?

M 12 Wo sind die Abgeordneten?

Bundestagsdebatten finden häufig vor leeren Rängen statt. Auch in der Öffentlichkeit werden sie kaum wahrgenommen. Politik-Talkshows erzielen dagegen regelmäßig hohe Einschaltquoten.

M 13 Der Deutsche Bundestag im Zentrum der Demokratie

Der Bundestag ist das einzige direkt vom Volk gewählte Verfassungsorgan des Bundes. Er steht damit im Zentrum der deutschen Demokratie. [...]

Der Bundestag ist eine Mischform aus Arbeitsparlament und Redeparlament. Im Plenum finden richtungweisende politische Debatten statt. Und „hinter den Kulissen" arbeiten die Ausschüsse.

In den Plenarsitzungen finden die öffentlichkeitswirksamen Auseinandersetzungen statt. Diese Parlamentsdebatten dienen vor allem dazu, die Wähler über die verschiedenen Positionen der im Bundestag vertretenen Parteien zu informieren. Rederecht haben alle Abgeordneten sowie Mitglieder der Bundesregierung und des Bundesrates. Zu besonderen Anlässen dürfen auch hohe Staatsgäste im Plenarsaal sprechen.

Das Plenum nimmt wichtige **Kontrollrechte** des Parlaments wahr: In Aktuellen Stunden, Großen Anfragen, Regierungsbefragungen und Fragestunden befassen sich die Abgeordneten mit aktuellen Themen oder fordern mündliche Stellungnahmen der Bundesregierung ein.

Im Plenum wird schließlich auch über Gesetzesvorlagen abgestimmt. Der Bundestag ist beschlussfähig, wenn mindestens die Hälfte der Abgeordneten anwesend ist.

In den **Ausschüssen** können die Abgeordneten in kleinerer Runde die Gesetzesvorlagen diskutieren und den hinzugezogenen externen Sachverständigen zuhören. Die Fraktionen entsenden die Experten unter ihren Abgeordneten in die Ausschüsse. Dieses geschieht entsprechend ihren Kräfteverhältnissen im Parlament. Die Ausschüsse erarbeiten die Vorlagen, die anschließend dem Plenum zur Abstimmung vorgelegt werden. Die anderen Fraktionsmitglieder werden durch ihre Vertreter in den Ausschüssen über die Vorlagen informiert und übernehmen häufig deren Rat.

Petitionsausschuss
Befasst sich mit Eingaben von Bürgern, die sich bspw. von einer Bundesbehörde ungerecht behandelt fühlen oder Anregungen für Änderungen bestehender Gesetze haben.

Man unterscheidet zwischen den ständigen Ausschüssen und einer Anzahl von Ausschüssen, die nur im Bedarfsfall eine Rolle spielen. Diese werden wieder aufgelöst, nachdem sie ihre Aufgabe bewältigt haben. Im Grundgesetz sind nur die Bildung von Ausschüssen für Angelegenheiten der Europäischen Union, Auswärtige Angelegenheiten, für Verteidigung und ein Petitionsausschuss festgeschrieben. Die Anzahl der ständigen Ausschüsse des Bundestages lag in der Legislaturperiode 2009-2013 bei 22. Oft entsprechen die Ausschüsse den in der Regierung vertretenen Fachministerien.

Das Parlament ist ebenfalls für die Gesetzgebung, die Verabschiedung des Haushalts und die Schaffung einer Regierung durch die Wahl des Bundeskanzlers zuständig. Eine weitere Hauptaufgabe ist die Kontrolle der Exekutive. Hierzu dienen nicht zuletzt **Untersuchungsausschüsse**.

Nach: Martin Hetterich, Stephan Trinius, Aufgaben des Bundestages, www.bpb.de, 28.8.2013

M 14 Die Organisation des Deutschen Bundestags

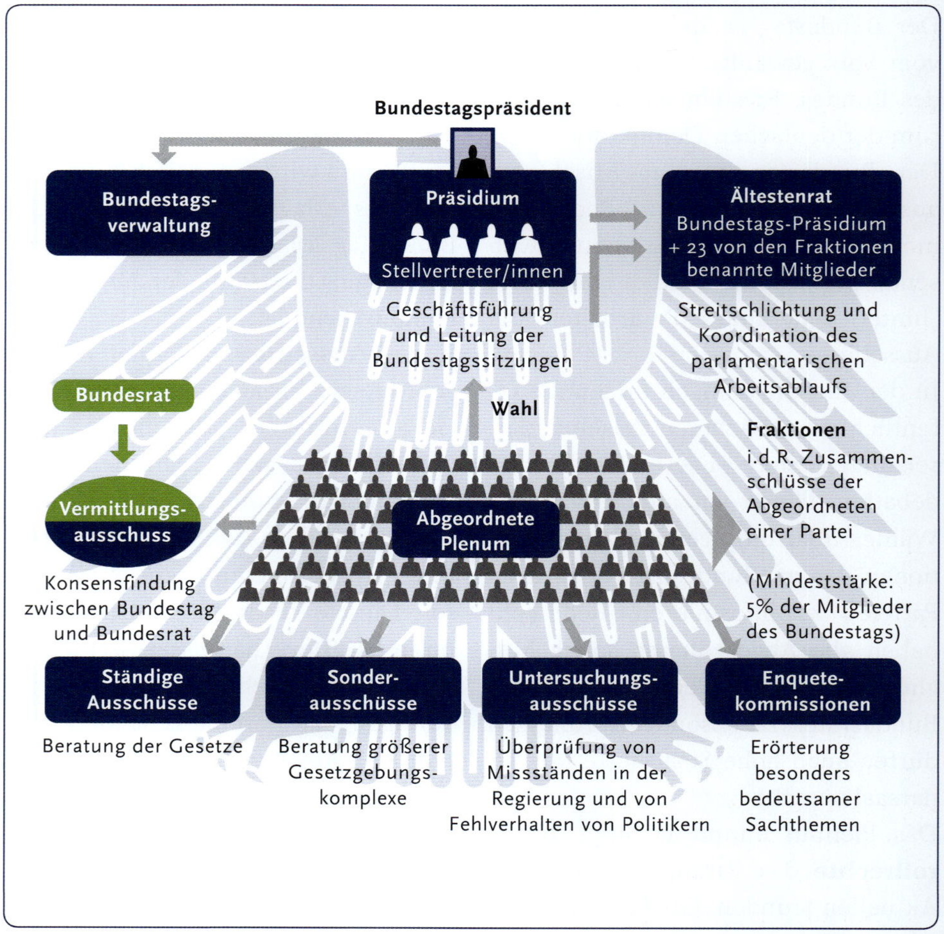

Nach: Bergmoser + Höller Verlag AG, Zahlenbilder 64 110

M 15 Ist die Kritik am Parlament berechtigt?

Abgeordnete sind verpflichtet, an Ausschusssitzungen zu den Gesetzen teilzunehmen, die ihr Ausschuss (z. B. der Verteidigungsausschuss) gerade bearbeitet. Sie müssen Fachleute hören und umfangreiches Informationsmaterial durcharbeiten, das ihr Mitarbeiterstab oder der wissenschaftliche Dienst des Bundestages zusammengetragen haben; es kostet sie Zeit, etwa im Arbeitskreis ihrer Fraktion eine kritische Anfrage an die Bundesregierung zu formulieren oder sich um Kontakte zu den Medien zu kümmern, ohne die sie ihre Anliegen nicht wirksam vertreten können. Auch für die Einzelinteressen und Probleme der Bürgerinnen und Bürger setzen sich die Abgeordneten oft in mühsamer Kleinarbeit ein. Die Arbeit im Wahlkreis erfordert zusätzlichen Zeitaufwand.

Da muss die Plenumsdebatte oft zurückstehen. Dort werden nach getaner Ausschussarbeit häufig die allen Abgeordneten bereits bekannten Argumente ausgetauscht, die niemanden, der sich monate-, manchmal jahrelang mit einer Frage auseinandergesetzt hat, noch zu einem Meinungswandel veranlassen können. Trotzdem sind diese Debatten kein überflüssiges Ritual: Die Sprecherinnen und Sprecher der Fraktionen reden bewusst „zum Fenster hinaus", um der Öffentlichkeit die Gründe für ihre Sachentscheidungen zu vermitteln und so die in der Demokratie wichtige Transparenz zu ermöglichen.

Ein weiteres Stereotyp der Parlamentskritik behauptet, dass die Parlamentarierinnen und Parlamentarier zu viel streiten und zu wenig Einigkeit beweisen. Wie wenig das mit der Realität zu tun hat, zeigt schon die Statistik der Bundestagsgesetzgebung. Die meisten Gesetze werden nämlich im Einvernehmen von den [...] Fraktionen verabschiedet. In den Augen der Öffentlichkeit decken freilich die Meinungsverschiedenheiten über die Steuerpolitik, die Rentenreform, die Arbeitsförderung, die Gesundheitspolitik oder die Zuwanderung die Gemeinsamkeiten auf anderen Gebieten zu. Solche Themen erfordern weitreichende Weichenstellungen und die Abstimmung mit den Interessen großer gesellschaftlicher Gruppen. [...]

Die Präsentation der Politik in den Medien trägt ein Übriges zur kritischen Haltung der Bevölkerung gegenüber der (Partei-)Politik bei: Im Kampf um Einschaltquoten und Verkaufszahlen am Kiosk geben die Medien dem Zwang zu Verknappung, zu Dramatisierung und Zuspitzung immer stärker nach.

Ursula Münch, Information zur politischen Bildung aktuell, Bundestagswahlen 2002, Bonn 2002, S. 7

Dramatisierung
Vorentscheidung
Ausschusssitzungen
Zuspitzung
Ritual
Fachleute
Gesetze
Einschaltquoten
Wahlkreisarbeit
Plenumsdebatte
Medien

Transparenz
Durchsichtigkeit, hier: Nachvollziehbarkeit einer Entscheidung

Stereotyp
Vorurteil

zu Aufgabe 3
Verwende die in der Randspalte genannten Begriffe als Hilfestellung.

Aufgaben

1. Die beiden Bilder aus M 12 können auch als Vorwurf an die Abgeordneten verstanden werden. Überprüfe, welcher Vorwurf hier erhoben wird.
2. Erläutere, warum man den Bundestag als Mischung aus Rede- und Arbeitsparlament bezeichnen kann (M 13).
3. Entwirf eine kurzes Referat (→ Methodenglossar) aus der Sicht eines Abgeordneten, in dem er sich gegen die Parlamentskritik zur Wehr setzt (M 13 – M 15).

Was wir wissen

Regieren
M 2 – M 4

Die Bundesregierung mit dem Kanzler an der Spitze hat die zentrale Aufgabe der politischen Führung. Einerseits soll der Wille der Parlamentsmehrheit von der Regierung in praktische Politik umgesetzt werden. Andererseits formt die Regierung den Mehrheitswillen des Parlaments auch durch politische Initiativen entscheidend mit.

Stellung des Bundeskanzlers
M 3, M 4

In der Regierung hat der Bundeskanzler eine hervorgehobene Stellung. Er bestimmt nach Art. 65 GG „die Richtlinien der Politik und trägt dafür die Verantwortung" (Kanzlerprinzip), d. h. er legt umfassende Ziele fest (wie z. B. große Reformvorhaben). Darüber hinaus macht er dem Bundespräsidenten Vorschläge zur Ernennung und Entlassung von Kabinettsmitgliedern. Innerhalb der Richtlinien leiten die Minister ihr Ministerium selbständig (Ressortprinzip). Abgeschwächt wird das Kanzlerprinzip auch durch das Kabinettsprinzip. So berät und beschließt das Kabinett als Ganzes über alle Gesetzesentwürfe und entscheidet bei Streitfragen über die Zuständigkeit zwischen einzelnen Ministerien.

Kontrolle der Regierung
M 6

Gewaltenverschränkung
M 5, M 7

Eine wichtige Aufgabe des Bundestags ist die Kontrolle der Regierung. Dies ist die Hauptaufgabe der Opposition. In der Praxis der Parteiendemokratie bilden nämlich die Regierung mit dem Bundeskanzler und die Regierungsparteien, die ja die Mehrheit im Parlament haben, eine Handlungseinheit. Man spricht in diesem Zusammenhang auch von Gewaltenverschränkung. Zwar üben auch die eigenen Abgeordneten Kritik an der Regierung, doch tun sie dies meist nicht öffentlich. So werden die Kontrollinstrumente des Bundestages wie Kleine und Große Anfrage, Aktuelle Stunden, Fragestunden, Untersuchungsausschüsse etc. hauptsächlich von der Opposition in Anspruch genommen. Außerdem kann die Opposition ihre Kritik wirksam über die Medien äußern und sich dort als die bessere Alternative präsentieren.

Stellung der Abgeordneten
M 11

Abgeordnete, die derselben Partei angehören, schließen sich im Bundestag zu einer Fraktion zusammen. Die Fraktionen sind die politische Heimat für die Abgeordneten und bilden den organisatorischen Rahmen der Arbeit im Bundestag, denn anders wäre der Bundestag wohl kaum entscheidungsfähig. Bei Abstimmungen folgen die Abgeordneten in der Regel der von der Fraktion festgelegten Linie (Fraktionsdisziplin), obwohl sie eigentlich nach Art. 38 GG in ihren Entscheidungen frei sind (freies Mandat).

Arbeitsweise des Bundestages
M 13 – M 15

Der Bundestag ist eine Mischform aus Arbeits- und Redeparlament. Neben den Reden und Abstimmungen im Plenum findet die Hauptarbeit der Abgeordneten aber vor allem in Fachausschüssen, die sich mit der Ausarbeitung von Gesetzen beschäftigen, statt. Dort beraten die Abgeordneten, hören Fachleute an, diskutieren die Gesetzesentwürfe und verändern diese.

Insgesamt 3.592 Kleine Anfragen an die Bundesregierung

In der 17. Wahlperiode (2009-2013) regierte eine schwarz-gelbe Koalition unter Kanzlerin Angela Merkel. SPD, Bündnis'90/Grüne und DIE LINKE bildeten die Opposition. Insgesamt stellten die Fraktionen des Deutschen Bundestags in dieser Wahlperiode 3.592 Kleine Anfragen, davon die SPD 457, die Grünen 1.434 und DIE LINKE 1.659. Große Anfragen gab es insgesamt 54, davon 24 von der SPD, 14 von DIE LINKE und 13 von Bündnis'90/Die Grünen.

Deutscher Bundestag, Referat Parlamentsdokumentation, 1.9.2013

Fragerechte des Bundestags

Große Anfrage

Schriftliche Anfrage zu einem größeren politischen Themenkomplex durch eine Fraktion bzw. mindestens 5 % der Abgeordneten

An die Beantwortung durch die Bundesregierung schließt sich in der Regel eine Debatte vor dem Bundestag an.

Kleine Anfrage

Schriftliche Anfrage zu konkreten Einzelthemen durch eine Fraktion bzw. mindestens 5 % der Abgeordneten

Die Antwort erfolgt schriftlich durch das jeweils zuständige Bundesministerium.

Fragestunde

Einzelfragen zur mündlichen oder schriftlichen Beantwortung, von einzelnen Abgeordneten eingebracht

Mündliche Beantwortung in den beiden wöchentlichen Fragestunden des Bundestags

Möglichkeit für die Abgeordneten, mit Zusatzfragen nachzuhaken

Haupfunktionen:

- Beschaffung von Informationen
- öffentliche Herausforderung der Regierung durch die Opposition
- Gelegenheit, die Haltung der Opposition darzulegen

Aktuelle Stunde

Politische Debatte mit Kurzbeiträgen zu einem aktuellen Thema auf Verlangen einer Fraktion bzw. von mindestens 5 % der Abgeordneten oder nach Vereinbarung

Redezeit für die Abgeordneten: 5 min; Gesamtdauer: 1 Stunde + Redezeit der Regierung

Nach: Bergmoser + Höller Verlag AG, Zahlenbilder 66 250

Aufgabe

Erkläre, weshalb die Fraktionen die parlamentarischen Fragerechte so unterschiedlich stark einsetzen. Wähle für deine Erklärung aus nachfolgenden Begriffen aus:

Abgeordnete | Bundestag | Öffentlichkeit | Legislative | Gewaltenverschränkung | Gewaltenteilung | Opposition | Wahlen | Kontrollrechte | Kontrolle | Exekutive

4.4 Wie entsteht ein Gesetz?

Das Problem: Energiesicherheit in Deutschland

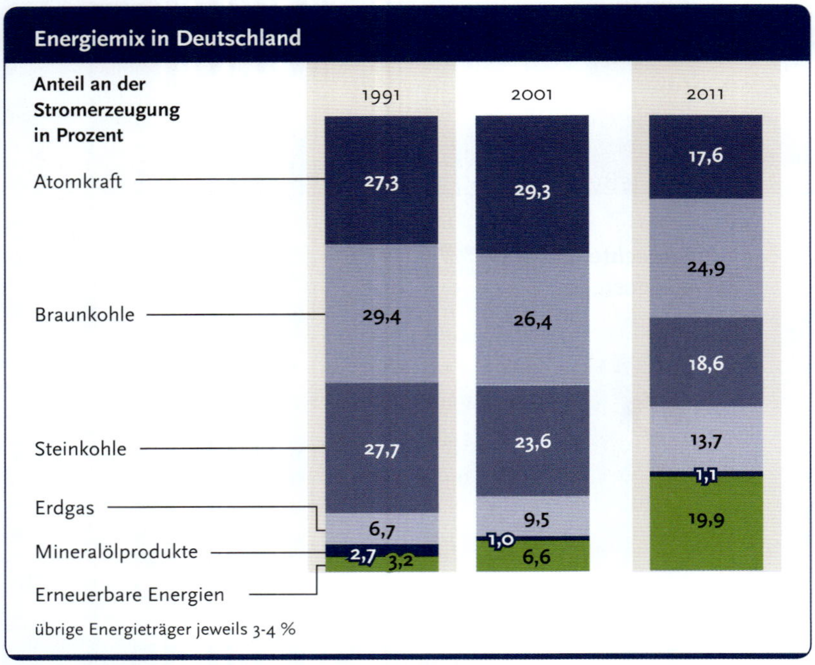

dpa-Grafik 16752; Quelle: Arbeitsgemeinschaft Energiebilanzen (AGEB)

Gesetzentwurf zur Änderung des Atomgesetzes

A. Problem und Ziel: Die nuklearen Folgen der Erdbebenkatastrophe in Japan bedeuten einen Einschnitt für die friedliche Nutzung der Kernenergie auch in Deutschland. Im Lichte dieser Ereignisse hat die Bundesregierung mit den Ministerpräsidenten der Länder, in denen Kernkraftwerke betrieben werden, die Sicherheit aller deutschen Kernkraftwerke durch die Reaktor-Sicherheitskommission […] überprüfen lassen und zudem durch eine Ethikkommission „Sichere Energieversorgung" einen gesellschaftlichen Dialog zu den Risiken der Nutzung der Kernkraft und zu der Möglichkeit eines beschleunigten Übergangs in das Zeitalter der erneuerbaren Energien angestoßen. Die Bundesregierung hat unter Einbeziehung der Ergebnisse der Reaktor-Sicherheitskommission und der Ethikkommission „Sichere Energieversorgung" sowie des absoluten Vorrangs der nuklearen Sicherheit beschlossen, die Nutzung der Kernenergie zum frühestmöglichen Zeitpunkt zu beenden.

Bundestag, Drucksache 17/6070, Gesetzentwurf der Fraktionen der CDU/CSU und FDP

M 1 Der Streit um die Atomenergie

Die rot-grüne Bundesregierung unter Bundeskanzler Gerhard Schröder hatte nach ihrem Wahlsieg 1998 die Atomkraft neu bewertet und war zu dem Ergebnis gekommen, dass die Risiken der kommerziellen Nutzung zu hoch sind.

2002 wurde der geordnete Ausstieg aus der Atomkraft beschlossen. Die Laufzeit der bestehenden Atomkraftwerke wurde auf durchschnittlich 32 Jahre seit ihrer Inbetriebnahme festgelegt.

Nach dem Wahlsieg der CDU/CSU und FDP im Jahr 2009 einigten sich die neuen Regierungsparteien im Koalitionsvertrag auf eine Neuausrichtung der Atompolitik.

Im Herbst 2010 verabschiedete die Regierungskoalition im Rahmen ihres „Energiekonzeptes" ein äußert umstrittenes Gesetz, das die Atomenergie als „Brückentechnologie" sah und eine Verlängerung der Laufzeiten für Atomkraftwerke beinhaltete.

Infolge der Reaktorkatastrophe von Fukushima in Japan im Frühjahr 2011 vollzog die Regierung jedoch eine erneute Kehrtwende.

Die beschlossene Laufzeitverlängerung für Atomkraftwerke wurde wieder zurückgenommen. Stattdessen brachten die Regierungsparteien unter Angela Merkel ein Gesetz für den beschleunigten Ausstieg aus der Atomkraft auf den Weg.

M 2 Abschied vom Kern: Strittig sind nur noch Details

Fast ein halbes Jahrhundert hat die Atomenergie Politik und Nation gespalten. Unzählige teils leidenschaftlich, teils verbitterte Debatten wurden im Bundestag geführt. Doch jetzt ist alles anders. Noch nie waren sich die Fraktionen so einig. Diese Einigkeit über den Atomausstieg kam so plötzlich, dass die Redner versuchten, Unterschiede zu finden, wo es längst keine mehr gab. SPD-Fraktionschef Frank-Walter Steinmeier warf lediglich der Kanzlerin „Unaufrichtigkeit und falsches Pathos" vor. Um dann aber zu betonen, dass sie einer Meinung seien: Sie sei „genau dort jetzt angekommen, wo Rot-Grün die Dinge schon gestaltet" habe.

[...] Was Tschernobyl nicht vermochte, das machte Fukushima nun mehr als deutlich: „Die Risiken der Kernenergie sind nicht beherrschbar", brachte es Bundeskanzlerin Angela Merkel (CDU) auf den Punkt. „Wer das erkennt, muss eine neue Bewertung vornehmen. Ich habe eine neue Bewertung vorgenommen", sprach Merkel vergangenen Donnerstag in ihrer Regierungserklärung „Der Weg zur Energie der Zukunft" vor dem Bundestag. [...]

Das Tempo, in dem die Bundesregierung aus der Kernenergie aussteigen will, ist (Gregor Gysi) hingegen zu gering: Die letzten Atomkraftwerke sollen laut Merkel bis 2022 vom Netz genommen werden. Für den Chef der Linksfraktion bedeutet diese Tatsache „elf weitere Jahre Fukushima-Risiko". Ein kompletter Ausstieg sei bereits bis 2014 möglich. Seine Fraktion stellte einen entsprechenden Antrag. Jürgen Trittin, Fraktionschef von Bündnis90/Die Grünen, kritisierte Details der Kabinettsbeschlüsse: „Bei all diesen Gesetzen gibt es massiven Änderungsbedarf." Seine Fraktion will die Kernkraftwerke bis 2017 abschalten. In einem weiteren Antrag verlangt sie, auf eine sogenannte Kaltreserve zu verzichten. Als Zugeständnis an die Bundesnetzagentur will die Regierung ein Atomkraftwerk, das zeitnah abgeschaltet werden soll, nur auf Stand-by-Modus herunterfahren.

Wirtschaftsminister Philipp Rösler (FDP) entgegnete auf Steinmeiers Kritik, dass die Berücksichtigung der Versorgungssicherheit im Konzept von „Rot-Grün" komplett gefehlt hätte, aber „im Sinne von Netzstabilität" notwendig sei. „Ein Blackout wäre volkswirtschaftlich nicht zu verantworten", betonte auch Gerda Hasselfeldt, Vorsitzende der CSU-Landesgruppe: „Der Strom darf nicht ausfallen." Und aller gegenseitiger Kritik zum Trotz setzte sich, fast am Ende einer turbulenten Woche, Einigkeit durch.

Verena Renneberg, Abschied vom Kern, Das Parlament, 14.6.2011

Abgeordnete stimmen am 30.6.2011 im Deutschen Bundestag über den Ausstieg aus der Atomenergie ab.

Fast ein halbes Jahrhundert hat die Atomenergie Politik und Nation gespalten. Erstellt in Zusammenarbeit mit Geschichte eine Ausstellung/Wandzeitung über den Atomstreit in der Bundesrepublik Deutschland.

Recherchiere den Ablauf der Atomkatastrophe von Fukushima und beschreibe, welche Folgen der Reaktorunfall für Mensch und Umwelt hatte.

Aufgaben

1. Fasse den Streit um die Atomgesetzgebung zusammen und nenne jeweils stichwortartig den Grund für die Gesetzesvorhaben (M 1, Methodenglossar).
2. Vergleicht in Kleingruppen die Positionen der jeweiligen Bundestagsfraktionen zum neuen Atomgesetz. Worin waren sie sich einig, worüber wurde gestritten (M 2)?

Wie verläuft der Gesetzgebungsprozess?

M 3 Etappen der Gesetzgebung

Mit Gesetzen versucht die Politik das gesellschaftliche Leben zu regeln und Probleme zu lösen. Das Gesetzgebungsverfahren verläuft immer nach einem strengen Muster. Wie dieses Verfahren abläuft und wer daran beteiligt ist, zeigt folgendes Schaubild.

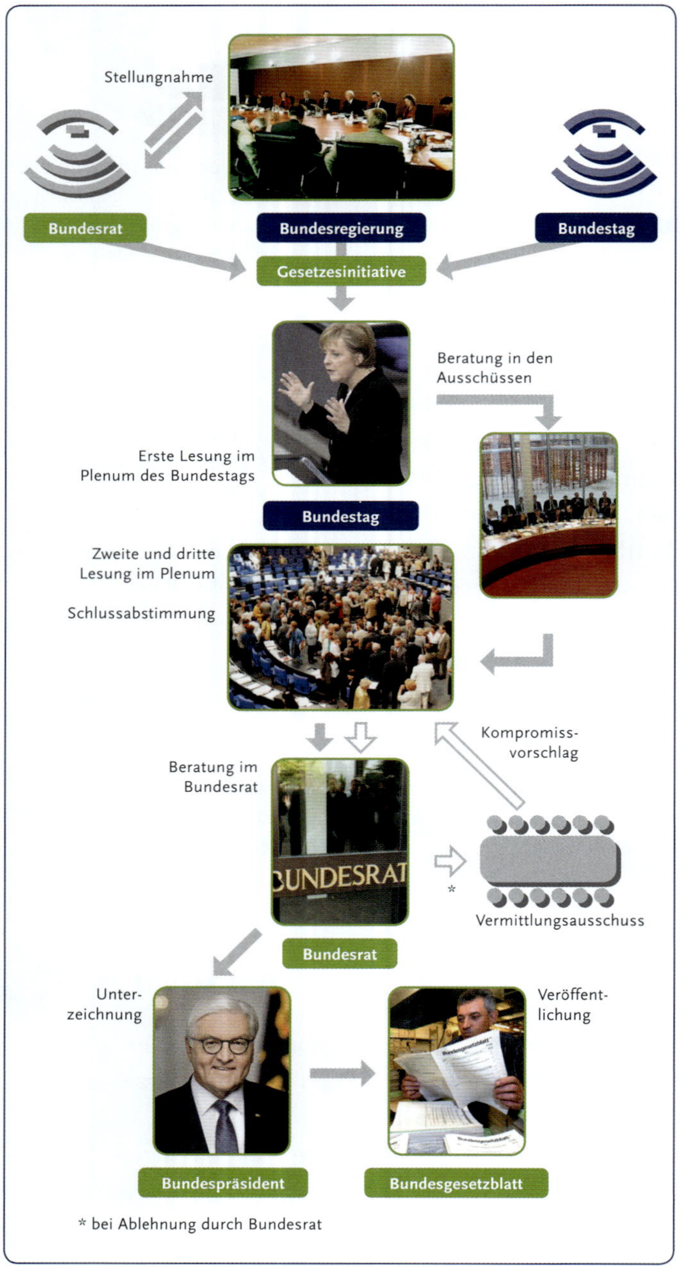

Die meisten Gesetze, die in den Bundestag eingebracht werden, sind Vorlagen der Regierung. Die Entwürfe werden in den zuständigen Fachministerien erarbeitet.

Generell können Gesetzentwürfe von der Bundesregierung, aus dem Bundestag oder vom Bundesrat eingebracht werden.

Die erste Beratung im Plenum des Bundestages dient der Begründung des Gesetzesvorhabens und der Erörterung der Grundsätze der Vorlage. Es erfolgt noch kein Beschluss.

Der Gesetzentwurf wird anschließend an die fachlich zuständigen Ausschüsse überwiesen und dort intensiv beraten. Dort können in sogenannten „hearings" auch Experten von außerhalb zu einem Gesetz gehört werden. Der Ausschuss kann dann dem Plenum eine Abänderung, Annahme oder Ablehnung des Entwurfs empfehlen.

Die zweite Lesung (Beratung) des Entwurfs erfolgt auf der Grundlage der Ausschussempfehlung. Über die einzelnen Bestimmungen wird dann abgestimmt.

Die dritte Lesung schließt sich unmittelbar an. Anschließend erfolgt die Schlussabstimmung.

Das im Bundestag beschlossene Gesetz wird dann dem Bundesrat zugeleitet. Die Zustimmung des Bundesrats ist erforderlich, wenn es sich um ein Zustimmungsgesetz handelt, in der Sache also Bund und Länder zuständig sind. Bei einem Einspruchsgesetz kann der Bundestag einen Einspruch des Bundesrats in einer weiteren Abstimmung überstimmen.

Bei Uneinigkeit über ein Zustimmungsgesetz und einer drohenden Ablehnung kann der Vermittlungsausschuss angerufen werden, der einen Kompromissvorschlag erarbeitet, über den Bundestag und Bundesrat erneut abstimmen. Bundestag und Bundesrat entsenden je 16 ihrer Mitglieder in den Vermittlungsausschuss. Können sich die Vertreter dabei nicht einigen, ist das Gesetz – wenn es sich um ein zustimmungspflichtiges Gesetz handelt – gescheitert.

Nach der Verabschiedung des Gesetzes wird es dem zuständigen Minister und dem Bundeskanzler zur Unterzeichnung vorgelegt.

Anschließend muss noch der Bundespräsident das Gesetz unterzeichnen. Er kann seine Unterschrift nur verweigern, wenn er der Auffassung ist, dass das Gesetz gegen die Verfassung verstößt.

Das Gesetz wird im Bundesgesetzblatt verkündet und tritt in Kraft.

M 4 Auf den Weg gebracht – das neue Atomgesetz

Einigung im Kanzleramt: Die schwarz-gelbe Regierungskoalition hat ein neues Konzept für den Ausstieg aus der Kernenergie bis zum Jahr 2022 vorgelegt.

Nun hat auch der Bundespräsident das Gesetz unterschrieben. Das teilte das Bundespräsidialamt in Berlin mit. Damit kann die Regelung in Kraft treten.

Kabinett beschließt Atom-Ausstieg: Atommeiler laufen nur noch bis ins Jahr 2022. Ausbau erneuerbarer Energie und des Stromnetzes sollen in dem Gesetzentwurf gefördert werden.

Der Bundestag berät in zweiter und dritter Lesung über das Atomgesetz und stimmt darüber ab.

Die Bundeskanzlerin begründet in einer Regierungserklärung vor dem Bundestag, warum das Atomgesetz erneut geändert werden soll. Der Bundestag berät in erster Lesung darüber.

Der Bundesrat stimmt dem Atomausstieg zu.

Das Gesetz zum Automausstieg wird an die zuständigen Ausschüsse überwiesen.

Vor der zweiten und dritten Lesung des von den Koalitionsfraktionen CDU/CSU und FDP in den Bundestag eingebrachten Entwurfs eines dreizehnten Gesetzes zur Änderung des Atomgesetzes hat der Ausschuss für Umwelt, Naturschutz und Reaktorsicherheit über den Entwurf diskutiert und Experten angehört.

Erklärfilm „Gesetzgebung"

Mediencode: 71007-07

Aufgaben

1. Gib die Etappen der Gesetzgebung wieder (M 3, Methodenglossar).
2. Ordne die Meldungen in M 4 den Stationen des Gesetzgebungsverfahrens (M 3) zu und begründe deine Entscheidung (M 3, M 4).
3. Stelle dir vor, du würdest einen Interessenverband (z. B. Greenpeace oder den Bundesverband Energie- und Wasserwirtschaft) vertreten. An welcher Stelle des Gesetzgebungsprozesses würdest du versuchen, Einfluss zu nehmen? Begründe deine Entscheidung (M 3, M 4).

Methode

M 5 Wie man politische Prozesse analysieren kann – der Politikzyklus

Modelle sind wichtige Instrumente, mit denen wir die politische Wirklichkeit vereinfacht abbilden können, um sie besser zu verstehen. Im Modell wird nur das Wichtigste dargestellt. Der Politikzyklus ist ein solches Modell und ihm liegt ein gewisses Verständnis von Politik zugrunde: Politik wird hier als eine (endlose) Kette von Versuchen zur Bewältigung gesellschaftlicher Probleme verstanden. Viele Probleme werden von der Politik gelöst. Es gibt aber auch Probleme, die die Politik dauerhaft beschäftigen, wie z. B. die Energiepolitik.

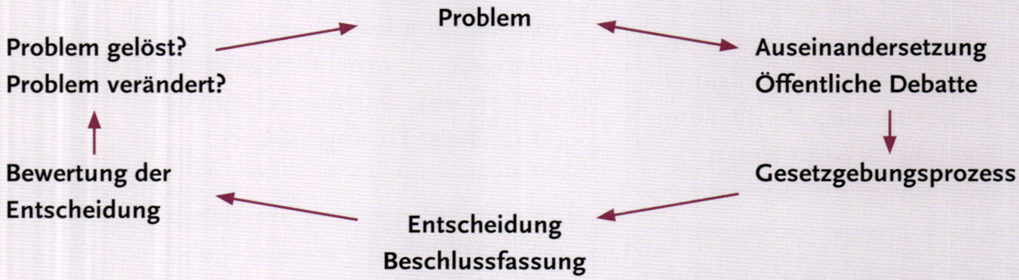

Am Beginn des Politikzyklus steht ein Problem, mit dem sich die Politik beschäftigen muss. Es wird öffentlich darüber gestritten, was man tun soll. Dabei spielen auch die Medien eine ganz wichtige Rolle. Es folgt das Gesetzgebungsverfahren in Bundestag und Bundesrat. Ist eine Entscheidung getroffen, dann wird diese wieder in der Öffentlichkeit diskutiert und bewertet. Wenn das Problem damit beseitigt werden kann, dann wird der Politikzyklus nur einmal durchlaufen. Verändert sich das Problem oder sind die getroffenen Maßnahmen nicht wirksam, dann beginnt der Zyklus von vorn. Deshalb spricht man davon, dass Politik eine (endlose) Kette von Versuchen ist, gesellschaftliche Probleme zu lösen.

Kategorien	Schlüsselfragen
Problem	Worin besteht das Problem? Welche Aufgabe hat die Politik zu lösen?
Auseinandersetzung Öffentliche Debatte	Was wirkt auf die Auseinandersetzung ein? Welche Interessen haben die Akteure? Welche Interessenkonflikte und Interessenkonstellationen gibt es? Welche Ziele verfolgen die beteiligten Akteure? Welche Lösungsmöglichkeiten werden diskutiert? Wie sind die Machtkonstellationen?
Gesetzgebungs-prozess	Greift der Gesetzgeber das Problem auf? Wie versuchen die Akteure Einfluss auf den Gesetzgebungsprozess zu nehmen?
Entscheidung Beschlussfassung	Zu welchen Ergebnissen hat die Auseinandersetzung geführt? Welche Akteure/Interessen konnten sich durchsetzen?
Bewertung der Entscheidung	Welche Akteure bewerten das Ergebnis positiv? Welche negativ? Welche Interessen und Wertvorstellungen beeinflussen die Bewertung?
Problem gelöst? Problem verändert?	Ist das Problem gelöst oder ist nur die Problemlage verändert? Greift der Vollzug der Entscheidung an den Ursachen an oder werden nur die Folgen bekämpft? Muss das Problem erneut auf die politische Agenda?

Der Bundesrat im Gesetzgebungsverfahren

M 6 Warum gibt es den Bundesrat?

In einem föderalen Staat schließen sich mehrere Gliedstaaten zu einem Bündnis zusammen. So bilden die 16 deutschen Länder gemeinsam einen Bundesstaat, die Bundesrepublik Deutschland. In einem Bundesstaat ist der Gesamtstaat für alles zuständig, was einheitlich geordnet werden muss. Darauf sollte er sich aber auch beschränken, denn die übrigen Angelegenheiten sollen die Gliedstaaten selbst regeln. In Deutschland ist der Bundesrat das Bindeglied zwischen Bund und Ländern. Er ist die Interessenvertretung der Länder auf Bundesebene. Er ist ein Verfassungsorgan des Bundes, besteht aber aus Vertretern der Länder. Über den Bundesrat können die Länder in vielen Fällen die Gesetzgebung des Bundes beeinflussen. Auch in Angelegenheiten der Europäischen Union können die Länder mitwirken. Ihre Mitwirkungsrechte sind dabei genau festgelegt. Der Bundesrat kann keine Änderungen an einem vom Bundestag beschlossenen Gesetz vornehmen. Stimmt er dem Gesetz aber nicht zu, so kann er den Vermittlungsausschuss anrufen. Bei Zustimmungsgesetzen ist die Zustimmung des Bundesrates zwingend erforderlich. Zustimmungsbedürftig sind insbesondere verfassungsändernde Gesetze, aber auch alle Gesetze, die die Finanzen und Verwaltungszuständigkeit der Länder betreffen.

Stimmenverteilung im Bundesrat	
Nordrhein-Westfalen	6
Bayern	6
Baden-Württemberg	6
Niedersachsen	6
Hessen	5
Sachsen	4
Rheinland-Pfalz	4
Berlin	4
Sachsen-Anhalt	4
Thüringen	4
Brandenburg	4
Schleswig-Holstein	4
Mecklenburg-Vorpommern	3
Hamburg	3
Saarland	3
Bremen	3

Die Länder der Bundesrepublik Deutschland

Aufgaben

1. Wende den Politikzyklus (M 5) auf das Problem der Atompolitik an (M 1 – M 5) und beantworte die Schlüsselfragen. Achte dabei besonders darauf, wie die Reaktorkatastrophe von Fukushima die Wahrnehmung des Problems verändert hat.
2. Der Gesetzgebungsprozess in Deutschland ist vergleichsweise kompliziert. Erörtere Vor- und Nachteile des Verfahrens (M 3 – M 6).
3. Recherchiere (→ Methodenglossar) im Internet, welche aktuellen Mehrheitsverhältnisse im Bundesrat gegeben sind. Prüfe, ob der Bundesrat in seiner derzeitigen Zusammensetzung einen Gesetzentwurf des Bundestags eher blockieren würde oder eher nicht (M 6).

Das Bundesverfassungsgericht – Hüter der Verfassung oder Ersatzgesetzgeber?

M 7 Das Bundesverfassungsgericht als Gesetzgeber?

BVerfG entscheidet, dass es gegen die Religionsfreiheit verstößt, wenn der Staat die Anbringung eines „Kruzifixes" in den Klassenzimmern von staatlichen Schulen anordnet.

Das Bundesverfassungsgericht entscheidet: Hartz-IV-Sätze sind verfassungswidrig, weil sie Grundrechte verletzen

Das Bundesverfassungsgericht hat das reformierte Bundeswahlgesetz in zentralen Punkten für verfassungswidrig erklärt

M 8 Die Aufgaben des Verfassungsgerichts

Das Bundesverfassungsgericht wird nur auf Antrag tätig. Ein Katalog von Verfahrensarten schreibt vor, wann das Gericht angerufen werden kann. Die Einzelheiten sind im Grundgesetz und im „Gesetz über das Bundesverfassungsgericht" geregelt. Die wichtigsten Verfahren im Überblick:

Die Verfassungsbeschwerde

Jeder, der sich durch die öffentliche Gewalt in seinen Grundrechten verletzt fühlt, kann eine Verfassungsbeschwerde erheben. Sie kann sich gegen die Maßnahme einer Behörde, gegen das Urteil eines Gerichts oder gegen ein Gesetz richten.

Die Verfassungsbeschwerde bedarf der Annahme zur Entscheidung. Sie ist anzunehmen, wenn ihr grundsätzliche verfassungsrechtliche Bedeutung zukommt, wenn die geltend gemachte Grundrechtsverletzung besonderes Gewicht hat oder wenn der Beschwerdeführerin oder dem Beschwerdeführer durch die Versagung der Entscheidung zur Sache ein besonders schwerer Nachteil entsteht. Über diese Annahmevoraussetzungen hat das Bundesverfassungsgericht vor einer Entscheidung über die Verfassungsbeschwerde selbst zu befinden.

Die Verfassungsbeschwerde ist in der Regel erst zulässig, nachdem die Beschwerdeführerin oder der Beschwerdeführer die sonst zuständigen Gerichte erfolglos angerufen hat. Verschiedene Einlegungsfristen sind zu beachten. Die Verfassungsbeschwerde muss schriftlich eingereicht und begründet werden.

Das Normenkontrollverfahren

Nur das Bundesverfassungsgericht darf feststellen, dass ein Gesetz mit dem Grundgesetz nicht vereinbar ist. Wenn ein anderes Gericht ein Gesetz für verfassungswidrig hält und es deshalb nicht anwenden will, muss es zuvor die Entscheidung des Bundesverfassungsgerichte einholen (konkrete Normenkontrolle). Darüber hinaus können die Bundesregierung, eine Landesregierung oder ein Viertel der Mitglieder des Bundestages die Verfassungsmäßigkeit einer Rechtsnorm überprüfen lassen (abstrakte Normenkontrolle).

Der Verfassungsstreit

Das Bundesverfassungsgericht kann auch dann angerufen werden, wenn zwischen Verfassungsorganen oder zwischen Bund und Ländern Meinungsverschiedenheiten über die gegenseitigen verfassungsmäßigen Rechte und Pflichten bestehen (Organstreit, Bund-Länder-Streit). Gegenstand eines Organstreits können beispielsweise Fragen des Parteien-, Wahl- oder Parlamentsrechts sein. Im Bund-Länder-Streit geht es häufig um Kompetenzprobleme. Ferner ist das Gericht unter anderem auch für Wahlprüfungsbeschwerden, Parteiverbote und Verfassungsbeschwerden von Gemeinden zuständig.

Nach: ©2016 Bundesverfassungsgericht, Wichtige Verfahrensarten, www.bundesverfassungsgericht.de, Abruf am 25.2.2016

Wegweisende Urteile

Menschenwürde
Keine Abwägung Leben gegen Leben: Diesem Grundsatz fiel am 4. Mai 2010 das Luftsicherheitsgesetz, das den Abschuss gekaperter Passagierflugzeuge erlaubte, zum Opfer.

Privatsphäre
Meine Daten gehören mir. Dieses „Grundrecht auf informationelle Selbstbestimmung“ entwickelte das Gericht im „Volkszählungsurteil“ vom 15. Dezember 1983. Es wurde grundlegend für den Datenschutz. Am 3. März 2004 kassierten die Richter teilweise den „großen Lauschangriff“, das Abhören von Wohnungen. Es gebe einen unantastbaren „Kernbereich privater Lebensgestaltung“.

Religion
Das Kruzifix muss raus: Am 16. Mai 1995 fiel das bayerische Schulgesetz, das Kruzifixe im Klassenzimmer vorschrieb.

Meinung
Polemik darf sein: Am 10. Oktober 1995 hob das Gericht den Rang der Meinungsfreiheit hervor. Anlass war das Tucholsky-Zitat „Soldaten sind Mörder“.

M 9 Das Bundesverfassungsgericht mischt mit

Karikatur: Klaus Stuttmann, 2009

M 10 Hat das Gericht zu viel Macht?

Warum bestimmt eigentlich Karlsruhe über die Gleichstellung von Homosexuellen, die Familienpolitik oder das Steuerrecht? [...] Und überhaupt: Wie politisch darf das Verfassungsgericht sein?

Die Kritik am Bundesverfassungsgericht ist nicht neu. Im Gegenteil: Sie ist so alt wie das Bundesverfassungsgericht selbst. Doch der Kritik liegt ein Missverständnis zugrunde. Das Bundesverfassungsgericht war nie unpolitisch. Schon seit seiner Gründung im Jahr 1951 lag es immer wieder im Streit mit der Legislative und der Exekutive. Seit mehr als sechs Jahrzehnten steht das Gericht deshalb unter Generalverdacht der Einmischung in die Politik sowie der verfassungsrechtlichen Knebelung des Gesetzgebers. […]

In der Theorie heißt es, „das Bundesverfassungsgericht wacht über die Einhaltung des Grundgesetzes". Doch die Praxis sieht ganz anders aus. Das Bundesverfassungsgericht ist eben nicht nur Garant für die Menschenwürde und die Grundrechte. Die Verfassungsrichter wachen nicht nur darüber, dass in der Politik die demokratischen Spielregeln eingehalten werden, etwa im Wahlrecht oder bei den Kontrollrechten des Parlaments gegenüber der Regierung.

Vielmehr ist das Bundesverfassungsgericht ein politisches Gericht, es urteilt nicht nur über politische Entscheidungen, sondern macht auch Politik. […]

Der politische Einfluss des Gerichts ist groß, schließlich gibt es kaum noch eine politische Entscheidung, die ohne Zutun des Bundesverfassungsgerichts gefällt wird. Schon im Gesetzgebungsverfahren wissen alle Beteiligten, ein Kläger findet sich nach der Verabschiedung eines Gesetzes immer. […] Doch die Parteien sind vor allem auch selber schuld daran, dass das Bundesverfassungsgericht so viel Macht hat und ihnen deshalb immer wieder vorschreibt, welche Politik sie zu machen haben.

Einerseits neigt die Politik dazu, unpopuläre Entscheidungen nach Karlsruhe zu delegieren, etwa bei der europäischen Integration. Immer wieder werden politische Streitfragen nach Karlsruhe getragen, weil sich die Politik nicht traut, den Wählern reinen Wein einzuschenken. Anderseits ist das Bundesverfassungsgericht zu einem Kampfplatz der Opposition verkommen. Wann immer diese politische Mehrheitsentscheidungen nicht akzeptieren will, wie zuletzt bei der Einführung des Betreuungsgeldes, ruft sie nach einem Urteil aus Karlsruhe, um so die verlorene politische Auseinandersetzung zu verlängern.

Christoph Seils, Die Überpolitiker aus Karlsruhe, www.tagesspiegel.de, 4.3.2013

Recherchiere nach weiteren wegweisenden Urteilen des Bundesverfassungsgerichts (wie z. B. die Parteienverbote in den 1950er-Jahren oder das „Out-of-area"-Urteil 1994) und stelle die Hintergründe zu einem Urteil dar.

Aufgaben

1. Fasst in Kleingruppen die Aufgaben und die Befugnisse des Bundesverfassungsgerichts zusammen (M 8).
2. Erläutere, welche Aufgaben das Bundesverfassungsgericht im politischen System der BRD erfüllt (M 8).
3. Ordne die Beispiele in M 7 den einzelnen Verfahren (M 8) des Bundesverfassungsgerichts zu. Begründe deine Entscheidung.
4. „Das Bundesverfassungsgericht mischt sich zu sehr in die Politik ein!" „Erst die Politik verleiht Karlsruhe seine Macht!" Diskutiert die beiden Thesen. Entscheide dich abschließend für eine Position (M 9, M 10).

zu Aufgabe 4
Suche Argumente für die beiden Thesen und stelle sie in einer Tabelle gegenüber.

Der Bundespräsident – Makler oder Mahner in der Politik?

M 11 Die verfassungsrechtliche Stellung des Bundespräsidenten

Bergmoser + Höller Verlag AG, Zahlenbilder 67 100

Trotz seiner geringeren Machtfülle verfügt der Bundespräsident über vielfältige Wirkungsmöglichkeiten, die sich aus seinen grundsätzlichen Aufgaben wie aus seiner persönlichen Autorität herleiten. Der Bundespräsident vertritt den Bund völkerrechtlich und schließt im Namen des Bundes Verträge mit anderen Staaten ab. Nach einem entsprechenden Beschluss des Bundestages ruft er den Verteidigungsfall aus. Im Gesetzgebungsverfahren fällt ihm die Aufgabe zu, die Bundesgesetze auszufertigen und zu verkünden. Dabei hat er das Recht, sie auf ihre Übereinstimmung mit dem Grundgesetz zu überprüfen. Im Falle des Gesetzgebungsnotstands (Art. 81 GG) kann er zur Lösung des zwischen Regierung und Bundestag entstandenen Konflikts beitragen. Weitgehend eingeschränkt ist aber das Recht des Bundespräsidenten zur Auflösung des Bundestags (Art. 63 GG, 68 GG).

Auf Vorschlag des Bundespräsidenten wählt der Bundestag den Bundeskanzler. Nach der Wahl nimmt der Bundespräsident die Ernennung des Kanzlers vor und ernennt auf dessen Vorschlag auch die Bundesminister. Nicht zu unterschätzen ist die Rolle, die der Bundespräsident als oberster Repräsentant des Staates spielt. Durch Gespräche und Gesten, Empfänge und Ehrungen, Reisen und Reden trägt er maßgeblich zu dem Bild bei, das man sich im In- und Ausland von der Bundesrepublik macht.

Bergmoser + Höller Verlag AG, Zahlenbilder 67 100

Erklärfilm „Wahl des Bundespräsidenten“

Mediencode: 71007-08

M 12 Der Bundespräsident – ein politisches Amt?

SZ: Welchen politischen Handlungsspielraum gibt das Grundgesetz dem Bundespräsidenten?

Benda: Er kann die notwendigen politischen Entscheidungen selbst nicht fällen. Die sind Sache des Gesetzgebers. Der Bundespräsident kann politische Tätigkeiten anregen und unterstützen. Er kann als ehrlicher Makler zwischen den politischen Parteien vermitteln und sie veranlassen, sich den gemeinsamen Fragen zu stellen.

SZ: Wie weit kann und darf der Makler auch als Mahner auftreten?

Ernst Benda (1925 – 2009) war von 1968 bis 1969 Bundesinnenminister und von 1971 bis 1983 Präsident des Bundesverfassungsgerichts.

dpa-Grafik 16197

Benda: Der Makler ist immer auch ein Mahner. Selbstverständlich kann und soll er mahnen. Es gehört gerade zu den wichtigsten Aufgaben des Bundespräsidenten, die politisch Handelnden auf die großen Probleme des Landes hinzuweisen. […]
Der Bundespräsident kann auch Anregungen geben, wie die großen Probleme gelöst werden können.

SZ: Haben die bisherigen Bundespräsidenten diese Mahner-Rolle ausgefüllt?

Benda: Dies hängt natürlich sehr von den einzelnen Persönlichkeiten ab. Unvergessen ist die sogenannte Ruck-Rede des Bundespräsidenten Herzog im Jahr 1997. Sie hat bisher keine unmittelbaren Aktionen ausgelöst, obwohl sie der Sache nach eine dringende Mahnung an alle politisch Aktiven gewesen ist, tätig zu werden.

Interview: Helmut Kerscher, Süddeutsche Zeitung, 15.3.2005

M 13 Soll der Bundespräsident vom Volk gewählt werden?

Sollte der Bundespräsident direkt vom Volk gewählt werden? Darüber streiten die Politiker Dieter Wiefelspütz (SPD) und Jörg van Essen (FDP).

Blickpunkt: Herr van Essen, warum will die FDP eine Direktwahl des Präsidenten? Sind wir mit dem bisherigen Verfahren nicht gut gefahren?

van Essen: Durchaus. Es war ja auch nach den Erfahrungen der Weimarer Republik, in der der Reichspräsident fast so etwas wie ein Ersatzkaiser mit weitgehenden Befugnissen war, eine sehr bewusste Entscheidung unserer Verfassungsmütter und -väter. Sie wollten eine repräsentative Figur mit eingeschränkten Rechten. Daran wollen wir auch keine Änderungen vornehmen. Aber wir glauben, nach fünfzig Jahren stabiler Demokratie sollten wir darüber nachdenken, wie wir die Menschen stärker in die politischen Entscheidungen einbeziehen können. Wir halten die Wahl des Bundespräsidenten für ein solches Feld. […]

Wiefelspütz: […] Wir haben mit dem bisherigen Verfahren immer sehr überzeugende Personen in das Amt des Bundespräsidenten gewählt. Sie waren immer Persönlichkeiten, die das ganze Volk repräsentiert haben. […] [E]ine Direktwahl des Bundespräsidenten passt nicht in unser Staatsgefüge, weil es dann Spitzenpolitiker unterschiedlicher Legitimation gäbe: der eine, der Bundespräsident, vom Volk gewählt, der andere, der eigentlich politisch mächtigere Bundeskanzler, indirekt vom Parlament gewählt. Das passt nicht zusammen.

© Deutscher Bundestag, Bundespräsident – Herrscher ohne Macht?, www.bundestag.de, 19.12.2007

Aufgaben

1. Der Bundespräsident – ein politisches Amt? Erläutere, wie der Bundespräsident die Politik beeinflussen kann (M 11, M 12).
2. Beurteile, ob der Bundespräsident direkt gewählt werden sollte (M 13).

Was wir wissen

Gesetze

Politik beschäftigt sich mit der Lösung von Problemen und Konflikten, die für die Gesellschaft von Bedeutung sind. Damit die Lösung für alle Gesellschaftsmitglieder verbindlich ist, wird sie häufig in Form von Gesetzen herbeigeführt. Gesetze enthalten Regeln, denen sich die Betroffenen nicht entziehen können. Sie schützen die Menschen (z. B. Lebensmittelgesetz), ordnen das gesellschaftliche Zusammenleben (z. B. im Bereich des Luft- und Straßenverkehrs) und steuern das Verhalten der Menschen (z. B. Gesetz zur Besteuerung von Zigaretten).

Gang der Gesetzgebung
M 3, M 6

Die Gesetzgebung ist ein langwieriger Prozess, an dem Bundesregierung, Bundestag und Bundesrat mitwirken. Aber auch einzelne Interessengruppen versuchen, über ihre Interessenorganisationen oder die öffentliche Meinung Einfluss zu nehmen. Das Initiativrecht haben Bundesregierung, Bundesrat und Bundestag (mindestens fünf Prozent der Abgeordneten). Die meisten Initiativen kommen von der Bundesregierung. Die Entwürfe werden von den Fachministerien ausgearbeitet, vom Kabinett abgesegnet und in den Bundestag eingebracht. Nach den Beratungen im Plenum (1. Lesung) wird der Entwurf an die Ausschüsse verwiesen. Dort findet eine intensive Beratung statt. Experten können befragt, strittige Themen ausdiskutiert und Kompromisse gefunden werden. Unter anderem hier versuchen Interessenverbände, Gesetze in ihrem Sinne zu beeinflussen. Der überarbeitete Entwurf kommt zur 2. und 3. Lesung und zur Beschlussfassung ins Plenum zurück. Anschließend wird im Bundesrat beraten und abgestimmt. Am Ende muss der Bundespräsident das Gesetz unterzeichnen, damit es in Kraft treten kann. Im Bundesanzeiger wird es veröffentlicht.

Politikzyklus
M 5

Politik kann als (endloser) Versuch zur verbindlichen Lösung gesellschaftlicher Probleme oder Konflikte gesehen werden. Am Anfang steht dabei ein ungelöstes Problem. Ob es sich tatsächlich um ein politisches Problem handelt und wie dieses zu lösen ist, darüber wird öffentlich diskutiert. Es folgt der formale Gesetzgebungsprozess. Die parlamentarische Mehrheit macht einen Vorschlag, wie das Problem allgemeinverbindlich gelöst werden soll. Ist das Gesetz vom Bundestag (und Bundesrat) verabschiedet, so muss es umgesetzt werden. Dabei wird es diskutiert und bewertet. Ist das Problem gelöst, so endet der Politikzyklus. Erfolgt eine Neubewertung des Problems, dann beginnt der Zyklus von Neuem.

Was wir wissen

Das Bundesverfassungsgericht
M 8, M 10

Das Bundesverfassungsgericht ist oberster Hüter der Verfassung. Es ist allen anderen Verfassungsorganen (Bundestag, Bundesregierung, Bundesrat, Bundespräsident) gegenüber selbstständig, unabhängig und diesen gleichgeordnet. Ihm kommen wichtige Aufgaben zu:

- Es entscheidet bei Streitigkeiten zwischen Verfassungsorganen (Organstreit);
- es entscheidet, ob Bürger in ihren Grundrechten verletzt wurden (Verfassungsbeschwerden);
- es kontrolliert bestehende Gesetze hinsichtlich ihrer Übereinstimmung mit der Verfassung (konkrete und abstrakte Normenkontrolle);
- und es entscheidet, ob eine Partei verboten werden soll (Parteiverbot).

Durch seine Rechtsprechung konkretisiert das höchste Gericht die Bestimmungen des Grundgesetzes und entwickelt sie weiter. Kritik erfährt das Gericht, wenn es dem Gesetzgeber detaillierte Lösungsvorschläge unterbreitet („Ersatzgesetzgeber“) oder der Verdacht entsteht, die Opposition benutze das Gericht, um unliebsame politische Mehrheitsentscheidungen zu blockieren (Justizialisierung von Politik). Doch genießt das Bundesverfassungsgericht nach wie vor sehr hohes Ansehen. Der Sitz des 1951 gegründeten Gerichts ist Karlsruhe.

Der Bundespräsident
M 11

Der Bundespräsident wird von der Bundesversammlung (durch Vertreter des Bundestags und der Länder) auf fünf Jahre gewählt. Um seine überparteiliche Stellung nicht zu gefährden, lässt er eine Parteimitgliedschaft oder berufliche Verpflichtungen für die Dauer seiner Amtszeit ruhen. Zu seinen Aufgaben gehören:

- völkerrechtliche Vertretung des Bundes und Abschluss von Verträgen mit anderen Staaten im Namen des Bundes
- Prüfung, Unterzeichnung und Verkündung von Gesetzen
- Vorschlag, Ernennung und Entlassung des Bundeskanzlers
- Ernennung und Entlassung der Bundesminister
- Begnadigungsrecht

Bedeutung des Amtes
M 12, M 13

Bei diesen Aufgaben handelt es sich weitestgehend um formale Kompetenzen, denn der Bundespräsident hat dabei nur einen geringen Entscheidungsspielraum, es sei denn, er hat begründete Zweifel an der Verfassungsmäßigkeit eines Vorgangs oder eines Gesetzes. Dann kann er seine Unterschrift verweigern. Der tatsächliche Einfluss des Bundespräsidenten beruht auf seiner Überzeugungskraft und seinem Ansehen in der Öffentlichkeit. Gelegentlich wird die Frage nach einer Direktwahl des Bundespräsidenten aufgeworfen.

Was wir können

Schlagzeilen zuordnen

Täglich finden sich in den Medien zahlreiche Meldungen zur Bearbeitung von politischen Problemen. Sie lassen sich alle in das Modell des Politikzyklus einordnen.

Mehrwertsteuer für Hoteliers
Abgeordnete der CDU fordern, dass die Entscheidung, Hoteliers nur mit dem ermäßigten Mehrwertsteuersatz zu belasten, zurückgenommen wird.

Bürgerproteste gegen neues Industriegebiet
Die Ankündigung der Stadtverwaltung, ein neues Industriegebiet auszuweisen, löst eine Flut an Leserbriefen aus.

Autofahren zukünftig mit 17
Bundesregierung macht den Weg frei für das „begleitete Autofahren mit 17". Von der Neuregelung, der Bundestag und Bundesrat noch zustimmen müssen, erhofft sich das Kabinett insgesamt weniger Verkehrsunfälle.

Entscheidung des höchsten Gerichts
Das Rauchverbot in Bayern verstößt nicht gegen das Grundgesetz. Das Bundesverfassungsgericht verwarf eine Verfassungsbeschwerde gegen die per Volksentscheid beschlossene Regelung.

Bundesaußenminister fordert eine Welt ohne Atomwaffen
Staaten sollen abrüsten.

Atomkraftwerke sollen länger laufen
Der Bundestag berät darüber, ob die Laufzeiten für Atomkraftwerke verlängert werden sollen.

Volksentscheid in Bayern
Die Bürger Bayerns stimmen per Volksentscheid für ein strengeres Rauchverbot.

Viele Schulgebäude in schlechtem Zustand
Zur Sanierung fehlt jedoch in vielen Gemeinden das Geld.

45.000 Lehrer fehlen
Jetzt sollen Pensionäre unterrichten.

Alterung der Gesellschaft
In Ostdeutschland mehr offene Lehrstellen als Bewerber.

Aufgabe
Ordne die Meldungen den einzelnen Phasen des Politikzyklus zu und begründe deine Entscheidung.

Kompetenzen prüfen

I. Diagnose

Ich kann ...	Dazu benötige ich u. a. folgende Begriffe ...	Das klappt schon ...		Hier kann ich u. a. noch üben ...
... die Gründe für die zentrale Bedeutung der Menschenrechte im Grundgesetz wiedergeben	• Grundrechte • Menschenrechte • Bürgerrechte • Art. 1 GG • Art. 79 GG • Menschwürde	😎	☹	Kapitel 4.1 • M 3, M 4, M 5 • Was wir wissen
... die Verfassungsprinzipien darstellen	• Republik • Demokratie • Bundesstaat • Sozialstaat • Rechtsstaat	😎	☹	Kapitel 4.1 • M 6 – M 12 • Was wir wissen
... das Wahlsystem zum Deutschen Bundestag erklären	• Verhältniswahl • Mehrheitswahl • personalisierte Verhältniswahl • Erst- und Zweitstimme	😎	☹	Kapitel 4.2 • M 5, M 7 • Was wir wissen
... die Stellung des Bundeskanzlers im politischen System erläutern	• Richtlinienkompetenz • Bundeskabinett • Bundesregierung • Minister	😎	☹	Kapitel 4.3 • M 2 – M 4 • Was wir wissen
... die Arbeitsweise und die Kontrollfunktion des Deutschen Bundestages sowie die Stellung der Abgeordneten des Deutschen Bundestages beurteilen	• Opposition • Abgeordnete • freies Mandat • konstruktives Misstrauensvotum • Fraktion • Untersuchungsausschüsse • Große- und kleine Anfragen • Frage- und aktuelle Stunde	😎	☹	Kapitel 4.3 • M 5 – M 15 • Was wir wissen
... den Gang der Gesetzgebung an einem Beispiel erläutern	• Gesetzesinitiative • 1., 2. und 3. Lesung • Ausschussarbeit • Bundesrat • Bundespräsident • Bundesverfassungsgericht • Politikzyklus	😎	☹	Kapitel 4.4 • M 3, M 6 – M 13 • Methode M 5 • Was wir wissen

Kompetenzen prüfen

II. Lernkontrolle

1. Lies dir folgende Aussagen durch und kreuze an, ob sie richtig oder falsch sind.

	richtig	falsch
Deutschland verfügt auf Bundesebene über ein strenges System der Gewaltenteilung.		
Deutschland verfügt über ein stark ausgeprägtes förderales politisches System.		
Der Bundespräsident kann alle Gesetze, die der Bundestag verabschiedet hat, blockieren.		
Der Bundestag ist eine Mischform aus einem Rede- und einem Arbeitsparlament.		
Gegen extremistische Parteien wie die NPD kann der Staat nichts unternehmen. Man muss sie akzeptieren.		

2. Korrigiere zwei falsche Aussage. Formuliere dazu einen Satz, der die vorhandenen Fehler korrigiert.

3. Vergleiche Mehrheitswahl und Verhältniswahl mithilfe folgender Fragestellungen:
   - Gelingt es, eine stabile Regierungsmehrheit zu schaffen?
   - Sind die Wähler in einem gerechten Verhältnis im Parlament repräsentiert?

4. Das Amt des Bundeskanzlers gilt als eines der einflussreichsten Ämter in Deutschland. Stelle dar, was den Bundeskanzler so mächtig macht.

5. Erläutere, welche Möglichkeiten die Abgeordneten haben, die Bundesregierung zu kontrollieren.

6. „Das Bundesverfassungsgericht hat zu viel Macht!“ Bewerte die Aussage zur Stellung des Bundesverfassungsgerichts.

Erwartungshorizonte zur Lernkontrolle Kapitel 4

Mediencode: 71007-09

What does Europe mean to you?

Was bedeutet Europa für mich? Dieser Frage stellten sich spontan sechs junge Leute aus verschiedenen Teilen Europas während eines internationalen Schultreffens im Rahmen des Elvis-Projektes in Ås, Norwegen, vom 11. bis zum 14. März 2012 am Rande der Konferenz.

The European Union does not really mean that much to me. [...] I do not see how the European Union can affect you in a big way.
Jerrel, Gulpen, Niederlande

It was Europe who gave us a chance to participate in the Elvis projects in which different schools from all over Europe are working together.
Jonas, Westerloo, Belgien

Europe should be the mother of all the little nations so that she can coordinate them in times of trouble like an economic crisis.
Marco, Lecce, Italien

Europe is full of cultures and different religions. I´m very glad to have the European Union, so that we can travel to each others' countries to open up our minds.
Isabell, Enger, Deutschland

It´s a big community having a free trade in which the Europeans are working together and in which they look after each other.
Lianne, Wroughton, England

Europe is different countries with different cultural backgrounds mixed together. History was and is really important to Europe. It will influence on how Europe will be like in the future.
Hannah, Ås, Norwegen

5

Europäische Integration

Im europäischen „Haus“ befinden sich nunmehr 28 Staaten und weitere Staaten wollen Mitglied der Europäischen Union werden. Gleichzeitig stellen die großen wirtschaftlichen Unterschiede der Mitgliedstaaten untereinander sowie der weltweite Flüchtlingsstrom die EU vor große Herausforderungen.

Kompetenzen

Am Ende dieses Kapitels solltest du Folgendes können:

- Meilensteine in der Entwicklung der EU und Ziele der europäischen Integration wiedergeben
- Beispiele für Einflussnahmen der EU auf das Leben in den Mitgliedstaaten nennen
- wichtige politische Organe der EU und den Entscheidungsprozess erläutern
- Herausforderungen der EU beispielhaft untersuchen

Was weißt du schon?

- Bildet Kleingruppen und
- notiert in Einzelarbeit ausgehend von den Statements auf der linken Seite ein eigenes Statement, in dem ihr darstellt, was Europa und insbesondere die Europäische Union für euch persönlich bedeutet;
- vergleicht eure Statements in der Gruppe.
- Ordnet die Inhalte eurer Statements /der Statements auf der linken Seite in positive und negative Einstellungen zur EU und unterteilt diese beiden Gruppen – soweit wie möglich – nach Themenschwerpunkten.

5.1 Die Europäische Union – was macht sie aus, wie funktioniert sie eigentlich?

Leben in Europa – gibt es eine europäische Jugend?

M 1 Freizeit in Europa

Studenten aus fünf Nationen bei einer Party im Rahmen des Erasmus-Programms in Groningen

Flashmob zu Ehren von Michael Jackson in Paris

DreamHack (LAN-Party) in Jönköping/Schweden

Kissenschlacht unter Jugendlichen am Internationalen Tag der Kissenschlacht in Bologna

M 2 Was eint, was trennt die Jugend Europas?

„Die Pfade werden kurviger", der französische Soziologe Vincenzo Cicchelli über die Jugend Europas, was sie eint, was sie trennt – und woran sie sich in diesen unsicheren Zeiten orientieren kann.

Le Monde: Haben die jungen Europäer eine gemeinsame Kultur?

Cicchelli: Ja. Die Jugendlichen hören die gleiche Musik – Rock, Pop, Rap –, sie lesen die gleichen Comicbücher, tragen die gleiche Kleidung, spielen die gleichen Videospiele, und sie machen ausgiebig Gebrauch von den neuen Kommunikationsmitteln: Internet, Chat, SMS, soziale Netzwerke.

Es ist eine Kultur des Kontakts, unmittelbar und abgeschirmt von den Eltern, die sich entfalten konnte, weil die Familie sie zugelassen hat, sie selber nutzt und weil die Erziehung sich vor allem stark verändert hat. Sie ist nicht mehr an Autorität gebunden, sondern an eine ausgehandelte Autonomie. Alle Untersuchungen zeigen, dass Junge und Erwachsene nunmehr gemeinsame Werte haben, die weder der religiöse Glaube noch der Gehorsam sind, sondern die Autonomie, der Respekt vor anderen, die Toleranz, die Sorge um sich.

Le Monde: Führen die Jugendlichen also von einem Ende zum anderen Europas das gleiche Leben?

Cicchelli: Nein, die Unterschiede zwischen den Ländern bleiben unverkennbar. Skandinavien zum Beispiel ist geprägt von einer starken Vorstellung von Autonomie, mit einem frühzeitigen Weggang von den Eltern, aber mit einem staatlich geförderten Studium: diese lange Zeitspanne vor dem Eintritt ins Berufsleben wird positiv erlebt, wie eine Experimentierphase, in der die Jugendlichen reisen, arbeiten, studieren können. In den südlichen Ländern ist es hingegen die Familie, die das Studium finanziert, den Kindern hilft, sich niederzulassen, was erklärt, warum sie das Elternhaus später verlassen. Aber heute erschüttert diese Generation eine massive Arbeitslosigkeit, die mehr als die Hälfte der jungen Spanier betrifft, 30 Prozent der Italiener. Und es ist kein Zufall, dass man in diesen Ländern ‚die Empörten' trifft, die ‚eine Arbeit, eine Zukunft' wollen. Frankreich nimmt eine Mittelstellung ein, wo der Staat das Studium finanziert und ein Wohngeld zahlt, das die familiären Zuschüsse ergänzt. Großbritannien hat eine Sonderstellung, aufgrund seiner liberalen Option, die die jungen Leute drängt, sich finanziell sehr früh selbst zu tragen und sich für kurze, übrigens teure, Studien zu entscheiden – auch wenn die Krise dieses Modell verändert.

Le Monde: Erasmus und die immer häufigeren Aufenthalte in den Ländern Europas – tragen sie dazu bei, eine neue Kultur zu formen?

Cicchelli: Ein bisschen, aber Erasmus betrifft sehr wenige Studenten, weniger als zwei Prozent. Die Austausche tragen gleichwohl dazu bei, ein Generationsbewusstsein zu entwickeln. Es entsteht auch ein europäischer Markt des Studiums und der Diplome, mit Studenten, die ihre Abschlüsse jenseits der Grenzen ihres Heimatlandes machen.

Interview von Isabelle Rey-Lefebre (Le Monde) mit Vincenzo Cicchelli, Die Pfade werden kurviger, in: Süddeutsche Zeitung, 31.5.2012, S. 15

Aufgaben

1. Stellt in einer Tabelle, ausgehend von M 1, M 2 und euren Erfahrungen mit Jugendaustauschen oder Studienfahrten, Gemeinsamkeiten und Unterschiede jugendlicher Lebenswelten in Europa dar.
2. Fasse zusammen, welche Vorteile ein Praktikum, ein Auslandsjahr oder ein Studium im Ausland bringen kann.

ERASMUS

Das Programm ERASMUS richtet sich an **Hochschulen** und ist auf die Lehr- und Lernbedürfnisse von Studierenden ausgerichtet. Auch Einrichtungen und Organisationen, die allgemeine oder **berufliche Bildungslehrgänge mit Fachhochschulniveau** anbieten, können sich beteiligen. Das Programm ist mit einem Etat von **3,114 Milliarden Euro** ausgestattet. Ziel war es, bis 2013 drei Millionen Studierenden die Möglichkeit zu geben, einen Teil ihres Studiums im Ausland zu absolvieren.

Nationale Agentur für ERASMUS ist der Deutsche Akademische Austauschdienst (DAAD)
→ *http://eu.daad.de*

⊕ Informiert euch über europäische Bildungsprogramme. Ladet dazu ehemalige Praktikanten und Studenten ein und befragt diese nach ihren Erfahrungen.

⊕ Erläutere die Voraussetzungen, die staatliche Hochschulen in der EU erfüllen müssten, damit tatsächlich ein „europäischer Markt des Studiums entsteht" bzw. ausgebaut wird.

Warum gibt es die Europäische Union?

M 3 Angela Merkel über Europa

Diskutiert die Aussage Merkels, wonach Deutschland auf Dauer nur stark sei, wenn auch Europa stark ist.

„Deutschland wird auf Dauer nur stark sein, wenn auch Europa stark ist. […] Ich kann dazu sagen, dass die […] Bundesregierung und die sie tragenden Fraktionen alles tun werden, damit die gedeihliche Entwicklung Europas gut fortgesetzt werden kann. In einer globalen Welt ist Europa unsere gemeinsame Heimat, an der wir arbeiten müssen. Ein starkes Europa, ein bürgernäheres Europa, ein wettbewerbsfähiges Europa, ein gerechteres Europa, das ist unser Ziel."

Regierungserklärung von Bundeskanzlerin Merkel zum Europäischen Rat am 19./20. Dezember, www.bundesregierung.de, 18.12.2013

M 4 Der Schuman-Plan – Geburtsstunde des vereinigten Europas

Auf dem Soldatenfriedhof in Lommel liegen aus dem Zweiten Weltkrieg 38.560 und aus dem Ersten Weltkrieg 542 gefallene deutsche Soldaten begraben. Er ist der größte Soldatenfriedhof des Zweiten Weltkriegs in Westeuropa.

Vorstellung des Schuman-Plans am 9. Mai 1950 im Salon de l'Horloge des Quai d'Orsay in Paris. Am Mikrofon der französische Außenminister Robert Schuman zu seiner Rechten Jean Monnet.

Jahrhundertelang führten die Europäer untereinander Krieg. Seit Einführung der Wehrpflicht (1814) bis zum Ende des Zweiten Weltkriegs wurde in Deutschland jede Generation junger Männer zu den Waffen gerufen. Erst die Nachkriegsgeneration hatte das Glück, nicht mehr in den Krieg ziehen zu müssen. Ein dauerhafter Friede in Europa erscheint heute vielen sogar als selbstverständlich.

Was war geschehen? Der französische Diplomat Jean Monnet (1888–1979) entwickelte Ende der 1940er Jahre einen Plan zur Zusammenfassung der kriegswichtigen Kohle- und Stahlproduktion (Montanindustrien) Frankreichs und Deutschlands unter der Aufsicht einer europäischen Behörde. Die Überlegung dabei war, dass Staaten, die wirtschaftlich voneinander abhängig sind, ihre Konflikte mit friedlichen Mitteln lösen müssen, denn eine bewaffnete Auseinandersetzung würde auch dem Angreifer schaden. Diese Idee machte sich der französische Außenminister Robert Schuman (1886–1963) zu eigen und trug sie am 9. Mai 1950 auf einer Pressekonferenz in Paris vor. Daraufhin gründeten Frankreich, Deutschland, Italien, Luxemburg, Belgien und die Niederlande am 18. April 1951 die Europäische Gemeinschaft für Kohle und Stahl (Montanunion), die erste supranationale (überstaatliche) Organisation in Europa. Der Schuman-Plan gilt als Geburtsstunde des vereinigten Europas und deshalb wird der 9. Mai als Europatag gefeiert.

Nach: Bruno Zandonella, Europa für Einsteiger, Reihe Themenblätter im Unterricht, Bundeszentrale für politische Bildung, Bonn, 2011, S. 7

M 5 Das europäische Haus im Bau – Meilensteine der Erweiterung

Im Jahr 1951 gründeten sechs Staaten die „Europäische Gemeinschaft für Kohle und Stahl" (EGKS), auch „Montanunion" genannt.

Mitten in Rom am 25. März 1957, 18 Uhr [herrschen] im festlichen Saal des alten Konservatorenpalasts, Stolz, Freude und auch etwas Erleichterung: Noch bis zur allerletzten Minute hat man um die Einzelheiten gefeilscht. Jetzt sitzen die Vertreter Belgiens, Deutschlands, Frankreichs, Italiens, Luxemburgs und der Niederlande an einem langen Tisch und unterzeichnen die Verträge zur Gründung der Europäischen Wirtschaftsgemeinschaft (EWG). Zum Abschluss schenkt der Bürgermeister von Rom allen Teilnehmern eine goldene Medaille. In den Dokumenten, die „Römische Verträge" genannt werden, steht, dass die sechs Länder nicht nur bei Kohle und Stahl, sondern in der gesamten Wirtschaft zusammenarbeiten wollen. Am gleichen Abend gründeten die sechs Länder übrigens auch die Europäische Atomgemeinschaft (EAG oder Euratom). Damit wollten sie erreichen, dass die Kernkraft in Europa friedlich genutzt würde, also zum Beispiel in Kernkraftwerken, und nicht etwa zur Herstellung gefährlicher Atomwaffen. In den folgenden Jahren traten immer mehr Länder der Europäischen Gemeinschaft (EG) bei, wie sich das Bündnis ab 1967 nannte. 1992 vereinbarten die mittlerweile zwölf Mitgliedsländer in der niederländischen Stadt Maastricht, sich nicht nur wirtschaftlich, sondern auch politisch enger zusammenzuschließen. 1993 trat dieser „Vertrag von Maastricht" in Kraft und begründete die „Europäische Union". „Union" kommt vom lateinischen Wort „unio", „Vereinigung". Mit dieser Namensänderung wollten die Europäer zeigen, dass sie nun noch näher zusammengerückt waren. 2002 führte

Die Europäische Union – ein unvollendetes Bauwerk

Erweiterungen der EU

1973 Dänemark, Großbritannien, Irland
1981 Griechenland
1986 Portugal, Spanien
1995 Finnland, Österreich, Schweden
2004 Estland, Lettland, Litauen, Malta, Polen, Slowakei, Slowenien, Tschechische Republik, Ungarn, Zypern
2007 Bulgarien, Rumänien
2013 Kroatien

die EU eine gemeinsame Währung ein und machte damit einen weiteren großen Schritt: Heute klimpert in 19 EU-Ländern der Euro im Geldbeutel. Am Anfang, mit nur wenigen Mitgliedern, konnte die EU leicht und schnell Entscheidungen treffen. Als immer mehr Länder der EU beitraten, die alle eine eigene Meinung hatten, wurde das immer schwieriger. Doch wie sollte die EU handlungsfähig bleiben, wenn in Zukunft sogar noch mehr Länder beitreten würden? Der Versuch, in einer eigenen „Verfassung" neue Spielregeln für die EU festzulegen, klappte nicht. Die Wähler in Frankreich und in den Niederlanden waren dagegen. 2007 nahmen die damaligen 27 EU-Staaten einen neuen Anlauf und unterzeichneten in der portugiesischen Hauptstadt schließlich den „Vertrag von Lissabon". Mit 287 Seiten ist der ganz schön umfangreich. Im Vertrag stehen nicht nur neue Abstimmungsregeln. Der Vertrag stärkt auch die Rolle des Europäischen Parlamentes, in dem die direkt gewählten Abgeordneten sitzen. Er gibt auch den Auftrag, die Grundrechte jedes einzelnen Bürgers zu schützen, beispielsweise das Recht auf Bildung oder Gesundheit. Außerdem kann jeder EU-Bürger ein neues Gesetz auf den Weg bringen – vorausgesetzt, er hat vorher eine Million Unterschriften gesammelt. Am 1. Dezember 2009 ist der Vertrag von Lissabon in Kraft getreten. Im Juli 2013 trat Kroatien als 28. Mitgliedsland der EU bei.

Quelle: http://ec.europa.eu © Europäische Union, 1995 – 2016, Für die Wiedergabe und Anpassung ist allein die C.C.Buchner Verlag GmbH & Co. KG verantwortlich

M 6 Europäische Symbole

Die zwölf kreisförmig angeordneten Sterne der **europäischen Flagge** symbolisieren Vollkommenheit, Vollständigkeit und Einheit. Die Sterne auf der Flagge stehen daher für die Harmonie der europäischen Völker. Die Zahl der Sterne hat nichts mit der Anzahl der Mitgliedstaaten zu tun.

Seit 1986 ist der letzte Satz von Ludwig van Beethovens 9. Symphonie die **offizielle Hymne** der Europäischen Union. Die Hymne hat bisher keinen offiziellen Text und kann daher nicht gesungen, sondern nur instrumental gespielt werden.

Die europäische Flagge – eines der vier offiziellen Symbole der EU

Europatag – Am 9. Mai 1950 unterbreitete Robert Schuman, damaliger französischer Außenminister, seinen Vorschlag für ein Vereintes Europa als unerlässliche Voraussetzung für die Aufrechterhaltung friedlicher Beziehungen (Schuman-Erklärung). Dieser Tag gilt als Grundstein der heutigen Europäischen Union.

„In Vielfalt geeint" – dies ist das offizielle Motto bzw. der offizielle Slogan der Europäischen Union. Der 2005 gescheiterte Vertrag über eine Verfassung für Europa enthält erstmals einen offiziellen Leitspruch für die Europäische Union. Dieser wurde im Lissabon-Vertrag übernommen.

M 7 Werte und Ziele der Europäischen Union

Im Vertrag von Lissabon sind die zentralen Werte der EU festgehalten: „Die Werte, auf die sich die Union gründet, sind die Achtung der Menschenwürde, Freiheit, Demokratie, Gleichheit, Rechtsstaatlichkeit und die Wahrung der Menschenrechte einschließlich der Rechte der Personen, die Minderheiten angehören. Diese Werte sind allen Mitgliedstaaten in einer Gesellschaft gemeinsam, die sich durch Pluralismus, Nichtdiskriminierung, Toleranz, Gerechtigkeit, Solidarität und die Gleichheit von Frauen und Männern auszeichnet." Als Ziele der Europäischen Union nennt der Vertrag unter anderen die Förderung des Friedens, die Schaffung eines Binnenmarkts mit freiem und unverfälschtem Wettbewerb, Wirtschaftswachstum, Preisstabilität, Soziale Marktwirtschaft, Umweltschutz, soziale Gerechtigkeit, kulturelle Vielfalt, weltweite Beseitigung der Armut und die Förderung des Völkerrechts.

Art. 2 EU-Vertrag

Die Werte, auf die sich die Union gründet, sind die Achtung der Menschenwürde, Freiheit, Demokratie, Gleichheit, Rechtsstaatlichkeit und die Wahrung der Menschenrechte einschließlich der Rechte der Personen, die Minderheiten angehören. Diese Werte sind allen Mitgliedstaaten in einer Gesellschaft gemeinsam, die sich durch Pluralismus, Nichtdiskriminierung, Toleranz, Gerechtigkeit, Solidarität und die Gleichheit von Frauen und Männern auszeichnet.

Art. 3 EU-Vertrag

(1) Ziel der Union ist es, den Frieden, ihre Werte und das Wohlergehen ihrer Völker zu fördern.

Aufgaben

1. Fasst Merkmale zusammen, die Europa für euch als einheitlichen Raum erscheinen lassen (M 3 – M 7).
2. Die Europäische Union lässt sich anschaulich mit dem Bild eines Hauses vergleichen. Das Fundament bilden die gemeinsamen Werte und Ziele. Im Erdgeschoss wohnen die Gründerstaaten. In den oberen Geschossen wohnen die hinzugekommenen Mitglieder. An der Hausfassade stehen die Meilensteine, die das Leben im europäischen Haus prägen und prägten. Zeichnet in Gruppen das europäische Haus auf ein großes Plakat (→ Methodenglossar). Vergleicht eure Ergebnisse (M 3 – M 5).
3. Braucht die EU gemeinsame Symbole? Beurteilt dies mithilfe einer Diskussion in der Klasse oder Arbeitsgruppe (M 6, M 7).

zu Aufgabe 3
Entwickelt in Gruppen weitere mögliche gemeinsame Symbole der EU und begründet eure Entwürfe (ggf. zusammen mit den Fächern Geschichte und Kunst).

Die Organe der EU – wer macht was?

Methode

M 8 Analyse eines Strukturmodells

Politische Systeme sind sehr komplex. Mithilfe von Strukturmodellen versucht man, die vielschichtige politische Ordnung möglichst einfach und übersichtlich darzustellen. Um Strukturmodelle eingehend zu analysieren, kann folgender Fragenkatalog helfen.

1. **Was erfasst das Strukturmodell?**
   Sieh dir das Modell an und formuliere in einem Satz, was genau dargestellt wird.
2. **Welche Elemente sind abgebildet?**
   Beachte die Schlüsselstellen des Modells und überlege, ob es einen Ausgangspunkt für die dargestellten Beziehungen gibt.
3. **Was bedeuten Symbole und grafische Besonderheiten?**
   Verbalisiere die dargestellten Beziehungen und Zusammenhänge und entschlüssel die grafischen Elemente (z. B. Kästchen, Symbole, Schriftgröße). Beachte die Auswahl der Farben und deren Funktionen.
4. **Wie verständlich ist das Modell?**
   Arbeite heraus, ob Zusammenhänge übersichtlich dargestellt werden und Prozessabläufe nachvollziehbar sind.
5. **Ist die Realität mit dem Modell zutreffend erfasst?**
   Überlege, was das Modell leisten kann und inwieweit es Zusammen-hänge und Abläufe zu abstrakt, zu ungenau oder zu kleinschrittig darstellt.

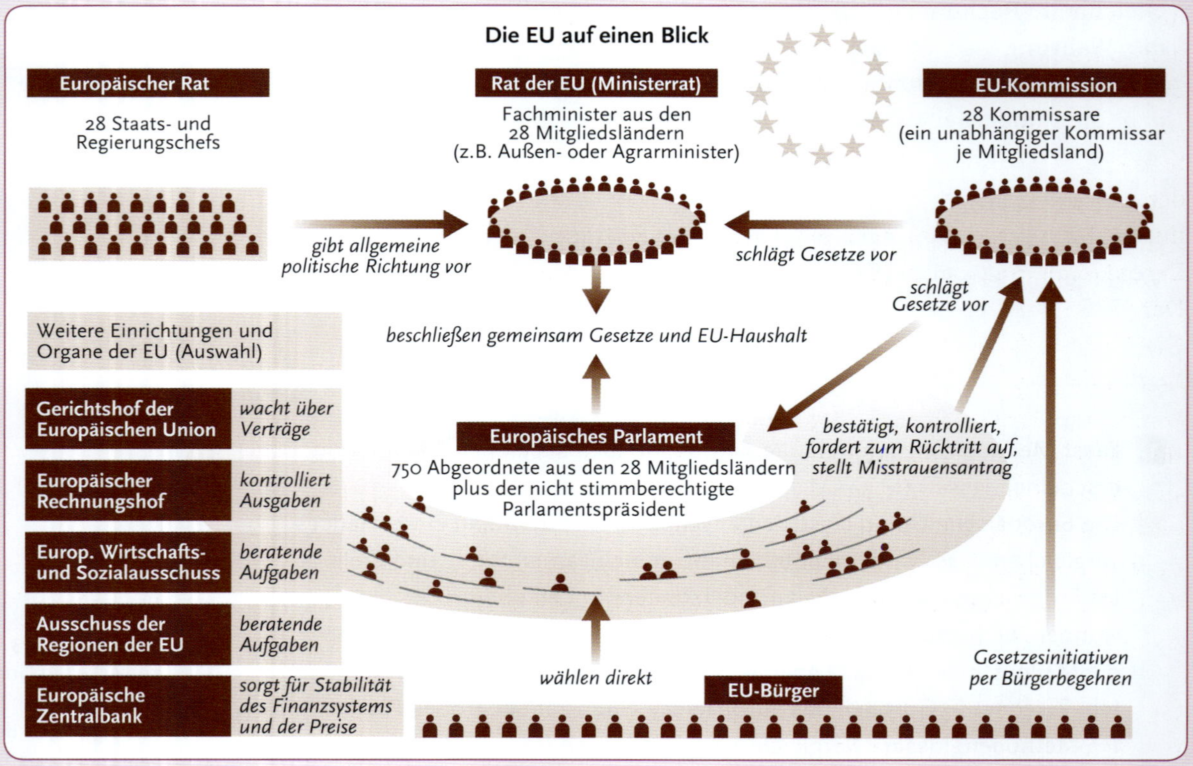

dpa-Grafik, poliTicker, Bamberg 2010, S. 3

Aufgabe

Analysiere das obige Strukturmodell.

M 9 Die Wahl zum Europaparlament – und zum Europäischen Kommissionspräsidenten?

Europawahlen finden in der Regel in den warmen Monaten statt: letztes Mal im Juni, diesmal Ende Mai. Das Argument, es sei ja so behaglich warm daheim und auf dem Weg zur Wahlkabine so bitterkalt, zieht also nicht als Ausrede. Obwohl also der Ofen zu Hause in der Regel aus ist, fiel es bislang stets schwer, die Menschen hinter selbigem hervorzulocken für Europa. Das soll jetzt anders werden – mithilfe von Spitzenkandidaten: „Wenn uns das gelingt, mit glaubwürdigen Kandidaten, die mit einem Konzept und gegeneinander sichtbar antreten, dann hat die Europawahl erstmals etwas, was ihr bislang fehlt – nämlich ein Spannungsmoment", sagt Martin Schulz, der Spitzenkandidat der europäischen Sozialdemokraten. Die stellen im Europaparlament derzeit die zweitstärkste Fraktion und haben laut Umfragen derzeit ungefähr gleich gute Chancen, ihren Mann durchzubringen wie die Europäische Volkspartei (EVP).

Der EVP gehören aus Deutschland CDU und CSU an. Auch sie treten im Mai mit einem Spitzenkandidaten an, erstmals in der Geschichte. „Man darf sich davon auch keine Wunder versprechen. Denn ob in Griechenland jemand Herrn Juncker kennt oder auf Zypern jemand Herrn Schulz wichtig findet, das weiß ich nicht. Aber es zwingt die Parteien dazu, nicht mehr alleine nur für sich zu wurschteln. Der Wahlkampf wird europäisch", sagt der Vorsitzende der CDU/CSU-Gruppe im EU-Parlament, Herbert Reul. [...]

Im Prinzip nun bewirbt sich jeder Spitzenkandidat für den wohl begehrtesten Posten in Europa – den des Kommissionspräsidenten. Im Prinzip – denn mitreden dürfen hier zwei mächtige EU-Institutionen: das Parlament auf der einen, die Staats- und Regierungschefs auf der anderen Seite. Und das macht es kompliziert.

Kanzlerin Angela Merkel jedenfalls schien im Herbst vergangenen Jahres noch hörbar Probleme mit eben diesem Bekenntnis zu haben: Dass ein Spitzenkandidat – vorausgesetzt, seine Partei bekommt die meisten Stimmen – sogleich schon mal auf dem Sessel des Kommissionspräsidenten probesitzen gehen könnte: „Da ist für mich kein Automatismus sichtbar zwischen Spitzenkandidaturen und Besetzung von Ämtern."

Bislang war es stets so, dass die Staats- und Regierungschefs unter sich ausmachten, wer Kommissionspräsident wurde. Doch der Vertrag von Lissabon gibt dem Parlament hier erstmals mehr Macht. Und den Wählern übrigens auch. Denn das Ergebnis der Abstimmung muss bei der Entscheidung der Staatenlenker berücksichtigt werden, wie es im Vertragstext heißt.

Die Europawahl wird also spannend. Auch wegen der offenen Frage, was aus einem siegreichen Spitzenkandidaten am Ende tatsächlich wird. Es gibt also gleich eine ganze Reihe von Gründen, Ende Mai hinterm Ofen hervorzukriechen und zu wählen.

Kai Küstner, EVP kürt ihren Kandidaten für Europa, www.tagesschau.de, 6.3.2014

Martin Schulz trat bei der EU-Parlamentswahl 2014 als Spitzenkandidat der Sozialdemokratischen Partei Europas (SPE) an.

Jean-Claude Juncker trat bei der EU-Parlamentswahl 2014 als Spitzenkandidat der Europäischen Volkspartei (EVP) an.

Art. 17, EUV

(7) Der Europäische Rat schlägt dem Europäischen Parlament nach entsprechenden Konsultationen mit qualifizierter Mehrheit einen Kandidaten für das Amt des Präsidenten der Kommission vor; dabei berücksichtigt er das Ergebnis der Wahlen zum Europäischen Parlament. Das Europäische Parlament wählt diesen Kandidaten mit der Mehrheit seiner Mitglieder.

M 10 Das EU-Parlament – seit 2014

Die Mitglieder des Europäischen Parlaments sind die Vertreter der europäischen Bürgerinnen und Bürger. Sie werden in direkten Wahlen alle fünf Jahre neu gewählt. Gemeinsam mit dem Rat der Europäischen Union („der Rat") bildet das Parlament die gesetzgebende Gewalt der EU.

Das Europäische Parlament hat drei wichtige Aufgaben:

- Erörterung und Verabschiedung von EU-Rechtsvorschriften, in Zusammenarbeit mit dem Rat
- Kontrolle anderer EU-Institutionen, insbesondere der Kommission, um eine demokratische Arbeitsweise zu gewährleisten
- Erörterung und Verabschiedung des EU-Haushalts, in Zusammenarbeit mit dem Rat.

Verabschiedung von EU-Rechtsvorschriften

In vielen Bereichen wie Verbraucherschutz und Umwelt arbeitet das Parlament gemeinsam mit dem Rat (Vertreter der nationalen Regierungen) an der inhaltlichen Ausgestaltung der EU-Rechtsvorschriften, bis diese schließlich gemeinsam verabschiedet werden. Dieses Verfahren wird als ordentliches Gesetzgebungsverfahren bezeichnet (vorher: Mitentscheidungsverfahren). [...]

Demokratische Kontrolle

Das Parlament übt auf verschiedene Art und Weise Einfluss auf andere europäische Institutionen aus. Wenn eine neue Kommission bestellt wird, können ihre 28 Mitglieder - eines aus jedem EU-Land - ihr Amt erst dann antreten, wenn das Parlament seine Zustimmung gegeben hat. Lehnt das Parlament einen Kandidaten ab, kann es auch die Kommission insgesamt ablehnen. Das Parlament kann die Kommission auch während ihrer Amtszeit auffordern zurückzutreten. Dazu bedarf es eines Misstrauensantrags. Das Parlament behält die Kontrolle über die Kommission, indem es Berichte der Kommission prüft und Anfragen an die Kommissare richtet. In dieser Hinsicht spielen die parlamentarischen Ausschüsse eine große Rolle. Die Mitglieder des Parlaments bearbeiten Petitionen der EU-Bürgerinnen und -Bürger und setzen Untersuchungsausschüsse ein. Vor einem Gipfel der europäischen Staats- und Regierungschefs nimmt das Parlament Stellung zu den Tagesordnungspunkten.

Haushaltskontrolle

Das Parlament verabschiedet jährlich gemeinsam mit dem Rat der Europäischen Union den EU-Haushalt.

Zusammensetzung

Grob gesagt richtet sich die Zahl der Abgeordneten pro Land nach der jeweiligen Bevölkerungsanzahl. Nach dem Vertrag von Lissabon beträgt die Zahl der Abgeordneten pro Land mindestens 6 und höchstens 96. [...] Die Mitglieder des Parlaments sind nach Fraktionen und nicht nach Staatsangehörigkeit gruppiert.

© Europäische Union, 1995-2014, Europäisches Parlament, www.europa.eu, Abruf am 14.3.2014

M 11 Rat der Europäischen Union – Mehrheiten seit 2014

Er [Der Rat] besitzt Entscheidungsbefugnis, wobei je nach Gegenstand (die in den EU-Verträgen festgelegt sind) Beschlüsse mit einfacher oder qualifizierter Mehrheit bzw. einstimmig gefasst werden. Bei einfachen Mehrheitsentscheidungen verfügt jedes Land über eine Stimme; bei qualifizierter Abstimmung haben die Länder ihrer Größe entsprechend unterschiedliches Stimmengewicht, eine qualifizierte Mehrheit ist bei 255 Stimmen und einer einfachen Mehrheit der Mitgliedstaaten erreicht; bei Beschlussfassung mit qualifizierter Mehrheit kann ein Mitgliedstaat verlangen, dass die Mehrheit mindestens 62 % der Gesamtbevölkerung der EU repräsentiert; wenn Einstimmigkeit gefordert ist, verfügt jedes Land über eine Stimme, die als Veto genutzt werden kann. Der Vertrag von Lissabon sieht vor, dass ab 2014 (bzw. nach Ablauf von Übergangsregelungen ab 2017) Entscheidungen im Rat mit doppelter Mehrheit [= Das heißt: Mindestens 55 Prozent der Mitgliedstaaten, die mindestens 65 Prozent der EU-Bevölkerung repräsentieren, sind für einen Mehrheitsbeschluss erforderlich] getroffen werden.

Klaus Schubert, Martina Klein, Rat der Europäischen Union, in: Klaus Schubert, Martina Klein, Das Politiklexikon, 5. Aufl., Bonn 2011, S. 242

M 12 EU-Kommission – Anzahl der Kommissare seit 2014

Derzeit darf jedes Mitgliedsland einen Kommissar ins Brüsseler Kollegium entsenden. Da am 1. Juli [2013] Kroatien der EU beitritt, sieht es auf den ersten Blick so aus, als wolle der Rat am Mittwoch lediglich den Kroaten für die Restzeit der amtierenden Kommission unter Präsident José Manuel Barroso einen Kommissar zubilligen. In Wahrheit steht ein viel weitreichender Beschluss auf der geheimen Tagesordnung: Die Formel „Ein Kommissar pro Land" soll auch über das Jahr 2014 hinaus festgeschrieben werden [...]. Sie gilt dann nicht nur für die amtierende Kommission, sondern auch für die Einsetzung der nächsten Kommission nach der Europawahl im Mai 2014. Damit setzen sich die Staats- und Regierungschefs über den EU-Vertrag von Lissabon hinweg. Dort heißt es in Artikel 17, Absatz 5: „Ab dem 1. November 2014 besteht die Kommission aus einer Anzahl von Mitgliedern, die zwei Dritteln der Zahl der Mitgliedstaaten entspricht." Die Hauptstädte wollen sich jedoch einer Ausstiegsklausel bemächtigen, die besagt, dass der Europäische Rat eine Änderung der Anzahl der Kommissare beschließen kann. Allerdings ist dafür Einstimmigkeit vorgesehen. Doch weder im Ausschuss der Brüsseler EU-Botschafter noch in den bilateralen Vorgesprächen zum Gipfel kündigte irgendein Land Widerstand gegen die geplante Entscheidung an. [...] Finanziell ist eine derart aufgeblähte EU-Bürokratie der Öffentlichkeit kaum zu erklären, erst Recht nicht in Zeiten, wo überall staatliche Leistungen gekürzt werden und in den Euro-Krisenländern viele Bürger um ihre Existenz bangen. [...] Die Kosten für einen Kommissar summieren sich [...] pro Jahr auf geschätzte 1,5 bis zwei Millionen Euro. [...] Und mit der Formel „Ein Kommissar pro Land" würden sich mit jedem neu-

EU-Kommission unter Barroso

Eigentlich sollte bereits die Kommission 2009 – 2014 verkleinert werden. Doch das negative Votum der Iren zum Lissabon-Vertrag aus dem Jahr 2008 wurde dahingehend interpretiert, wieder jedem Land einen Kommissar zu geben. Kleinere Staaten sollten damit milde gestimmt werden. Irland stimmte schließlich in einem zweiten Referendum dem Lissabon-Vertrag zu. Die „ein Land, ein Kommissar" Regelung war jedoch eindeutig als Übergangsregelung gedacht.

en Beitrittsland die Kosten entsprechend erhöhen. Das Kommissars-Kollegium wurde durch die diversen EU-Erweiterungsrunden bereits so aufgebläht, dass die Zuständigkeiten der Öffentlichkeit kaum mehr zu vermitteln sind. [...] Und auch von EU-Kommissionspräsident Barroso ist nicht überliefert, dass er gegen die große Zahl von Kommissaren protestiert hätte.

Christoph Schult, Europas Regierungschefs wollen Lissabon-Vertrag aushebeln, www.spiegel.de, 20.5.2013

M 13 Die Gesetzgebung in der EU

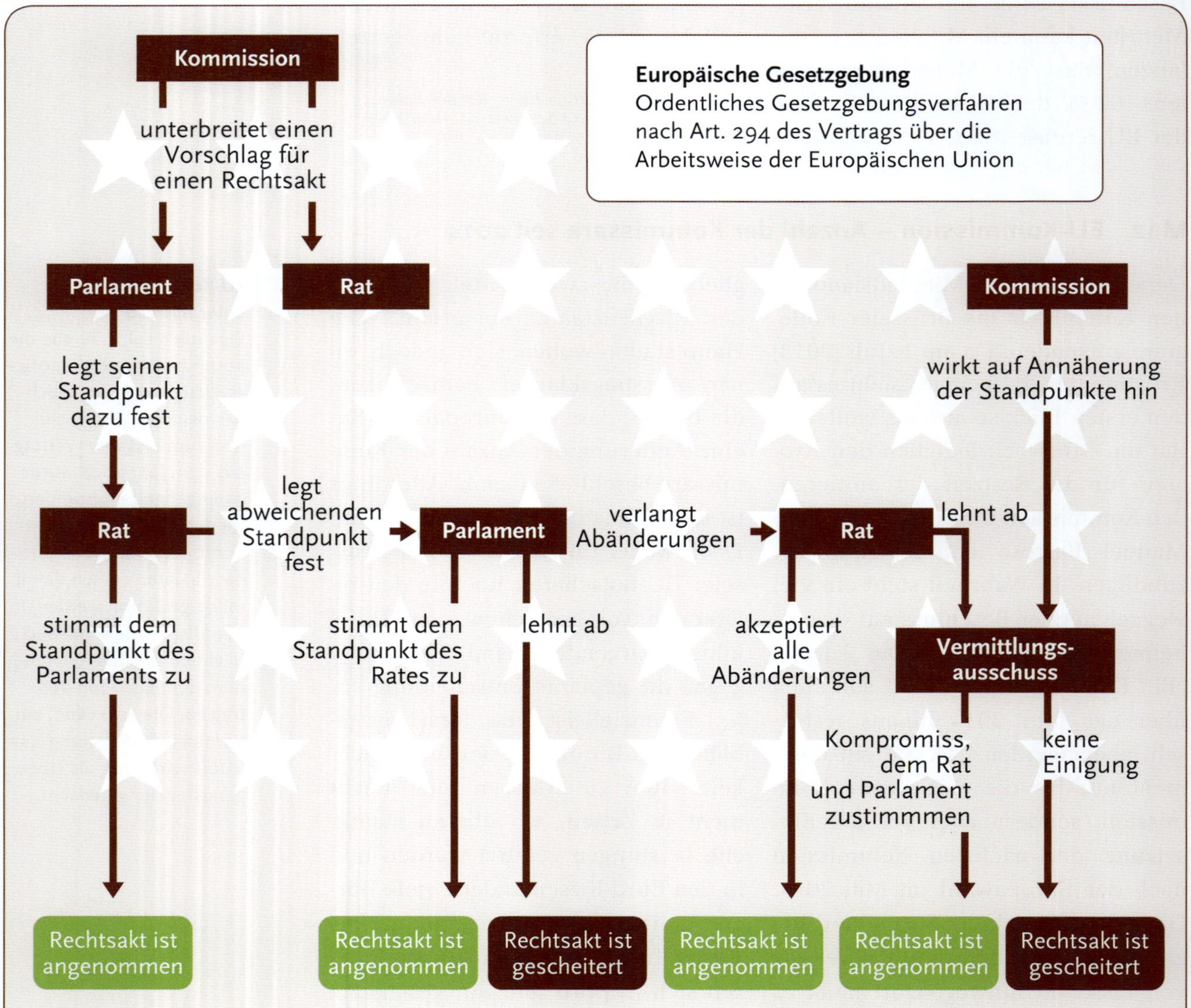

Will der Rat sich mit seinem Votum über den Vorschlag oder die Stellungnahme der Kommission hinwegsetzen, ist die Einstimmigkeit erforderlich.

M 14 Der Europäische Rat – Gipfel der EU-Institutionen?

Die Tagungen des Europäischen Rates sind Gipfeltreffen der Staats- und Regierungschefs der EU-Länder, bei denen über allgemeine politische Zielvorstellungen und wichtige Initiativen entschieden wird. In der Regel finden jedes Jahr etwa vier Gipfeltreffen statt, die von einem ständigen Präsidenten geleitet werden.

Welche Aufgaben hat der Europäische Rat? Der Europäische Rat erfüllt zwei Aufgaben: Er legt die allgemeinen politischen Zielvorstellungen und Prioritäten der EU fest und befasst sich mit komplexen oder sensiblen Themen, die auf einer niedrigeren Ebene der zwischen-staatlichen Zusammenarbeit nicht geklärt werden können. Der Europäische Rat nimmt zwar Einfluss auf die Festlegung der politischen Agenda der EU, er ist jedoch nicht befugt, Rechtsvorschriften zu erlassen. **Wer wirkt am Europäischen Rat mit?** Der Europäische Rat setzt sich zusammen aus den Staats- und Regierungschefs der EU-Länder, dem Präsidenten der Kommission und dem Präsidenten des Europäischen Rates, der den Vorsitz der Tagungen innehat. Die Hohe Vertreterin der Union für Außen- und Sicherheitspolitik nimmt ebenfalls an den Sitzungen teil. […]

Wie trifft der Europäische Rat seine Entscheidungen? Soweit die Verträge nichts anderes vorsehen, entscheidet der Europäische Rat im Konsens. In einigen Fällen entscheidet er einstimmig oder mit qualifizierter Mehrheit, je nach Bestimmungen des Vertrags. Der Präsident des Europäischen Rates, der Präsident der Kommission und die Hohe Vertreterin der Union für Außen- und Sicherheitspolitik haben keine Stimme.

© Europäische Union, 1995-2014, Europäisches Parlament, www.europa.eu, Abruf am 14.3.2014

Sitz des EPs
Das Europäische Parlament ist an drei Orten vertreten – Brüssel (Belgien), Luxemburg und Straßburg (Frankreich).
In Luxemburg befinden sich die Verwaltungsstellen des Parlaments (Generalsekretariat).
Die Plenartagungen finden in Straßburg und Brüssel statt. Die Ausschüsse halten ihre Sitzungen ebenfalls in Brüssel ab.
© Europäische Union, 1995-2014, Europäisches Parlament, www.europa.eu, Abruf am 14.3.2014

Geschichte des Europäischen Rates
Der Europäische Rat wurde 1974 in der Absicht geschaffen, ein informelles Gesprächsforum für die Staats- und Regierungschefs der EU einzurichten. Er hat sich schnell zu dem Gremium entwickelt, das die Ziele und Prioritäten für die EU festlegt.
1992 erhielt der Europäische Rat offiziellen Status und seit 2009 gehört er zu den sieben Organen der EU.
© Europäische Union, 1995-2014, Europäischer Rat, www.europa.eu, Abruf am 14.3.2014

Aufgaben

1. Stellt in Gruppenarbeit mithilfe der Methode (M 8) und der Materialien 9 – 14 dar, welche Funktionen die einzelnen EU-Organe übernehmen.
2. Recherchiere den Verlauf der EP-Wahl 2014 und überprüfe, inwieweit das Wahlergebnis Einfluss auf die Wahl des EU-Kommissionspräsidenten hatte (M 9)?
3. Erkläre die Bedeutung der Änderungen für die Beschlussfassung des Rates. Verfasst anschließend in Gruppen im Namen Deutschlands, der Niederlande und Maltas Stellungnahmen zu dieser Neuerung (M 11).
4. Beurteile mithilfe von M 12 folgende These: „Auch für die EU-Kommission gilt: weniger ist mehr".
5. Aktiviere dein Vorwissen: Ähnelt das Verfahren der EU-Gesetzgebung dem der deutschen Gesetzgebung? Stelle beide vergleichend gegenüber (M 13, M 14).
6. Beurteile die Machtfülle des Europäischen Rates angesichts der Wahl des Kommissionspräsidenten (M 14).

zu Aufgaben 5 und 6
Sammle in den Medien aktuelle EU-Gesetze und stelle sie der Klasse vor.

Wer entscheidet in der EU? – Der lange Weg der EU-Gesetzgebung

Beispiele für „EU-Gesetze"

Empfehlung
Die EU empfahl der deutschen Regierung im Jahr 2014 eine verbesserte Lohnentwicklung in Deutschland ins Auge zu fassen, da die Produktivität in Deutschland deutlich schneller steigt als die Löhne.

Verordnungen
Verpflichtende Angaben auf verpackten Lebensmitteln dienen dem Schutz der Verbraucher. Diese sollen erkennen, woraus die Lebensmittel bestehen und welche Eigenschaften sie haben. Die „Lebensmittel-Informationsverordnung" der EU gilt seit dem 13.12.2014 EU-weit.

Beschluss
Die EU-Außenminister beschlossen am 17.3.2014 ein Einreiseverbot gegen russische Politiker, welche die Stabilität und Sicherheit der Ukraine gefährden oder untergraben.

Richtlinie
Am 13.6.2014 trat die neue EU-Verbraucherrechtlinie in Deutschland in Kraft: Das Verbraucherschutzniveau wird verbessert, die Rechtsvorschriften in den EU-Mitgliedstaaten werden angeglichen, Hindernisse auf dem EU-Binnenmarkt werden beseitigt und die Kosten beim grenzüberschreitenden Handel werden verringert.

M 15 „Gesetze" der EU – die gemeinschaftlichen Rechtsakte

Die in den EU-Verträgen niedergelegten Ziele werden mithilfe unterschiedlicher Rechtsakte verwirklicht. Einige dieser Rechtsakte sind verbindlich, andere nicht, manche gelten für alle andere nur für einige EU-Mitgliedstaaten.

- Empfehlungen und Stellungnahmen sind nicht rechtsverbindlich; sie geben lediglich den Standpunkt der Organe zu einer bestimmten Frage wieder.
- Verordnungen sind ab dem Zeitpunkt ihrer Verabschiedung auf Gemeinschaftsebene für jedermann verbindlich; sie gelten unmittelbar in jedem Mitgliedstaat und müssen nicht erst in nationales Recht umgesetzt werden.
- Beschlüsse beziehen sich auf ganz bestimmte Themen; sie sind in allen ihren Teilen für diejenigen verbindlich, an die sie gerichtet sind. Eine Entscheidung kann an alle Mitgliedstaaten, einen Mitgliedstaat, ein Unternehmen oder eine Einzelperson gerichtet sein.
- Richtlinien legen Ziele fest, wobei es Aufgabe der Mitgliedstaaten ist, diese auf nationaler Ebene anzuwenden; sie geben den Mitgliedstaaten Ergebnisse verbindlich vor, stellen ihnen jedoch frei, wie sie diese erreichen.

© Copyright 2016, Euro-Informationen, Gesetzgebung, www.eu-info.de, Abruf am 26.2.2016

M 16 Fallbeispiel: Soll die EU ihre Bürger vor den gesundheitlichen Gefahren des Rauchens schützen?

*Die EU soll sich nur um Dinge kümmern, die sie besser regeln kann als die Mitgliedsländer. In Art. 5 des EU-Vertrages heißt es: „In den Bereichen, die nicht in ihre ausschließliche Zuständigkeit fallen, wird die Gemeinschaft nach dem **Subsidiaritätsprinzip** nur tätig, sofern und soweit die Ziele der in Betracht gezogenen Maßnahmen besser auf Gemeinschaftsebene erreicht werden können." Die EU-Kommission muss bei jeder Gesetzesinitiative nachweisen, dass sie die jeweilige Aufgabe besser lösen kann als die Regionen oder die Mitgliedstaaten.*

Das Problem: Rauchen kann tödlich sein – hoher Tabakkonsum schädigt alle

Rauchen verursacht hohe Gesundheitsgefahren und hohe Kosten für die Allgemeinheit. Weltweit sterben nach Angaben der Weltgesundheitsorganisation (WHO) jährlich sechs Millionen Menschen an den Folgen des Tabakkonsums. Damit ist Tabakkonsum das größte vermeidbare Gesundheitsrisiko weltweit. Die durch den Tabakkonsum verursachten gesundheitlichen Folgen wie Krebs, Herz-/Kreislauf- und Atemwegserkrankungen verursachen jährlich Kosten von rund 25 Mrd. Euro. Die EU beschloss bereits 2002 eine Tabakproduktrichtlinie zur Bekämpfung des Tabakkonsums, die 2006 nochmals verschärft wurde. Werbung für Zigaretten wurde eingeschränkt, die schädlichen Zusatzstoffe begrenzt und große, abschreckende Warnhinweise auf den Zigarettenpackungen vorgeschrieben. Im Jahr 2015 nahmen die Warnhinweise mindestens 30 Prozent der Vorderseite und 40 Prozent der Rückseite einer Packung ein. Die Europäische Kommission hält die bisherigen Maßnahmen für nicht ausreichend, um die Gesundheit der Bürger wirksam zu schützen und unterbreitete dem Europäischen Parlament und dem Ministerrat Vorschläge zur Überarbeitung der Tabakrichtlinie.

Dezember 2012: Vorschlag der EU-Kommission zur Kennzeichnung und Verpackung

Alle Packungen von Zigaretten und Tabak zum Selbstdrehen müssen einen kombinierten textlichen und bildlichen Warnhinweis tragen, der 75 Prozent der Vorder- und der Rückseite der Packung einnimmt, und sie dürfen keine Werbeelemente tragen. Die gegenwärtigen Informationen über Teer, Nikotin und Kohlenmonoxid, die als irreführend betrachtet wurden, werden durch eine seitlich auf der Packung angebrachte Informationsbotschaft ersetzt, der zu entnehmen ist, dass Tabakrauch über 70 krebserregende Stoffe enthält. Den Mitgliedstaaten steht es frei, in begründeten Fällen neutrale Einheitsverpackungen einzuführen. [...] Nikotinhaltige Erzeugnisse (z. B. elektronische Zigaretten), deren Nikotingehalt unter einer bestimmten Schwelle liegt, dürfen auf den Markt kommen, müssen aber gesundheitsbezogene Warnhinweise tragen. Produkte, deren Nikotingehalt oberhalb dieser Schwelle liegt, sind nur zulässig, wenn sie als Arzneimittel – wie beispielsweise Nikotinersatztherapeutika – zugelassen sind. Pflanzliche Raucherzeugnisse müssen ebenfalls gesundheitsbezogene Warnhinweise tragen.

© Europäische Union 1995 – 2015, Pressemitteilung: Tabakerzeugnisse – größere Hinweise zur Warnung vor Gesundheitsrisiken und Verbot starker Aromen, www.europa.eu, 19.12.2012

Dezember 2012: Die Zigarettenbranche sieht ihre Eigentumsrechte verletzt

„Ich bin entsetzt, wie weit die Bevormundung gehen soll" – mit dieser Kritik reagierte der Vorsitzende der Gewerkschaft Nahrung-Genuss-Gaststätten, Franz-Josef Möllenberg, auf die Pläne der EU-Kommission. Er warf ihr eine „genussfeindliche Ideologie" vor: „Zu befürchten ist, dass diese Vorgehensweise mit einem Dominoeffekt auf andere Produkte ausgeweitet wird: heute Tabak, morgen der Alkohol im Bier, übermorgen das Fett in der Wurst und nächste Woche der Zucker in der Schokolade." Die Pläne gefährdeten Jobs in der Tabakindustrie, im Anbau und in der Werbung. Nicht anders reagierte die Zigarettenindustrie. Sie verstieg sich zu der Behauptung, die Kommission schränke die Marktwirtschaft ein. Geistige Eigentumsrechte würden verletzt und eine legale Industrie zerstört. „Die Tabakwirtschaft steht zu ihrem verantwortungsvollen Umgang mit dem Produkt Tabak." Der Zigarettenhersteller Reemtsma bescheinigt der EU-Kommission sogar, eine „Gesundheitsdiktatur" anzustreben. Sollten die Vorschläge in dieser Form Gesetzeskraft bekommen, droht Reemtsma mit einer Klage: „Zur Not würden wir bis zum Europäischen Gerichtshof ziehen."

Timot Szent-Ivanyi, Reaktionen zur Tabakrichtlinie – Firmen drohen mit Klage, www.fr-online.de, 19.12.2012

Februar 2013: Stellungnahme der Bundesärztekammer zum Richtlinienentwurf der EU-Kommission

Die Bundesärztekammer begrüßt die vorgesehenen Regelungen zur Kennzeichnung und Gestaltung der Verpackungen von Tabakerzeugnissen. [...] Die bislang zur Wirkung von Warnhinweisen auf Tabakverpackungen durchgeführten Studien haben zum Ergebnis, dass diese einen nachweisbaren Einfluss auf das gesundheitsbezogene Wissen und die Risikowahrnehmung haben. [...] Darüber hinaus weisen wir darauf hin, dass durch die Einführung eines Plain Packaging (standardisierte Verpackungen) für Tabakerzeugnisse, mit dem diese mit einer einheitlichen neutralen Grundfarbe und einem einheitlichen Schriftdesign für den Markennamen gestaltet werden, die Aufmerksamkeit für die aufgebrachten Warnhinweise erhöht werden kann [...]. Auch verliert das Produkt durch eine neutrale Gestaltung gerade bei Jugendlichen an Attraktivität für den Konsum.

Bundesärztekammer, Stellungnahme der Bundesärztekammer zum Vorschlag für eine Richtlinie des Europäischen Parlaments und des Rates zur Angleichung der Rechts- und Verwaltungsvorschriften der Mitgliedstaaten über die Herstellung, die Aufmachung und den Verkauf von Tabakerzeugnissen und verwandten Erzeugnissen vom 19. Dezember 2012, www.bundesaerztekammer.de, 20.2.2013

Oktober 2013: „Die Welt" berichtet über ein Gespräch mit Rebecca Harms MdEP

Der Tabakriese Philip Morris versucht offenbar besonders heftig, die EU-Abgeordneten zu beeinflussen. Laut Rebecca Harms, Fraktionsvorsitzende der Grünen im Europaparlament, stellte der US-Konzern dafür eigens 160 Lobbyisten ein und gab 1,5 Millionen Euro für Essenseinladungen für die Parlamentarier aus. Nach Medienberichten aus mehreren EU-Ländern sollen sich die Lobbyisten des Konzerns mit mehr als 250 Abgeordneten getroffen haben.

AFP/lw, Tabaklobby verwässert geplante EU-Richtlinie, www.welt.de, 3.10.2013

Februar 2014: EU-Parlament stimmt über Änderung der Tabakrichtlinie ab

Die Europäische Union will mit Schockbildern auf Verpackungen Raucher vom Griff zur Zigarette abhalten. Das EU-Parlament stimmte [...] mit großer Mehrheit für strengere Vorschriften, die ab 2016 gelten sollen. Damit enden zähe Verhandlungen zwischen Unterhändlern des Parlaments und den EU-Staaten. Ab 2016 werden auf den Verpackungen beispielsweise verfaulte Füße oder schwarze Raucherlungen zu sehen sein. Die Warnhinweise sollen dabei deutlich größer werden als bisher: Sie werden 65 Prozent der Vorder- und Rückseiten von Zigarettenschachteln bedecken. [...] Die neuen Vorschriften gelten nach Angaben des Europaparlaments für rund 90 Prozent aller Tabakprodukte. [...] Besonders gefährliche Zusatzstoffe, die Krebs erregen, das Erbgut verändern oder die Fortpflanzungsfähigkeit einschränken können, sollen komplett aus Tabakprodukten verbannt werden. Das Gleiche gilt für Aromen wie Vanille oder Schokolade, die den bitteren Geschmack des Tabaks mildern und deshalb vor allem Jugendlichen den Einstieg ins Rauchen erleichtern. Mentholzigaretten sollen ebenfalls vom Markt genommen werden – allerdings erst ab 2020.

aar/dpa/AFP, Parlamentsbeschluss: EU führt Schockbilder auf Zigarettenpackungen ein, www.spiegel.de, 26.2.2014

März 2014: Der Ministerrat nimmt die überarbeitete EU-Tabakrichtlinie an

Am 14.3.2014 nahm der Rat eine überarbeitete EU-Tabakrichtlinie an, sie trat am 20.5.2014 nach der Veröffentlichung im Amtsblatt der Europäischen Union in Kraft. Deutschland und Österreich wurden im Ministerrat überstimmt. Die Mitgliedstaaten werden zwei Jahre für die Aufnahme der Richtlinie in ihr einzelstaatliches Recht Zeit haben.

November 2014: Klage vor dem EuGH: Marlboro-Hersteller prozessiert gegen Europas Tabakrichtlinie

Der EU steht ein Prozess des weltgrößten privaten Zigarettenherstellers Philip Morris International (PMI) gegen ihre neue Tabakrichtlinie vor dem Europäischen Gerichtshof bevor [...]. Durch die Klage des Marlboro-Herstellers könnte das Vorhaben aber um Jahre aufgeschoben werden, noch einmal geändert oder neu verhandelt werden müssen. Oder gar fallen, sollte der EuGH dem Unternehmen recht geben. „Tabakprodukte sollten reguliert werden, aber die Maßnahmen müssen die EU-Verträge respektieren", sagte der für Rechtsfragen zuständige PMI-Vizepräsident Marc Firestone. Einige Bestimmungen in der Tabakrichtlinie würden „ernsthafte Fragen über die freie Verbraucherwahl, den freien Warenverkehr und Wettbewerb aufwerfen." [...] Besonders erbittert bekämpfen die Multis das sogenannte „Plain Packaging". In Artikel 24 der Richtlinie räumt die EU den Mitgliedstaaten das Recht ein, die Hersteller zu Einheitsverpackungen für Zigaretten ohne Markenlogos, Farben und andere Unterscheidungselemente zu zwingen. [...] Die Tabakindustrie, die Abermilliarden Euro in Werbung und Markenaufbau steckt, hält ihre geistigen Eigentumsrechte für verletzt und spricht von einem Handelshemmnis und unzulässigen Eingriff in den freien Wettbewerb.

Claus Hecking, Klage vor dem EuGH: Marlboro-Hersteller prozessiert gegen Europas Tabakrichtlinie, www.spiegel.de, 3.11.2014

Aufgaben

1. Stelle die einzelnen Arten von gemeinschaftlichen Rechtsakten einander gegenüber und ordne sie – grafisch – nach dem Grad ihrer Verbindlichkeit an (M 15).
2. Erläutere, warum die EU eine neue Tabakrichtlinie beschlossen hat (M 15, M 16).
3. Arbeite die unterschiedlichen Interessen der von der Gesetzgebung Betroffenen heraus (M 16).
4. Erläutere verschiedene Ansätze zur Lösung des Interessenkonflikts sowie deren Vor- und Nachteile (M 16).
5. Nimm Stellung zur neuen überarbeiteten EU-Tabakrichtlinie (M 16). Beachte dabei die Beurteilungskriterien: Rechtslage, Durchsetzbarkeit, Effizienz (Kosten/Nutzen), Effektivität (Grad der Zielerreichung), Freiheit, Sicherheit.
6. Analysiere das Zustandekommen der Tabakrichtlinie (M 16).

Was wir wissen

Entwicklung der EU
M 5

Charakteristisch für die Entwicklung des europäischen Hauses ist seit der Unterzeichnung der Römischen Verträge im Jahr 1957 ein Wechselspiel von Vertiefung und Erweiterung. Immer mehr Politikbereiche wurden in die Zuständigkeit der Europäischen Union übertragen und immer mehr Staaten wurden in die EU aufgenommen. Das Anwachsen der EU von ursprünglich sechs Gründerstaaten (Deutschland, Frankreich, Italien, Belgien, Niederlande und Luxemburg) zu heute 28 Mitgliedstaaten zeigt die große Attraktivität der Europäischen Union. Um auch mit einer größeren Mitgliederzahl handlungsfähig zu bleiben, war es notwendig, dass die EU sich einer institutionellen Reform unterzieht. Da institutionelle Fragen jedoch Machtfragen sind, ist es weder durch den Vertrag von Amsterdam (1999 in Kraft getreten), noch durch den Vertrag von Nizza (seit 2003 gültig) gelungen, das Institutionengefüge der EU zu modernisieren. Ein weiterer Versuch, eine Verfassung für die EU zu schaffen, der Verfassungsvertrag, scheiterte im Jahr 2005 an negativen Referenden in den Niederlanden und in Frankreich. Der Lissabonner Vertrag ist nun der bisher umfassendste vierte Versuch, diese Aufgabe zu bewältigen. Er trat 2009 in Kraft.

Gemeinsame Werte
M 7

Das Fundament der europäischen Einigung sind die gemeinsamen Werte: Wahrung der Menschenrechte, Frieden, Freiheit, Rechtsstaatlichkeit und Demokratie. Die europäische Integration bescherte Europa die längste Friedensepoche in ihrer bisherigen Geschichte.

Gesetzgebungsverfahren in der EU
M 13 – M 16

Die EU ist eine Gemeinschaft, in der die nationalen Interessen ihrer Mitgliedstaaten bei der Gestzgebung miteinander vereint werden müssen. Da alle Mitgliedstaaten Souveränitätsrechte an die Gemeinschaft abtreten, entscheiden ihre gewählten Regierungsvertreter mit. Aus diesem Grund ist das Europäische Parlament im Gegensatz zu den nationalen Parlamenten nicht der alleinige Rechtsetzer und Souverän im Institutionengefüge der Europäischen Union. Bei der Gesetzgebung sind sowohl die Kommission als auch der Rat der Europäischen Union als Vertretung der nationalen Regierungen beteiligt. Mit dem Vertrag von Lissabon ist das Europäische Parlament neben dem EU-Ministerrat gleichberechtigter Gesetzgeber in der Union geworden. Beide müssen einem Gesetzesentwurf zustimmen. Grundsätzlich hat nur die Europäische Kommission das Recht, Gesetzentwürfe vorzulegen. Allerdings können das EU-Parlament, der Ministerrat und der Europäische Rat die Kommission auffordern, tätig zu werden. Auch können eine Million Bürgerinnen und Bürger der EU in einem Volksbegehren die Kommission auffordern, sich eines Themas anzunehmen. Ein Gesetzesvorschlag der Kommission wird in einem mehrstufigen Verfahren von Ministerrat und EU-Parlament beraten. Sofern es im regulären Verfahren nicht zu einer Einigung zwischen Ministerrat und EU-Parlament kommt, tritt ein Vermittlungsausschuss in Aktion. Er setzt sich aus einer gleich großen Zahl von Mitgliedern aus EU-Parlament und Ministerrat zusammen und muss binnen sechs Wochen eine Einigung herbeiführen. Wenn dies nicht gelingt, ist der geplante Rechtsakt gescheitert. Die nationalen Parlamente müssen zeitgleich mit dem EU-Parlament von der EU-Kommission über Gesetzesinitiativen unterrichtet werden. Sie können unter Berufung auf das Subsidiaritätsprinzip gegen die Gesetzesinitiative Stellung nehmen. Interessengruppen (Lobbyisten) versuchen auf allen Ebenen des Verfahrens ihre Interessen im Gesetzgebungsverfahren, wie das Beispiel der Tabakrichtlinie verdeutlicht, durchzusetzen.

Das EU-Parlament
M 10

Das EU-Parlament wird von den Bürgern der EU seit 1979 alle fünf Jahre direkt gewählt, um ihre Interessen zu vertreten. Jeder EU-Bürger besitzt (ab einem bestimmten Alter) das aktive und passive Wahlrecht. Das Parlament vertritt somit den demokratischen Willen der Bürger der Union und macht ihre Interessen gegenüber den anderen EU-Organen geltend. Dem Parlament gehören 750 Abgeordnete und der nicht stimmberechtige Präsident aus allen 28 Mitgliedstaaten an. Die kleinsten Mitgliedstaaten wie Malta und Luxemburg entsenden sechs Abgeordnete nach Brüssel und Straßburg. Deutschland hat als bevölkerungsreichster Mitgliedstaat 96 Abgeordnete. Das Parlament hat drei wesentliche Aufgaben: Es teilt sich die gesetzgebende Gewalt mit dem Ministerrat in vielen Politikbereichen. Durch die direkte Wahl des Parlaments wird die demokratische Legitimierung des EU-Rechts gewährleistet. Es übt eine demokratische Kontrolle über alle Organe der EU und insbesondere über die Kommission aus. Es stimmt der Benennung der Kommissionsmitglieder zu oder lehnt sie ab und kann einen Misstrauensantrag gegen die gesamte Kommission einbringen. Es teilt sich die Haushaltsbefugnis mit dem Rat und kann daher Einfluss auf die Ausgaben der EU ausüben. In letzter Instanz nimmt es den Gesamthaushalt an oder lehnt ihn ab. Seit der Europawahl im Mai 2014 wählt das EU-Parlament den Präsidenten der EU-Kommission. Der Europäische Rat schlägt zwar nach wie vor dem Parlament einen Kandidaten vor, allerdings muss er das Wahlergebnis der Europawahl berücksichtigen. Damit haben alle Wähler seit der Europawahl 2014 einen indirekten Einfluss auf die Wahl des Präsidenten der EU-Kommission.

Der Ministerrat
M 11

Der Ministerrat ist das wichtigste Entscheidungsgremium der EU. Er vertritt die Mitgliedstaaten, und an seinen Tagungen nehmen die Fachminister aus den nationalen Regierungen der EU-Staaten teil. Die Zusammensetzung der Ratstagungen hängt vom zu behandelnden Sachgebiet ab. Stehen z. B. Angelegenheiten der Gemeinsamen Außen- und Sicherheitspolitik auf der Tagesordnung, kommen die Außenminister der einzelnen Länder im Rat für Auswärtige Angelegenheiten zusammen. Alle im Rat vertretenen Minister sind befugt, für ihre Regierungen verbindlich zu handeln. Außerdem sind die im Rat tagenden Minister ihrem nationalen Parlament sowie den von ihm vertretenen Bürgern gegenüber politisch verantwortlich. Dies gewährleistet die demokratische Legitimierung der Ratsbeschlüsse. Der Vertrag von Lissabon zielt darauf ab, dass der Rat zunehmend mit qualifizierter Mehrheit entscheidet. Für die Praxis bedeutet dies, dass die Beschlussfassung mit qualifizierter Mehrheit auf zahlreiche Bereiche ausgeweitet wurde. Der Vertrag von Lissabon sieht weiterhin vor: Seit

Was wir wissen

2014 wird die qualifizierte Mehrheit nach der doppelten Mehrheit von Mitgliedstaaten und Bevölkerung berechnet, sofern kein Mitgliedsland widerspricht. Eine doppelte Mehrheit ist erreicht, wenn 55 Prozent der Mitgliedstaaten, die gemeinsam mind. 65 Prozent der europäischen Bevölkerung auf sich vereinen, zustimmen. Jedes Land verfügt über eine Stimme. 2017 wird das Verfahren der doppelten Mehrheit endgültig eingeführt.

Die EU-Kommission
M 12

Die Kommission ist von den nationalen Regierungen unabhängig. Sie vertritt und wahrt die Interessen der gesamten EU. Die Kommission erarbeitet Vorschläge für neue europäische Rechtsvorschriften, die sie dem Parlament und dem Rat vorlegt. Sie ist auch die Exekutive der EU, d. h. sie ist für die Umsetzung der Beschlüsse des Parlaments und des Rates verantwortlich. Dies bedeutet, dass sie das Tagesgeschäft der EU führt: Umsetzung der politischen Maßnahmen, Durchführung der Programme und Verwaltung der Mittel. Die Kommission besteht aus 28 Kommissaren. Jeder EU-Mitgliedstaat stellt ein Kommissionsmitglied. Die Neubesetzung der Kommission erfolgt alle fünf Jahre innerhalb von sechs Monaten nach der Wahl zum EU-Parlament. Die Kommission ist dem Parlament gegenüber politisch rechenschaftspflichtig. Es kann der Kommission als Ganzes das Misstrauen aussprechen und sie so zum Rücktritt zwingen. Die EU-Kommission hat im Wesentlichen vier Aufgaben: Sie macht dem Parlament und dem Rat Vorschläge für neue Rechtsvorschriften. Sie setzt die EU-Politik um und verwaltet den Haushalt. Sie sorgt (gemeinsam mit dem EuGH) für die Einhaltung des europäischen Rechts. Sie vertritt die EU auf internationaler Ebene, z. B. durch Aushandeln von Übereinkommen zwischen der EU und anderen Ländern.

Der Europäische Gerichtshof
M 13 – M 16

Der EuGH ist das höchste europäische Gericht im Gerichtssystem der EU und hat u. a. die Aufgabe, auf Antrag zu prüfen, ob die Rechtsakte der EU rechtmäßig sind (Nichtigkeitsklagen) und die Mitgliedstaaten ihren Verpflichtungen aus den Verträgen nachkommen (Vertragsverletzungsverfahren). Jedes EU-Mitgliedsland entsendet einen Richter auf sechs Jahre mit der Möglichkeit der Verlängerung der Amtszeit. Der Präsident des EuGH wird von den EuGH-Richtern ebenfalls auf sechs Jahre gewählt. Der EuGH-Präsident kann uneingeschränkt wiedergewählt werden.

Der Europäische Rat
M 13 – M 16

Im EU-Rat treffen sich die Staats- und Regierungschefs der EU-Mitgliedstaaten, der Präsident des EU-Rates und der Präsident der EU-Kommission. Der EU-Rat ist die höchste Repräsentanz der EU. Bei den Gipfeltreffen werden die Leitlinien der EU-Politik festgelegt und Fragen, die auf unterer Ebene (d. h. von den Ministern bei einer normalen Ministerratstagung) nicht geregelt werden konnten, gelöst. Der EU-Rat darf nicht mit dem Ministerrat (Rat der EU) verwechselt werden.

A) Bürokratiemonster oder Europa der Bürger?

Reicht die alle fünf Jahre stattfindende Direktwahl eines ansonsten weitgehend wenig beachteten Parlaments aus, um das Europaparlament zum zentralen Forum demokratischer Mitwirkungsmöglichkeiten der europäischen Bürger zu machen? Die EU präsentiert mit beträchtlichem Aufwand ihr Ziel, ein „Europa der Bürger" schaffen zu wollen, während doch „jedem Bürger ins Auge sticht, dass es keine legislativen Entscheidungen gibt, die so weit von ihm entfernt getroffen werden wie die in Brüssel". [...] In diesem Kontext ist viel vom „Demokratiedefizit" der EU die Rede. „Bürokratiemonster", „Expertokratie", „Regelungsmanie" sind damit zusammenhängende Kritikpunkte, die sich möglicherweise auch negativ auf die Wahlbereitschaft auswirken.

Karlheinz Dürr, Die Bedeutung des Europäischen Parlaments in den Augen der Wählerinnen und Wähler, www.bpb.de, 3.4.2014

Aufgabe

Dein Freund erklärt dir, dass er nicht an der Europawahl teilnehmen möchte, weil das EU-Parlament kaum Einfluss habe. Du machst es dir zur Aufgabe, deinem Freund zu erklären, dass das EU-Parlament wesentlich größere Befugnisse habe als er vermute. Du erklärst ihm, warum den Bürgern der Mitgliedsländer die Entscheidungen wesentlich komplizierter erscheinen als die Entscheidungen des Deutschen Bundestages.

B) Wer regiert Europa? – Lobbyisten

Karikatur: Oliver Schopf, 2014

Aufgaben

1. Analysiere die Karikatur vor dem Hintergrund deiner Kenntnisse über den Einfluss von Lobbyisten in Brüssel.
2. Erörtere am Beispiel des Einflusses der Tabakindustrie auf die Gesetzgebung der EU und der Bundesrepublik die Frage, ob Abgeordnete der EU und des Bundestages ihre Kontakte zu Lobbyisten offen legen und Rechenschaft über Präsente ablegen sollten.

5.2 Integration und Erweiterung im europäischen Haus

Wie groß soll das europäische Haus werden?

M 1 Der Stand der Erweiterungsdebatte

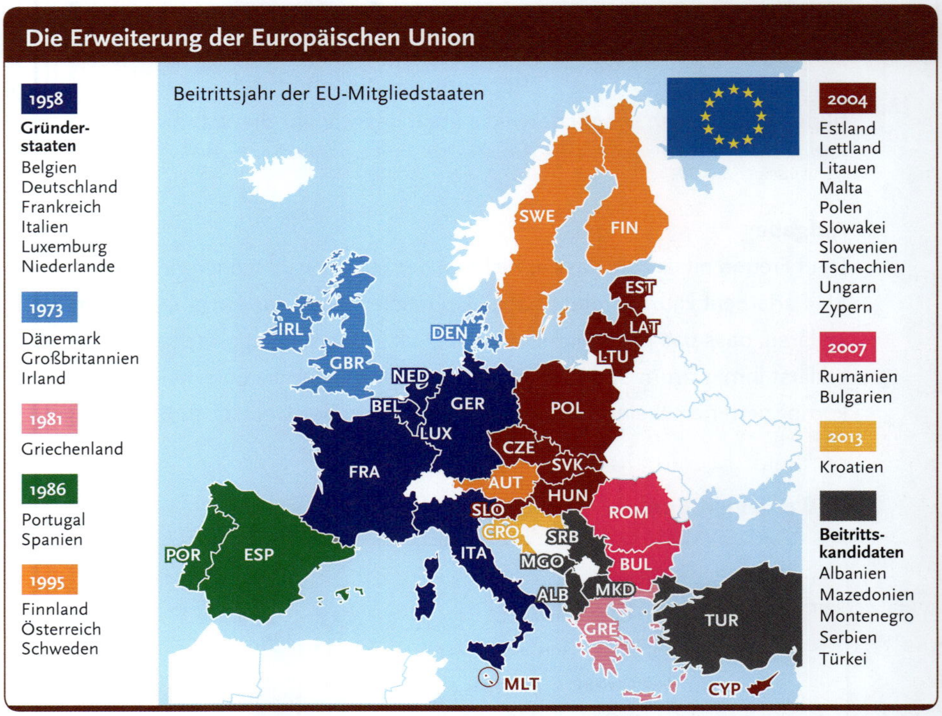

Globus-Grafik 10147; Quelle: Europäische Kommission, Stand: 2018

M 2 Wer kann Mitglied werden?

Art. 49 EUV
Jeder europäische Staat, der die in Artikel 2 genannten Werte achtet und sich für ihre Förderung einsetzt, kann beantragen, Mitglied der Union zu werden.

Der Vertrag von Lissabon legt die Grundsätze für die Aufnahme neuer Mitgliedstaaten fest. In Art. 6 Abs. 1 heißt es: „Die Union beruht auf den Grundsätzen der Freiheit, der Demokratie, der Achtung der Menschenrechte und Grundfreiheiten sowie der Rechtsstaatlichkeit; diese Grundsätze sind allen Mitgliedstaaten gemeinsam." Die sog. Kopenhagener Kriterien konkretisieren diese allgemeinen Grundsätze:

- Politische Kriterien: stabile Institutionen, die die Rechtsstaatlichkeit, die Menschenrechte und die Achtung und den Schutz von Minderheiten garantieren.
- Wirtschaftliche Kriterien: eine funktionsfähige Marktwirtschaft und die Fähigkeit, dem Wettbewerb und den Marktkräften in der EU standzuhalten.
- Fähigkeit zur Erfüllung der Verpflichtungen aus der EU-Mitglied-

schaft und zur Übernahme der Ziele der politischen Union sowie der Wirtschafts- und Währungsunion.
- Übernahme des gesamten europäischen Rechtsbestands und dessen wirksame Anwendung mittels geeigneter Verwaltungs- und Justizstrukturen.

Der Beitrittsprozess besteht im Groben aus drei Schritten: Zunächst wird ein Land zu einem offiziellen Kandidaten für die EU-Mitgliedschaft ernannt, was jedoch noch nicht bedeuten muss, dass offizielle Verhandlungen aufgenommen werden. In einem einstimmigen Beschluss des Rates beschließen dann zu einem gegebenen Zeitpunkt die EU-Mitgliedstaaten gemeinsam, offizielle Beitrittsverhandlungen mit dem Kandidatenland aufzunehmen: Ihre Grundlage sind die 35 Kapitel des EU-Besitzstandes, d. h. die verbindlichen Rechte und Pflichten der EU. Das Bewerberland ist verpflichtet, den gesamten Besitzstand und seine Rechtsvorschriften zu übernehmen.

Auch auf seine Anwendung und Durchsetzung muss das Land sich vorbereiten und alle notwendigen Reformen durchführen, um die Beitrittskriterien zu erfüllen. Wenn alle Verhandlungen erfolgreich abgeschlossen und alle Reformen durchgeführt sind, müssen die Kommission, der Rat und das Europäische Parlament dem Beitrittsvertrag zustimmen, der dann vom Kandidatenland und sämtlichen Mitgliedstaaten unterzeichnet und ratifiziert werden muss. Danach erfolgt der Beitritt zur EU. Die derzeitige Erweiterungspolitik der EU konzentriert sich auf die Länder des westlichen Balkans [und] die Türkei […].

Das Europäische Parlament verfolgt alle Beitrittsgespräche sehr genau: Der Ausschuss für Auswärtige Angelegenheiten des EP hält regelmäßig Aussprachen mit den beteiligten Vertreterinnen und Vertretern der Kommission und der Regierungen sowie Expertinnen und Experten ab. Außerdem veröffentlicht das EP jährliche Entschließungen über die Fortschritte von Bewerberländern und potenziellen Kandidatenländern, die häufig den Beitrittsprozess beeinflussen.

© „Das Europäische Parlament – Informationsbüro in Deutschland", Europa wächst zusammen – Schengen-Raum und Erweiterung, in: Europa 2015, 21.11.2014, S. 49 ff.

Literaturtipp
Holger-Michael Arndt, Der westliche Balkan: So nah und doch so fern – Beitrittsdebatte um die Balkanstaaten, in: D&E, Heft 66, 2013, S. 32 – 40

Aufgaben

1. „Alle europäischen Staaten sollten zukünftig Mitglied der Europäischen Union werden!" Diskutiert diese Forderung in Gruppen mithilfe der Materialien M 1 und M 2 sowie an einem konkreten Länderbeispiel eurer Wahl.

2. Stellt die Gruppenergebnisse aus Aufgabe 1 in der Klasse vor und nehmt abschließend Stellung dazu.

3. Griechenland, Portugal, Spanien und auch viele der 2004 beigetretenen Staaten wurden relativ kurz nach der Beseitigung der Diktatur Mitglieder der EU. Erläutere die mögliche Rolle der Europäischen Union bei der Stabilisierung eines demokratischen Staatswesens (M 2).

zu Aufgabe 1
Analysiert vorab die politische und wirtschaftliche Situation eines möglichen Beitrittslandes und beurteilt, ob die Kopenhagener Kriterien bereits erfüllt werden.

Soll die Türkei Mitglied der EU werden?

M 3 „Sultan Erdogan"

Karikatur: Klaus Stuttmann, 2013

Hintergrund: Verhandlungen über einen EU-Beitritt der Türkei
Am 12. Dezember 2002 fiel auf dem EU-Gipfel in Kopenhagen die Entscheidung, mit der Türkei über eine Aufnahme in die Europäische Union zu verhandeln. [...] Die EU und die Türkei verbindet eine knapp 50-jährige Partnerschaft. Bereits 1963 wurde zwischen Ankara und der damaligen Europäischen Wirtschaftsgemeinschaft ein Assoziierungsabkommen geschlossen: Das Ankara-Abkommen stellte dem Land erstmals eine Mitgliedschaft und die Schaffung einer Zollunion in Aussicht. Doch erst 1996 wurde das Land Teil der Europäischen Zollunion. Erst 1999 erhielt die Türkei dann offiziell den Kandidatenstatus und am 12. Dezember 2002 entschied die EU auf dem Gipfel von Kopenhagen, ab 2004 Beitrittsverhandlungen aufzunehmen. Diese laufen seit 2005 und sollten sich über 10 bis 15 Jahre erstrecken, so damals der Plan.
Bundeszentrale für politische Bildung, Vor 10 Jahren: EU beschließt Beitrittsverhandlungen mit der Türkei, www.bpb.de, 12.12.2012

M 4 Wo beginnt Europa, wo endet es?

Als das Assoziierungsabkommen zwischen der EWG und der Türkei am 12.9.1963 abgeschlossen wurde, erhob kein Mitglied der EWG Einwände unter Bezug auf die Römischen Verträge von 1957, in denen ausdrücklich bestimmt worden war, dass nur europäische Länder Mitglied werden könnten. [...] Die Türkei wird [heute] als etwas „anderes" angesehen. Viele [...] sehen die Türkei von Europa durch geografische, kulturelle, historische und politische Grenzen getrennt.
Die Türkei ist in der Tat historisch-politisch janusköpfig. Sie blickt zum einen auf den islamisch geprägten Vorderen Orient; und zum anderen auf das über Jahrhunderte vom Christentum geprägte Europa. Auf dessen politische Werte und Institutionen bewegt sie sich nunmehr seit dem Beginn des 18. Jahrhunderts zu. [...] Europas ideelle Grenzen im Südosten sind also nicht eindeutig festzulegen; jedenfalls haben sie sich in der Geschichte vielfach verschoben. Das Osmanische Reich, das im Kernland des Byzantinischen Reiches im westlichen Kleinasien entstand, expandierte zunächst auf den Balkan, der weit eher „türkisch" wurde als das Zweistromland und Ägypten. Im 15. Jahrhundert wurde das Reich Teil eines „europäischen" machtpolitischen Kontinuums, innerhalb dessen nicht nur Handel und Wandel getrieben wurde, sondern mit dem auch Koalitionen in der innereuropäischen Rivalität der Mächte geschlossen wurden. Noch im 18. Jahrhundert war das Osmanische Reich Teil eines europäischen Konzerts der Mächte, bevor es im 19. Jahrhundert als „kranker Mann am Bosporus" zum Spielball der Machtpolitik anderer eu-

ropäischer Mächte wurde. Einige [...] Politiker suchten die Lösung in der vordergründig mit objektiv Maßstäben operierenden Geografie zu finden: [...] Schon in den [1890er Jahren konnten] führende Vertreter des Faches wie Alfred Hettner eine methodisch überprüfbare Grenze hinsichtlich Morphologie, Klima und Vegetationsgeografie nicht (mehr) erkennen. Konsequenterweise sprach Hettner dann nur noch von einem Kontinent Eurasien, dessen Westflügel Europa und dessen größerer Ostflügel eben Asien sei. [...] Letztlich können Wissenschaftler [...] keine eindeutigen Grenzziehungen für Europa vornehmen. Europas Geschichte und Gegenwart ist vielschichtig und auch daher vielfältig interpretierbar. Es bleibt schwierig, aus der Geografie, Kulturwissenschaft und Politologie eindimensionale Kriterien zu zimmern, die es vordergründig erlauben, die Türkei vom Eintritt in das europäische Haus abzuhalten oder diesen Eintritt als zwingend erforderlich zu reklamieren.

Nach: Udo Steinbach, Türkei und EU: Probleme der geografischen, kulturellen und politischen Grenzziehung, www.bpb.de, 17.7.2006

EWG
Europäische Wirtschaftsgemeinschaft

janusköpfig
zweideutig

Zweistromland
Mesopotamien

Kontinuum
Kontinuierlichkeit

Morphologie
innerhalb der Sprachwissenschaft ein Teilgebiet der Grammatik

M 5 Was trennt die Türkei von der EU-Mitgliedschaft?

Auch 100 Jahre nachdem Soldaten des Osmanischen Reiches 1915 rund 1,5 Millionen Armenier deportiert und umgebracht haben sollen, weigert sich die Regierung der heutigen Türkei dieses Geschehen als Völkermord anzuerkennen. Damit strapaziert die Türkei regelmäßig ihre Beziehungen zur Europäischen Union (EU) und behindert die seit 2005 laufenden Verhandlungen über einen Beitritt des Landes zur Union. In dieser Zeit hat die Türkei erst 1 der insgesamt 33 sogenannten Kapitel [...] abschließen können. Über 17 Kapitel wird aktuell verhandelt und zu 15 Kapiteln sind noch gar keine Verhandlungen eröffnet worden. Doch nach den jüngsten Unstimmigkeiten zwischen der Türkei und der EU anlässlich des 100. Jahrestages des Völkermordes an den Armeniern durch das Osmanische Reich, als dessen Nachfolger sich die Türkei sieht, scheint der EU-Beitritt des Landes unwahrscheinlicher zu werden. „Es wird damit die Saat einer antieuropäischen und antiwestlichen Haltung gesät, was aus heutiger Sicht einen künftigen Beitritt sehr schwierig macht", sagte Johannes Hahn, EU-Kommissar für Nachbarschaftspolitik und Erweiterung [...]. Er bezog sich dabei auf die Reaktion der türkischen Regierung auf die Aufforderung des Europaparlaments den Völkermord des Osmanischen Reiches an den Armeniern zu seinem 100. Jahrestag am 24. April als solchen anzuerkennen. Das türkische Außenministerium hatte daraufhin dem EU-Parlament vorgeworfen, die Entwicklung der Beziehungen zwischen der Türkei und der EU behindern zu wollen und zu versuchen „die Geschichte bezüglich der Ereignisse von 1915 umzuschreiben" [...]. Bereits 1987 – noch bevor die Türkei zwölf Jahre später offiziell EU-Beitrittskandidat wurde – hatte das Europäische Parlament bereits festgelegt, dass die Anerkennung des Völkermordes eine

Umfrage: Sollte die Türkei in einigen Jahren in die EU aufgenommen werden?

Partei	Anzahl der zustimmenden Befragten
CDU/CSU	22%
SPD	32%
Linke	41%
Grüne	43%

© Statista 2014 – Anteile Zustimmung nach Parteianhängerschaft

Kapitel
hier: einzelne Verhandlungsbereiche, wie beispielsweise „Wissenschaft und Forschung"

der Bedingungen für die Aufnahme der Türkei in die EU sei. Diese Entscheidung wurde mehrfach bekräftigt – zuletzt anlässlich des 100. Jahrestages des Völkermordes dieses Jahr. Ein weiterer Streitpunkt in den Beitrittsverhandlungen ist die türkische Besatzung Nordzyperns und die dort etablierte türkische Republik Zypern, die von den Vereinten Nationen (UN) als völkerrechtswidrig angesehen wird. Bei der Unterzeichnung eines Zusatzprotokolls zum sogenannten „Ankara-Abkommen", dass die Zollunion zwischen der Türkei und der EU, um die 2004 neu aufgenommenen Länder einschließlich Zypern ausdehnt, erklärte die Türkei, dass sie Zypern weiterhin nicht anerkennt und nicht in die Zollunion aufnehme. Die EU wies diese Interpretation zurück und beschloss Ende 2006 sogar eine teilweise Aussetzung der Beitrittsverhandlungen – acht Verhandlungskapitel bleiben geschlossen und es können keine Kapitel abgeschlossen werden, bevor der Zypernkonflikt beigelegt wurde. Auch dieser Beschluss wurde seitdem mehrfach erneuert. Das Ankara-Abkommen, das 1963 zwischen der Türkei und der Europäischen Wirtschaftsgemeinschaft (EWG) geschlossen wurde räumt der Türkei die Möglichkeit eines EU-Beitritts ein und begründet eine Zollunion zwischen der EU und der Türkei. Weitere seit längerem ungelöste Probleme in den Beitrittsverhandlungen sind der Umgang mit den Kurden und anderen Minderheiten in der Türkei, sowie der Umgang mit Korruption.

Im jährlich erscheinenden Fortschrittsbericht der EU-Kommission zu den Beitrittsverhandlungen wurden der Türkei Ende 2014 Fortschritte bei der Beilegung des Konflikts mit den Kurden attestiert und gleichzeitig Zweifel am Umgang mit Korruptionsvorwürfen geäußert. Die Erlaubnis sich in anderen Sprachen und Dialekten als Türkisch politisch zu engagieren und erzogen zu werden, wurde als wichtiger Schritt zur Aussöhnung mit den Kurden angesehen. Die EU-Kommission machte jedoch auch ihre Zweifel an der Rechtmäßigkeit der zahlreichen Entlassungen und Versetzungen von Richtern und Polizisten nach Korruptionsvorwürfen deutlich und erwähnte auch, dass es insbesondere im Bereich der Meinungs- und Pressefreiheit immer noch Defizite gebe. Um die Beitrittsverhandlungen weiter voranzubringen wurde zuletzt im November 2013 ein weiteres Verhandlungskapitel mit dem Titel „Regionalpolitik" eröffnet. Bei der Vorstellung des letzten Fortschrittsberichts im Herbst 2014 regte der damalige Erweiterungskommissar Stefan Füle, zudem die Eröffnung von zwei weiteren Kapiteln zur Justiz und Grundrechten an [...]. Trotzdem bleibt es noch ein langer Weg bis die Beitrittsverhandlungen in einen tatsächlichen EU-Beitritt der Türkei münden. [...] Die Türkei selbst hat sich dafür eine Deadline gesetzt – bis 2023 – dem 100. Jubiläum der Republikgründung – will das Land die Aufnahme in die EU geschafft haben.

Mathias Birsens, Das trennt die Türkei noch von der EU-Mitgliedschaft, www.huffingtonpost.de, 21.5.2015

M 6 Grenzkontrollen gegen Beitritt – die EU braucht die Türkei zur Kontrolle der Flüchtlinge*

Mit drei Milliarden Euro und weiteren Zugeständnissen an die Türkei will Europa die Flüchtlingskrise unter Kontrolle bringen. […] Die EU erwartet von der Regierung in Ankara, dass sie die Grenzen in Richtung Europa künftig deutlich besser kontrolliert. Dadurch soll die unkontrollierte Migration von Flüchtlingen aus Ländern wie Syrien weitgehend gestoppt werden. Die Türkei ist das Haupttransitland für Flüchtlinge auf dem Weg nach Europa. […] Im Gegenzug können türkische Staatsbürger darauf hoffen, ab Oktober 2016 ohne Visum nach Europa reisen zu dürfen; die lange Zeit quasi eingefrorenen EU-Beitrittsverhandlungen mit dem Kandidatenland sollen vorangetrieben werden. […] Noch im Dezember soll das Verhandlungskapitel 17 über Wirtschaft und Finanzen geöffnet werden. Merkel sagte, dies sei ein „offen angelegter Beitrittsprozess". Seit Jahren tritt die CDU-Chefin dafür ein, dass die Türkei nur eine „privilegierte Partnerschaft" bekommt.

ZEIT ONLINE, dpa, afp, mfh, EU einigt sich mit Türkei auf Milliardenhilfen, www.zeit.de, 29.11.2015

**Zur Flüchtlingsthematik vgl. Kap. 5.4*

Privilegierte Partnerschaft
Diese wird v. a. von der CDU/CSU als Alternative zu einem Beitritt der Türkei zur EU gesehen. Eine privilegierte Partnerschaft würde weit über die zwischen der EU und der Türkei eingegangene Zollunion hinaus in Richtung einer vollständigen Freihandelszone gehen. Ferner wäre die Türkei u. a. im Bereich der Gemeinsamen Außen- und Sicherheitspolitik der EU verstärkt eingebunden.

Die Balkanroute
Die sogenannte Balkanroute war seit Beginn der Flüchtlingskrise 2015 die Hauptstrecke für Flüchtlinge auf ihrem Weg nach Mitteleuropa.

Eine Variante der Route nach der **Grenzschließung Ungarn / Serbien** im September 2015:

Nach Grenzschließung Griechenland / Mazedonien am 9.3.2016 ist die **Balkanroute geschlossen**:

dpa-Grafik 26336; Quelle: ERCC/Europ. Kommission; Stand: 2017

Aufgaben

1. Gehört die Türkei in die EU? Stimmt in der Klasse darüber ab (M 3 – M 6).
2. Diejenigen, die die gleiche Position teilen, bilden eine Gruppe. Diese setzt sich mit der gegenteiligen Auffassung auseinander (M 3 – M 6). Stellt die Argumente anschließend übersichtlich dar.
3. Nimm abschließend persönlich Stellung zu einem möglichen EU-Beitritt der Türkei. Erläutere dazu dein Hauptargument für/gegen einen Beitritt.

Was wir wissen

Die Erweiterung der EU
M 1 – M 6

Die Europäische Einigung strahlte von Beginn an eine große Anziehung auf die Staaten Europas aus, sodass ausgehend von den sechs Gründerstaaten heute schon 28 Staaten im europäischen Haus ihren Platz gefunden haben. Jeder Beitrittskandidat muss die grundlegenden Werte der EU teilen und die Kopenhagener Kriterien erfüllen. Seit über 50 Jahren hofft die Türkei auf einen Beitritt zur Europäischen Union. Im Oktober 2005 hat die EU offiziell damit begonnen, Beitrittsverhandlungen mit der Türkei zu führen. Ein Beitritt der Türkei zur EU wird allerdings kontrovers beurteilt. Die Gegner des Beitritts sehen eine Unvereinbarkeit von islamischer und christlicher Kultur, hohe Kosten für die wirtschaftliche Integration und sicherheitspolitische Risiken. Die Befürworter sehen die Chance, unterschiedliche Kulturen politisch zu integrieren, die Möglichkeit, wirtschaftliche Ungleichgewichte in Europa auszugleichen und die Ausdehnung des europäischen Friedensmodells der EU auf ein islamisch geprägtes Land.

Integration innerhalb der EU

Arbeitnehmerfreizügigkeit gehört zum Kern der Freiheiten des EU-Binnenmarkts und bildet eine Grundlage der Wirtschafts- und Währungsunion. Das EU-Freizügigkeitsgesetz umfasst vier Freiheiten, 1. die Reisefreiheit, 2. die Dienstleistungsfreiheit, 3. die Niederlassungsfreiheit und 4. die Arbeitnehmerfreizügigkeit. EU-Bürger können also innerhalb der Europäischen Union in ein anderes Land ziehen und dort Arbeit suchen. Beim Zugang zu Beschäftigung, bei Arbeitsbedingungen, Sozialleistungen und Steuervorteilen haben sie ein Recht auf Gleichbehandlung, so wie die Staatsangehörigen des Aufnahmelandes. Besonders im Fokus stehen derzeit Einwanderer aus Rumänien und Bulgarien, da ihre Zahl gestiegen ist und sie seit 2014 die vollen Freizügigkeitsrechte besitzen. In der Debatte um eine mögliche Armutsmigration aus Rumänien und Bulgarien geht es vor allem um die Situation der Roma aus beiden Ländern, die in Zukunft womöglich in den Arbeitsmarkt schwer zu integrieren sein werden und damit dem Sozialstaat zur Last fallen können. Das Problem der Armutsmigration stellt sich vor allem in jenen Mitgliedstaaten, deren wirtschaftliche und soziale Entwicklung sich weit unter dem Durchschnitt der EU-Staaten bewegen. Strategien gegen die Armutsmigration sind einerseits die wirtschaftlichen und sozialen Bedingungen in den schwachen Ländern durch gezielte Hilfen der EU zu verbessern, andererseits die Integration der Zuwanderer in den Kommunen durch finanzielle Unterstützung zu vertiefen.

Was wir können

Kontrovers diskutiert: Soll die Türkei in die EU?

Die Türkei ist heute etwa so wohlhabend wie Portugal zum Zeitpunkt der EU-Aufnahme.

In zehn Jahren hat die Türkei 80 Millionen Einwohner und damit mindestens so viele wie Deutschland. Oder wie derzeit die zehn EU-Staaten der Osterweiterung von 2004 zusammen. Die Türkei ist zu groß. Sie wäre mittelfristig das bevölkerungsreichste EU-Land und hätte damit auch die meisten Abgeordneten im EU-Parlament.

Die Türkei gehört nicht zu Europa. Die Türkei ist ein muslimisches Land, ihre Aufnahme würde die europäische Identität gefährden. Europa endet am Bosporus. Mit einer EU-Mitgliedschaft der Türkei wären der Iran, der Irak und Syrien unsere direkten Nachbarn.

Ein Beitritt der Türkei würde das politische System, die Demokratie und die wirtschaftlichen Reformen in der Türkei stabilisieren.

Die Türkei ist wirtschaftlich zu unterentwickelt. Ihre Mitgliedschaft können wir uns nicht leisten. Mit einem Sechstel der deutschen Wirtschaftskraft ist die Türkei so arm, dass nach Berechnungen der EU-Kommission jedes Jahr zwischen 16,5 und 27,5 Milliarden Euro in die Türkei fließen müssten.

Ein rascher Beitritt der Türkei würde eine Brücke zwischen dem christlich geprägten Europa und dem islamischen Nahen Osten schlagen. Eine demokratische und rechtsstaatliche Türkei wird auch als Modell für die islamische Welt eine große Anziehungskraft gewinnen.

Wir haben der Türkei den Beitritt seit 1963 versprochen und müssen glaubwürdig bleiben.

Mit der Türkei als Regionalmacht im Nahen und Mittleren Osten würde Europa zum „Global Player" und könnte den Vereinigten Staaten in der islamischen Welt eine eigene Sicherheitspolitik entgegensetzen.

Aufgaben

1. Ordne zunächst die Pro- und Kontra-Argumente und stelle diese einander gegenüber.
2. Nimm anschließend eine Gewichtung vor und nimm begründet Stellung dazu, ob die Türkei bereits jetzt Mitglied der EU werden sollte.

5.3 Die Wirtschafts- und Währungsunion – ein großer Integrationsfortschritt?

Was bedeutet der Binnenmarkt für uns?

M 1 Europa im Alltag

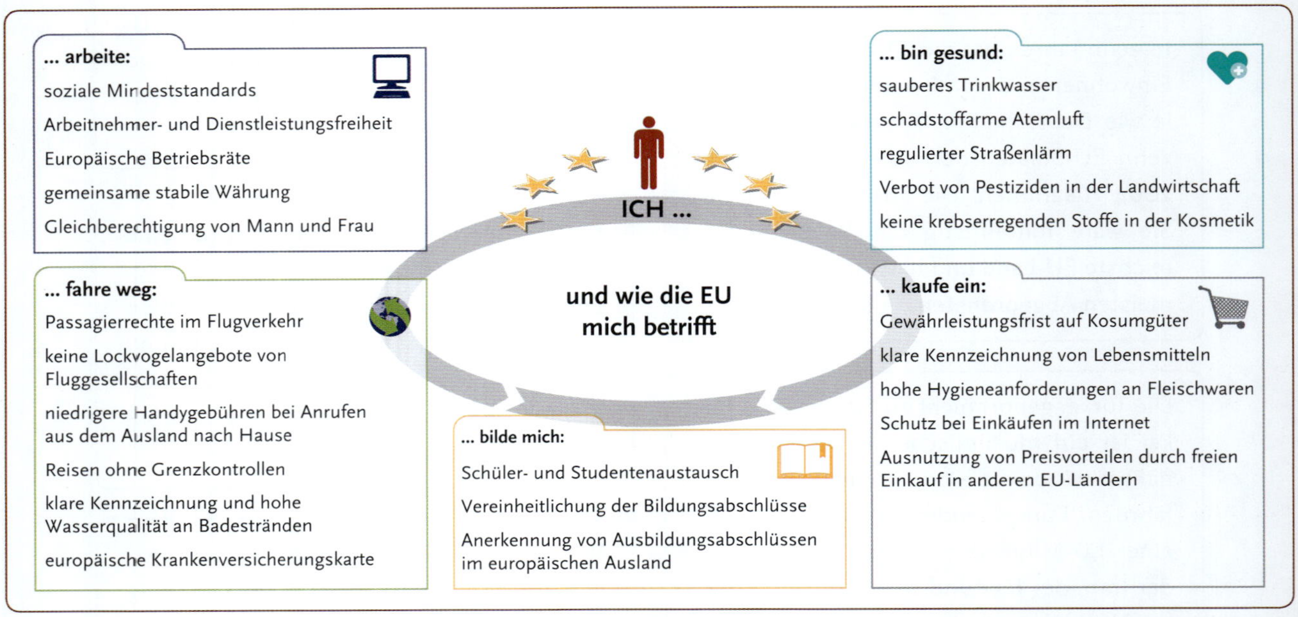

Nach: © Bundeszentrale für politische Bildung, Ich und die EU – EU im Alltag, www.bpb.de, 23.9.2009

M 2 Der Europäische Binnenmarkt – ein Markt für 500 Millionen Bürger

Vier Freiheiten

Freier Personenverkehr

- keine Binnengrenzkontrollen
- Niederlassungsfreiheit (Wohnort/Arbeitsplatz) für EU-Bürger
- gegenseitige Anerkennung von Berufs- und Schulabschlüssen

Man kann sich die EU wie einen riesigen Marktplatz vorstellen. Da können sich Personen, Waren, Geld und Dienstleistungen frei bewegen. Diesen gemeinsamen Markt, den sogenannten „Binnenmarkt", gibt es seit 1993. Er hat dazu geführt, dass die EU heute der größte Wirtschaftsraum der Welt ist. Auf keinem anderen Gebiet arbeitet die Europäische Union so eng zusammen wie in der Wirtschaft. Der Binnenmarkt hat viele Vorteile. So können EU-Bürger ohne Probleme in einem anderen Mitgliedsland wohnen, studieren, arbeiten, ein Unternehmen gründen oder ihre Rente genießen. EU-Bürger und -Unternehmen dürfen ein Bankkonto im europäischen Ausland eröffnen, ein Haus kaufen, Kredite aufnehmen oder Geld investieren. Ganz wichtig für den gemeinsamen Markt ist, dass die EU-Länder untereinander keine Zölle mehr verlangen. Stell dir als Beispiel einen Schuhhersteller vor: Dieser kann jetzt seine Schuhe nicht mehr nur den rund 80 Millionen Deutschen, sondern allen 500 Millionen EU-Bürgern zum gleichen Preis verkaufen. Um die größere Nachfrage zu befriedigen, muss er mehr Stiefel und Sandalen produzieren. Dafür stellt die Firma neue Mitarbeiter ein – so schafft der Binnenmarkt neue Arbeitsplätze. Gleichzeitig senkt das Schuhunternehmen die Preise. Sonst schnappen ihm nämlich die vielen neuen Konkurrenten aus ganz Europa die Kunden weg. In der Wirklichkeit ist genau dies geschehen. So sind Flüge und Telefongespräche seit Einführung des Binnenmarkts erheblich billiger geworden. Spezielle Behörden überwachen den Wettbewerb, dass sich die Unternehmen nicht heimlich zusammensetzen und gemeinsam einen überhöhten Preis festlegen, zu dem dann alle Bürger die Waren kaufen müssen. Es ist auch verboten, dass ein einzelner Staat den freien Wettbewerb verfälscht, indem er etwa bestimmte Unternehmen finanziell unterstützt (subventioniert).

© Europäische Union, 1995 - 2016, http://ec.europa.eu, Für die Wiedergabe und Anpassung ist allein die C.C. Buchner Verlag GmbH & Co. KG verantwortlich.

Freier Warenverkehr
- keine Zölle und mengenmäßigen Beschränkungen
- Angleichung von Normen und Vorschriften
- freier Wettbewerb

Freier Dienstleistungsverkehr
- grenzüberschreitendes Angebot von Dienstleistungen wie Transport, Energie, Telekommunikation, Versicherungen, Handwerk etc.

Freier Kapitalverkehr
- freie Geld- und Kapitalbewegungen
- gemeinsamer Markt für Finanzdienstleistungen (Bankgeschäfte u. a.)
- Unternehmensbeteiligungen in der EU

M 3 Der Europäische Binnenmarkt – Erfolgsmodell mit Tücken?

Der Binnenmarkt der Europäischen Union ist sicherlich eine der großen Errungenschaften der europäischen Integration. [...] So einfach allerdings das Prinzip ist, so kompliziert und umstritten ist seine Umsetzung. [...] In jedem Land regelt eine Vielzahl von Gesetzen und Vorschriften den Warenverkehr, dabei handelt es sich um Sicherheitsstandards, um Umweltauflagen und um Vorschriften des Verbraucherschutzes. [...] Da ist zum Beispiel die Geschichte mit dem Apfelwein, die gut die Tücken des Binnenmarkts illustriert. Für Waren, also auch für Getränke, muss es klare Definitionen geben. Jeder Supermarktkunde weiß, wenn auf einem Obstsaft „Saft" steht, besteht er zu 100 Prozent aus Fruchtsaft, ohne den Zusatz von Wasser und Zucker. Ob der Saft aus Spanien oder aus Deutschland kommt, ist egal. In gleicher Weise hat man auch festgelegt, dass Wein aus Trauben hergestellt sein muss. Das ist der Apfelwein natürlich nicht, er ist also kein Wein. Jedem deutschen Verbraucher ist das selbstverständlich klar, aber was ist mit einem Kunden in Großbritannien, der die Flasche sieht und „... wein" liest? Deshalb wollte die Europäische Kommission im Interesse der Verbraucherinformation untersagen, den Apfelwein so zu nennen – ein Vorhaben, das nach Protesten aus Deutschland übrigens zu den Akten gelegt wurde.

Eckart D. Stratenschulte, Der Europäische Binnenmarkt – Erfolgsmodell mit sozialer Schieflage?, www.bpb.de, 12.8.2010

Aufgaben

1. Arbeitet mithilfe des Ampelspiels heraus, welche Regelungen der EU ihr für hilfreich (grün) oder überflüssig (rot) haltet, gelb steht für „weiß nicht, keine Meinung" (M 1).
2. Fasse zusammen, was ein Binnenmarkt ist und wie er funktioniert (M 2, M 3, Methodenglossar).
3. Die EU wird bisweilen kritisiert, weil sie in ihren Regulierungen für den Binnenmarkt zu weit gehe. Erläutere am Beispiel des Apfelweins die grundlegenden Probleme des Binnenmarktes und nimm Stellung, ob du diese Regelung für notwendig oder übertrieben hältst (M 3).

Wie entwickelt sich die gemeinsame Währung?

Euroländer
Alle Mitgliedstaaten der EU – mit Ausnahme von Großbritannien und Dänemark – haben sich dazu verpflichtet, den Euro als gemeinsame Währung einzuführen und auf die Erreichung und Einhaltung der Konvergenzkriterien hinzuarbeiten. Schweden gilt als Sonderfall, da es absichtlich – und von der Europäischen Kommission geduldet – nicht am Wechselkurssystem des Europäischen Währungssystems teilnimmt und dadurch einen Eurobeitritt vermeidet.

M 4 Die Euroländer

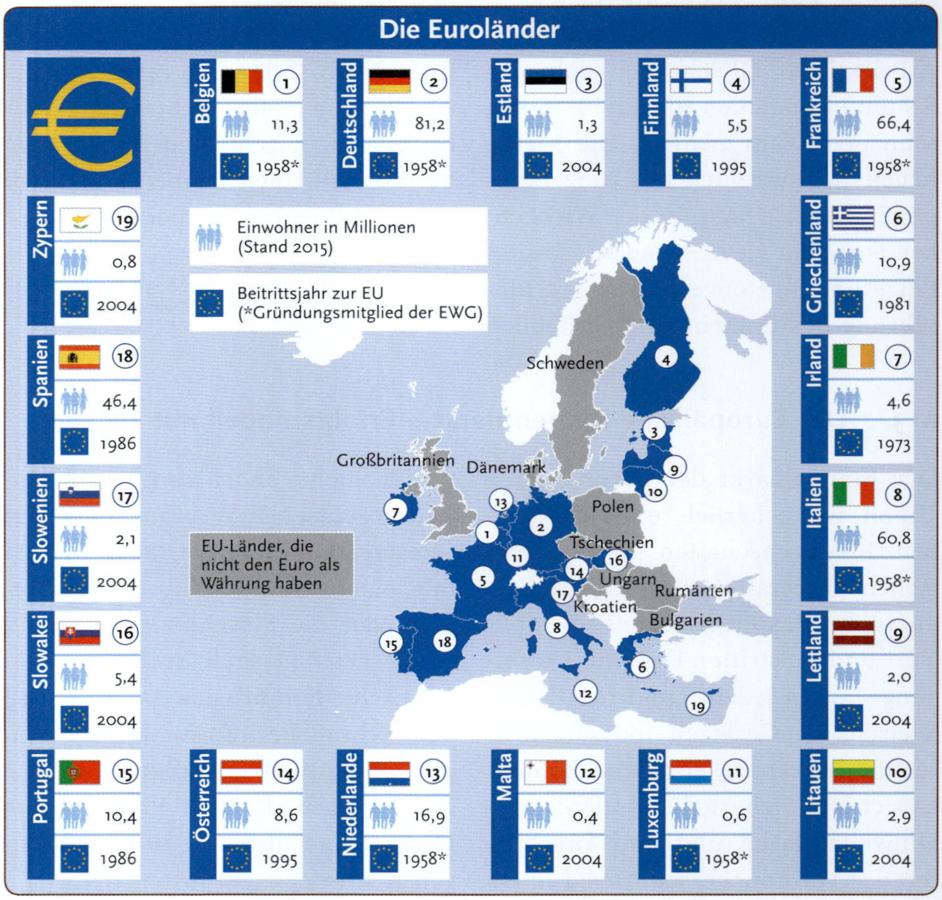

Globus-Grafik 10984; Quelle: Europäische Union; Stand 2018

⊕ Recherchiere, aus welchen Gründen manche EU-Mitgliedstaaten den Euro (noch) nicht als Währung eingeführt haben.

M 5 Der Euro – unsere gemeinsame Währung

Die Einführung der gemeinsamen Währung war für die Europäische Union ein gewaltiger Schritt, der Euro sollte zu einem Symbol der europäischen Integration werden und so ein gemeinsames europäisches Wir-Gefühl (Identität) stiften.

An der Währungsunion können nur Staaten teilnehmen, die einander in ihrer wirtschaftlichen Entwicklung ähnlich sind. Um dies zu gewährleisten, hat der Vertrag von Maastricht für die Aufnahme von Ländern in die EWWU feste Kriterien definiert, die sogenannten Konvergenzkriterien.

Konvergenz bezeichnet dabei die allmähliche Annäherung der Teilnehmerländer in wichtigen wirtschaftlichen Grunddaten (Staatsverschuldung, Inflation, Zinsen). Dies ist notwendig, da Spannungen zwischen Ländern entstehen können, wenn sie sich wirt-

Zloty
Polnische Währung

Forint
Ungarische Währung

schaftlich unterschiedlich entwickeln. Um dies zu verhindern, wurde außerdem der Stabilitäts- und Wachstumspakt (kurz: Euro-Stabilitätspakt) im Vertrag von Amsterdam 1997 verankert. Der Stabilitäts- und Wachstumspakt fordert von den Euroländern in wirtschaftlich normalen Zeiten einen annähernd ausgeglichenen Staatshaushalt, damit in wirtschaftlich ungünstigen Zeiten Spielraum besteht, durch eine Erhöhung der Staatsausgaben die Wirtschaft zu stabilisieren (Neuverschuldung maximal drei Prozent des Bruttoinlandsprodukts, Schuldenstand maximal 60 Prozent des Bruttoinlandsprodukts). Bei Verstößen gegen diese Regeln drohen dem Mitgliedsland Geldstrafen.

In der Folge der Finanzmarktkrise 2009/2010 wurde deutlich, dass einige Staaten, vor allem Griechenland, trotz der Vorgaben des Stabilitätspaktes sehr hohe Staatsverschuldungen entstehen ließen. Dies führte zu einem starken Wertverlust des Euro gegenüber anderen Währungen und brachte die gesamte Währungsunion ins Wanken.

M 6 Sorgenkinder der Eurozone

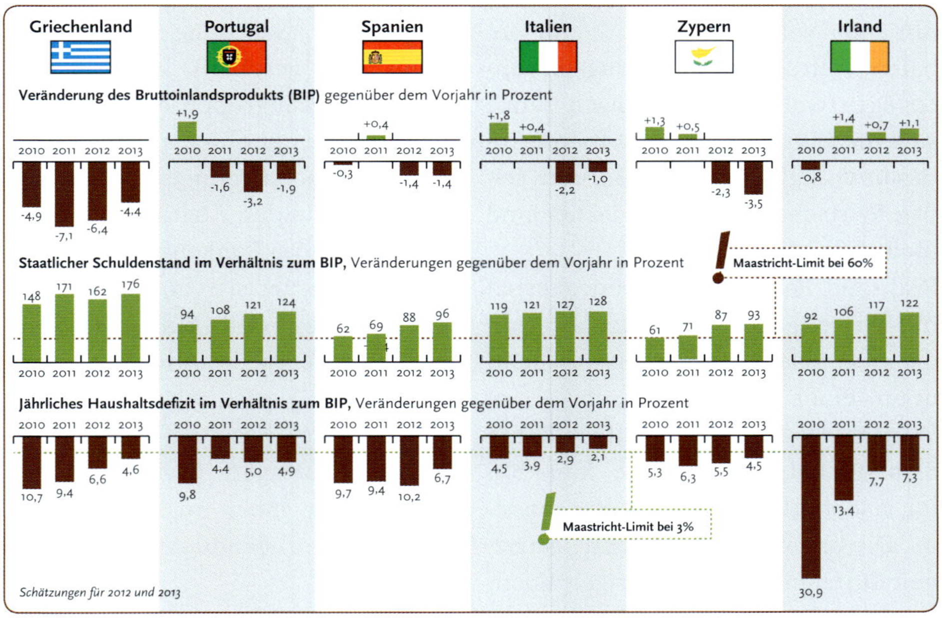

Quelle: Eurostat, EU-Kommission

Aufgaben

1. Bildet Gruppen und sammelt mögliche Argumente, warum einige EU-Mitgliedsländer den Euro noch nicht eingeführt haben (M 4).
2. Erläutere, warum Konvergenzkriterien als „Eintrittskarten" zur Währungsunion festgelegt worden sind (M 5).
3. Vergleiche die wirtschaftliche Entwicklung der Länder in der Grafik M 6.

Währungsunion
Eine Währungsunion ist ein Zusammenschluss von Staaten mit unterschiedlichen Währungen zu einem einheitlichen Währungsraum. Im Gegensatz zu einer Währungsreform bleibt bei der Währungsunion der Wert des Geldes erhalten. Die beteiligten Währungen werden lediglich nach einem bestimmten Austauschverhältnis in die neue Währung umgerechnet.

EU-Fiskalpakt
Trat am 1.1.2013 in Kraft trat. In diesem neuen zwischenstaatlichen europäischen Vertrag verpflichten sich 25 EU-Staaten (ohne Großbritannien, Tschechien, Kroatien) u. a. zu mehr Haushaltsdisziplin und zur Verankerung von Schuldenbremsen im nationalen Recht, um Krisen, die den Bestand der Wirtschafts- und Währungsunion gefährden, in Zukunft zu verhindern. Der Fiskalpakt stellt somit eine Verschärfung des Stabilitäts- und Wachstumspakt (Euro-Stabilitätspakt) dar.

Haushaltsdefizit
Ein Haushaltsdefizit (auch Budgetdefizit) entsteht, wenn die Summe der Ausgaben in einem Haushaltsjahr die Summe der Einnahmen überschreitet. Die Differenz (Defizit) muss durch die Aufnahme von Schulden beglichen werden.

zu Aufgabe 2
Beurteile anschließend aus der Sicht der Bürger, Unternehmen und der Eurozone als ganzer, ob man von einer Erfolgsgeschichte des Euro sprechen kann.

Wie lauten die Ursachen für die Krise der europäischen Währungsunion?

Euro-Schutzschirme

Europäischer Finanzstabilisierungsmechanismus (EFSM)
Der EFSM war ein EU-Gemeinschaftsinstrument. Er steuerte zu dem im Jahr 2010 errichteten temporären Euro-Schutzschirm 60 Milliarden Euro bei. Der deutsche Finanzierungsanteil entsprach dem Anteil am EU-Haushalt in Höhe von rund 20 Prozent. Mit der Ablösung durch den permanenten ESM fiel der EFSM ersatzlos weg.

Europäische Finanzstabilisierungsfazilität (EFSF)
Die EFSF war ein weiteres Element des bis Mitte 2013 befristeten Euro-Schutzschirms. Der dauerhafte ESM hat die EFSF ersetzt.

Europäischer Stabilisierungsmechanismus (ESM)
Der ESM hat am 8. Oktober 2012 seine Arbeit aufgenommen. Er sichert langfristig und nachhaltig das Vertrauen in die Stabilität der Eurozone. Sein Stammkapital beträgt 700 Milliarden Euro. Diese Summe teilt sich auf in 80 Milliarden einzuzahlendes Kapital und weitere 620 Milliarden Euro an Garantien. Der ESM kann maximal 500 Milliarden Euro an Darlehen vergeben. Die Vertragsländer zahlen in fünf Raten 80 Milliarden Euro in den ESM ein. Der deutsche Anteil hierfür beträgt 21,7 Milliarden Euro.

M 7 Die Krise der Europäischen Währungsunion ist nicht aus heiterem Himmel über die Mitgliedstaaten hereingebrochen

Was also war geschehen, dass einige Staaten plötzlich zahlungsunfähig waren? Griechenland nun ist ein besonders eklatantes Beispiel für ein Land, das wirtschaftlich und politisch aus der Spur geraten ist: Die hohe öffentliche Verschuldung paarte sich mit einer staatlichen Verwaltung, die in kaum einer Hinsicht den Anforderungen eines modernen Industrielandes gerecht wurde, und mit einer Volkswirtschaft, die im globalen Wettbewerb hoffnungslos unterlegen war. Nach und nach setzte sich die Einsicht durch: Um eine Totalsanierung seines Staates und seiner Wirtschaft würde Griechenland nicht herumkommen.

Während Portugal noch am ehesten mit Griechenland vergleichbar war, da auch das kleine iberische Land unter einer wettbewerbsschwachen Wirtschaft und einem aufgeblähten Staatssektor litt, war die Situation im Nachbarland Spanien eine andere. Die spanische Wirtschaft, getrieben durch einen mehrjährigen Boom im Bausektor, florierte über mehrere Jahre; die Staatsverschuldung war gemessen am Bruttoinlandsprodukt sogar niedriger als die Deutschlands. Letztlich aber erwies sich die überdimensionierte Bautätigkeit als Grundübel der spanischen Wirtschaft: Als die Blase zu platzen begann, viele Kreditnehmer ihre Darlehen nicht mehr zurückzahlen konnten, die Banken auf ihren Krediten sitzen blieben und der Wegfall der Arbeitsplätze in der Baubranche durch keine anderen Sektoren aufgefangen werden konnte, hatte die Krise Spanien voll erfasst. Die Jugendarbeitslosigkeit von über 50 Prozent hat schonungslos offengelegt, dass auch die spanische Wirtschaft unter einer erheblichen Strukturschwäche leidet.

Wieder anders verhält es sich mit Irland. Der „keltische Tiger" hatte es bis 2008 geschafft, in die ökonomische Spitzengruppe der Eurozone aufzusteigen, ehe der auch hier endende Bauboom einige Großbanken des Landes in den Abgrund zu reißen drohte. Um das Bankensystem zu retten, musste der irische Staat in die Vollen gehen und Milliarden-Summen investieren, wodurch die Staatsverschuldung dramatisch anwuchs. Ergebnis auch hier (wie in Griechenland und Portugal): Irland hatte keinen Zugang mehr zu den Kapitalmärkten und benötigte Hilfen aus dem EFSF.

Im Fall Irlands ist ein unmittelbarer Zusammenhang zwischen der Banken- bzw. Finanzmarktkrise der Jahre 2007 – 2009 und der späteren Staatsschuldenkrise erkennbar, doch wie verhält es sich mit den anderen Krisenstaaten? Sowohl der Bankensektor in Portugal und Spanien als auch der in Italien und Griechenland ist von der Finanzmarktkrise im Ge-

folge der Pleite von Lehman Brothers kaum betroffen gewesen, da die Institute – wenn überhaupt – nur wenige der problembehafteten Wertpapiere in ihrem Besitz hatten.
Und doch gibt es Wechselwirkungen zwischen der Krise im Finanzsektor und der Schuldenkrise der Euro-Staaten. Zum einen haben der globale Konjunktureinbruch infolge der Finanzmarktkrise und die in seiner Folge geschnürten Konjunkturpakete die Haushaltslage vieler Staaten zusätzlich verschärft. Zum anderen war das europäische Bankensystem mit Ausbruch der Staatsschuldenkrise noch lange nicht so stabil, als dass es massive Ausfälle der von ihnen gehaltenen Staatsanleihen ohne Weiteres verkraftet hätte. Hintergrund: Banken gehören mit zu den größten Gläubigern der Staaten – was auch darauf zurückzuführen ist, dass sie für Staatsanleihen kein Eigenkapital hinterlegen müssen. Hatten in der Finanzmarktkrise 2007 – 2009 also zunächst die Banken die Staaten in Probleme gebracht, so war es mit der Staatsschuldenkrise eher andersrum: Nun haben Staaten die Banken in Schwierigkeiten gebracht. In Spanien wiederum hat das Wechselspiel eine eigene Note: Der Staat muss Banken infolge der Baukrise stützen, wodurch seine Verschuldung ansteigt; die spanischen Institute wiederum werden zum Kauf spanischer Anleihen angeregt, damit die Zinsen nicht zu hoch steigen.

© Bundesverband deutscher Banken, Berlin 2016, Schuldenkrise im Euro-Raum – Ursachen der Schuldenkrise, www.bankenverband.de, Abruf am 24.2.2016

Außer dem eingezahlten Kapital ist der ESM mit weiteren 620 Milliarden Euro Gewährleistungen ausgestattet. Der deutsche Anteil daran beträgt 168,3 Milliarden Euro.
Eng verknüpft mit dem ESM ist der neue Fiskalvertrag der EU: Hilfen aus dem ESM können nur diejenigen Ländern erhalten, die den Fiskalvertrag ratifiziert und nationale Schuldenbremsen eingeführt haben. Außerdem müssen die Eurostaaten ihrerseits finanz- und wirtschaftspolitische Auflagen erfüllen.

Lehman Brothers
Ehemalige US-amerikanische Investmentbank, die am 15.9. 2008 infolge der Finanzkrise Insolvenz beantragen musste.

M 8 Deutschlands Exporterfolge als Ursache

[In] Europa [wachsen] Stimmen, die in den enormen Handelsüberschüssen Deutschlands mit eine Ursache für die mangelnde Konkurrenzfähigkeit der jeweils heimischen Produkte sehen. In einer Begründung des EU-Parlaments hierzu heißt es, „dass auch Länder wie Deutschland [...] der Grund für Instabilität in Europa sein können". [...] Kritiker sprechen gar davon, dass Deutschland sich nicht nur durch die gemeinsame Währung Wettbewerbsvorteile verschaffe, sondern auch sehenden Auges und gezielt Produkte an überschuldete Kunden verkaufe und diese damit immer tiefer in die Schuldenfalle treibe.

Jürgen Kalb, Von der Staatsschuldenkrise zur politischen Krise in der EU, in: D&E, Heft 63, 2012, S. 7 f.

Verordnung Nr. 1175/2011 der EU
Ende 2011 hat die EU ein Gesetzespaket zur früheren Erkennung wirtschaftlicher Ungleichgewichte beschlossen (Teil der sog. „Sixpack-Verordnungen"). Demnach können EU-Staaten mit Sanktionen belegt werden, wenn sie zu hohe Leistungsbilanzüberschüsse (Leistungsbilanzüberschuss von mehr als 6 Prozent des BIPs) aufweisen, Länder also, die deutlich mehr exportieren als importieren.

Aufgaben

1. Beschreibt in arbeitsteiliger Gruppenarbeit die Ursachen der Krise in den Ländern Griechenland, Spanien, Irland (M 7, M 8).
2. Erkläre die Funktionsweise des ESM (Randspalte zu M 7).
3. Analysiere den aktuellen Stand der Wirtschafts- und Staatsschuldenkrise in der EU.

Anleihezinsen und Anleiherenditen
Eine wichtige Faustformel lautet: Steigt das Niveau des Kapitalmarktzinses (Nominalzins), sinken die Kurse für die Anleihen. Die Nachfrage nach diesen Anleihen lässt nach, da die neu ausgegebenen Anleihen einen höheren Nominalzins haben und daher für den Anleger attraktiver sind. Auf der anderen Seite steigen die Kurse der Anleihen bei einem sinkenden Kapitalmarktzins.

Erkläre, warum steigende Renditen mit fallenden Kursen einhergehen.

Erklärfilm „Leitzins"

Mediencode: 71007-10

Halte ein Kurzreferat zum Aufbau und den Aufgaben der EZB.

M 9 Die Renditen zehnjähriger Staatsanleihen seit Beginn der Staatsschuldenkrise in Europa

StZ-Grafik: zap; Quelle: Bloomberg, Trading Economics

M 10 Die Europäische Zentralbank – Hüterin des Euro

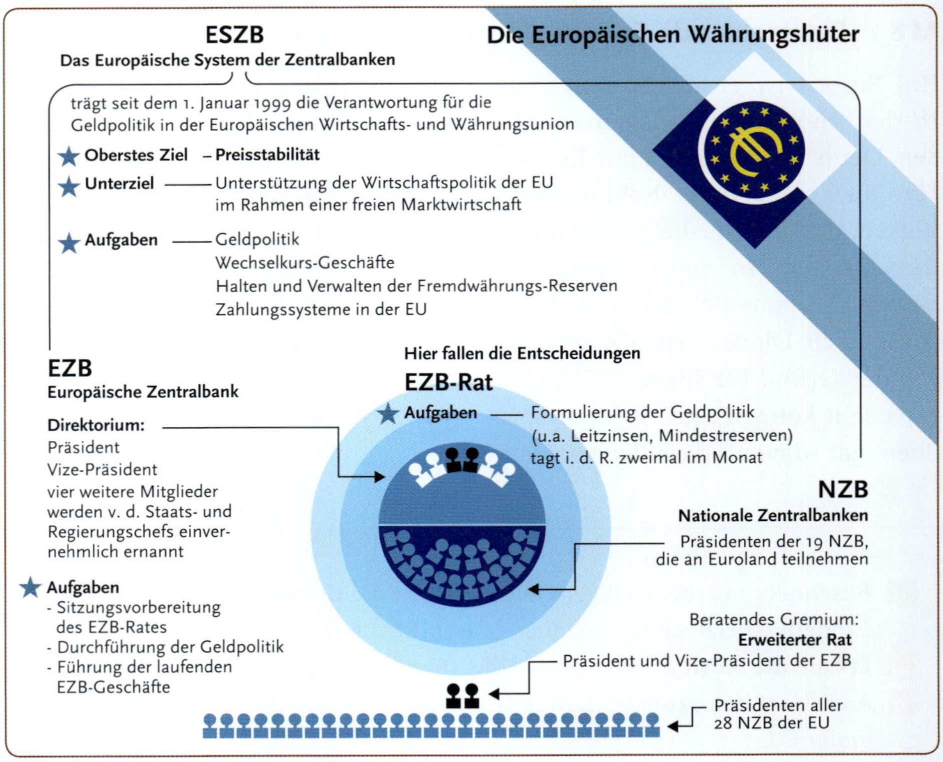

Globus-Grafik 3480

M 11 Welche Möglichkeiten hat die EZB im Kampf gegen die Euro-Schuldenkrise?

Seit Beginn der Euro-Schuldenkrise im Jahr 2010 kämpft die Europäische Zentralbank (EZB) gegen ein Auseinanderbrechen des gemeinsamen Währungsraums. Ihre Maßnahmen:

Zinssenkungen: Seit der Verschärfung der Schuldenkrise ab 2011 drehte die EZB kräftig an der Zinsschraube. Mittlerweile liegt der Leitzins auf dem Rekordtief von 0,05 Prozent. Das hilft Geschäftsbanken.

Strafzinsen: Parken Banken Geld bei der EZB, müssen sie dafür inzwischen Zinsen zahlen. Das soll die Kreditvergabe ankurbeln.

Geldspritzen: Ende 2011/Anfang 2012 unterstützte die EZB Banken mit Notkrediten (LTRO) im Volumen von einer Billion Euro. Die Kredite wurden zu Mini-Zinsen und für drei Jahre gewährt. 2014 folgten weitere Notkredite, allerdings diesmal in deutlich geringerem Umfang.

Kauf von Kreditpaketen: Seit Herbst 2014 kauft die EZB Pfandbriefe (Covered Bonds) und gebündelte Kreditverbriefungen (ABS). Das soll Geschäftsbanken Freiräume zur Vergabe von Krediten verschaffen.

Weniger Zinsentscheidungen: Ab 2015 werden wichtige geldpolitische Entscheidungen nicht mehr alle vier Wochen, sondern nur noch alle sechs Wochen verkündet. Das soll Erwartungen an den Finanzmärkten eindämmen und den EZB-Maßnahmen mehr Zeit zur Entfaltung geben.

Staatsanleihen-Käufe: Im Mai 2010 begann die EZB erstmals mit dem Kauf von Staatsanleihen. Das „Securities Markets Programme" (SMP) sollte den Anstieg der Renditen von Anleihen angeschlagener Euroländer bremsen. Bis Anfang 2012 kaufte die EZB Staatspapiere für rund 220 Milliarden Euro, zumeist italienische Anleihen. Im September 2012 ersetzte das Programm „Outright Monetary Transactions" (OMT) diese Maßnahme: Die EZB erklärt sich dabei unter Bedingungen bereit, notfalls unbegrenzt Anleihen von Krisenstaaten zu erwerben. Gekauft wurde in diesem Rahmen bisher keine Anleihe. Dennoch beschäftigte der OMT-Beschluss Juristen bis zum Europäischen Gerichtshof (EuGH).

„Quantitative Easing" QE: Für die sogenannte Quantitative Lockerung druckt sich die Zentralbank quasi selbst Geld und kauft damit in großem Stil Anleihen – etwa Staatsanleihen. Das tut die EZB seit März dieses Jahres: 60 Milliarden Euro pro Monat werden auf diesem Weg in den Markt gepumpt, insgesamt gut 1,1 Billionen Euro bis September 2016. Das soll die Konjunktur ankurbeln und die Inflation wieder in Richtung der EZB-Zielmarke von knapp unter 2,0 Prozent befördern.

© Zeitonline, EZB – Der Kampf gegen die Euro-Schuldenkrise, www.zeit.de, 22.1.2015

Zinsen und Konjunktur
Mit Zinsen von lediglich 0,05 Prozent, die Geschäftsbanken für die Aufnahme von Krediten an die EZB bezahlen müssen, können Geschäftsbanken ebenfalls günstige Kredite an Unternehmen und Verbraucher vergeben. Dies soll Investitionen und den Konsum fördern und dadurch die Konjunktur beleben.

Niedrige Zinsen und Inflation
Wenn es durch niedrige Zinsen gelingt, die Kreditvergabe für Investitions- und Konsumgüter zu steigern und so die gesamtwirtschaftliche Nachfrage zu erhöhen, dann wird die Inflation voraussichtlich wieder auf das von der EZB anvisierte Niveau von 2 Prozent steigen. Die mit einer Deflation einhergehenden Gefahren (Rückgang des Preisniveaus, geringere Renditen für Produzenten, geringere Investitionen, Rückgang der Wirtschaftsleistung, Anstieg der Arbeitslosigkeit und Krise der Konjunktur) könnten dadurch bezwungen werden.

Aufgaben

1. Beschreibe mithilfe von M 9 den Verlauf der Krise.
2. Recherchiere (→ Methodenglossar) im Internet und Tageszeitungen und erkläre, warum die Maßnahmen der EZB zur Bewältigung der Krise umstritten sind (M 10, M 11).

M 12 Kontrovers diskutiert: Sollen hochverschuldete EU-Staaten aus der Währungsunion ausscheiden? – das Beispiel Griechenland

Bundesfinanzminister Wolfgang Schäuble (CDU) würde die Griechen im Notfall ziehen lassen. Er hält die Gefahren eines Haltens des Landes im Euro „um jeden Preis" für größer als die Folgen eines Euro-Austritts. Die EU-Kommission warnt dagegen vor einem „Spiel mit dem Feuer". Ein Austritt könnte die ganze Währungsunion am Ende in die Luft jagen.
Was spricht für, was gegen den Euro-Austritt des Landes? Die „Welt" hat eine Pro-und-Kontra-Liste erstellt. Sie zeigt, warum die Entscheidung so schwierig ist. Denn beide Seiten haben gute Argumente auf ihrer Seite.

Wettbewerbsfähigkeit

Pro Grexit: Eine neue Währung ist die einzige Chance für Griechenlands Wirtschaft, wieder wettbewerbsfähig zu werden. Die Exporte für griechische Unternehmen würden durch eine Abwertung billiger, das Land würde zum Touristen-Magnet, weil Urlauben in Griechenland viel günstiger wäre. Auf diese Weise wird Griechenland nach und nach wirtschaftlich wieder auf die Beine kommen – und eines Tages wirklich fit für den Euro sein. Griechenland muss sich deshalb vom Euro als Fessel für die Wirtschaft zumindest für ein paar Jahre befreien.

Kontra Grexit: Durch eine neue Währung würden die Griechen schlagartig verarmen. Denn die neue Währung würde um mindestens 30 Prozent gegenüber dem Euro abwerten. Dadurch würden lebenswichtige Importe wie Energie, Medikamente und Lebensmittel auf einen Schlag viel teurer. Das Land würde um Jahre, wenn nicht Jahrzehnte zurückgeworfen.

Es könnte zu sozialen Unruhen und bürgerkriegsähnlichen Zuständen kommen. Das darf Europa nicht zulassen.

Regeln

Pro Grexit: Europa muss zeigen, dass die europäischen Regeln mehr wert sind als das Papier, auf dem sie stehen. Die europäischen Regeln müssen eingehalten werden, für Griechenland darf es keine Ausnahmen geben, keine Hilfsgelder ohne Gegenleistung. Ansonsten geben auch andere Euroländer keinen Pfifferling mehr auf das Vertragswerk und machen wieder im großen Stile Schulden. Wenn das Linksbündnis Syriza aus den Verhandlungen mit den Gläubigern zudem als Sieger hervorgeht, könnten ähnliche Protestbewegungen wie Podemos in Spanien ebenfalls die Macht erringen. Dann wäre die Eurozone am Ende.

Kontra Grexit: Regeln sind wichtig. Aber Europa darf nicht nur aus Regeln bestehen. Europa muss auch solidarisch mit den Schwachen sein. Und Europa stünde bei einem Ausscheiden Griechenlands aus der Währungsunion in der Welt als Schwächling da. Die USA und China würden zu Recht bezweifeln, dass Europa handlungsfähig ist. Und sie würden sich zu Recht verärgert fragen, warum die EU wegen ein paar Milliarden Euro die Erholung der Weltwirtschaft

Syriza
Nach dem Wahlsieg im Januar 2015 stellte die Partei Syriza mit Parteichef Alexis Tsipras erstmals den Ministerpräsidenten Griechenlands und bildete eine Koalitionsregierung mit der rechtspopulistischen Partei Anexartiti Ellines.

Podemos
Linke, spanische Partei

aufs Spiel setzt. Dieser nachhaltige weltweite Vertrauensverlust wäre es, der die Eurozone gefährden würde. Die Gefahr von Syriza-Nachahmern in der Eurozone besteht zudem nicht: Das schon jetzt entstandene Chaos in Griechenland sowie die verheerende wirtschaftliche Lage des Landes sind Abschreckung genug, den gleichen Weg gehen zu wollen.

Ansteckungsgefahr

Pro Grexit: Das erste griechische Rettungsprogramm 2010 war dafür da, einen Crash an den Finanzmärkten zu verhindern. Das zweite 2012, um Ansteckungsgefahren auf andere Euroländer einzudämmen. Doch beide Gefahren bestehen nicht mehr. Banken und Versicherungen haben ihre Griechenland-Papiere abgestoßen. Auf den Finanzmärkten würde ein Grexit kein Chaos mehr anrichten. Und durch die Anleihenkäufe der Europäischen Zentralbank (EZB), die Einrichtung des Europäischen Rettungsschirms ESM sowie der Banken-Union sind wirksame Brandmauern geschaffen worden, um Ansteckungsgefahren auf andere Euroländer im Keim zu ersticken.

Kontra Grexit: Ein Grexit birgt nach wie vor unkalkulierbare Risiken. Niemand weiß, was bei einem Euro-Austritt passiert, denn so einen Fall hat es noch nie gegeben. Niemand weiß, ob die europäischen Banken nicht doch zu stark vernetzt sind, ob sie nicht doch nervös reagieren. Zwar mag ein Grexit kurzfristig keine Ansteckungsgefahren für andere Länder haben. Aber was passiert, wenn in ein, zwei oder auch fünf Jahren ein anderes Euroland in Schieflage gerät? Dann kann Europa nicht mehr sagen, ein Austritt des Landes komme nicht infrage. Denn mit Griechenland hat es bereits einen Präzedenzfall gegeben. Die Finanzmärkte würden dann im großen Stil gegen die Währungsunion spekulieren – und der Euro wäre am Ende.

Finanzielle Hilfe

Pro Grexit: Griechenland hat bislang außerordentlich großzügige Hilfen bekommen. Die Gelder waren als Hilfe zur Selbsthilfe gedacht. Doch Griechenland hat die Hilfen nicht genutzt. Das Land ist mit seinem Reformprogramm nicht wirklich vorangekommen. Zudem will die Syriza-Regierung gar nicht reformieren. Weitere Hilfen hätten deshalb einen neuen Charakter: Es würde ein dauerhafter Transfermechanismus in Europa eingerichtet. Der deutsche Wähler wurde aber nie gefragt, ob er eine solche Vertiefung der Währungsunion will. Da die Politiker im Bundestag Verantwortung für die Steuerzahler tragen, dürfen sie weiteren Hilfen daher nicht zustimmen.

Kontra Grexit: Griechenland war bis zu den Neuwahlen Anfang des Jahres mit seinem Reformprogramm auf einem guten Weg. Das hat gezeigt: Der eingeschlagene Weg, Hilfsmilliarden gegen Reformauflagen, war richtig. Griechenland muss die Chance gegeben werden, wieder auf diesen Kurs zurückzukehren. Das zu versuchen ist zumindest billiger als ein Euro-Austritt. Denn kommt es zum Grexit, sind nicht nur die Milliarden der Europäer aus den Hilfskrediten für Athen zu einem großen Teil verloren. Europa müsste Grie-

Präzedenzfall
Ein juristischer Fall, der als Maßstab für andere Fälle herangezogen werden kann.

chenland auch nach einem Euro-Austritt mit vielen Milliarden helfen, um das Land vor einer humanitären Katastrophe zu bewahren. Diese Gelder würden zudem ganz ohne Reformauflagen nach Athen fließen.

Geostrategie
Pro Grexit: Die Rettung Griechenlands ist ein Fass ohne Boden. Statt weiter über Hilfskredite Geld nach Griechenland zu pumpen, wäre es ehrlicher, über Strukturmittelfonds Griechenland eine Art Entwicklungshilfe zukommen zu lassen. Griechenland würde nach einem Euro-Austritt schließlich weiter EU-Mitglied bleiben. Die griechische Regierung weiß genau: Hilfsmilliarden von Russland oder China wären die schlechtere Alternative, weil deren Forderungen noch weitreichender wären als die der EU. Und die Griechen wissen: Als Wiege der europäischen Demokratie werden sie immer zu Europa gehören.
Kontra Grexit: Einen Euro-Austritt kann sich Europa aus geostrategischen Gründen nicht leisten. Ein „failed state" an der Südostflanke wäre für die NATO angesichts der aggressiven Politik Russlands und der Bedrohung durch die Terrormiliz Islamischer Staat verheerend. Niemand weiß doch, wie sich die griechische Regierung nach einem Bruch mit den europäischen Partnern verhalten würde. Schließlich hat Premier Alexis Tsipras schon Gespräche mit China und Russland über Hilfsmaßnahmen geführt. Und Minister aus seinem Kabinett haben schon damit gedroht, Flüchtlingen aus Afrika freie Durchfahrt in andere EU-Länder zu gewähren.

Martin Greive, Grexit oder nicht? Die ultimative Pro- und Contra-Liste, www.welt.de, 20.6.2015

M 13 Vorschläge zu einer langfristigen Stabilisierung des Euro

Bei den Vorschlägen zu einer Überwindung der Schuldenkrise ist zwischen kurzfristigen und langfristigen Maßnahmen zu unterscheiden. Kurzfristig geht es vor allem um die Sanierung Griechenlands durch einen Schuldenschnitt sowie um die Absicherung der Privatbanken, um einen Zusammenbruch des Finanzsystems zu verhindern. Langfristig sind grundlegende Reformen nötig.

1. Insolvenzordnung für Staaten: Zunächst ist es notwendig, eine Insolvenzordnung für Staaten zu entwickeln, um für einen möglichen (und historisch evidenten) Insolvenzfall vorbereitet zu sein. Der Markteintritt und der Marktaustritt sind Grundsatzfragen in jedem Wirtschaftssystem, für das es klar festgelegte Regeln geben muss. Die Haftung als konstituierendes Prinzip einer Wirtschaftsordnung sollte auch für Staaten gelten.

2. Vertragsänderungen und europäische Schuldenbremse: Der bisherige Lissabon-Vertrag reicht in der vorliegenden Form nicht aus, weil er den Stabilitäts- und Wachstumspakt unzureichend schützt. Die Einführung einer europäischen Schuldenbremse mit entsprechender

Verankerung in den nationalen Finanzverfassungen ist dringend notwendig. Es müssen zudem glaubwürdige und automatische Sanktionen verankert werden, um Regelverletzungen ahnden zu können. Dies impliziert auch, dass Länder, die vorsätzlich und wiederholt die Regeln verletzten, ausgeschlossen werden können. Juristisch sind solche Vertragsänderungen keinesfalls einfach, da in allen 28 Mitgliedsländern unterschiedliche verfassungsrechtliche Vorgaben existieren. Gleichwohl ändert dies nichts an der Notwendigkeit, den bestehenden Ordnungsrahmen, der sich als unzureichend erwiesen hat, zu verändern.

Dirk Wentzel, Hanno Beck, Ist der Euro noch zu retten? In: D&E, Heft 63, 2012, S. 30

M 14 (Mögliche) Instrumente zur Euro-Rettung

EU-Wirtschaftsregierung – legt gemeinsame Wirtschaftsziele fest, z. B. zur Neuverschuldung oder zum Arbeitsmarkt

Sanktionen gegen Defizitsünder – sollten schneller und einfacher verhängbar sein

Schuldenbremse – forciert schnelleren Schuldenabbau in Krisenstaaten

Eurobonds – ermöglichen Krisenländern günstigere Kredite

Frühwarnsystem – Überwachung wirtschaftlicher Ungleichgewichte und Einführung einheitlicher Standards für Statistiken und Haushaltspläne

Finanztransaktionssteuer – gibt der EU zusätzliches Geld für Rettungsmaßnahmen und macht kurzfristige Finanzspekulationen teurer und unattraktiver

Nach: dpa-Infografik 15207, Stand: 17.8.2011

Eurobonds
Von allen EU-Staaten gemeinsam am Kapitalmarkt aufgenommene Schulden, für die diese gesamtschuldnerisch für die Rückzahlung und Zinsen dieser Schulden haften würden. Nach derzeitigem europäischem Recht verstoßen Eurobonds gegen die in Art. 125 AEU-Vertrag geregelte Nichtbeistands-Klausel („no bail out-Klausel"), nach der jeder Staat die von ihm gemachten Schulden selbst tragen und verantworten muss.

Finanztransaktionssteuer
Mithilfe einer Finanztransaktionssteuer soll der Börsenhandel verteuert werden, um dadurch Spekulationsgeschäfte zu verringern und die Finanzmärkte zu stabilisieren.

Aufgaben

1. Nimm ausgehend von M 12 Stellung zur Frage, ob Griechenland und zukünftig andere hochverschuldete Staaten aus der Währungsunion austreten sollen.
2. Fasse die Maßnahmen zur zukünftigen Stabilisierung des Euro zusammen (M 13, M 14).
3. Untersuche die Maßnahmen nach ihrer Wirksamkeit und Durchsetzbarkeit (M 13, M 14).

Was wir wissen

Der Binnenmarkt und die vier Freiheiten
M 1 – M 3

Ein Binnenmarkt bezeichnet ein abgegrenztes Gebiet, in dem Menschen ungehindert wirtschaften können. Normalerweise findet sich ein solches Gebiet nur innerhalb von Staaten, doch haben sich die Mitglieder der EU nach einem Abkommen von 1993 dazu entschlossen, einen gemeinsamen Markt zu gründen.
Ziel des EU-Binnenmarktprojektes war der Abbau sämtlicher Hindernisse, die dem grenzüberschreitenden Handel im Wege standen. Der Binnenmarkt basiert auf den sog. vier Freiheiten: dem ungehinderten Austausch von Waren und Dienstleistungen, dem unbeschränkten Kapitalverkehr, der freien Wahl des Arbeitsplatzes sowie dem ungehinderten Personenverkehr (Wegfall von Grenzkontrollen). Um einen vollständigen Binnenmarkt zu erreichen, mussten viele Vorschriften angeglichen werden. In einigen Bereichen, wie bei der Anerkennung verschiedener Berufsabschlüsse, ist der Binnenmarkt bis heute noch nicht vollendet.

Die europäische Währungsunion
M 4 – M 6

Die im Maastrichter Vertrag festgelegte Wirtschafts- und Währungsunion ist neben der Erweiterung der EU das wohl bisher ehrgeizigste Ziel europäischer Politik. Sie schmiedet die nationalen Volkswirtschaften noch enger zusammen. Die Befürworter und Verteidiger der gemeinsamen Währung sehen in ihr die „Krönung" des europäischen Binnenmarkts und einen entscheidenden Schritt zur Vertiefung europäischer Integration hin zu einer politischen Union. Darüber hinaus dient die gemeinsame Währung dem Wohlstand und bildet ein Gegengewicht zur Dominanz des US-Dollars.
Die Kritiker halten die Einführung des Euros für verfrüht, weil weder die wirtschaftlich-soziale noch die politische Integration weit genug vorangeschritten ist. Voraussetzung für die Teilnahme an der Währungsunion ist die Erfüllung der Konvergenzkriterien. Alle Mitgliedstaaten der EU – bis auf Großbritannien und Dänemark – haben sich dazu verpflichtet, den Euro als gemeinsame Währung einzuführen und auf die Erreichung und Einhaltung der Konvergenzkriterien hinzuarbeiten. Um auf Dauer eine nachhaltige wirtschaftliche Konvergenz innerhalb der EU zu erreichen, wurde 1997 zudem der Stabilitätspakt beschlossen. Er fordert von den Mitgliedstaaten eine solide Wirtschafts- und Finanzpolitik. Auch hierfür wurden bestimmte Kriterien festgelegt, die sich an den Konvergenzkriterien orientieren. Um Krisen, die den Bestand der Wirtschafts- und Währungsunion gefährden, in Zukunft zu verhindern, verpflichteten sich bis auf Großbritannien, Tschechien und Kroatien alle EU-Staaten in einem internationalen Abkommen, welches am 1.1.2013 in Kraft trat, zu mehr Haushaltsdisziplin. Durch die Ablehnung der Briten, Tschechen und Kroaten konnte dieser EU-Fiskalpakt nicht auf dem Weg einer Änderung des Vertrags über die Europäische Union erreicht werden, da hierfür Einstimmigkeit erforderlich ist. Stattdessen beruht die Zusammenarbeit auf einem neuen zwischenstaatlichen Vertrag.

Was wir können

„Die Zollschranken fallen, aber noch ist der Weg zur Europäischen Union weit: Der unerfüllte Traum" – ein Zeitungsartikel vom 28. Juni 1968

In dem Zeitungsartikel „Der unerfüllte Traum" schildert der Autor Diether Stolze zwei Tage vor dem Inkrafttreten der Zollunion am 1. Juli 1968 seine Enttäuschung über die Entwicklung in der EWG seit dem Inkrafttreten der Römischen Verträge im Jahre 1958. Er hatte 1958 mehr von der Zukunft des gemeinsamen Marktes erwartet. Trotzdem gibt es für ihn keinen Weg zurück in ein Europa der Schlagbäume.

Was hatten wir im Jahr 1958 nicht alles von dem Tag erwartet, an dem die Zollunion der EWG vollendet und in Europa ein Binnenmarkt von 180 Millionen Verbrauchern entstanden sein wird. Wir hatten angenommen, der Abbau der Zollschranken müsse auch zu einer gemeinsamen Wirtschafts- und Währungspolitik, zur Gründung übernationaler Konzerne und enger technologischer Zusammenarbeit führen. Vor allem aber bestand die Hoffnung, dass es zehn Jahre nach Gründung der Wirtschaftsgemeinschaft auch eine politische Kooperation, vielleicht sogar bereits einen lockeren, aber funktionsfähigen Staatenbund geben wird.

Und wie sieht die Realität in Europa aus, in den Tagen und Wochen vor dem 1. Juli 1968? Junge Deutsche werden ohne Rechtsgrund und unter Anwendung von Gewalt aus Paris abgeschoben, Frankreich will aus Angst vor der drohenden Inflationskrise den freien Warenaustausch gleich zu Beginn wieder beschränken, [...] Längst haben wir uns daran gewöhnen müssen, dass der Weg zur Wirtschaftsunion noch weit ist – von der politischen Gemeinschaft ganz zu schweigen. [...]

Nein, der Traum vom großen, einigen Europa hat sich nicht erfüllt. So ist es gewiss verständlich, wenn viele an einer Gemeinschaft verzweifeln möchten, die sich oft nur in dem großen Feilschen um Schweinekontingente oder Olivenpreise manifestiert. Doch wenn sich keine Alternativen zeigen, ist Resignation kaum die richtige Antwort auf die Tatsache, dass sich ein Traum nicht erfüllt hat. Und es gibt keine Alternative zum Weiterbau der EWG: weder ökonomisch noch politisch. In einer Zeit, in der Eisenbahnexperten feststellen, dass unsere Züge bald mit 300, vielleicht sogar 500 Kilometern pro Stunde verkehren werden, sind die Räume der Nationalstaaten wirklich zu klein geworden. Wenn der Raumfahrtindustrielle Ludwig Bölkow in einem leidenschaftlichen Appell fordert, Europa müsse an einem großen Zukunftsprojekt wie der Landung eines Menschen auf dem Mars mitwirken, dann wird klar: unser Kontinent hat gar keine andere Wahl, als seine Kräfte zu vereinen, um vor der Herausforderung des wissenschaftlich-technischen Zeitalters zu bestehen.

Immerhin ist einiges erreicht worden: in zehn Jahren EWG haben die Menschen in unserem Kontinent einen Lebensstandard erreicht, der es bald erlauben wird, [...] von einer Gesellschaft im Überfluss zu sprechen. Gewiss, Wohlstand ist nicht genug – aber doch eine wesentliche Voraussetzung für Reformen. Und warum sollten wir aufhören zu träumen: Wenn wir geduldig eine „Politik der kleinen Schritte" betreiben, werden sich 1978, in zehn Jahren, vielleicht doch manche der Hoffnungen erfüllt haben, die wir schon so lange hegen.

Diether Stolze, Die Zollschranken fallen – aber noch ist der Weg zur europäischen Union weit. Der unerfüllte Traum, www.zeit.de, 28.6.1968

Aufgaben

1. Diether Stolze blickt im Jahre 1968 zurück auf die Erwartungen, die viele Bürger in Europa an den Abbau der Zollschranken und den gemeinsamen Binnenmarkt in der damaligen EWG im Jahre 1958 gestellt hatten. Beschreibe, welche Erwartungen der Autor 1958 gehabt hat und arbeite heraus, welche Erwartungen sich nach seiner Einschätzung nicht erfüllt haben.
2. Diether Stolze wagt auch einen Ausblick auf das Jahr 1978. Überprüfe, in welchem Umfang sich der Traum erfüllt hat und welche Träume erst später oder noch gar nicht Realität geworden sind.

5.4 Herausforderungen der EU – am Beispiel der Migration nach Europa

Wie sichert die EU ihre Außengrenzen – brauchen wir Schutzwälle gegen Flüchtlinge?

M 1 Das Schengener Abkommen

Schengen
Gemeinde im Großherzogtum Luxemburg. Am 14.6.1985 unterzeichneten fünf EU-Mitgliedstaaten in der Nähe dieses Ortes das „Schengener Abkommen“, das den Abbau der Kontrollen an den gemeinsamen Grenzen vorsieht.

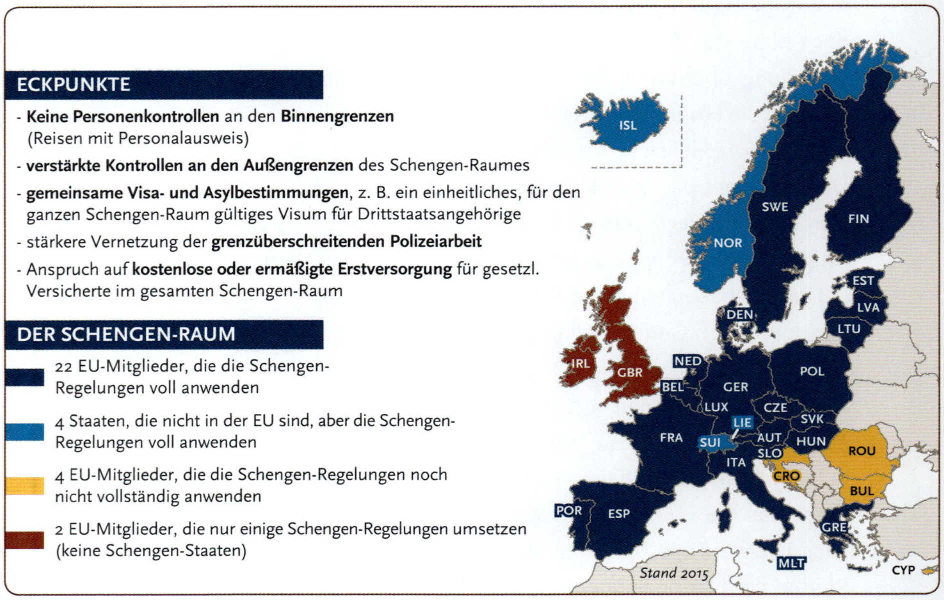

Globus-Grafik 10267; Quelle: Bundesinnenministerium, Auswärtiges Amt

Die zentrale Säule des Grenzschutzes an den Außengrenzen ist zunächst der Schengener Grenzkodex, in dem die Vorschriften für das Überschreiten der Außengrenzen und die Bedingungen für die vorübergehende Wiedereinführung von Kontrollen an den Binnengrenzen festgelegt sind. Daneben greift die EU als zweite Kategorie von Maßnahmen auf ihre Fonds zurück, um einige der Kosten, die den Mitgliedstaaten an den Außengrenzen entstehen, auszugleichen, da nicht alle Mitgliedstaaten Außengrenzen kontrollieren müssen und somit nicht gleich stark vom Grenzverkehr betroffen sind. [...] Die dritte Kategorie von Maßnahmen steht im Zusammenhang mit der Einrichtung zentraler Datenbanken zum Zweck der Migrationsteuerung und Grenzkontrolle. Die vierte Kategorie besteht aus einer Reihe von Maßnahmen zur Verhinderung und Sanktionierung der unerlaubten Ein- und Durchreise und des unerlaubten Aufenthalts. Die letzte Kategorie umfasst Maßnahmen für die operative Zusammenarbeit im Bereich des Grenzschutzes, die durch die Europäische Agentur für die operative Zusammenarbeit an den Außengrenzen der Mitgliedstaaten (Frontex) organisiert werden.

© Europäische Union, 1995 - 2016, http://ec.europa.eu, Für die Wiedergabe und Anpassung ist allein die C.C. Buchner Verlag GmbH & Co. KG verantwortlich.

M 2 Frontex und das Grenzregime der EU

Mittels moderner Technologien und unter Einbezug ihrer Nachbarstaaten versucht die Europäische Union, ihre Außengrenzen vor Kriminalität und illegaler Migration zu schützen. Zentraler Akteur ist dabei die Grenzschutzagentur Frontex. [...] Frontex sammelt Daten und Informationen über illegale Migration und über grenzüberschreitende Kriminalität wie zum Beispiel Menschenhandel oder Schmuggel von Waren und wertet diese aus. Hierbei arbeitet Frontex genau wie die europäische Polizeibehörde Europol erkenntnisgestützt. Da Frontex selbst keine Polizei ist, koordiniert die Agentur die Einsätze der Grenzpolizeien der Mitgliedstaaten. Ein Beispiel hierfür ist das European Patrols Network, das Europäische Patrouillennetzwerk. [...] Auf Grundlage der ermittelten Risiken plant Frontex die Unterstützung der nationalen Grenzpolizeien aus den EU-Mitgliedstaaten. Zum Selbstverständnis der Grenzschutzagentur gehören auch Einsätze auf hoher See, um Flüchtlinge vor dem Ertrinken zu bewahren.

NATO-Draht gegen Flüchtlinge aus aller Welt: Ungarische Soldaten errichten den neuen Zaun an der Grenze zu Serbien. Europas neuer Eiserner Vorhang – Es ist noch nicht lange her, da rissen die Europäer Zäune nieder. Jetzt errichten sie neue. Mit anderem Ziel.

Mechthild Baumann, Frontex – Fragen und Antworten, www.bpb.de, 26.2.2014

Aufgaben von Frontex

a. Koordinierung der operativen Zusammenarbeit der Mitgliedstaaten im Bereich des Schutzes der Außengrenzen;
b. Unterstützung der Mitgliedstaaten bei der Ausbildung von Grenzschutzbeamten einschließlich der Festlegung gemeinsamer Ausbildungsnormen;
c. Durchführung von Risikoanalysen;
d. Verfolgung der Entwicklungen der für die Kontrolle und Überwachung der Außengrenzen relevanten Forschung;
e. Unterstützung der Mitgliedstaaten in Situationen, die eine verstärkte technische und operative Unterstützung an den Außengrenzen erfordern;
f. Bereitstellung der notwendigen Unterstützung für die Mitgliedstaaten bei der Organisation gemeinsamer Rückführungsaktionen.

M 3 EU-Grenzschutzagentur Frontex – „Bad Guy“ europäischer Flüchtlingspolitik?

Die bisherigen Erfahrungen mit der europäischen Grenzschutzagentur sind ambivalent: Auf der einen Seite hat Frontex mit dazu beigetragen, die zum Teil ganz unterschiedlichen nationalen Verfahren der Grenzsicherung anzugleichen und hat dafür gesorgt, dass Grenzbeamte gegenüber Angehörigen von Drittstaaten, die legal oder illegal nach Europa kommen, mehr und mehr nach einheitlichen europäischen Standards auftreten. Da aber einige europäische Grenzstaaten wie etwa Griechenland in dem zweifelhaften Ruf stehen, dass sie Fluchtlinge, die aus der Türkei in die EU reisen wollen, auf hoher See abfangen und postwendend zurückschicken, ist es noch ein langer Weg, ehe ein wirklich einheitlicher europäischer Grenzschutz errichtet ist. Ein Problem, das im Mittelpunkt der Kritik von Menschenrechtsgruppen steht, ist die unterschiedliche Behandlung von Flüchtlingen auf hoher See und die Frage, wie mit Flüchtlingen umgegangen wird, die einen Asylantrag stellen wollen und deshalb nicht einfach in ihren Heimathafen zurückgeschickt werden dürfen. Nach internationalem Recht muss jede Person, die Asyl beantragen will, dies auch dürfen. Das in der Genfer Flücht-

ambivalent
widersprüchlich

non refoulment-Verbot
Grundsatz der Nicht-zurückweisung

lingskonvention von 1951 festgeschriebene non refoulment-Verbot gehört zu den wichtigsten Grundsätzen des internationalen Flüchtlingsschutzes. Die Europäische Union [...] muss auf der Grundlage des internationalen Rechts handeln und den internationalen Normen und Werten zum Erfolg verhelfen, wenn sie politisch nicht jede Glaubwürdigkeit verlieren will. Hier liegt das zentrale Dilemma der europäischen Flüchtlingspolitik, die eine politisch akzeptable Balance zwischen notwendiger Grenzsicherung einerseits und der Verpflichtung auf Menschenrechtsstandards andererseits finden muss.

Martin Große Hüttmann, EU-Grenzschutzagentur Frontex: „Bad Guy" europäischer Flüchtlingspolitik, in: Deutschland & Europa, Heft 60, 2010, S. 34ff.

M 4 Das neue Schengen-Abkommen?

Karikatur: Oliver Schopf, 2015

Aufgaben

1. 2011 kündigte Dänemark an, an seinen Grenzen wieder ständige Kontrollen einzuführen. Die Begründung dafür seien illegale Zuwanderung und Verbrecherbanden, die offene Grenzen ausnutzen. 2013 hat die EU den Schengen-Staaten erlaubt, bei massenhaftem Zustrom von Flüchtlingen für bis zu zwei Jahre wieder allgemeine Grenzkontrollen einzuführen. Sollen die Freizügigkeit und damit die Freiheiten des Binnenmarkts zur Sicherung der Außengrenzen aufgegeben werden? Nimm Stellung zu dieser Frage (M 1).
2. Beschreibe die Aufgaben von Frontex (M 2, M 3).
3. Beurteile, ob Frontex das Flüchtlingsproblem für die EU deiner Meinung nach lösen kann.
4. Analysiere die Karikatur M 4.

Asylsuchende – Herausforderungen für die nationale und europäische Politik

M 5 Europa als Ziel für Asylsuchende

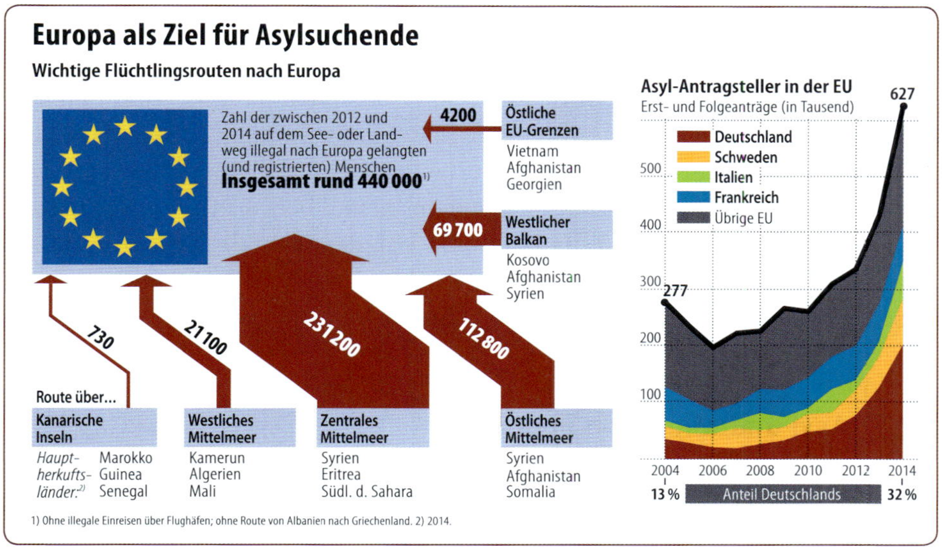

Quellen: Frontex, Fortress Europe; Eurostat/F.A.Z.-Grafik Brocker, 2015

M 6 Rechtliche Dimensionen des Asyls in Deutschland

Jeder Mensch hat gemäß Artikel 14 der Allgemeinen Erklärung der Menschenrechte von 1948 das Recht, in anderen Ländern vor Verfolgung Asyl zu suchen und zu genießen. Trotzdem besitzen politisch Verfolgte nach dem Völkerrecht keinen individuellen Anspruch auf Asyl. Die Gewährung oder Ablehnung von Asyl gehört vielmehr zu den Rechten eines souveränen Staates. Daran ändert auch das Genfer Abkommen über die Rechtsstellung der Flüchtlinge von 1951 nichts, in der lediglich die rechtliche Absicherung des einmal gewährten Asyls geregelt ist. Das Grundgesetz der Bundesrepublik Deutschland ging über die Regeln des Völkerrechts weit hinaus und räumte politisch Verfolgten ein subjektives Recht auf Asyl ein. Artikel 16 Absatz 2 Satz 2 bestimmte: „Politisch Verfolgte genießen Asylrecht." Bei der Formulierung dieses Grundrechtes standen die Mütter und Väter des Grundgesetzes unter dem Eindruck des enormen Flüchtlingselends nach dem Zweiten Weltkrieg und der Tatsache, dass viele politisch Verfolgte während des Dritten Reiches ihr Leben nur deshalb hatten retten können, weil sie von anderen Ländern aufgenommen wurden. Als unverzichtbaren Kerngehalt des Asylrechts sah man an, dass Schutzsuchende an der Staatsgrenze nicht zurückgewiesen und nicht abgeschoben werden dürfen in einen möglichen Verfolgerstaat oder einen Staat, in dem die Gefahr der weiteren Abschiebung in einen Verfolgerstaat besteht. Solange die Zahl der Asylsuchenden relativ gering war, blieb das Grundrecht auf Asyl unumstritten. Erst als seit Mitte der 1970er-Jahre die Flüchtlingszahlen aus den Krisenregionen der Dritten Welt anstiegen und die Zweifel an der Fähigkeit zur Integration der Ankömmlinge wuchsen, stimmte eine Bundestagsmehrheit 1993 für eine Änderung des Artikels 16 GG. Danach genießen politisch Verfolgte zwar weiterhin Asyl, allerdings kann sich nicht mehr auf den Schutzbereich dieses Grundrechtes berufen, wer aus einem „sicheren Drittstaat" einreist. Dazu zählen neben den Staaten der Europäischen Union alle Länder, die die Genfer Flüchtlingskonvention anerkennen, da davon ausgegangen wird, dass Asylsuchende bereits dort Sicherheit finden können. Asylgewährung in Deutschland hängt somit weniger von tatsächlich erlittener Verfolgung als von der Wahl des Fluchtweges ab.

Axel Herrmann, Lage der Flüchtlinge und Vertriebenen, www.bpb.de, 11.3.2008

M 7 Asyl und Migration in der EU

Dublin-Verordnung
Die Dublin-Verordnung regelt, welcher Staat für die Bearbeitung eines Asylantrags innerhalb der EU zuständig ist. So soll sichergestellt werden, dass ein Antrag innerhalb der EU nur einmal geprüft werden muss. Ein Flüchtling muss in dem Staat um Asyl bitten, in dem er den EU-Raum erstmals betreten hat. Dies geschieht besonders häufig an den EU-Außengrenzen, etwa in Italien, Griechenland oder Ungarn. Tut er dies nicht und stellt den Antrag beispielsweise in Deutschland, kann er in den Staat der ersten Einreise zurückgeschickt werden – auch zwangsweise. Die Flüchtlingsfrage wurde europaweit 1990 im Dubliner-Übereinkommen geregelt und 2003 durch die Dublin-Verordnung abgelöst. Inzwischen gilt die Dublin-III-Verordnung, die 2013 in Kraft trat.

Asyl und Integration waren traditionell Bereiche, die von den Mitgliedstaaten, nicht von der Ebene der Europäischen Union aus geregelt wurden. Das kommt nicht von ungefähr, betreffen sie doch zentrale staatliche Fragen wie: „Wer darf, wer soll zu uns kommen?" und: „Wer darf zu uns gehören?" Seit rund zehn Jahren jedoch haben die Mitgliedstaaten der Europäischen Union nach und nach Teile ihrer Kompetenzen an die EU abgetreten und dies in den Verträgen von Amsterdam 1999, Nizza 2003 und Lissabon 2009 festgelegt. Während die EU-Staaten durch internationales, europäisches und nationales Recht zum Schutz von Flüchtlingen verpflichtet sind, liegt die Aufnahme von Migrantinnen und Migranten weitgehend in nationaler Entscheidungskompetenz. Bei den Zuwanderungen in die EU handelt es sich zunehmend um „gemischte" Wanderungen von Flüchtlingen und Migranten. Oft lassen sich die Wanderungsursachen nicht klar voneinander unterscheiden; politische, wirtschaftliche und andere Wanderungsgründe überlagern sich. Die Unterscheidung zwischen Flüchtlingen und Migranten wird dadurch erschwert, dass sie sich ähnlicher Netzwerke bedienen und auch Flüchtlinge vermehrt die Hilfe von Fluchthelfern und Schleppern in Anspruch nehmen. In der EU besteht das Problem, dass Flüchtlinge in der Praxis keine legalen Einreisemöglichkeiten haben, der ihnen Zugang zu einem geordneten Asylverfahren sichern würde. Ähnliches gilt für Migranten, denen entweder keine oder nur wenige legale Zuwanderungsmöglichkeiten offen stehen. Deshalb nehmen beide Gruppen gefährliche irreguläre Zuwanderungswege in Kauf.

Die EU-Staaten haben bei der Gestaltung des legalen Zugangs zur EU Spielräume: Bei Flüchtlingen könnten u. a. humanitäre Visa, Botschaftsverfahren, geschützte Einreiseverfahren und Resettlement genutzt werden, bei Migranten Visaerleichterungen und Migrations- und Mobilitätsprogramme. Demgegenüber sind die Möglichkeiten zur Reduzierung von Wanderungsursachen begrenzt und müssen danach unterschieden werden, ob es sich um erzwungene oder freiwillige Wanderungen handelt.

M 8 Migration und Flucht – schwierige Aufgaben für die Politik

Autorengrafik

Aufgaben

1. Analysiere die Grafik M 5 und beschreibe anschließend die aktuelle Situation für die EU.
2. Erläutere die politischen und sozialen Folgen der steigenden Zahl von Asylbewerbern für Deutschland/die anderen Staaten der EU (M 6 – M 8).
3. Entwickle Lösungsvorschläge, wie mit den Problemen rund um die zunehmende Anzahl von Asylsuchenden in den Aufnahmeländern umgegangen werden soll (M 6 – M 8).
4. Erläutere die Möglichkeiten der verschiedenen politischen Ebenen, um das Asylproblem zu lösen (M 7).

Scheitert die EU an der Flüchtlingspolitik?

M 9 Der ursprünglich geplante EU-Verteilungsschlüssel

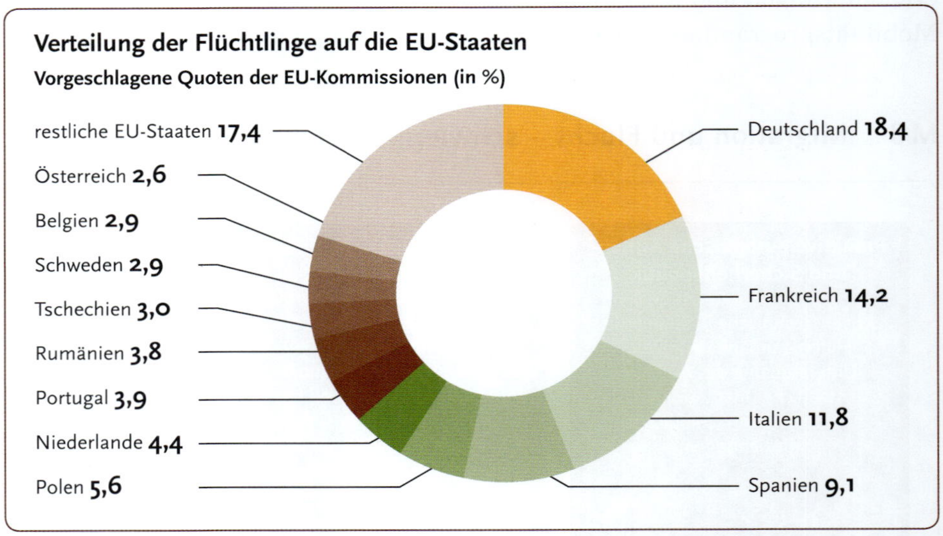

Aus: © ARD-aktuell /tagesschau.de, Widerstand gegen EU-Flüchtlingsquote – wer war dafür und wer dagegen?, www.tagesschau.de, 26.6.2015

Flüchtlinge und Asylanträge

Laut dem Flüchtlingshilfswerk UNHCR lag Deutschland im Jahr 2014 zwar auf Platz 2, was die absolute Zahl der Asylanträge (etwa 202.000) betrifft. Doch die absolute Zahl der Flüchtlinge lag in vielen Ländern weit höher: auf Platz 1 lag die Türkei, die fast 1,6 Millionen Flüchtlinge aufgenommen hat. Auf Platz 2 lag Pakistan mit etwa 1,5 Millionen Flüchtlingen, auf Platz 3 der Libanon mit etwa 1,2 Millionen Flüchtlingen. Berücksichtigt man die Bevölkerungszahl der Gastländer, dann war die Belastung des kleinen Libanons mit vier Millionen Einwohnern besonders hoch: hier kamen im Jahr 2014 auf 1.000 Einwohner 232 Flüchtlinge, in Jordanien waren es 87. In der Türkei kamen auf 1.000 Einheimische 21 Flüchtlinge, in Schweden 15 und auf Malta 14. Zum Vergleich: Deutschland hat 2014 bezogen auf 1.000 Einwohner 2,5 Flüchtlinge aufgenommen – diese Zahl dürfte für das Jahr 2015 bei 10 bis 12 liegen.

Nach: © 2015 Landeszentrale für politische Bildung Baden-Württemberg, www.lpb-bw.de (3.12.2015)

M 10 Widerstand gegen EU-Flüchtlingsquote

Die EU-Kommission wollte Flüchtlinge in Europa per Quote gerechter verteilen, denn momentan tragen Italien und Griechenland die Hauptlast. Das hätte aber nur geklappt, wenn die Mitgliedsländer mitziehen. Das taten aber viele nicht. **Spanien** ist gegen den EU-Verteilungsschlüssel. „Ich bin mit den gewählten Kriterien nicht einverstanden", sagte Außenminister José Manuel García-Margallo. Die Pläne berücksichtigten die Arbeitslosenquoten der Länder nicht ausreichend. Die Arbeitslosigkeit – Spanien hat mit 23 Prozent eine der höchsten Quoten der EU – sei ein entscheidender Faktor für die Aufnahmekapazität eines Landes. **Frankreich** kündigte zumindest eine Überprüfung der EU-Pläne an. Bisher trügen fünf der 28 Staaten 75 Prozent der Lasten. Mehr Solidarität sei nur möglich, wenn jedes Land seiner Verantwortung gerecht werde. In den am stärksten betroffenen Ländern sollten Flüchtlinge nach gemeinsamen Kriterien Hilfe bekommen, illegale Einwanderer rasch zurückgeschickt werden, fordert die Regierung in Paris. **Großbritannien** wertet jede Abwehr zusätzlicher Einwanderung als Erfolg – lediglich der Flüchtlingsrat hat die Regierung aufgefordert, freiwillig hilfsbedürftige Flüchtlinge aufzunehmen. […] **Tschechien** lehnt Flüchtlingsquoten grundsätzlich ab. „Quoten würden illegale Migranten, die Europa nicht in ihre Heimatländer zurückzuschicken in der Lage ist, noch ermuntern", kritisiert Ministerpräsident Bohuslav Sobotka. **Ungarn** streitet ebenfalls vehement gegen die Verteilung von Flüchtlingen nach Quoten. „Wir wollen, dass niemand mehr kommt, und die, die schon hier sind, nach Hause gehen", sagt Ministerpräsident Viktor Orban. Der „absurde" Quotenplan grenze „an Wahnsinn", weil er einen Anreiz für Zuwanderung schaffe. **Polen** lehnt Quoten ab und plädiert für eine freiwillige Aufnahme von Flüchtlingen. Auch aus dem Baltikum kommt Ablehnung. Estland und Litauen meinen, nicht so viele Menschen aufnehmen zu können wie vorgeschlagen. **Deutschland** unterstützte die Pläne. Grundsätzliche Unterstützung kam – natürlich – auch aus den Ländern, die momentan die Hauptlast tragen. **Italien** sah in dem Vorschlag der EU einen wichtigen ersten Schritt in Richtung Solidarität. Innenminister Angelino Alfano warnte aber vor einem „Schwindel", weil der Plan nur für neu angekommene Flüchtlinge gelten soll und nicht für die Migranten, die bereits in Italien sind. Zudem wird diskutiert, dass nur Flüchtlinge mit guten Asylchancen auf andere Länder verteilt werden – die übrigen blieben Italiens Problem. **Griechenland** hieß das Vorhaben uneingeschränkt gut. Das Land ist neben Italien der größte Nutznießer der EU-Pläne.

© ARD-aktuell /tagesschau.de, Widerstand gegen EU-Flüchtlingsquote – wer war dafür und wer dagegen?, www.tagesschau.de, 26.6.2015

Klage gegen EU-Flüchtlingsquote
Am 2.12.2015 verkündete der slowakische Regierungschef, dass sein Land juristisch gegen eine Pflichtquote zur Aufnahme von Flüchtlingen vorgehen werde. Er forderte den Europäischen Gerichtshof auf, die Entscheidung über die Pflichtquoten für ungültig zu erklären. Bisher ist die Slowakei kaum von der Flüchtlingskrise betroffen. Im Jahr 2015 beantragten nur 154 Menschen Asyl – lediglich acht Anträge wurden genehmigt.
Nach: © 2016 Landeszentrale für politische Bildung Baden-Württemberg, Flüchtlingsproblematik: Flüchtlinge in Deutschland. 3. Ist Deutschland besonders stark belastet, www.lpb-bw.de, Abruf am 25.2.2016

M 11 Ausgewählte Zahlen zu Asylanträgen* im 2. Quartal 2015

Land	EU 28	DE	HU	AT	IT	FR	SE
Anzahl	213.000	80.900	32.700	17.400	> 14.000	> 14.000	> 14.000

Nach: © Eurostat, Pressemitteilung: Asyl in der EU - über 210.000 erstmalige Asylbewerber in der EU im zweiten Quartal 2015. Ein Drittel aus Syrien oder Afghanistan, www.ec.europa.eu, 18.9.2015

**Die Statistik umfasst nur gültige Asylanträge. 600.000 Asylanträge wurden im 2. Quartal 2015 noch auf Zulässigkeit geprüft. Im Vergleich zum 1. Quartal 2015 stieg die Zahl der Asylanträge um mehr als 15 % an. Im Vergleich zum 2. Quartal 2014 sogar um mehr als 85 %.*

Aufgaben

1. Laut M 9 und M 11 wären Italien und Griechenland die größten Nutznießer einer Quotenregelung. Erläutere diese Aussage.
2. Arbeite heraus, an welcher Stelle im Politikzyklus (vgl. S. 186) sich die EU-Migrationspolitik gerade befindet.
3. „Die mangelnde Solidarität in der EU bei der Lösung der Flüchtlingsfrage zeigt, wie brüchig die europäische Integration ist." Nimm Stellung zu diesem Zitat (M 10).
4. Die Aufnahme von Flüchtlingen im Ländervergleich lässt sich statistisch unterschiedlich darstellen: Asylanträge pro Einwohner, absolute Zahl von Anträgen, Anträge gemessen am BIP (Wirtschaftskraft) oder Höhe der Arbeitslosigkeit etc. Erläutere Vor- und Nachteile der unterschiedlichen statistischen Angaben.

zu Aufgabe 3
Recherchiere nach den Kriterien, die der EU-Quotenregelung zugrunde liegen.

Wie kann die EU das Flüchtlingsproblem lösen?

M 12 Mehr Geld und Kriegsschiffe?

Aus Protest gegen die EU-Flüchtlingspolitik nahmen am 21.6.2015 tausende Menschen an einer symbolischen Bestattungsaktion vor dem Reichstagsgebäude in Berlin teil.

Die EU verdreifacht die Mittel für ihre Grenzschutz- und Seenotrettungsprogramme Triton und Poseidon. Das gaben EU-Ratspräsident Donald Tusk und EU-Kommissionspräsident Jean-Claude Juncker nach dem Sondergipfel der Staats- und Regierungschefs der EU in Brüssel bekannt. Bislang betrug das Budget der EU-Grenzschutzmission Triton monatlich 2,9 Millionen Euro. Das Dreifache entspricht dem Budget der italienischen Vorgängermission Mare Nostrum von etwa neun Millionen Euro monatlich. Außerdem sollen mehr Kriegsschiffe im Mittelmeer eingesetzt werden. Deutschland und Frankreich sagten die Entsendung von zwei zusätzlichen Schiffen zu, Großbritannien schickt drei. Auch Streitkräfte weiterer EU-Mitglieder beteiligen sich an dem Einsatz. Sie sollen Boote von Schmugglern zerstören, bevor Schmuggler sie einsetzen können. Experten halten dafür jedoch einen offiziellen Auftrag der Vereinten Nationen für nötig, Frankreichs Präsident François Hollande forderte ein entsprechendes UN-Mandat. Fraglich ist, ob sich die Schleuserschiffe mit Geheimdienstinformationen eindeutig identifizieren lassen und nicht mit Fischerbooten verwechselt werden.

Zeit Online, dpa, AP, AFP, jbw, EU verdreifacht Mittel für Seenotrettung, www.zeit.de, 23.4.2015

M 13 „Wir brauchen einen EU-Flüchtlingsfonds"

Die Journalisten Manfred Schäfers und Julian Staib im Gespräch mit Gerd Müller (CSU), Bundesminister für wirtschaftliche Zusammenarbeit und Entwicklung.

Herr Minister, über das Mittelmeer kamen allein seit Jahresanfang schon rund 100.000 Flüchtlinge. Reagiert Europa angemessen auf die Krise?

In Brüssel hat das Thema noch nicht den notwendigen Stellenwert. Die Flüchtlingskrise ist ein gesamteuropäisches Problem, alle 28 Staaten müssten koordiniert handeln. […]

Ist Brüssel überfordert?

Ich frage mich, auf welche Herausforderung die EU-Kommission wartet, um zu reagieren. Wie groß muss die Katastrophe werden? Wir brauchen einen europäischen Flüchtlingsfonds von 10 Milliarden Euro. Das Geld kann man aus bestehenden Töpfen nehmen. Das Geld ist da. Außerdem brauchen wir einen EU-Sonderbeauftragten für Flüchtlinge. Die Vereinten Nationen haben so etwas. Warum wir nicht? Wir müssen neue Prioritäten setzen. […]

Wie lassen sich die Ursachen für die gefährliche Flucht über das Mittelmeer bekämpfen?

Afrika muss im Fokus Europas stehen. Bis 2050 werden zwei Milliarden Kinder auf dem Kontinent geboren, die Einwohnerzahl wird sich nahezu verdoppeln. Afrika hat ein Durchschnittsalter von 25 Jahren, im Niger und in anderen Staaten liegt es nur bei 15 Jahren. Zwei Drittel der Jugendlichen haben keinen Arbeitsplatz. Wenn wir uns da nicht einbringen und nur zuschauen, rollen gewaltige Probleme auf uns zu.

In viele Länder, aus denen nun Flüchtlinge kommen, fließen seit Jahrzehnten deutsche Gelder. War die Entwicklungszusammenarbeit wirkungslos?

Der Krisenausbruch im Irak und der in Syrien sind von der Entwicklungszusammenarbeit nicht zu verhindern gewesen. Unabhängig von den aktuellen Krisen und Konflikten ist die Welt heute besser als vor 50 Jahren. Man darf hier nicht nur auf die afrikanischen Krisenländer schauen. Sehen Sie sich die Millenniumsziele an, die Reduzierung der Armut um die Hälfte, das Impfen von 500 Millionen Kindern in 15 Jahren, das Verschwinden von Polio und Tuberkulose, die Begrenzung von Malaria und Aids, die Halbierung der Kinder- und Müttersterblichkeit - das sind große Erfolge. […]

An der libyschen Küste warten angeblich 800.000 Menschen auf eine Überfahrt. Kann man die alle versorgen?

Ich nicht, aber die Weltgemeinschaft. Wollen wir zuschauen, wie die Menschen in der Wüste verhungern? Wir müssen den ersten Schritt machen. Der Mittelmeerraum ist eine europäische Herausforderung. Wenn wir das Problem nicht dort lösen, werden wir dauerhaft die Boots- und Schlepperproblematik haben. Deswegen müssen wir Libyen helfen, eine Regierung der nationalen Einheit zu bilden, Strukturen zu entwickeln. Das ist eigentlich ein reiches Land.

Hat der Westen hier versagt?

Wir müssen mehr vorausschauende Krisenprävention betreiben. Die Probleme, die wir jetzt im Irak oder in Libyen haben, sind Folge von Handlungen, die vier oder fünf Jahre zurückliegen: Libyen und Gaddafi wurden bombardiert, dann aber die Stabilisierung des Landes nicht vorangetrieben. Die Milizen wurden nicht entwaffnet, und es wurde zu wenig für den Aufbau des Staates getan.

Angesichts der verfallenden staatlichen Strukturen versickert jede Hilfe, wenn nicht mehr passiert.

Das stimmt. Wir brauchen ein EU-Gesamtkonzept aus Außen-, Sicherheits- und Entwicklungspolitik. Wir müssen uns aktiv einbringen, um die Situation in Libyen zu befrieden und den Krieg in Syrien zu beenden. Ich unterstütze die Initiativen von Außenminister Steinmeier hier ausdrücklich. Die EU-Flagge muss in diesen Staaten als Ausdruck einer humanitären Großmacht wehen. Ich sehe sie bisher nicht.

Manfred Schäfers, Julian Staib (FAZ) führten das Interview mit Bundesminister Gerd Müller, Im Wortlaut: Müller: „Brauchen EU-Flüchtlingsbeauftragten", www.bundesregierung.de, 22.6.2015

„Notfallmaßnahme" der EU-Kommission – Brüssel will Zehntausende Flüchtlinge umsiedeln

- Um Italien und Griechenland zu entlasten, will die EU-Kommission von dort 40.000 Menschen auf andere Mitgliedstaaten verteilen.
- Der Vorschlag ist Teil einer neuen Flüchtlingspolitik. Eine „Einwanderungsagenda" sieht die Einführung eines Quotensystems vor.
- Gegen die Pläne aus Brüssel gibt es heftigen Widerstand. Frankreich, Großbritannien, Polen und Ungarn sind strikt gegen eine Quotenregelung.

Alexander Mühlauer, Süddeutsche Zeitung, 27.5.2015

Aufgaben

1. Fasst in Gruppen die im Laufe dieses Unterkapitels dargelegten Maßnahmen der EU zur Eindämmung des Flüchtlingsstroms und der irregulären Einwanderung zusammen (M 1 – M 13).
2. Vergleicht die Maßnahmen der EU im Anschluss daran mit den Vorschlägen des Bundesministers Gerd Müller (CSU) (M 13). Beurteilt seine Vorschläge auf Wirksamkeit aus eurer persönlichen Sicht.

Was wir wissen

Migration und Flüchtlinge

Von Migration spricht man, wenn eine Person ihren Lebensmittelpunkt räumlich verlegt. Von internationaler Migration spricht man dann, wenn dies über Staatsgrenzen hinweg geschieht. Flüchtlinge werden im Gegensatz zu Migranten gezwungen, ihren Lebensmittelpunkt aufzugeben. Während die EU-Staaten durch internationales, europäisches und nationales Recht zum Schutz von Flüchtlingen verpflichtet sind, liegt die Aufnahme von Migrantinnen und Migranten weitgehend in nationaler Entscheidungskompetenz. Bei den Zuwanderungen in die EU handelt es sich zunehmend um „gemischte" Wanderungen von Flüchtlingen und Migranten.

Spielräume der EU-Politik
M 1 – M 10

Mit dem zunehmenden Zuwanderungsdruck auf die meisten Mitgliedstaaten der Europäischen Union sehen sich die Nationalstaaten nicht mehr in der Lage, diesen allein zu kontrollieren. Die europäische Integration ermöglicht Mobilität, ohne Binnengrenzen. Als die Grenzen im Inneren der Europäischen Gemeinschaft fielen (Schengener Abkommen), standen die Mitgliedstaaten vor dem Problem, dass auch Angehörige von Drittstaaten (d. h. von Nicht-EU-Staaten) damit von einem Land in das nächste reisen konnten, ohne dass der einzelne Staat darüber eine Kontrolle hätte. Die EU-Staaten haben bei der Gestaltung des legalen Zugangs zur EU Spielräume: für Flüchtlinge z. B. humanitäre Visa, Botschaftsverfahren, geschützte Einreiseverfahren und Resettlement, für Migranten Visaerleichterungen und Migrations- und Mobilitätsprogramme. Weiter könnte Europa, wie von den Vereinten Nationen gefordert, einen legalen Zugang für Arbeitsmigranten, Armuts- und Klimaflüchtlinge schaffen, die die EU in wachsender Zahl erreichen werden. Eine zentrale Aufgabe der EU ist es eine gerechte Verteilung der Flüchtlinge (Quotenregelung) innerhalb der EU-Staaten zu erreichen. Die Pläne zur Flüchtlingsverteilung in Europa über Quoten stoßen jedoch bei einer Reihe von Mitgliedstaaten der Europäischen Union auf Ablehnung, darunter insbesondere Großbritannien und eine ganze Reihe osteuropäischer Länder. Sie fürchten, dass die Kommissionsvorschläge dauerhaft die Dublin-Regeln aushebeln. Diese sehen vor, dass Flüchtlinge ihren Asylantrag in dem Land stellen müssen, in dem sie zuerst in der Europäischen Union eintreffen.

Belastungen der EU-Mitgliedstaaten

Dies ist deshalb wichtig, weil die in kurzer Zeit u. a. durch die Kriege und Konflikte im Irak, in Syrien oder Libyen sprunghaft angestiegene Zahl an Flüchtlingen die aufnehmenden EU-Staaten vor große Probleme stellt: Allein die reine Unterbringung der Flüchtlinge ist nicht gesichert, die finanziellen Belastungen steigen und die Integration wird durch Ausländerfeindlichkeit in Teilen der Bevölkerung erschwert.

Was wir wissen

Ursachen der Flüchtlingswellen

Laut dem Hohen Flüchtlingskommissar der Vereinten Nationen waren im Jahr 2015 etwa 60 Millionen Menschen weltweit auf der Flucht (davon 28,8 Millionen Binnenvertriebene). Die Ursachen von Zwangswanderungen sind Kriege, Bürgerkriege, Vertreibung und Verfolgung, zunehmend auch Zerstörung wirtschaftlicher oder natürlicher Lebensgrundlagen sowie die allgemeine Hoffnung der Flüchtlinge auf ein menschenwürdiges Leben. In zunehmendem Maße spielen die durch Klimaveränderung hervorgerufenen Naturkatastrophen eine Rolle (Wüstenbildung, Trinkwasserknappheit, starke tropische Wirbelstürme und extreme Regenmengen, steigender Meeresspiegel).

Lösungen der Flüchtlingsproblematik
M 12, M 13

Die Migration in die EU stellt ein komplexes politisches Problem dar, welches auf unterschiedlichen politischen Ebenen angegangen werden muss. Die Einführung eines Quotensystems, welches die Belastungen durch die Aufnahme von Flüchtlingen einzelner Länder gerecht verteilt, scheint kaum umzusetzen zu sein. Wichtig ist die Unterscheidung zwischen Asylsuchenden und allgemeiner Migration. Ein Einwanderungsgesetz in der EU könnte die geregelte Aufnahme von Migranten in die EU regeln. Um den ungeregelten Zustrom einzudämmen werden verschieden Maßnahmen erwogen: Die EU verdreifacht die Mittel für ihren Grenzschutz- und Ihre Seenotrettungsprogramme, auch um gegen Schleuser vorzugehen und die Außengrenzen besser zu schützen. Die Asylanträge sollen beschleunigt entschieden werden, um schnell zwischen Wirtschaftsflüchtlingen, politisch Verfolgten und Bürgerkriegsflüchtlingen zu unterscheiden. Um die Fluchtursachen zu beseitigen, bedarf es eines Gesamtkonzepts aus Außen-, Sicherheits-und Entwicklungspolitik: Eine proaktive europäische Außen- und Sicherheitspolitik, die verstärkt bei internationalen Krisen technische, finanzielle und humanitäre Hilfen ermöglicht. Die europäische Entwicklungspolitik könnte verstärkt Armut und Ungleichheiten in Entwicklungsländern bekämpfen.

Wohin steuert die EU?

Die Zukunft des europäischen Integrationsprozesses und damit auch der Europäischen Union ist völlig offen. Die von Fachleuten entwickelten Szenarien reichen von der Verwirklichung einer politischen Union in Form eines europäischen Nationalstaats über eine eher unverbindliche Zusammenarbeit einzelner Staaten bis zur völligen Auflösung der Union. Wohin die tatsächliche Entwicklung führen wird, wie die Rolle der EU in der Welt sein wird, weiß niemand zu sagen, da sie von vielen unwägbaren Faktoren und politischen Entscheidungen abhängig ist. Wenn sich etwa die Spannungen unter den EU-Mitgliedstaaten bspw. aufgrund der Flüchtlingskrise weiter verschärfen und es in diesem Zusammenhang zu einer Eskalation kommen sollte, wird die EU so wie sie sich zu Anfang der zweiten Dekade des 21. Jahrhunderts präsentiert, nicht überlebensfähig sein.

Was wir können

Obergrenzen für Flüchtlinge – ein Pro und Kontra

Der bayerische Ministerpräsident Horst Seehofer (CSU) hat eine konkrete Obergrenze von „maximal 200.000 Flüchtlingen" pro Jahr gefordert. „Aus den Erfahrungen der Vergangenheit kann ich sagen: In Deutschland haben wir keine Probleme mit dem Zuzug von 100.000 bis höchstens 200.000 Asylbewerbern und Bürgerkriegsflüchtlingen pro Jahr", sagte der CSU-Chef der „Bild am Sonntag". „Diese Zahl ist verkraftbar, und da funktioniert auch die Integration. Alles was darüber hinausgeht, halte ich für zu viel."

AFP/mol, Seehofer nennt Obergrenze von 200.000 Flüchtlingen, www.welt.de, 3.1.2016

Martin Polansky (Inforadio-Redaktion) – Pro Obergrenze für Flüchtlinge

Befürworter der deutschen Flüchtlingspolitik argumentieren gerne juristisch: Das Asylrecht kenne keine Obergrenze. Stimmt. Aber nach der gültigen Rechtslage könnte Deutschland die allermeisten Flüchtlinge sofort wieder zurückschicken, weil sie aus sicheren Drittstaaten einreisen.

Es geht in der Debatte um die Obergrenze also nicht um rechtliche Zwänge, sondern um politische Entscheidungen. Und die deutsche Flüchtlingspolitik ist komplett aus dem Ruder gelaufen. Deutschland steht alleine da in Europa – trotz der hilflosen Appelle an die Solidarität der anderen. Inzwischen hat selbst die rot-grüne Regierung in Schweden die Reißleine gezogen, lässt die Grenzen kontrollieren und hat ihr Asylrecht verschärft. Unter Tränen gab eine grüne Ministerin das diese Woche bekannt. Bullerbü-Schweden kann nicht mehr.

Bleibt das Land ohne Obergrenze. Deutschland. Es war eine politische Entscheidung der Kanzlerin, die europäischen Regelungen außer Kraft zu setzen und das Signal in die Welt zu senden, dass es keine Obergrenze bei uns gibt. Die Menschen haben es gehört von Syrien über Irak bis Pakistan – und immer neue machen sich auf den Weg. Wie viele vor Verfolgung fliehen, wie viele einfach nur die Gelegenheit nutzen, weiß niemand.

Klar scheint mir: Eine genaue Obergrenze zum Beispiel von einer Million lässt sich nicht festlegen. Sowieso nur akademisch ist die besorgte Frage, was denn mit dem Ein-Million-Ersten passieren würde. Die Behörden wissen nicht einmal genau, wie viele Flüchtlinge bisher ins Land gekommen sind. Den Ein-Million-Ersten würden sie gar nicht bemerken.

Es geht jetzt um ein klares Signal. Die Ansage der Bundesregierung, dass die Grenze erreicht ist. Ein Signal an die Welt: Macht Euch nicht mehr auf den Weg, wir schicken auch zurück. Wenn man dazu noch Kontingente schaffen möchte – nichts dagegen. Man wird den Flüchtlingszuzug nicht komplett stoppen können, Hilfsbereitschaft bleibt notwendig. Aber wir brauchen geordnete Bahnen, keine hilflose Bullerbü-Politik.

Angela Ulrich (ARD-Hauptstadtstudio) – Kontra Obergrenze für Flüchtlinge

Was soll Angela Merkel denn machen? Soll sie einen Syrer ohrfeigen? Soll sie ihre Mundwinkel noch tiefer runterziehen beim Flüchtlingsthema? Um die freundlichen Selfies vom September – Wange an Wange mit Asylbewerbern – quasi wieder rückgängig zu machen? So ähnlich kommt es mir vor, wenn jetzt viele fordern: wir brauchen die Wende in der Flüchtlingspolitik! Eine Obergrenze!

Klar kann Deutschland nicht alle aufnehmen, die gern in unser wohlhabendes, friedliches Land kommen. Und das hätte Angela Merkel schon früher deutlicher sagen können und müssen. Aber eine Zahl zu definieren, nur für Deutschland, macht keinen Sinn. Denn sofort würde die Kanzlerin unglaubwürdig, wenn es doch mehr Menschen werden, die herkommen. Und an einer Begrenzung arbeitet Merkel bereits. Balkan-Flüchtlinge haben so gut wie keine Chance mehr, hierbleiben zu können. Es kommen dadurch schon sehr viel weniger. Und was Flüchtlinge aus dem Bürgerkrieg angeht: auch da arbeitet Merkel an einem Signal in größerem – europäischen – Rahmen. Denn wir sind ein gemeinschaftlicher europäischer Raum. Das ist unsere Stärke, unser Gut – etwas das es zu verteidigen gilt. Dass dies fast alle EU-Staaten – inklusive Deutschland – vor allem als Zugewinngemeinschaft verstanden haben, wird jetzt immer klarer. Das hat die Kanzlerin unterschätzt. Aber trotzdem muss Merkel weiter darauf drängen, zu gemeinsamen europäischen Flüchtlingskontingenten zu kommen. So aussichtslos das auch scheint. Dass sie sich damit erpressbar macht, gerade einem türkischen Staatspräsidenten Erdogan gegenüber, ist bitter. Aber einfach die Realität.

Mein Appell: Lasst die Regierung mit Ländern und Kommunen endlich in Ruhe arbeiten. Asylanträge entscheiden, Unterbringung organisieren, Sprachkurse – also Ordnung in das Chaos bringen. Kleine Fortschritte gibt es. Der Bund übernimmt Milliardenkosten. Asylleistungen sind gekürzt. Umso schlimmer, dass die Koalition jetzt schon wieder streitet, statt Merkel den Rücken zu stärken. Denn nur eine starke Kanzlerin kann diese Herausforderung bestehen.

© Rundfunk Berlin-Brandenburg, Obergrenzen für Flüchtlinge – ein Pro und Contra, www.inforadio.de, 27.11.2015

Aufgabe

Informiere dich ausgehend von den Aussagen des bayerischen Ministerpräsidenten Hort Seehofer (CSU) über die jeweiligen Positionen der im Bundestag vertretenen Parteien zur Forderung einer Obergrenze für die Aufnahme von Flüchtlingen in Deutschland. Schließe dich im Anschluss daran – je nach deiner persönlichen Meinung – entweder der Pro- oder der Kontra-Seite an und nimm in Form eines an die Gegenseite gerichteten Leserbriefes begründet Stellung.

Kompetenzen prüfen

I. Diagnose

Ich kann ...	Dazu benötige ich u. a. folgende Begriffe ...	Das klappt schon ...		Hier kann ich u. a. noch üben ...
... Meilensteine in der Entwicklung der EU und Ziele der europäischen Integration wiedergeben	• Schuman-Plan • Römische Verträge • Maastricht • Lissabon • Werte und Ziele der EU • Kopenhagener Beitrittskriterien • Euro(krise) • EU-Binnenmarkt • Grexit	😎	☹	Kapitel 5.1 • M 4 – M 7 • Was wir wissen Kapitel 5.2 • M 2 – M 5 • Was wir wissen Kapitel 5.3 • M 3, M 4; M 5 – M 14
... Beispiele für Einflussnahmen der EU auf das Leben in den Mitgliedstaaten nennen	• Rechtsakte der EU • Tabakrichtlinie	😎	☹	Kapitel 5.1 • M 13, M 15, M 16 • Was wir wissen
... wichtige politische Organe der EU und den Entscheidungsprozess erläutern	• EU-Kommission • EU-Rat/Ministerrat • Rat der Europäischen Union • EU-Parlament • EuGH • EU-Gesetzgebungsprozess	😎	☹	Kapitel 5.1 • Methode M 8 • M 9 – M 16 • Was wir wissen
... Herausforderungen der EU beispielhaft untersuchen	• Schengen • Frontex • Asyl und Migration in die EU • EU-Flüchtlingspolitik	😎	☹	Kapitel 5.4 • M 1 – M 3 • M 7 – M 8 • M 9 – M 11 • Was wir wissen

II. Lernkontrolle

Aufgabe 1: Richtig oder falsch? Kreuze an.

	richtig	falsch
Die zwölf Sterne der EU-Flagge symbolisieren zwölf Staaten.		
Die Gründerstaaten waren Deutschland, Frankreich, Großbritannien, Belgien , Niederlande, Luxemburg.		
2002 wurde der Euro als Zahlungsmittel eingeführt		
Mit dem „Rat“ sind die Staats-und Regierungschefs der EU gemeint.		
Im EU-Parlament sitzen 750 Abgeordnete.		
Eurobonds sind von allen EU-Staaten gemeinsam am Kapitalmarkt aufgenommene Schulden.		
„Politisch Verfolgte genießen Asylrecht“ steht in Art. 1 Grundgesetz.		
Die Dublin-Verordnung regelt, welcher Staat für die Bearbeitung eines Asylantrags innerhalb der EU zuständig ist.		

Aufgabe 2

Erkläre, warum das europäische Parlament das einzige direkt demokratisch legitimierte Organ der EU ist.

Aufgabe 3

Beschreibe Lösungsmöglichkeiten für die Flüchtlingsproblematik.

Erwartungshorizonte zur Lernkontrolle Kapitel 5

Mediencode: 71007-11

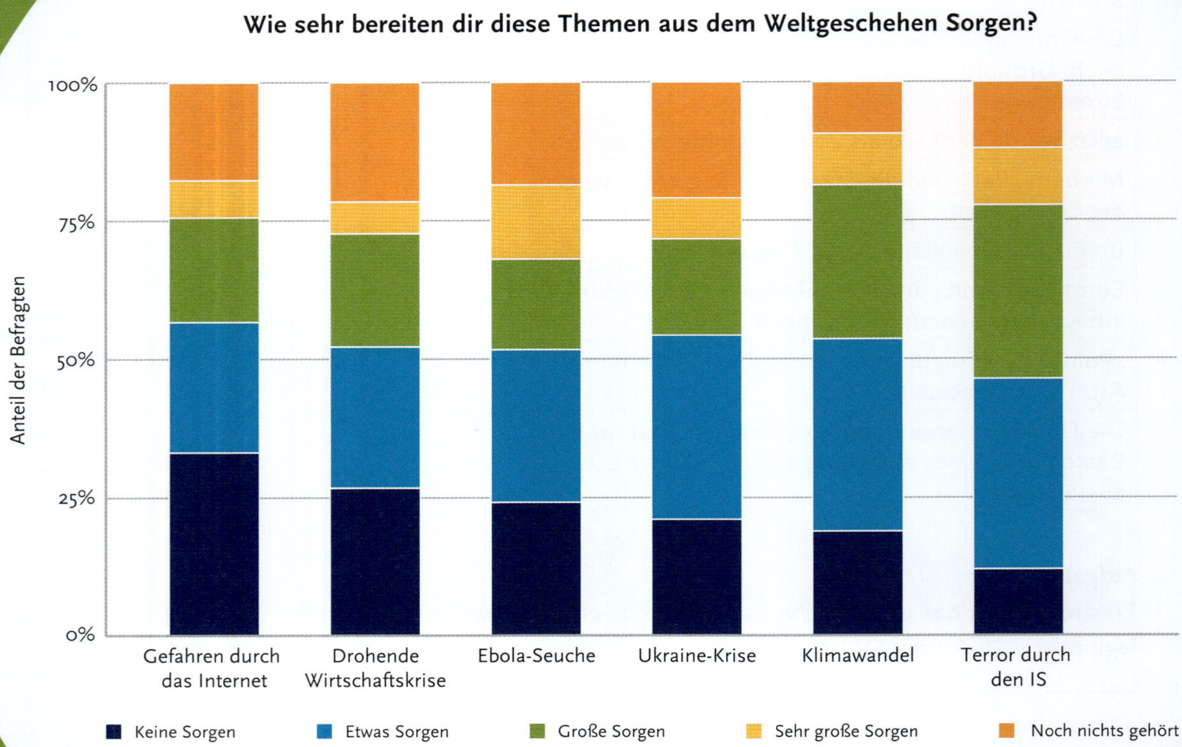

Quelle: BDZV, © Statista 2016
Umfrage: 29.12.2014 bis 16.01.2015,
Deutschland, n = 582 Kinder; 6 – 12 Jahre

6

Internationale Zusammenarbeit und Friedenssicherung

Die zahlreichen Kriege und Konflikte auf der Welt zeigen, dass bis heute Frieden und Sicherheit alles andere als selbstverständlich sind. Klimaveränderungen, Kriege, Konflikte, Hunger und Armut bedrohen die Menschen weltweit. Durch die Globalisierung, die man auch als Entgrenzung der Welt bezeichnet, wirken sich Krisen irgendwo auf der Welt auf die gesamte Weltgemeinschaft aus.

Kompetenzen

Am Ende dieses Kapitels solltest du Folgendes können:

- Armut, Terrorismus und Klima als Bedrohungen für den Weltfrieden darstellen
- die Begriffe „Krieg“ und „Frieden“ erklären
- die Rolle der NATO bei der Friedenssicherung beurteilen
- die Rolle der Vereinten Nationen für den Weltfrieden bewerten

Was weißt du schon?

Was ist für dich die größte Gefahr für den Weltfrieden? Hängt die Begriffe „Hunger und Armut“, „Terrorismus“, „Klimawandel“ und „Sonstiges“ in den Ecken des Klassenzimmers auf.

a) Stelle dich zu dem Begriff, der für dich die größte Bedrohung für den Weltfrieden darstellt.
b) Begründe, deine Auswahl.
c) Hat sich deine Meinung nach der Diskussion geändert? Stellt euch erneut auf.

6.1 Bedrohungen für den Weltfrieden

Bedroht Armut die weltweite Sicherheit?

M 1 Hunger weltweit

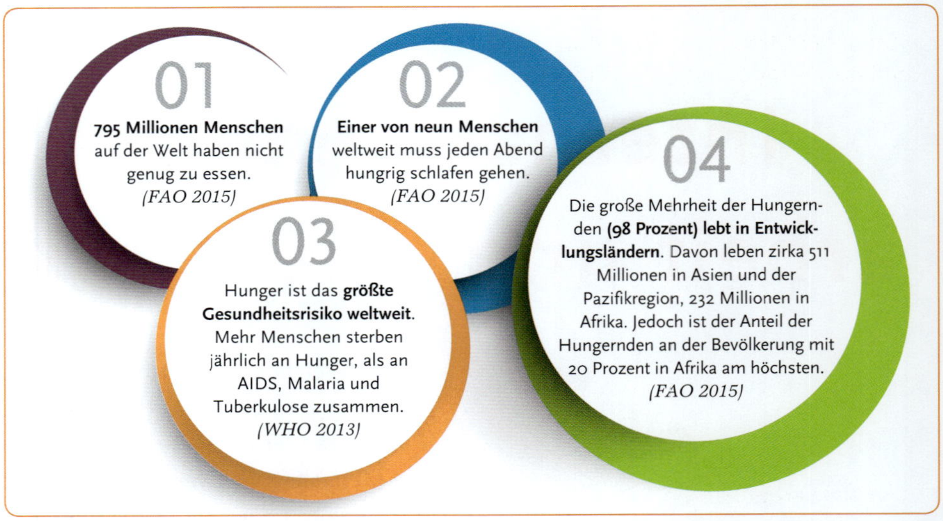

Nach: World Food Programme © 2016, Hunger, http://de.wfp.org, Abruf am 3.2.2016

M 2 Wie hängen Armut und Sicherheit zusammen?

Absolute und relative Armut

Als **absolut arm** gelten Menschen, die in einer existenzbedrohenden Mangelsituation leben (Mangel an Gütern wie Wasser, Nahrung, Kleidung und Wohnung)

Als **relativ arm** gelten Menschen, deren physisches Existenzniveau zwar gesichert ist, der Lebensstandard aber erheblich unter dem Durchschnitt der eigenen Gesellschaft liegt.

Zunächst bedroht Armut die Sicherheit der Betroffenen elementar, da sie in ihrer extremen Form das Überleben gefährdet oder Menschen in katastrophalen Lebensumständen belässt.

Neben dieser individuellen, aus der Medienberichterstattung bekannten Dimension ist aber auch nach dem Verhältnis von Armut und Sicherheit von Staaten und Gesellschaften zu fragen. In seinem Buch „Die unterste Milliarde" (2008) stellt der frühere Weltbankökonom Paul Collier eine Wechselbeziehung zwischen Armut und Sicherheit fest. Zum einen sei die Gefahr eines Bürgerkrieges in armen Ländern ohne ausreichendes wirtschaftliches Wachstum deutlich höher als in wohlhabenderen Ländern. Die hohe Bürgerkriegsanfälligkeit armer Staaten – 73 Prozent der absolut Armen haben Bürgerkriege erlebt oder befinden sich in Bürgerkriegsländern – erklärt Collier unter anderem mit der großen Anzahl arbeitsloser, häufig schlecht (aus-)gebildeter junger Männer, die sich aus Mangel an Alternativen leicht von skrupellosen Milizenführern rekrutieren ließen. Zum anderen verhinderten Bürgerkriege Entwicklung: Nach seiner Kalkulation schrumpfen Volkswirtschaften in Bürgerkriegsstaaten durchschnittlich um 2,3 Prozent jährlich.

Siegmar Schmidt, Armut und Migration, www.bpb.de, 15.7.2015

M 3 Armut als Millenniums-Entwicklungsziele (MDG) – was ist bisher erreicht worden?

Ziel 1: Beseitigung der extremen Armut und des Hungers

Die Quote extremer Armut ist halbiert, doch bestehen weiter große Herausforderungen.

Anteil der Menschen, die mit weniger als 1,25 Dollar pro Tag auskommen müssen – 1990 und 2010 (in Prozent)

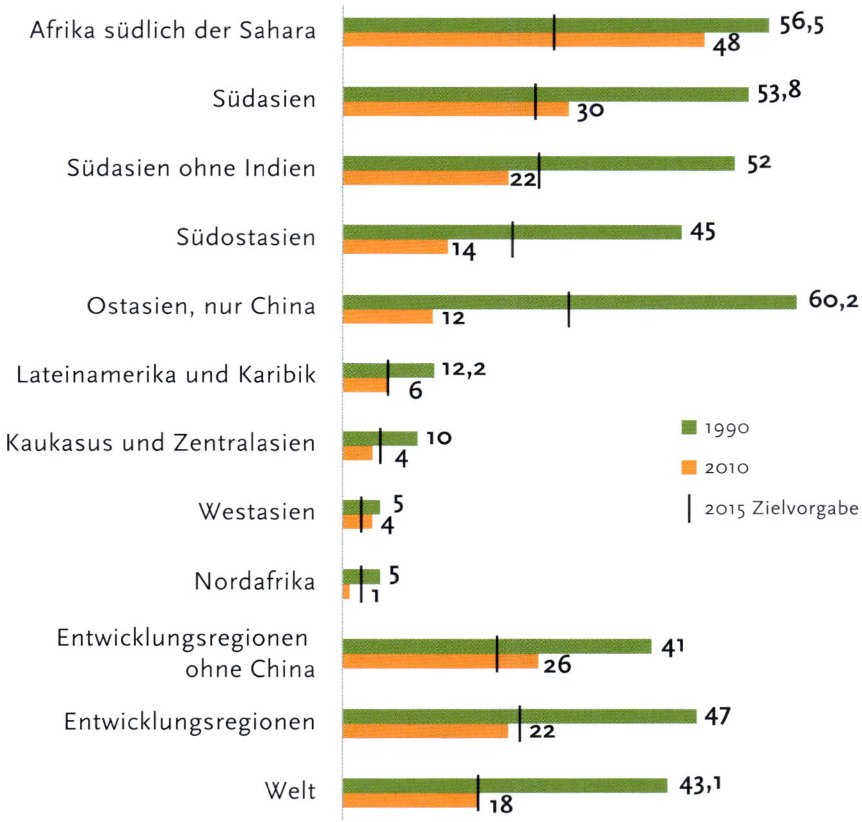

Anmerkung: Die vorliegenden Länderdaten reichen für die Berechnung der Gesamtwerte für Ozeanien nicht aus.

Nach: Vereinte Nationen, Millenniums-Entwicklungsziele – Bericht 2014, S. 8; www.un.org/depts/german/millenium/MDG Report 2014 German.pdf

Millenniums-Entwicklungsziele (MDG)
Im Jahre 2000 hat sich die UN-Vollversammlung auf acht Entwicklungsziele der Vereinten Nationen für das Jahr 2015 festgelegt. Diese Entwicklungsziele sind als „Millenniums-Entwicklungsziele“ in der UN-Millenniumserklärung verkündet worden. Ziel Nummer 1: Bekämpfung von extremer Armut und Hunger. 2015 wurden die MDG durch 17 Sustainable Development Goals (SDG, engl., „nachhaltige Entwicklungsziele“) ergänzt. Nach ihnen sollen unter anderem bis 2030 weltweit Armut und Hunger verschwunden sein.

Aufgaben

1. Erkläre, inwiefern Armut und Hunger die Sicherheit a) auf individueller und b) auf gesellschaftlicher Ebene gefährden können (M 1 – M 3).
2. Gestalte ein Lern-/Wandplakat (→ Methodenglossar) über den Zusammenhang von Armut und Sicherheit (M 1 – M 3).

Terrorismus – wie tritt er auf und was sind die Abwehrstrategien?

M 4 Terroranschläge in Paris 2015

Drei Wochen nach dem Anschlag mit fünf Toten öffnet das Café „La Bonne Biere" in Paris wieder, Dezember 2015.

Bei koordinierten Anschlägen in Paris sterben am 13. November 2015 fast 130 Menschen, 350 werden zum Teil schwer verletzt. Während des Freundschaftsspiels zwischen der deutschen und der französischen Fußballnationalmannschaft eröffnen die Attentäter nahezu zeitgleich in einem Konzertsaal, in Bars und Restaurants das Feuer. In Frankreich und in Brüssel wurde aufgrund von Terrorwarnungen und Fahndungen der Ausnahmezustand ausgerufen, in Hannover wurde ein Fußballländerspiel aus diesem Grund abgesagt. Der „Islamische Staat" hat sich zu den Anschlägen bekannt. Bereits im Januar 2015 waren in Paris bei einem islamistisch motivierten Terroranschlag auf die Redaktion der französischen Satirezeitschrift Charlie Hebdo elf Personen getötet worden.

Bearbeiter

M 5 Terroropfer weltweit

Am stärksten von Terrorismus betroffen

Der **Global Terrorism Index** bewertet den Einfluss von Terrorismus in 130 Ländern im Jahr 2016 anhand folgender Faktoren: Anzahl terroristischer Vorfälle, Anzahl der Todesopfer und Verletzten sowie der verursachten wirtschaftlichen Auswirkungen.

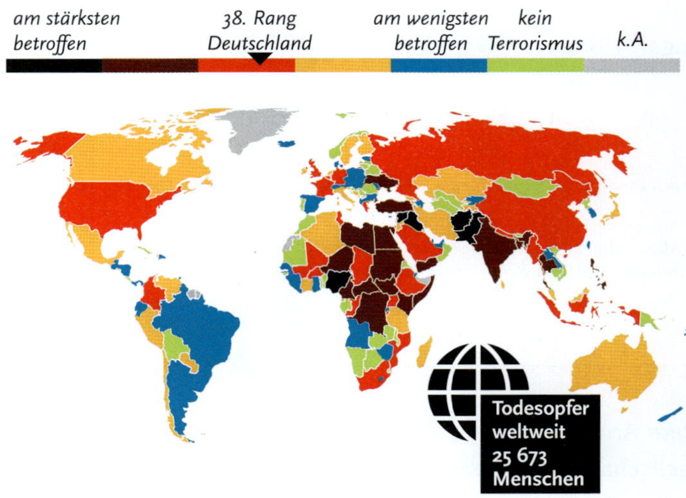

Todesopfer 2016 in den zehn am stärksten betroffenen Länder

Irak	9765
Afghanistan	4574
Syrien	2102
Nigeria	1832
Pakistan	956
Somalia	740
Türkei	658
Jemen	641
Libyen	376
Indien	340

Globus-Grafik 12130; Quelle: Institute for Economics & Peace

M 6 Was ist der „Islamische Staat"?

Der „Islamische Staat" ist eine Terrororganisation, die aus dem irakischen Ableger des Terrornetzwerks al-Qaida hervorgegangen ist und in den vergangenen zwei Jahren große Gebiete in Syrien und im Irak erobert hat. Die Miliz regiert in ihrem Machtbereich mit großer Grausamkeit – sie lässt Widersacher und Gefangene exekutieren, bestraft Vergehen gegen die eigene Auslegung des Korans mit drakonischen Strafen, lässt vor laufender Kamera Geiseln enthaupten und die Videos durch die eigene Propagandamaschine weltweit verbreiten.

Der IS ist gleichzeitig auch ein Staatenprojekt. Konkret geht es um den Aufbau eines vermeintlich islamischen Staates, in dem die IS-Ideologie die Staatsreligion bildet. Der IS verklärt sich zu einer fundamentalistischen Utopie, die Radikale in aller Welt elektrisiert. Dadurch ist er zu einer Marke mit internationaler Anziehungskraft geworden. [...]

Seit sich im Herbst 2014 eine internationale Koalition gegen den IS formiert hat, haben die Dschihadisten wiederholt zu Anschlägen in Staaten aufgerufen, die sich an dem Kampf beteiligen, also auch in Europa. [...] Französische Dschihadismus-Experten [...] gehen davon aus, dass die Terrorgefahr in Europa auch ohne die Aufstellung der internationalen Koalition gestiegen wäre wegen der vielen Europäer, die zum IS reisen und dort militärische Erfahrung sammeln. Vor den Anschlägen von Paris gab es keine Erkenntnisse darüber, dass die IS-Führung selbst Anschläge in Europa plante.

Raniah Salloum, Was ist der „Islamische Staat"(IS)?, www.spiegel.de, 20.1.2016

Dschihadismus
Militante extremistische Strömung des Islamismus. Seine Anhänger propagieren den Aufbau und die Ausdehnung des Machtbereichs eines islamischen Staates mit dem Mittel der Gewalt.

M 7 Ursachen von Terrorismus

a) Sozioökonomische Ursachen

Bevölkerungswachstum	Fehlende Freiheiten	Bildungsrückstand
• bereits 2003 waren 38 % der Bevölkerung in arab. Städten unter 14 Jahre alt	• (gewaltsame) Unterdrückung politischer Opposition in mehreren arab. Staaten	• vergleichsweise niedrige Bildungsausgaben in arab. Staaten → geringere Bildungschancen → bescheidener durchschnittlicher Bildungsstand (z. B. hohe Analphabetenrate)
• Schrumpfung landwirtschaftlicher Nutzfläche → Landflucht → Entstehen perspektivloser städtischer Jugend	• staatliche Lenkung von Medien → Moschee oft als einziger Ort der Artikulation kritischer Positionen → keine echte politische Öffentlichkeit, sondern tendenziell Zulauf für Islamisten	

Nach: Bruno Schoch, Frankfurter Rundschau, 11.9.2003

Terrorismus
Der Begriff „Terrorismus" bezeichnet [...] eine andauernde und geplante Gewaltanwendung mit politischer Zielsetzung, um mit terroristischen Methoden das Verhalten des Gegners zu beeinflussen. [...] Es muss sich um terroristische Methoden handeln [...], das heißt Terroranschläge, bei denen eine Trennlinie zwischen am Konflikt Beteiligten (Kombattanten) und unschuldigen Dritten (Nicht-Kombattanten) nicht existiert.

Kai Hirschmann, Internationaler Terrorismus, www.bpb.de, 21.8.2006

Vernetzung jenseits der staatlichen Ebene

Der transnationale Terrorismus wurde spätestens mit den Anschlägen von New York und Washington am 11. September 2001 zu einem der wichtigsten Themen der internationalen Politik. Sein Vorläufer war der internationale Terrorismus. Dessen bedeutsamstes Merkmal waren zahlreiche grenzüberschreitende Aktionen, bei denen häufig vollkommen unbeteiligte Bürgerinnen und Bürger fremder Staaten zu Schaden kamen.
Der transnationale Terrorismus [...] ist „transnational", weil sich die terroristischen Gruppen auf substaatlicher Ebene länderübergreifend miteinander vernetzen und sich dementsprechend aus Angehörigen verschiedener Nationalitäten zusammensetzen. An Waffen und Geld gelangen die transnationalen Terroristen in der Regel durch private Unterstützung oder durch den Aufbau eigener, substaatlicher Finanzierungs- und Logistiknetzwerke.

Guido Steinberg, Transnationaler Terrorismus, www.bpb.de, 15.7.2015

b) „Hausgemachte" Terroristen?

[Man] darf [...] sich die Teilnahme am Dschihad nicht als explizite Entscheidung vorstellen, sondern als langwierigen sozialen und emotionalen Übergang. Der Beginn dieses Prozesses liegt bei islamistischen Terroristen aus der zweiten Einwanderergeneration bzw. aus dem studentischen Milieu in der persönlichen Erfahrung, in einer Welt zu leben, [...] mit der man nicht identisch ist. Die Täter der Londoner Anschläge vom August 2005 waren Kinder pakistanischer Einwanderer, die es [...] durch Anpassung an die Bedingungen der Aufnahmegesellschaft zu bescheidenem Wohlstand gebracht hatten. Während diese erste Migrantengeneration der Aufnahmegesellschaft meist loyal gegenübersteht, weil sie ihr jenen sozialen Aufstieg und Lebensstandard ermöglicht hat [...], setzen die Angehörigen der zweiten Generation diese Standards als gegeben voraus, erleben aber gerade darum die subtilen und weniger subtilen Ausgrenzungen durch die Mehrheitsgesellschaft desto intensiver. [...] Soziale Benachteiligungen [...] untermauern die gefühlte Ausgrenzung. [...] [Sich einer terroristischen Gruppe anzuschließen] ist [dann] nicht das Ergebnis einer spontanen Entscheidung oder eines Beitritts, sondern erfolgt langsam und kann durch Entfremdungsgefühle, Einsamkeit und gefühlte Ablehnung [...] motiviert sein. [...] Terrorist zu werden, ist ein sozialer Prozess, keine vorformatierte kognitive Entscheidung. [...]
Jemand, der sich entscheidet, Terrorist zu werden, bekommt eine ganze Menge: die Zugehörigkeit zu einer exklusiven, elitären Gruppe, die einer gemeinsamen Sinnbildung folgt, die rastlose Arbeit an einer als notwendig und sinnvoll erlebten Aufgabe und die Entlastungen von Lebenslauferwartungen und anderen sozialen Verpflichtungen der gewöhnlichen Welt, von der Existenzsicherung bis zur Rentenvorsorge.

Harald Welzer, Klimakriege. Wofür im 21. Jahrhundert getötet wird, Frankfurt a. M. 2008, S. 167 ff.

M 8 Deutsche Parteien zur Terrorabwehr

a) Die Grünen fordern Augenmaß

Die Grünen lehnen Militäraktionen im Kampf gegen den Terrorismus nicht kategorisch ab, halten sie aber für wenig wirksam. Die Erfahrungen zeigten, dass militärische Mittel nur „einen sehr begrenzten Beitrag" leisten könnten, heißt es in einer auf dem Parteitag in Halle beschlossenen Resolution. „Die ‚Kriege gegen den Terror' haben nur neuen Terror erzeugt", sagte Parteichefin Simone Peter. [...] Für die Grünen seien „eine Gesamtstrategie und ein UN-Mandat" ein Minimum für Militäreinsätze, sagte Peter. Um die Dschihadistenmiliz Islamischer Staat (IS) zu besiegen, seien Verhandlungen zu Syrien „wichtiger als jeder Militäreinsatz", eine Entspannung zwischen Saudi-Arabien und dem Iran bewirke mehr als Bomben.

© WeltN24 GmbH 2016, Grüne fordern Augenmaß bei militärischen Mitteln im Antiterror-Kampf, www.welt.de, 20.11.2015

b) CSU dringt auf weitere Anti-Terror-Maßnahmen

Angesichts der hohen Anschlagsbedrohung dringt die CSU auf zusätzliche Anti-Terror-Maßnahmen in Deutschland. So soll Personen, die im Ausland für eine Terrormiliz gekämpft und eine weitere Staatsbürgerschaft haben, der deutsche Pass entzogen werden, heißt es in einer Vorlage für die Klausur der CSU-Landesgruppe in Wildbad Kreuth. Verurteilte Gefährder sollen rund um die Uhr mit Hilfe einer elektronischen Fußfessel überwacht werden.

Dpa, CSU dringt auf weitere Anti-Terror-Maßnahmen, www.mz-web.de, 2.1.2016

c) SPD uneins über schärfere Anti-Terror-Gesetze

Kurz vor dem Bundesparteitag der SPD hat der Innenexperte Burkhard Lischka mit der Forderung nach schärferen Gesetzen zur Terrorabwehr in den eigenen Reihen für Unruhe gesorgt. SPD-Generalsekretärin Yasmin Fahimi und Parteivize Ralf Stegner gingen am Montag auf Distanz zu Lischkas Überlegungen. [...] Auf ihrem am Donnerstag beginnenden Bundesparteitag will sich die SPD als Partei präsentieren, bei der die innere Sicherheit in guten Händen ist. Während gerade die Innenexperten der SPD-Bundestagsfraktion in Fragen der Terrorabwehr oft eine harte Linie fahren, stößt dies etwa bei der Parteilinken regelmäßig auf Skepsis.

Afp, SPD-Innenexperte will Islamisten stärker überwachen, www.badische-zeitung.de, 8.12.2015

d) DIE LINKE, Neue Anti-Terror-Gesetze sind unbrauchbar und demokratiegefährdend

Jan Korte, stellvertretender Vorsitzender der Fraktion: Freiheitsrechte dürfen niemals leichtfertig geopfert werden, schon gar nicht für unbrauchbare Symbolpolitik. Genau dies aber plant die Bundesregierung mit ihren neuen Anti-Terror-Gesetzen, die schon den angenommenen Reise-Versuch gewaltbereiter Islamisten unter Strafe stellen. [...] Entscheidend wäre jetzt der rasche und gezielte Ausbau der präventiven Instrumente zur Verhütung von Radikalisierung. [...] Mehr Mittel für die Forschung, effektive Aussteigerprogramme, Angehörigenberatung und Integrationsmaßnahmen sind das Gebot der Stunde. Wir brauchen im Kampf gegen den Terror nicht weniger Freiheit und Demokratie, sondern deutlich mehr davon."

Jan Korte, Pressemitteilung Die Linke: Neue Anti-Terror-Gesetze sind unbrauchbar und demokratiegefährdend, www.linksfraktion.de, 3.2.2015

e) CDU-Innenminister plant neue Anti-Terror-Einheit

Bundesinnenminister Thomas de Maizière (CDU) will der wachsenden terroristischen Bedrohung laut einem Medienbericht mit einer neuen Anti-Terror-Einheit begegnen. Die Einheit solle Teil der Bundespolizei sein und die Lücke zwischen Bereitschaftspolizei und Eliteeinheit GSG9 schließen [...].Der CDU-Innenpolitiker im Bundestag Armin Schuster sagte dem rbb Inforadio, er begrüße die Absicht, robuste Polizeieinheiten speziell zur Abwehr von Terrorlagen neu zu bilden.

Dpa, Innenministerium soll neue Anti-Terror-Einheit planen, www.faz.net, 20.3.2015

Aufgaben

1. Gib die Bedrohungen des transnationalen Terrorismus wieder (M 4 – M 6, Methodenglossar).
2. Untersuche die möglichen Ursachen des transnationalen Terrorismus hinsichtlich inner- sowie zwischengesellschaftlicher Faktoren (M 7).
3. Die deutschen Parteien streiten über die richtige Haltung gegenüber einer terroristischen Bedrohung (M 8).
   a) Erstelle eine Übersicht der möglichen Reaktionen und Maßnahmen.
   b) Nimm begründet Stellung, welche Haltung du unterstützen würdest.

zu Aufgabe 2
Verfasse einen Brief an die/den Bundestagsabgeordnete/n deines Wahlkreises und bitte um eine Stellungnahme bzgl. einer „richtigen" Haltung gegenüber einer terroristischen Bedrohung.

Bedroht das Klima den Weltfrieden?

Klimaflüchtlinge
Im August 2014 hat Neuseeland erstmals einer Familie aus dem Pazifik-Inselstaat Tuvalu Bleiberecht aufgrund der drohenden Gefahren des Klimawandels gewährt.

M 9 Mögliche Folgen des Klimawandels ab 2050

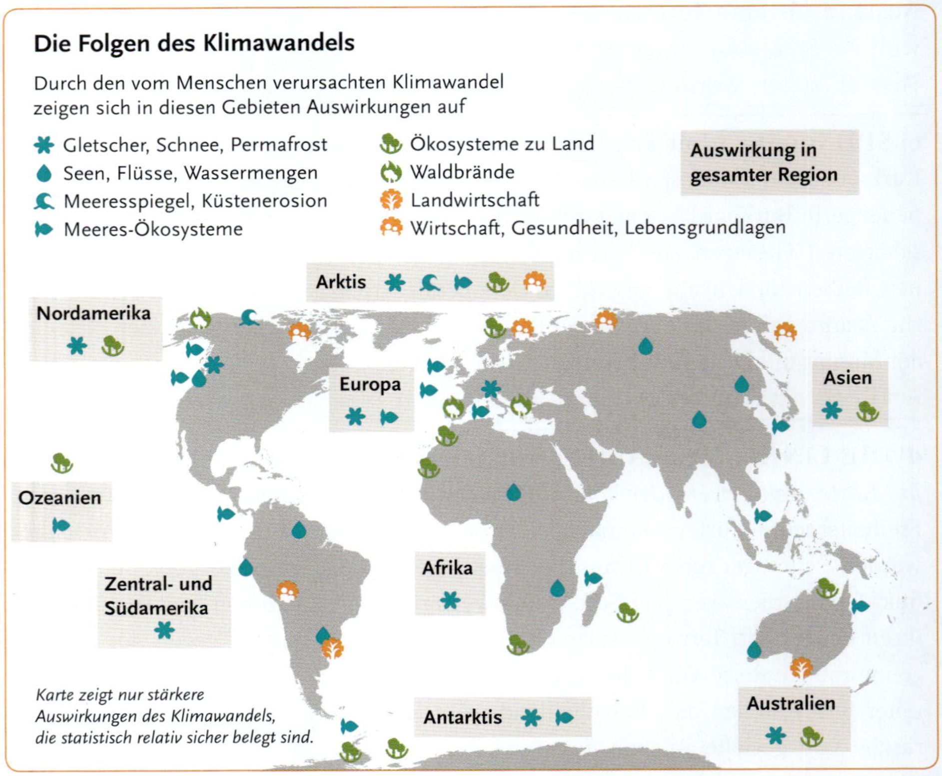

Quelle: dpa-Grafik 20734, IPPC, 11/2014

M 10 Klimawandel als Sicherheitsrisiko?

Harald Welzer ist u. a. Autor des Buches „Klimakriege. Wofür im 21. Jahrhundert getötet wird."

tagesschau.de: Was macht den Klimawandel sozial und politisch so gefährlich, dass Sie von Klimakriegen sprechen?

Harald Welzer: Weil es gegenwärtig schon Entwicklungen gibt, wo man den Zusammenhang zwischen Klimaerwärmung und Gewaltkonflikten deutlich sehen kann. [...] Prototypisch ist das zu sehen in Darfur im Westen des Sudans. Dort gibt es Konflikte zwischen unterschiedlichen Interessensgruppen, in dem Fall nomadische Viehzüchter auf der einen und Landbauern auf der anderen Seite. Und wenn das Land durch die Klimaveränderung weniger wird, ist für beide Gruppen nicht mehr genug da. [...]

Wo und zwischen welchen Parteien finden denn in Zukunft Klimakriege statt?

[...] Klar ist [...], verschlechterte Umweltbedingungen führen auch zu Flüchtlingsbewegungen. Und die finden innerhalb eines Landes statt, als Binnenmigration, und zwischen Ländern. Beides ist konfliktträchtig, weil Flüchtlinge immer irgendwo hinwandern, wo schon andere sind.

[...] Industrieländer könnten in umweltbedingte Konflikte verwickelt werden [...]?

Ein Szenario, was ich sehe, [...] sind neue Ressourcenkonflikte. So werden zum Beispiel durch das Schmelzen des arktischen Eises neue Rohstoffvorkommen zugänglich. Die Hoheitsrechte für solche bisher nicht zugänglichen Rohstofflager sind aber überhaupt nicht geklärt. Und deshalb wird man auf jeden Fall darüber streiten.

Harald Welzer im Interview mit Dieter Westhoff, Nur ein neuer Lebensstil kann Klimakriege verhindern, www.tagesschau.de, 9.7.2008

Darfur-Konflikt
seit 2003 andauernder Konflikt zwischen verschiedenen ethnischen Gruppen der wirtschaftlich unterentwickelten und politisch benachteiligten Region Darfur (Westsudan) gegen die sudanesische Regierung um Macht und Einfluss

M 11 Der schwierige Weg zu verbindlichen Klimaabkommen

Wichtige Stationen internationaler Klimapolitik	Vereinbarungen
1992 Rio de Janeiro (Brasilien): Verabschiedung der UN-Klimarahmenkonventionen (sogenannte Agenda 21)	Die Klimarahmenkonventionen erkennt als erster internationaler Vertrag den Klimawandel als ernstes Problem an und verpflichtet die Staatengemeinschaft zum Handeln.
1997 Kyoto-Protokoll	Das Kyoto-Protokoll legt als wichtigstes Klimaabkommen die verbindliche Emissionsreduktion für die Industrieländer von midestens 5,2% bis 2010 im Vergleich zu 1990 fest. Die EU verpflichtet sich zu einer Reduktion um 8%, wobei Deutschland im Rahmen einer innereuropäischen Lastenteilung seine Emissionen um 21% senken will. Das Kyoto-Protokoll konnte 2005 in Kraft treten; die USA haben das Vertragswerk nicht unterzeichnet, Kanada hat zum Jahresende 2011 seine Mitgliedschaft gekündigt, um Strafzahlungen in Millionenhöhe zu entgehen.
2005 Montreal (Kanada) Inkrafttreten des Kyoto-Protokolls	Das Kyoto-Protokoll wird über 2012 hinaus festgeschrieben, neue Grenzwerte für Treibhausgasemissionen werden festgeleget. Die USA akzeptieren zwar das Ergebnis der Konferenz, ratifizieren das Kyoto-Protokoll aber nicht.
2009 Kopenhagen (Dänemark)	Ein Folgeabkommen für das Kyoto-Protokoll konnte mangels Einigkeit nicht verabschiedet werden.
2012 Doha (Katar)	Kurz vor dem Scheitern konnte noch die Verlängerung des Kyoto-Protokolls bis 2020 durchgesetzt werden.
2015 Paris: Weltklimavertrag/ Paris-Abkommen	194 Staaten haben sich auf einen neuen Weltklimavertrag mit verblindlichen Klimazielen geeinigt. Erstmals vereinbarten Industrie- und Schwellenländer, dass alle gemeinsam gegen den Klimawandel vorgehen. Fast 190 Staaten haben ihre Klimaschutzpläne schon vorgelegt. Das Ziel: Die Erderwärmung auf weniger als zwei Grad Celcius zu begrenzen, womöglich gar auf 1,5 Grad.

Bearbeiter

Aufgaben

1. Beschreibe mögliche Folgen des Klimawandels (M 9, M 10).
2. Gestaltet in Gruppen zu einzelnen Weltregionen Radioreportagen/- interviews o. Ä., die möglichst anschaulich über die jeweilige Situation im Jahr 2050 berichten (M 9, M 10).
3. Beschreibe Verlauf und Ergebnisse der internationalen Klimapolitik seit 1992 (M 11).
4. Erläutere, inwiefern der Klimawandel ein (globales) politisches (Sicherheits-)Problem darstellt (M 9 – M 11).

Was ist Frieden, was ist Krieg, was ist Sicherheit?

Positiver und negativer Frieden
Es gibt viele Definitionen von Frieden. Der Wissenschaftler Johan Galtung unterscheidet zwischen positivem und negativem Frieden. Negativer Frieden bedeutet, dass kein Krieg, kein gewaltsamer zwischenstaatlicher oder auch innerstaatlicher Konflikt herrscht. Positiver Frieden meint die Abwesenheit von Krieg oder gewaltsamen Konflikten, und zwar in einer Situation, in der Gleichheit und Gerechtigkeit herrschen und Entwicklung stattfindet.
Kennzeichnend für positiven Frieden sind somit die Verwirklichung von sozialer Gerechtigkeit und ein Minimum an Gewalt. Frieden sei erst dann erreicht, wenn Häuser und Infrastruktur wieder aufgebaut und Strukturen entwickelt sind, die zu mehr sozialer Gerechtigkeit führen.

M 12 Wie spielt man Frieden?

Der russische Schriftsteller Marschak beobachtete einmal sechs- bis siebenjährige Kinder beim Spielen. „Was spielt ihr?", fragte er sie. „Wir spielen Krieg.", antworteten die Kinder. Daraufhin erklärte ihnen der Schriftsteller: „Wie kann man nur Krieg spielen! Ihr wisst doch sicher, wie schlimm Krieg ist. Ihr solltet lieber Frieden spielen." „Das ist eine gute Idee.", sagten die Kinder. Dann Schweigen, Beratung, Tuscheln, wieder Schweigen. Da trat ein Kind vor und fragte: „Großväterchen, wie spielt man Frieden?"

Marie Luise Dieckmann, Wie man Frieden spielt, in: Christ in der Gegenwart 26 (1974), S. 254

M 13 Konfliktkarte 2017

Länder, in denen 2017 Krieg herrschte:
z. B. Afghanistan, Irak, Jemen, Libyen, Mexiko, Nigeria, Somalia, Sudan, Südsudan, Syrien, Ukraine

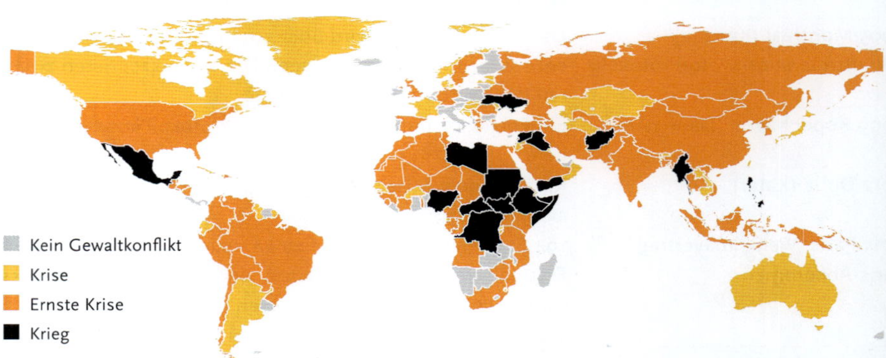

Die von mehr als einem Konflikt betroffenen Länder sind entsprechend der höchsten Intensität eingefärbt.

Nach: HIIK, Konfliktbarometer 2017

M 14 Was ist Krieg?

Als Krieg bezeichnet man einen gewaltsamen Massenkonflikt, der in der Regel folgende Merkmale aufweist: An den Kämpfen sind zwei oder mehr bewaffnete Streitkräfte beteiligt, wobei es sich mindestens auf einer Seite um reguläre staatlich gelenkte Einheiten handeln muss; auf beiden Seiten muss die Kriegführung planmäßig und zentral gesteuert werden und die bewaffneten Operationen müssen sich mit einer gewissen Dauer ereignen (Definition nach Arbeitsgemeinschaft Kriegsursachenforschung

AKUF). Andernfalls handelt es sich um bewaffnete Konflikte.

Krieg bedeutet immer, dass Interessenkonflikte gewaltsam ausgetragen werden. Führen zwei Staaten gegeneinander Krieg, so spricht man von zwischenstaatlichem Krieg. Kämpfen verschiedene Bevölkerungsgruppen innerhalb eines Staates gegeneinander, so handelt es sich um einen Bürgerkrieg.

Ein neueres Phänomen ist der sogenannte asymmetrische Krieg. Bei dieser Form des Krieges tragen lokale Warlords und Rebellengruppen, „Befreiungsarmeen" oder internationale Terrornetzwerke Gewalt in die Mitte auch fremder Gesellschaften hinein, um die staatliche Ordnung, eine Besatzungsmacht oder eine Bevölkerungsgruppe zu bekämpfen.

M 15 Was ist Sicherheit? Der erweiterte Sicherheitsbegriff

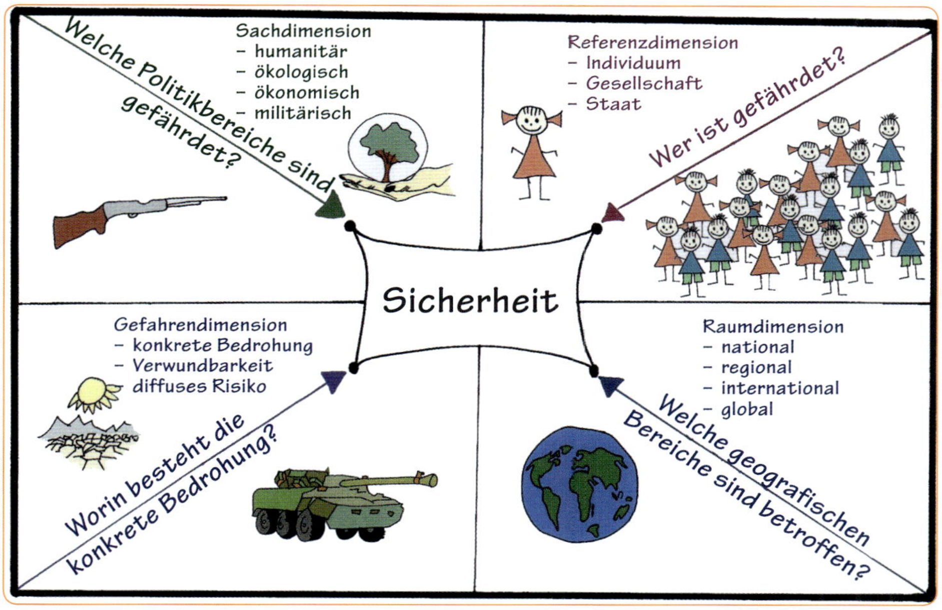

Beobachter

Aufgaben

1. Entwickelt in Gruppenarbeit Ideen und Kriterien für das Spiel „Frieden" in M 12. Berücksichtigt dabei die Unterscheidung von positivem und negativem Frieden (M 12, Randspalte von M 12).
2. Verfolge zu einem Konflikt über einen Zeitraum von ein bis zwei Wochen die Nachrichten einer Tageszeitung. Sammle wichtige Informationen, Berichte, Reportagen, Fotos ... Gestaltet in Gruppen eine Wandzeitung (M 13, M 14).
3. Warum spricht man vom „erweiterten Sicherheitsbegriff"? Erläutere deine Vermutungen (M 15).

zu Aufgabe 1
Überprüft, was einfacher zu spielen ist, Krieg oder Frieden? Nennt das entscheidende Kriterium.

zu Aufgabe 3
Was bedeutet für dich Sicherheit? Verfassse Statements mit folgenden Satzanfängen: *Ich fühle mich sicher, wenn ... Eine sichere (Um)Welt sieht für mich folgendermaßen aus: ...*

Was wir wissen

Armut
M 1 – M 3

Rund 1 Milliarden Menschen leben in extremer Armut. Das ist einer von sieben Menschen weltweit. Extreme Armut bedeutet schlechte Ernährung, geringe Lebenserwartung, hohe Kindersterblichkeit, kein sauberes Wasser. Laut UN sterben täglich etwa 24.000 Menschen an den Folgen von Hunger und Unterernährung. Armut und Hunger bedrohen die betroffenen Menschen, aber auch Gesellschaften in ihrer Existenz. Um Armut und Hunger zu entfliehen, versuchen viele Betroffene in sichere und wohlhabendere Staaten zu gelangen. Dies stellt auch die Aufnahmeländer vor große Herausforderungen.

Terrorismus
M 4 – M 7

Seit den terroristischen Anschlägen in den USA am 11. September 2001 gilt der internationale Terrorismus als eine der größten Herausforderungen der Gegenwart. Terroristen wollen durch geplante Gewaltanwendung (auch und gerade gegen Zivilisten) Angst und Schrecken erzeugen, um so politische oder religiöse Ziele zu erreichen. Ein Beispiel für ein überregional handelndes terroristisches Netzwerk ist der islamisch-fundamentalistische „Islamische Staat“ (IS). In jüngerer Zeit wurden erneut auch europäische Staaten Ziel von Anschlägen, besonders viele Opfer gibt es jedoch in Staaten des Nahen Ostens und in Asien. Über die Ursachen und die angemessenen Reaktionen auf eine terroristische Bedrohung gibt es sehr unterschiedliche Auffassungen in Politik und Gesellschaft.

Klimawandel
M 9 – M 11

Das Klima ist einer der wichtigsten Faktoren, um die Lebensbedingungen auf der Erde und ihre Ökosysteme zu bestimmen. Der gegenwärtige globale Klimawandel wird nachweisbar zum größten Teil durch menschliche Aktivitäten verursacht. In Folge des Ansteigens des Meeresspiegels sowie durch Dürre und Ausweitung von Wüsten kann es zukünftig Verteilungskonflikte um die knapper werdenden Ressourcen geben.

Krieg und Frieden
M 12 – M 14

Krieg ist, wenn Staaten oder Gruppen versuchen, einen Streit mit Gewalt zu lösen. Dabei werden Soldaten und Waffen eingesetzt, die von einer zentralen Stelle Befehle erhalten. Ob Kriege entstehen, hängt häufig davon ab, wie das Zusammenleben in einem Land funktioniert. Wo Menschen unterdrückt werden, arm sind oder hungern, ist es schwieriger, Frieden zu schaffen. Man spricht von „positivem Frieden“, wenn auch Gerechtigkeit in einer Gesellschaft verwirklicht ist.

Es werden unterschiedliche Typen von Kriegen unterschieden. In jüngerer Zeit wurde vor allem über den sogenannten asymmetrischen Krieg diskutiert. Dort stehen hochgerüstete Armeen eines Staates Gruppierungen wie Milizen oder Terrorgruppen gegenüber. Zentral war lange, dass die nationale Sicherheit in Form von sicheren Grenzen gewährleistet wurde. Der erweiterte Sicherheitsbegriff berücksichtigt auch ein breiteres Verständnis möglicher Sicherheitsbedrohungen aus verschiedenen Blickrichtungen.

Karikatur: Waldemar Mandzel, 2015

Aufgaben

1. Analysiere die Karikatur.
2. Erläutere den Zusammenhang von Armut, Terrorismus und Klimawandel als Bedrohungen für den Weltfrieden.
3. Nenne drei Reaktionen bzw. Haltungen, die deiner Meinung nach am wichtigsten sind, um den Bedrohungen für den Weltfrieden aus Aufgabe 2 zu begegnen. Bringe sie in eine Reihenfolge und tausche dich mit deiner Klasse darüber aus.

6.2 Wie kann der Friede gesichert werden?

Welche Rolle soll die NATO im Syrienkonflikt spielen?

M 1 Schlagzeilen

Syrien-Konflikt: Türkei erwägt NATO-Bündnisfall
Nach tödlichen Zwischenfällen ist die Lage an der syrisch-türkischen Grenze extrem angespannt. Der EU-Abgeordnete Elmar Brok sieht die Gefahr, dass die Türkei militärisch aktiv werden könnte. Der türkische Premierminister Recep Tayyip Erdogan denkt bereits laut über einen NATO-Bündnisfall nach.

www.euractiv.de, 12.4.2012

Konflikt mit Syrien: NATO verlegt „Patriot"-Raketen in die Türkei
Die NATO unterstützt die Türkei beim Schutz gegen mögliche Angriffe aus Syrien. Die Allianz schickt „Patriot"-Raketen. Das haben die Außenminister des Militärbündnisses jetzt beschlossen.

Der Spiegel, 4.12.2012

NATO erwägt Militäreinsatz – Deutschland bremst
Greift die NATO bald im Syrien-Konflikt ein? Die USA, Großbritannien und die Türkei treiben einen militärischen Einsatz voran. Deutschland hingegen sieht eine Intervention im Bürgerkrieg skeptisch.

Stefanie Bolzen, Die Welt, 26.12.2012

M 2 Die NATO-Staaten

Die Nato

Gründungsmitglieder 1949
Belgien
Dänemark
Frankreich
Großbrit.
Island
Italien
Kanada
Luxemburg
Niederlande
Norwegen
Portugal
USA

Beitritt 1952
Griechenland
Türkei

Beitritt 1955
Deutschland
(bis 1990 nur Westdeutschland)

Beitritt 1982
Spanien

Beitritt 1999
Polen
Tschechien
Ungarn

Beitritt 2004
Bulgarien
Estland
Lettland
Litauen
Rumänien
Slowakei
Slowenien

Beitritt 2009
Albanien
Kroatien

Beitritt 2017
Montenegro

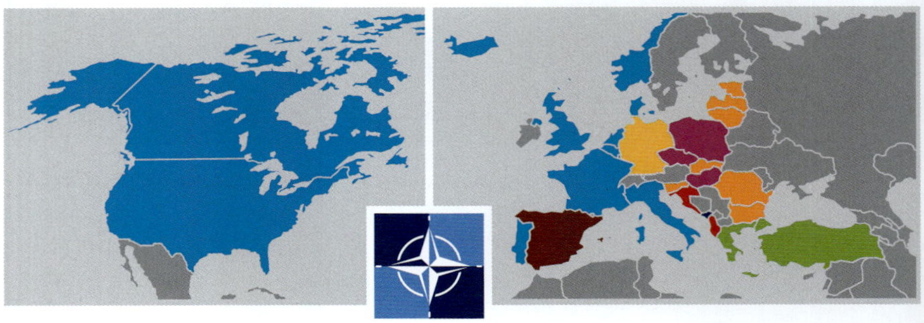

Globus-Grafik 11802, Quelle: Nato, Stand: Juni 2017

M 3 Aus dem NATO-Vertrag

Beistandsklausel: Art. 5

Die Parteien vereinbaren, dass ein bewaffneter Angriff gegen eine oder mehrere von ihnen in Europa oder Nordamerika als ein Angriff gegen sie alle angesehen werden wird; sie vereinbaren daher, dass im Falle eines solchen bewaffneten Angriffs jede von ihnen in Ausübung des in Artikel 51 der Satzung der Vereinten Nationen anerkannten Rechts der individuellen oder kollektiven Selbstverteidigung der Partei oder den Parteien, die angegriffen werden, Beistand leistet, indem jede von ihnen unverzüglich für sich und im Zusammenwirken mit den anderen Parteien die Maßnahmen, einschließlich der Anwendung von Waffengewalt, trifft, die sie für erforderlich erachtet, um die Sicherheit des nordatlantischen Gebiets wiederherzustellen und zu erhalten.

Albrecht Randelzhofer (Hg.), Völkerrechtliche Verträge, Berlin 2007

M 4 Die Türkei, Syrien und der NATO-Bündnisfall

Die NATO-Statuten erlauben die gemeinsame Verteidigung eines Mitglieds des Bündnisses. Nach dem Beschuss des NATO-Landes Türkei durch syrische Granaten könnte dieser Fall theoretisch eintreten. Jürgen Liminski im Gespräch mit dem Politikwissenschaftler Cornelius Vogt von der Deutschen Gesellschaft für Auswärtige Politik.

Jürgen Liminski: Die Eskalation im Nahen Osten – was muss passieren, damit für die NATO der Bündnisfall eintritt?

Cornelius Vogt: Na ja, man muss hier unterscheiden zwischen Theorie auf der einen Seite und Praxis auf der anderen Seite. In der Theorie genügt gewissermaßen der Blick in die Statuten der NATO und insbesondere in den Washingtoner Vertrag und da im ganz Besonderen eben den Artikel fünf, der den Bündnisfall gewissermaßen versucht zu umreißen. Zur Praxis kann man sagen, na ja, es kommt immer auf den Einzelfall an, denn im Washingtoner Vertrag ist ja nur festgehalten, dass die Parteien des Vertrages, also die Mitglieder der NATO, alles tun sollen, um die Sicherheit des nordatlantischen Gebietes wiederherzustellen und zu erhalten, und sie sollen genau das machen, was sie dafür als erforderlich erachten, und genau bei dieser Formulierung stellt sich natürlich ein ganz großes Fragezeichen. Das kann also alles heißen, ich sage mal salopp von der Beileidskarte bis hin zur Entsendung eigener Soldaten zur Verteidigung eines Verbündeten.

Jürgen Liminski: Im Fall Libyen wurde zwar der Bündnisfall nicht erklärt, aber dennoch haben NATO-Partner den Rebellen geholfen und damit den Sturz des Diktators beschleunigt. Braucht man überhaupt den Bündnisfall, oder können einzelne NATO-Partner nicht auch ohne Erklärung eingreifen, eben so wie in Libyen?

Vogt: Das ist richtig, so wie Sie das beschreiben. Prinzipiell sind natürlich gerade die demokratisch verfassten westlichen Länder auch ihren eigenen Bevölkerungen gegenüber in der Pflicht, solche Entscheidungen über Krieg und Frieden zu legitimieren, und da gibt es verschiedene Wege: zunächst einmal die Charta der Vereinten Nationen mit dem Artikel 51 und letztlich dem Recht einer jeden Nation, sich selbst zu verteidigen gegen einen Angriff auf die eigene territoriale Integrität. Das ist eine Möglichkeit, so etwas zu legitimieren, und das wäre hier beispielsweise ja schon infrage gewesen mit diesem Zwischenfall an der türkisch-syrischen Grenze. Eine andere Möglichkeit ist, über eine Resolution des Sicherheitsrates der Vereinten Nationen zu gehen. Das müsste dann eine Resolution sein, in der in irgendeiner Form ein Wortlaut drin sein müsste, der den Einsatz aller notwendigen Mittel, so heißt es dann häufig, erlaubt, um Sicherheit wieder herzustellen. Nach einer solchen Resolution sieht es momentan im Fall Syrien nicht aus. Die Blockadehaltung von Russland und China dazu ist ja hinlänglich bekannt. Auf der anderen Seite gibt es auch, denke ich, innerhalb des westlichen Bündnisses einige Zurückhaltung, was eine Intervention in Syrien angeht.

Interview von Jürgen Liminski mit dem Politologen Cornelius Vogt, www.deutschlandfunk.de, 5.10.2012

Aufgaben

1. Erläutere, auf welcher rechtlichen Grundlage eine NATO-Intervention in Syrien möglich wäre (M 3, M 4).
2. Diskutiert, ob die NATO in den Syrien-Konflikt eingreifen sollte (M 1 – M 4).

Die NATO – ein Verteidigungsbündnis mit Zukunft?

M 5 Rückblick: Entstehung der NATO

Der ehemalige norwegische Ministerpräsident Jens Stoltenberg ist seit dem 1. Oktober 2014 NATO-Generalsekretär.

Am 4. April 1949 unterzeichneten in Washington zehn westeuropäische Staaten sowie die USA und Kanada den Nordatlantikvertrag und gründeten damit die NATO (North Atlantic Treaty Organization). Der Kalte Krieg zwischen den von der Sowjetunion dominierten kommunistischen Staaten Osteuropas und dem nichtkommunistischen Westen war bereits voll entbrannt. Sieben weitere Staaten, unter ihnen die Bundesrepublik Deutschland, traten in den Folgejahren dem Bündnis bei.

Zu Zeiten des Kalten Krieges galt die NATO bei den Staaten des Warschauer Pakts, die bereits wenige Jahre nach seinem Ende ihr Interesse an einer Mitgliedschaft bekundeten, als aggressives Bündnis. Ziemlich genau 40 Jahre lang war es die Hauptaufgabe der NATO, einen potenziellen Gegner durch die eigene militärische Stärke abzuschrecken. Etwaige Angriffsabsichten sollten angesichts der Vergeltungsmöglichkeiten der Nordatlantischen Allianz von vornherein entmutigt werden. Als Voraussetzung für einen Erfolg dieser Politik galt, dass die Mitglieder der NATO weitaus höher gerüstet waren, als das etwa heute der Fall ist.

Bernard von Plate, Internationale Beziehungen II, Informationen zur politischen Bildung Nr. 274, Bonn 1/2002, S. 18 ff.

M 6 Die NATO – ein Bündnis im Wandel

Warschauer Pakt
Militärbündnis der kommunistischen Staaten Europas unter Führung der damaligen Sowjetunion, das aufgrund der Wiederbewaffnung der Bundesrepublik Deutschland und gegen die NATO 1955 gegründet wurde. Mit der Auflösung des Ostblocks wurde 1991 auch das Bündnis aufgelöst.

Nach dem Ende des Ost-West-Konfliktes und dem Zusammenbruch des Warschauer Paktes sah sich die NATO einem völlig neuen internationalen Umfeld gegenüber, das das Selbstverständnis und die strategische Ausrichtung des Verteidigungsbündnisses grundsätzlich in Frage stellte. Drei Entwicklungen waren für den Wandel und den Fortbestand der NATO prägend:

Mit dem Ende des Kalten Krieges stellte sich die Frage, wie die NATO mit ehemaligen, nun unabhängigen Staaten des Warschauer Paktes umgehen sollte. Diese strebten nun eine Mitgliedschaft in der NATO an, um Sicherheit vor dem aus ihrer Sicht (über)mächtigen Russland zu erhalten. Die NATO vergrößerte ihr Bündnisgebiet nach und nach immer weiter nach Osten und versuchte gleichzeitig, das Verhältnis zu Russland nicht zu stark zu belasten.

Gleichzeitig brach vor den Toren Westeuropas ein Krieg im ehemaligen Jugoslawien (1991 – 1999) aus. Die NATO entschloss sich erstmals zum Eingreifen auch außerhalb ihres eigenen Bündnisgebietes. Von den Vereinten Nationen wurde das Eingreifen legitimiert. So erfolgte der erste Kampfeinsatz in der Geschichte der NATO im August 1995 in Bosnien-Herzegowina.

Schon einige Jahre später stellte sich

eine neue Herausforderung: Wie sollte die NATO den Völkermord im Kosovo verhindern, wenn kein Mandat der Vereinten Nationen – Russland hatte in diesem Fall ein Veto im UN-Sicherheitsrat eingelegt – die NATO zum Eingreifen ermächtigte? Angesichts der sich abzeichnenden humanitären Katastrophe entschloss sich das Bündnis 1999, nunmehr auch ohne Mandat der Vereinten Nationen, Mord und Vertreibungen mit militärischen Mitteln zu verhindern. Spätestens nach dem Eingreifen im Kosovo zeigte sich, dass die NATO neben der Verteidigung des Bündnisgebietes ihre Aufgabe nun darin sah, in ganz Europa für Sicherheit und Stabilität zu sorgen, in Ausnahmefällen auch dann, wenn kein Mandat der Vereinten Nationen den Einsatz legitimierte. Die Anschläge vom 11. September 2001 auf die USA ließen auch diese Strategie als veraltet erscheinen. Zum ersten Mal in der Geschichte der NATO wurde der Bündnisfall festgestellt und die NATO engagiert sich seitdem auch im fernen Afghanistan. Insgesamt hat sich die NATO damit zu einer globalen Sicherheitsorganisation gewandelt, die ihre Ziele folgendermaßen definiert: „Der wesentliche und fortdauernde Zweck der NATO besteht darin, die Freiheit und Sicherheit aller ihrer Mitglieder mit politischen und militärischen Mitteln zu erreichen. Die Verwirklichung dieses Ziels kann durch Krisen und Konflikte, die die Sicherheit des euro-atlantischen Raums berühren, gefährdet werden" (Strategisches Konzept von 1999).

Erklärfilm „NATO"

Mediencode: 71007-12

M 7 Bundeswehrbeteiligung an aktuellen* NATO-Missionen

seit 1999	Kosovo-Truppe (**KFOR**; engl. *Kosovo Force*): deutsche Beteiligung mit bis zu 1.850 Soldaten
seit 2001	militärische Operation **Operation Active Endeavour (OAE)** im Mittelmeerraum: deutsche Beteiligung mit Fregatten, Schnell- und U-Booten
seit Juni 2005	Mission **Air Policing Baltikum** *(engl. Baltic Air Policing)* zur Luftraumüberwachung und zum Luftraumschutz der baltischen Staaten: deutsche Beteiligung mit Phantom- und Eurofighter-Kampfflugzeugen
seit Juni 2010	Mission **Air Policing Island** *(engl. Icelandic Air Policing)* zur Überwachung und zum Schutz des isländischen Luftraums: deutsche Beteiligung mit Phantom-Kampfflugzeugen
seit Dezember 2012	NATO-Operation **Active Fence** *(Operation aktiver Zaun)* zum Schutz des NATO-Mitglieds Türkei vor Angriffen aus dem benachbarten Bürgerkriegsland Syrien: deutsche Beteiligung mit Patriot-Flugabwehrraketen und bis zu 400 Soldaten
seit 1. Januar 2015	Mission **Resolute Support (RS)** zur Ausbildung, Beratung und für das Training der afghanischen Sicherheitskräfte (engl. *Train, Advise, and Assist – TAA*); Folgemission des am 31. Dezember 2014 beendeten ISAF-Einsatzes: deutsche Beteiligung mit bis zu 850 Soldaten

* *Stand: 13.7.2015; Quelle: Recherchen der Redaktion*

Aufgabenprofil der Bundeswehr seit dem Ende des Kalten Krieges

- Verteidigung Deutschlands und Schutz der deutschen Staatsbürger
- Unterstützung von Bündnispartnern (UNO, NATO, EU etc.)
- Rettung und Evakuierung
- Sicherung von Frieden und Stabilität im europäischen Raum
- Förderung des Weltfriedens und der internationalen Sicherheit im Einklang mit der UN-Charta
- Hilfe bei Katastrophen und Notlagen, Unterstützung bei humanitären Missionen

M 8 Die NATO-Strategie

Abschreckung, Abrüstung, Annäherung: Die NATO-Staaten haben in der portugiesischen Hauptstadt Lissabon im November 2010 eine neue Bündnisstrategie für das kommende Jahrzehnt beschlossen. Im Folgenden ein Überblick über zentrale Punkte.

Neuartige Bedrohungen:
Die NATO reagiert mit der neuen Strategie auf „neuartige Bedrohungen" wie Angriffe von Terroristen, von Hackern aus dem Internet (sogenannte Cyber-Attacken) oder Mittelstreckenraketen.

Kollektive Verteidigung:
Grundprinzip bleibt die „kollektive Verteidigung" nach Artikel 5 des Nordatlantik-Vertrags von 1949. Ein bewaffneter Angriff auf einen oder mehrere Mitgliedstaaten ist danach ein Angriff auf alle. Diesen Bündnisfall hat die NATO nur einmal nach den Terrorangriffen auf die USA vom 11. September 2001 ausgerufen.

Ziel der atomaren Abrüstung:
Auf deutsches Drängen verankerte die NATO erstmals das Ziel der atomaren Abrüstung in ihrer Strategie. Dazu heißt es: „Wir sind entschlossen, eine sicherere Welt für alle anzustreben und die Bedingungen für eine Welt ohne Atomwaffen zu schaffen."

Festhalten am Prinzip der Abschreckung:
Atommächte wie Frankreich und die USA setzten durch, dass das Prinzip der Abschreckung ein zentrales Element der Strategie bleibt: „Solange Atomwaffen existieren, wird die NATO eine nukleare Allianz bleiben", heißt es in dem Text.

Neue Raketenabwehr:
Ein neuer NATO-Raketenschirm soll weite Teile Europas schützen. Dazu heißt es: „Wir entwickeln unsere Fähigkeit, unsere Bevölkerung und unser Territorium gegen einen Angriff mit ballistischen Raketen zu schützen." Der Iran wird auf Druck der Türkei nicht ausdrücklich als Bedrohung genannt.

Annäherung an Russland:
Die Allianz betont, die NATO stelle „keinerlei Bedrohung für Russland dar". Dies hatte Moskau angesichts der Osterweiterung des Bündnisses so empfunden. Kooperieren will das Bündnis beim Raketenschirm: „Wir suchen aktiv eine Zusammenarbeit mit Russland und anderen euro-atlantischen Partnern im Bereich der Raketenabwehr", heißt es in dem Text.

Krisenbewältigung:
Bei internationalen Krisen will die Allianz auch künftig eine Rolle spielen, allerdings will sie die Lehren aus dem blutigen Einsatz in Afghanistan ziehen. „Die NATO wird sich engagieren, wenn es möglich und nötig ist, um eine Krise zu verhindern oder zu bewältigen", heißt es in dem Text, ohne den bisher größten NATO-Einsatz ausdrücklich zu nennen.

AFP, n-tv, Eine atomfreie Welt – die neue NATO-Strategie, www.n-tv.de, 19.11.2010

M 9 NATO-Gipfel in Wales 2014 – Readiness Action Plan

Angesichts der anhaltenden Spannungen mit Russland im Zusammenhang mit der Krise in der Ostukraine und der Halbinsel Krim fordern einige NATO-Mitglieder, das Strategische Konzept zu erneuern und gegenüber Russland neu auszurichten.

5. Um sicherzustellen, dass unser Bündnis bereit ist, auf die neuen sicherheitspolitischen Herausforderungen schnell und standhaft zu reagieren, haben wir heute den Aktionsplan der NATO zur Reaktionsfähigkeit gebilligt. [...] Damit wird auf die Herausforderungen durch Russland und auf ihre strategischen Auswirkungen eingegangen. Auch wird damit auf die Risiken und Bedrohungen aus unserer südlichen Nachbarschaft – dem Nahen Osten und Nordafrika – reagiert. [...]
7. Die Zusicherungsmaßnahmen beinhalten eine regelmäßige Präsenz und bedeutende militärische Aktivitäten von Luft-, Land-, und Seestreitkräften im östlichen Teil des Bündnisses auf Rotationsbasis. Sie werden die für Zusicherung und Abschreckung erforderliche elementare Basis sein und können in Reaktion auf Veränderungen in der Sicherheitslage flexibel und stufenweise angepasst werden. [...]
8. Wir werden die Reaktionsschnelligkeit unser[er] NATO-Reaktionskräfte (NRF) bedeutend steigern, indem wir Streitkräftekontingente entwickeln, die in der Lage sind, sich schnell in Bewegung zu setzen und auf potentielle Herausforderungen und Bedrohungen zu reagieren. [...] Wir werden außerdem sicherstellen, dass die Streitkräfte unseres Bündnisses die angemessene Reaktionsfähigkeit und Kohärenz wahren, die erforderlich ist, um die ganze Bandbreite der Aufträge der NATO zu erfüllen, einschließlich der Abschreckung von Aggressionen gegenüber NATO-Bündnispartnern und der Demonstration von Bereitschaft zur Verteidigung des Bündnisgebiets. [...]
14. Wir kommen überein, den Trend der rückläufigen Verteidigungshaushalte umzukehren.

Ständige Vertretung der Bundesrepublik Deutschland bei der Nordatlantikvertrags-Organisation, Gipfelerklärung von Wales – Treffen des Nordatlantikrats auf Ebene der Staats- und Regierungschefs in Wales, www.nato.diplo.de, 5.9.2014

NATO-Gipfel in Wales
Der NATO-Gipfel in Wales stand ganz unter dem Eindruck der damaligen Krise in der Ukraine.

Verteidigungshaushalte der Mitgliedsländer
Es wurde die Selbstverpflichtung erneuert, 2% des BIPs für die Verteidigung auszugeben und davon 20% für Forschung und Entwicklung sowie Neuanschaffungen.
Patrick Keller, Die NATO nach dem Gipfel von Wales: Anker transatlantischer Partnerschaft und europäischer Sicherheit, in: APuZ 50-51/2014, Transatlantische Beziehungen, 64. Jg., 8.12.2014, S. 41

Aufgaben

1. Stelle in einer Zeitleiste die veränderte Verteidigungsstrategie der NATO dar (M 8).
2. Erläutere die Ergebnisse aus Aufgabe 1 vor dem Hintergrund der historischen Entwicklung (M 5 – M 9).

+ zu Aufgabe 2
Angenommen du bist bei einem der nächsten NATO-Gipfel der Vertreter von Lettland. Verfasse eine Rede an deine NATO-Partner, in der du auf deine Sorgen in Bezug auf Russlands Außenpolitik hinweist und für deine ausgearbeiteten Konsequenzen wirbst. Berücksichtige die Krim-Annexion Russlands aus dem Jahr 2014 und den hohen russisch-stämmigen Bevölkerungsanteil (26,9%) in deinem Land.

Die Vereinten Nationen – Garant für den Weltfrieden?

M 10 Was sind die Vereinten Nationen?

VN, UN und UNO
VN, UN und UNO werden im Folgenden als Synonyme für die „Vereinten Nationen" verwendet.

Das UN-Hauptquartier in New York

Nach dem Zweiten Weltkrieg wurde 1945 die „United Nations Organization" (auf Deutsch „Vereinte Nationen", abgekürzt UNO oder VN) mit Sitz in New York gegründet. Man wollte verhindern, dass sich solche Weltkriege wiederholen. Heute sind fast alle Staaten der Erde in der UNO. Wenn es Probleme zwischen Staaten gibt, versucht die UNO zu vermitteln und damit einen Krieg zu verhindern. Die Ziele der UNO sind: die Erhaltung des Weltfriedens und die internationale Sicherheit, die freundschaftliche Zusammenarbeit der Mitglieder sowie der Schutz der Menschenrechte. Der Sicherheitsrat trägt die Hauptverantwortung, wenn es darum geht, dass Streitigkeiten zwischen Ländern beigelegt werden sollen. Im Sicherheitsrat sind immer die USA, Russland, China, Frankreich und Großbritannien vertreten.
Sie sind ständige Mitglieder. Andere Länder gehören nur zeitweise zum Sicherheitsrat. Die ständigen Mitglieder des Sicherheitsrates können ein Veto gegen Resolutionen einlegen, die von der Mehrheit der Mitgliedstaaten gefasst wurden. Damit wird dann dieser Beschluss aufgehoben.

Aus: Gerd Schneider/Christine Toyka-Seid, Politik-Lexikon für Kinder, Bonn 2006, S. 281

M 11 Der Sicherheitsrat der Vereinten Nationen

UN-Charta
Die Charta der Vereinten Nationen aus dem Jahr 1945 verbietet Gewalt (Kapitel I, Artikel 2). Es gelten nur zwei Ausnahmen: das Recht zur Selbstverteidigung im Fall eines bewaffneten Angriffs und der Einsatz von Waffengewalt, der vom UN-Sicherheitsrat durch eine sogenannte Resolution legitimiert wird. Eine UN-Resolution kommt jedoch nur zu Stande, wenn die fünf ständigen Mitglieder des UN-Sicherheitsrats (USA, Russland, China, Großbritannien und Frankreich) zustimmen oder sich enthalten.

Bergmoser + Höller Verlag AG, Zahlenbilder 615 124

M 12 Mögliche Maßnahmen der UNO zur Friedenssicherung

→ **Friedensschaffende Maßnahmen**
Diplomatische Maßnahmen zur friedlichen Lösung eines Konflikts. Neben der Bereitstellung guter Dienste, Vermittlung und Schlichtung können sie auch diplomatische Isolationsmaßnahmen und Sanktionen umfassen.

→ **Friedenserzwingende Maßnahmen**
Maßnahmen zur Wiederherstellung des Friedens in Konfliktgebieten unter Einsatz militärischer Mittel. Die Zustimmung der Konfliktparteien ist nicht erforderlich.

→ **Friedenserhaltende Maßnahmen**
Aktivitäten zur Eindämmung, Entschärfung und/oder Beendigung von Feindseligkeiten zwischen Staaten oder in Staaten durch Intervention einer neutralen dritten Partei unter internationaler Organisation und Leitung. Militärische Streitkräfte und zivile Organisationen können die politische Streitbeilegung ergänzen und für die Wiederherstellung und Wahrung des Friedens sorgen. Friedenserhaltende Maßnahmen beinhalten die Stationierung einer Friedenstruppe im Krisengebiet. Die Zustimmung der Konfliktparteien ist erforderlich.

→ **Friedenskonsolidierende Maßnahmen**
Maßnahmen zur Bestimmung und Förderung von Strukturen, die geeignet sind, den Frieden zu festigen und zu konsolidieren, um das Wiederaufleben eines Konflikts zu verhindern. Diese können sowohl militärisches als auch ziviles Eingreifen erfordern.

Eine klare Grenzziehung zwischen den einzelnen „Typen“ von Maßnahmen ist häufig schwierig. Friedenserhaltung setzt in vielen Fällen zunächst einmal die Schaffung von Frieden voraus, zugleich können vorausgehende oder begleitende „friedenserzwingende Maßnahmen“ unerlässlich sein.

Arbeitsgemeinschaft Jugend und Bildung e.V. (Hg.), Frieden und Sicherheit, Wiesbaden 2003, S. 24

M 13 Die Blauhelmsoldaten – Markenzeichen der UNO

Die bekannten „Blauhelmsoldaten“ der VN übernehmen in der Regel Aufgaben der Friedenserhaltung (Peace-Keeping). Dies bedeutet im Gegensatz zur Friedenserzwingung, dass die Soldaten den nach Beendigung eines Konflikts in einer Krisenregion oft brüchigen Frieden sichern sollen. Für das klassische Peace-Keeping gelten folgende Leitsätze:

- Die Entsendung erfolgt nur im Konsens mit den Konfliktparteien. Die Konfliktparteien müssen den Konflikt beenden wollen und sich einig über die Rolle der Blauhelmsoldaten sein (z. B. Sicherung der Grenze, Bildung einer Pufferzone zwischen den Konfliktparteien, Polizeiaufgaben, Beobachtung von Wahlen).
- Die Verantwortung für den Einsatz liegt bei den Vereinten Nationen, genauer beim VN-Generalsekretär, der die politische und operative Verantwortung trägt.
- Für die Blauhelmsoldaten gilt, dass sie strikt unparteiisch sein müssen, weshalb sich Länder, die in der Region eigene Interessen verfolgen, an den Missionen nicht beteiligen sollten.
- Die Blauhelmsoldaten dürfen nur leichte Waffen zur Selbstverteidigung tragen, um keiner Partei einen Vorwand zu bieten, die Soldaten in die Kampfhandlungen miteinzubeziehen.

Neben diesen reinen VN-Missionen gibt es noch viele Missionen, die zwar

Erklärfilm „Vereinte Nationen“

Mediencode: 71007-13

von den VN legitimiert sind (also ein VN-Mandat haben), aber von einzelnen Staaten (z. B. den USA), Bündnissen oder regionalen Organisationen wie der NATO oder der EU durchgeführt werden.

M 14 Blauhelme – im Einsatz weltweit

Blauhelme im Einsatz: UN-Missionen weltweit

1 Nahost
UNTSO: Überwachung des Waffenstillstands
Mitarbeiter: **365**
Budget: **69** Mio. US-Dollar
Einsatz seit: **Mai 1948**

2 Indien u. Pakistan
UNMOGIP:
Militärbeobachtergruppe
Mitarbeiter: **114**
Budget: **21** Mio. Dollar
Einsatz seit: **Jan. 1949**

3 Zypern
UNFICYP:
Friedenstruppe
Mitarbeiter: **1105**
Budget: **55** Mio. Dollar
Einsatz seit: **März 1964**

4 Syrien
UNDOF: Beobachtertruppe für Truppenentflechtung
Mitarbeiter: **1120**
Budget: **58** Mio. Dollar
Einsatz seit: **Juni 1974**

5 Libanon
UNIFIL:
Interimstruppe
Mitarbeiter: **11 352**
Budget: **483** Mio. Dollar
Einsatz seit: **März 1978**

6 Westsahara
MINURSO:
Mission für das Referendum
Mitarbeiter: **483**
Budget: **53** Mio. Dollar
Einsatz seit: **April 1991**

7 Kosovo
UNMIK: Mission zur Übergangsverwaltung
Mitarbeiter: **350**
Budget: **38** Mio. Dollar
Einsatz seit: **Juni 1999**

8 Liberia
UNMIL:
Friedensmission
Mitarbeiter: **1580**
Budget: **110** Mio. Dollar
Einsatz seit: **Sept. 2003**

9 Darfur
UNAMID: Hybridmission mit Afrikanischer Union
Mitarbeiter: **17 131**
Budget: **911** Mio. Dollar
Einsatz seit: **Juli 2007**

10 Dem. Rep. Kongo
MONUSCO:
Stabilisierungsmission
Mitarbeiter: **20 946**
Budget: **1142** Mio. Dollar
Einsatz seit: **Juli 2010**

11 Abyei
UNISFA:
Interims-Sicherheitstruppe
Mitarbeiter: **4791**
Budget: **267** Mio. Dollar
Einsatz seit: **Juni 2011**

12 Südsudan
UNMISS:
Friedensmission
Mitarbeiter: **17 154**
Budget: **1071** Mio. Dollar
Einsatz seit: **Juli 2011**

13 Mali
MINUSMA:
Stabilisierungsmission
Mitarbeiter: **14 938**
Budget: **1048** Mio. Dollar
Einsatz seit: **März 2013**

14 Zentralafrikan. Rep.
MINUSCA:
Stabilisierungsmission
Mitarbeiter: **14 036**
Budget: **883** Mio. Dollar
Einsatz seit: **April 2014**

15 Haiti
MINUJUSTH:
Stabilisierungsmission
Mitarbeiter: **1241**
Budget: **25** Mio. Dollar
Einsatz seit: **Oktober 2017**

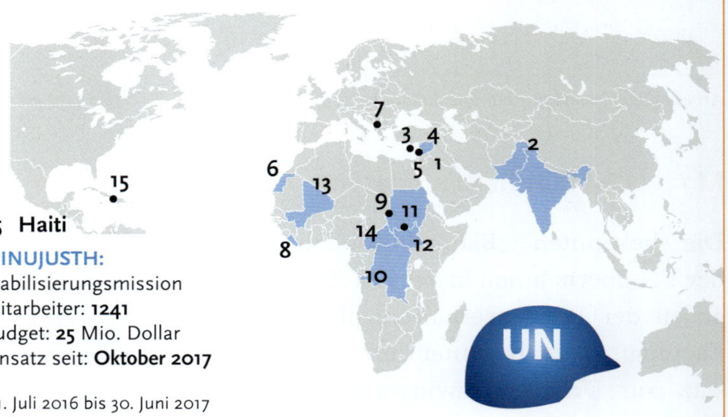

Budget jeweils 1. Juli 2017 bis 30. Juni 2018, UNTSO und UNMOGIP 1. Juli 2016 bis 30. Juni 2017

Globus-Grafik 27716;
Quelle: UN;
Stand: Nov. 2017

Erklärfilm „Syrien-Konflikt“

Mediencode: 71007-14

Stelle Auftrag und Arbeit einer aktuellen UN-Blauhelm-Mission vor.

M 15 Seltenes Votum: Sicherheitsrat verurteilt Gewalt in Syrien

Der UNO-Sicherheitsrat hat seltene Einigkeit im Syrien-Konflikt gezeigt. Er forderte sowohl Rebellen als auch die Assad-Regierung auf, die Gewalt unverzüglich einzustellen. Unterdessen wächst der Druck auf das wichtigste UNO-Gremium, Hilfslieferungen auf syrisches Gebiet zu erlauben. Der Krieg in Syrien hat im UNO-Sicherheitsrat immer wieder für heftige Debatten gesorgt, an deren Ende selten ein Ergebnis stand. Nun hat das mächtigste UNO-Gremium sich auf eine scharfe Verurteilung der Gewalt im Bürgerkriegsland geeinigt. Es forderte […] ein sofortiges Ende der Gewalt in Syrien. In einer Erklärung verurteilte das Gremium Menschenrechtsverletzungen sowohl durch die syrische Regierung als auch durch die Rebellen. „Die eskalierende Gewalt ist vollkommen inakzeptabel und muss sofort gestoppt werden", hieß es in der Erklärung. Bislang hat sich der Sicherheitsrat nicht auf eine einheitliche Position in dem Konflikt verständigen können. Russland und China verhinderten mit ihrem Veto eine Verurteilung oder Maßregelung der Regierung von Präsident Baschar al-Assad. Bislang gab es Verurteilungen von wenigen konkreten Vorfällen, wie dem Massaker in Hula im Mai 2012 und oder den Beschuss von türkischem Staatsgebiet im vergangenen Herbst.

fab/AP/Reuters, UNO-Sicherheitsrat verurteilt Gewalt in Syrien scharf, www.spiegel.de, 19.4.2013

M 16 Probleme der Friedenssicherung durch die Vereinten Nationen

Die ursprüngliche und durchaus erfolgreiche Ausrichtung der VN auf die Verhinderung zwischenstaatlicher Kriege hat sich mit dem Wandel des Kriegsbildes in Richtung innerstaatlicher Auseinandersetzungen radikal verändert. Gemäß Kapitel VII der Charta stünde den VN ein hinreichendes Instrumentarium an Maßnahmen bei Bedrohung oder Bruch des Friedens zur Verfügung, in der Praxis wurde aber von diesen Bestimmungen bisher kaum Gebrauch gemacht. Da den Vereinten Nationen keine eigenen Truppen zur Verfügung stehen, dürfte eine zu beobachtende Praxis die Relevanz der VN im Bereich der Friedenssicherung nachhaltig bestimmen: die Tendenz, dass sich insbesondere die leistungsfähigen Industriestaaten verstärkt Friedensmissionen mandatieren lassen (oder auch nicht), um sie dann in eigener Verantwortung durchzuführen. Dies führt zu einer Konzentration ihrer Kräfte auf Länder und Regionen, die für die betroffenen Staaten von unmittelbarem Interesse oder von Bedeutung sind. Den VN droht dabei nur noch eine Restkompetenz für vergessene Konflikte zuzufallen, für die sie dann – wie z. B. in Afrika zu beobachten – von den Industriestaaten zudem nur zögerlich unterstützt werden.

Johannes Varwick, Die Reform der Vereinten Nationen – Weltorganisation unter Anpassungsdruck, S. 43, Aus Politik und Zeitgeschichte, B 43/2004

Thesen zur Rolle der UNO

Die Vereinten Nationen können auf viele erfolgreiche Blauhelm-Einsätze zurückblicken.

Wenn es den Weltsicherheitsrat nicht gäbe, müsste man ihn erfinden. Nur so kommen doch alle an einen Tisch.

Streng militärische Aufgaben überfordern die Vereinten Nationen.

Die Stärke der Vereinten Nationen ist der zivile Aufbau.

Der Sicherheitsrat kann keine Kriege verhindern.

Der Sicherheitsrat kann Waffenstillstand erzwingen und Verhandlungen in Gang setzen.

Der Weltsicherheitsrat blockiert sich doch oft durch das Vetorecht, das jedem der fünf ständigen Mitglieder zusteht.

Aufgaben

1. Beschreibe Aufbau und Ziele der Vereinten Nationen und vergleiche deine Ergebnisse mit deinem Nachbarn (M 10, M 11).
2. Erläutere, unter welchen Bedingungen die Blauhelmsoldaten der UNO eingesetzt werden können (M 12 – M 14).
3. Arbeitet in Gruppen. Einigt euch auf eine der in der Randspalte gestellten Thesen und schreibt auf, warum ihr sie für zutreffend / nicht zutreffend haltet. Diskutiert anschließend Stärken und Schwächen der UNO (M 11 – M 16).

Was wir wissen

Die NATO
M 2 – M 9

Die NATO wurde im April 1949 als politisch-militärisches Verteidigungsbündnis der westlich-demokratischen Staaten gegen die Ausdehnung des sowjetischen Einflussbereichs gegründet. Die Mitgliedsländer gehen eine gegenseitige Beistandsverpflichtung bei einem bewaffneten Angriff auf ein Mitglied ein. Aufgrund der veränderten Sicherheitslage hat die NATO 1999 eine neue Strategie beschlossen. Sie beinhaltet das ganze Spektrum militärischer Handlungsmöglichkeiten (Friedenserzwingung, Friedenserhaltung, Friedenskonsolidierung) auch außerhalb des Bündnisgebietes und – in Ausnahmefällen – ohne Mandat der Vereinten Nationen. Im Jahr 2010 erweiterte die NATO ihre Strategie aus dem Jahr 1999 u. a. mit dem Ziel, sich stärker an den Nachfolgestaat des ehemaligen Hauptgegners Sowjetunion, Russland, anzunähern. Angesichts der anhaltenden Spannungen mit Russland im Zusammenhang mit der Ukraine-Krise wird diese Annäherung aber bereits wieder von einigen NATO-Mitgliedern in Frage gestellt.

Die Vereinten Nationen
M 10 – M 16

Die Vereinten Nationen wurden am 24.10.1945 von 51 Staaten als globale Friedensorganisation gegründet. Heute sind fast alle Länder der Welt Mitglied der VN. Zu ihren Zielen gehört insbesondere die Wahrung des Weltfriedens und der internationalen Sicherheit durch ein allgemeines Gewaltverbot. Der Sicherheitsrat ist das wichtigste Organ der VN. Allein seine Beschlüsse (Resolutionen) sind für alle Staaten bindend. Der Sicherheitsrat besteht aus fünf ständigen Mitgliedern (USA, Großbritannien, Frankreich, China und Russland) und zehn nichtständigen Mitgliedern. Jedes ständige Mitglied ist mit einem Vetorecht ausgestattet, kann also Entscheidungen des Sicherheitsrates blockieren.

In der Generalversammlung haben alle Mitgliedstaaten eine Stimme. Die Generalversammlung kann jedoch nur Empfehlungen verabschieden, die völkerrechtlich nicht verbindlich sind.

Die Handlungsmöglichkeiten der VN lassen sich folgendermaßen umschreiben: friedensschaffende Maßnahmen (diplomatische Aktivitäten, Vermittlung, Schlichtung, politische Isolierung); friedenserzwingende Maßnahmen (wirtschaftliche Sanktionen, Einsatz von Waffengewalt); friedenserhaltende Maßnahmen (Überwachung eines Waffenstillstandes, Trennung der Konfliktparteien, Wahrnehmung von Polizeiaufgaben); friedenskonsolidierende Aufgaben (Aufbau zivil- und rechtsstaatlicher Strukturen, gemeinsame Projekte, Durchführung von Wahlen).

Konfliktfälle und ihre Regelung

1 Die ethnische Mehrheit eines Landes terrorisiert die Minderheiten, mehr als 100.000 Menschen werden grausam getötet oder gezwungen, in die Nachbarländer zu fliehen. Wirtschaftssanktionen und diplomatische Bemühungen werden von den Machthabern ignoriert.

2 Ein Land mit einem autoritären Regime wird verdächtigt, Atomwaffen zu produzieren. Es weigert sich, internationale Inspektionen zuzulassen.

3 Nach einem verheerenden Bürgerkrieg haben sich die Bürgerkriegsparteien einigen können und einen Friedensvertrag geschlossen, doch ist der Friede noch brüchig. Immer wieder kommt es zu Verletzungen des Waffenstillstandes durch einzelne Gruppen.

4 Ein Land beherbergt Terroristen, die wiederholt internationale Attentate mit großen Opferzahlen ausgeführt haben. Es weigert sich, die Terroristen auszuliefern.

5 Das Militär eines Landes marschiert in einem Nachbarland ein und besetzt staatliche Einrichtungen. Die Rohstoffvorkommen werden ausgebeutet und die Bevölkerung schikaniert.

Aufgabe

Ihr seid Regierungsberater und sollt entscheiden, welche Maßnahmen zur Konfliktlösung in den folgenden Fällen ergriffen werden sollen. Es kann sich dabei auch um eine Abfolge von Maßnahmen handeln. Entscheidet gegebenenfalls auch, welche internationale Organisation zur Durchführung der Maßnahmen betraut werden soll. Begründet eure Entscheidung ausführlich. Beachtet dabei auch mögliche Konsequenzen eurer Entscheidung.

Kompetenzen prüfen

I. Diagnose

Ich kann …	Dazu benötige ich u. a. folgende Begriffe …	Das klappt schon …		Hier kann ich u. a. noch üben …
… Armut als Bedrohung für den Weltfrieden darstellen	• Absolute und relative Armut • Armut und Sicherheit • Millenniumsentwicklungsziele	😎	☹	Kapitel 6.1 • M 1 – M 3 • Was wir wissen
… Terrorismus als Bedrohung für den Weltfrieden darstellen	• Formen von Terrorismus • Ursachen von Terrorismus	😎	☹	Kapitel 6.1 • M 4 – M 7 • Was wir wissen
… Klima als Bedrohung für den Weltfrieden darstellen	• Klimawandel • Klimaflüchtlinge • Klimaabkommen	😎	☹	Kapitel 6.1 • M 9 – M 11 • Was wir wissen
… die Begriffe „Krieg“ und „Frieden“ erklären	• Positiver und negativer Frieden • Krieg • Sicherheit	😎	☹	Kapitel 6.1 • M 12 – M 15 • Was wir wissen
… die Rolle der NATO bei der Friedenssicherung beurteilen	• NATO • Beistandsklausel Artikel 5 • Readiness Action Plan	😎	☹	Kapitel 6.2 • M 2 – M 8 – M 9 • Was wir wissen
… die Rolle der Vereinten Nationen für den Weltfrieden bewerten	• UN-Charta • Sicherheitsrat • Maßnahmen zur Friedenssicherung • Blauhelme	😎	☹	Kapitel 6.2 • M 10 – M 13, M 14, M 16 • Was wir wissen

II. Lernkontrolle

1. Kreuze nachfolgende Aussagen an, ob sie wahr oder falsch sind.

	Wahr	Falsch
Die Gefahr von Bürgerkriegen ist in Ländern mit einem hohen Anteil von absolut Armen höher als in wohlhabenden Ländern.		
Der „Islamische Staat“ (IS) ist ein Beispiel eines terroristischen Netzwerkes.		
Der Klimawandel stellt kein Sicherheitsrisiko dar.		
Positiver Frieden ist die Abwesenheit von Krieg oder gewaltsamen Konflikten in einer Situation, die von sozialer Gleichheit und Gerechtigkeit geprägt ist.		
Die NATO darf nach Art. 5 ihres NATO-Vertrags nur dann militärischen Beistand leisten, wenn die UNO eine entsprechende Resolution verabschiedet.		
Die Sicherheitsstrategie der NATO hat sich im Laufe ihrer Geschichte mehrmals geändert.		
Der NATO-Readiness-Action-Plan von Wales aus dem Jahre 2014 sieht vor, die Verteidigungshaushalte der NATO-Mitgliedstaaten zurückzuführen.		
Die Vereinten Nationen haben ihren Hauptsitz in Washington.		
Die Charta der Vereinten Nationen verbietet Gewalt ohne Ausnahmen.		
Der UN-Sicherheitsrat hat fünf ständige Mitglieder. Es sind dies die Staaten USA, Großbritannien, Frankreich, Indien und Russland.		
Erkennungszeichen der UN-Soldaten sind die Blauhelme.		

2. Stelle „Armut“, „Terrorismus“ und „Klimawandel“ als Bedrohungen für den Weltfrieden jeweils anhand eines Beispiels dar.

1. Armut: ____________________
2. Terrorismus: ____________________
3. Klima: ____________________

3. Erkläre, warum die Bedrohungen für den Weltfrieden „Armut“, „Terrorismus“ und „Klimawandel“ nur auf internationaler Ebene gelöst werden können.

____

____

____

4. Stelle dar, warum die Zusammensetzung des UN-Sicherheitsrates zu Problemen bei der Entscheidungsfindung führen kann und erkläre, inwiefern eine Reform des UN-Sicherheitsrates unabdingbar ist.

____

____

____

Erwartungshorizonte zur Lernkontrolle Kapitel 6

Mediencode: 71007-15

Flüchtlinge aus Syrien

Dürre in Indien

Bettler in einer Fußgängerzone

G7-Gipfel in Elmau (Bayern)

Containerschiff auf dem Weg
Europa

7

Globalisierung – Fluch oder Segen?

Marshall McLuhan, ein kanadischer Philosoph, bezeichnete 1962 die Welt als „global village“. Er wollte damit ausdrücken, dass die Welt durch elektronische Vernetzungen zu einem „Dorf“ zusammengewachsen ist. Durch das Internet kann man heute mit Menschen aus aller Welt zeitgleich in Kontakt treten. Was bedeutet Globalisierung, welche Ursachen hat sie und welche Folgen hat sie für Gesellschaft, Wirtschaft und Politik?

Kompetenzen

Am Ende dieses Kapitels solltest du Folgendes können:

- das Phänomen der wirtschaftlichen Globalisierung anhand eines Fallbeispiels darstellen
- Antriebskräfte und Merkmale der Globalisierung erklären
- erörtern, inwieweit die „Globalisierung“ Wohlstand für alle bedeutet
- Positonen globalisierungskritischer Organisationen wie Attac bewerten

Was weißt du schon?

- Die Bilder können für verschiedene Aspekte oder Dimensionen der Globalisierung stehen: politische, soziale, ökologische, kulturelle und ökonomische. Wähle eine Dimension der Globalisierung aus, und stelle dein Wissen dazu in Form einer Mindmap (→ Methodenglossar) dar.

„Designed in California, produced in China“ – Fallbeispiel iPhone als ein globalisiertes Produkt

M 1 iPhone 5: Wo wird was produziert?

Steve Jobs, 1955 – 2011, im September 2009

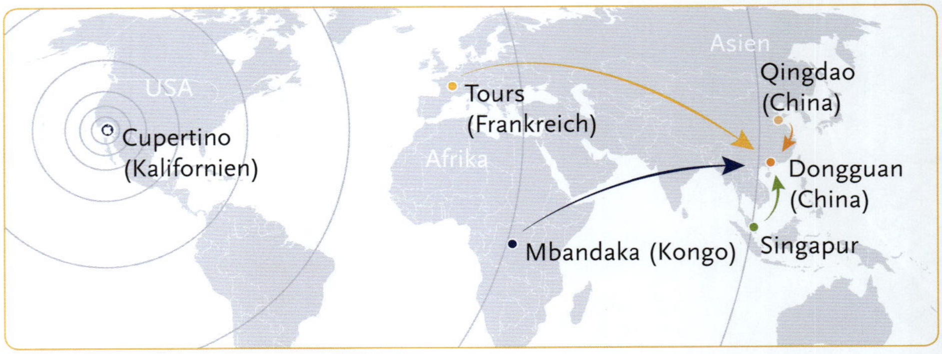

Mit dem iPhone hat Apple von Kalifornien aus die Smartphone-Welt erobert. Vom Konzern selbst stammen nur das Design und ein paar Bauteile.

Design: Auch wenn das iPhone natürlich ein Produkt von Apple ist, wirklich produziert wird es in der Firmenzentrale im kalifornischen Ort Cupertino bei San Francisco nicht. Dort sitzen immerhin die Designer, die entwerfen und entscheiden, wie das neue Super-Handy aussehen soll und was es einmal können wird. „Made in USA" steht deshalb nicht mehr auf dem Handy, dafür aber wenigstens „Designed by Apple in California".

Rohstoffe: Im Grunde besteht auch ein iPhone nur aus einem Haufen unterschiedlichster Rohstoffe. Einer der besonders wichtigen Rohstoffe ist Tantal. Dieses chemische Element wird beispielsweise in Erzminen in Mbandaka, Demokratische Republik Kongo, gewonnen. Von dort wird es zur Weiterverarbeitung unter anderem in die Elektronikfabriken nach Asien transportiert.

Prozessor: Der A6-Chip, der das iPhone antreibt, ist von den Apple-Entwicklern entworfen worden. Produziert wird er im Falle des iPhone 5 zum Beispiel in Singapur.

Sensoren: Wo Norden und Süden ist und ob der Besitzer sein iPhone z. B. beim Spielen nach rechts oder hinten neigt, das verraten dem Telefon seine Bewegungssensoren, die in Tours (Frankreich) produziert werden. Von dort geht es per Flugzeug zur Montage in die Fabriken nach Asien.

Kamera: Die Linse und die Elektronik des Kameramoduls liefert das Unternehmen Largan Precision aus der ostchinesischen Stadt Qingdao.

Montage: Aus allen Bauteilen viele Millionen iPhones zu produzieren, das ist der Job von zigtausend Beschäftigten der chinesischen Unternehmen Foxconn und Pegatron. Die stecken, kleben und schrauben in den Werken bei der Stadt Dongguan zusammen, was die Zulieferer aus aller Welt vormontiert haben.

Nach: Christine Düllmann, WirtschaftsSchule, Wirtschaftswoche, 19.11.2012, S. 12 f.

M 2 Globale Verflechtungen in unserem Alltag

„Ich checke mit meinem Smartphone mal eben meine persönlichen Nachrichten. Vielleicht hat mein Vater, der für sechs Monate in China arbeitet, meinen jüngsten Blog kommentiert. Ich habe einen Tipp erbeten, welches Tablet PC momentan das beste Preis-Leistungs-Verhältnis hat. In der Zwischenzeit könnte ich für meine Hausarbeit recherchieren, was Wikipedia zum Thema Patentschutz anbietet. Im Quellenverzeichnis gibt es einen interessanten Link zu einer wissenschaftlichen Studie des Massachusettes Institute of Technology OpenCourseWare. Es steht sogar unter einer Creative Commons Lizenz zur freien Verfügung. YouTube bietet neben Interviews einige Mitschnitte zu aktuellen Vorlesungen im Bereich Intellectual Property Rights (IPRs). Das leite ich gleich mal über Twitter und meinen Blog an meine Community weiter ..."

Nach: Thomas F. Dapp, Die digitale Gesellschaft, Neue Wege zu mehr Transparenz, Deutsche Bank Research, 1.6.2011, S. 6

M 3 Welche Dimensionen der Globalisierung gibt es?

Die kulturelle Globalisierung – oder das „globale Dorf"
- weltumspannende Kommunikation ermöglicht
- die globale Wirkungsmacht von Markenund Kulturgegenständen

→ Entsteht eine globale Einheitskultur?

Die gesellschaftliche Globalisierung – die Weltgesellschaft
- Tourismus und Migration intensivieren transnationale Austauschbeziehungen
- Umweltgefahren machen vor territorialen Grenzen nicht Halt

→ Verhalten wir uns über die Grenzen solidarisch?

Die ökonomische Globalisierung – die globale Wirtschaft –
Es entsteht eine globale Wirtschaft auf der Basis
- globaler Produktionsketten und -netzwerke
- globaler Güter-, Arbeits- und Finanzmärkte

→ Gelingt in einer globalen Wirtschaft eine Wohlfahrtssteigerung und ihre gerechte Verteilung?

Die politische Globalisierung – Weltregelwerk und Weltinnenpolitik
- internationale Märkte verlangen nach internationalen, durchsetzungsfähigen Rechtsnormen und somit
- internationalen Institutionen

→ Gelingt es den Nationalstaaten, gemeinsam die Probleme der Globalisierung zu meistern?

Aufgaben

1. Arbeite mithilfe der Beispiele aus M 1 und M 2 die Dimensionen der Globalisierung heraus.
2. Skizziere für jede Dimension der Globalisierung passende Beispiele aus deinem Alltag/deiner Stadt/Gemeinde oder aus dem politischen Tagesgeschehen (M 3).

Antriebskräfte und Merkmale der Globalisierung

M 4 Was genau ist Globalisierung?

„Globalisierung" ist ein relativ neuer Begriff. Er tauchte erstmals 1983 im Titel eines englischsprachigen Buches auf, erst 1988 in einem deutschsprachigen. Inzwischen ist der Begriff „Globalisierung" allgegenwärtig. […] Der Begriff verweist […] auf die Entstehung neuer weltumspannender sozialer Handlungszusammenhänge. […] Globalisierung beschreibt das Entstehen einer Welt, deren Mitglieder durch unterschiedlichste Handlungszusammenhänge miteinander verbunden sind, wobei die Bedeutung nationaler Grenzen abnimmt.

Michael Zürn, Der Begriff „Globalisierung", in: Informationen zur politischen Bildung, Regieren jenseits des Nationalstaats, Heft 325, 1/2015, S. 4 f.

Globalisierung – im Erklärfilm

Mediencode: 71007-16

M 5 Antriebskräfte der Globalisierung

Globalisierung oder die Vernetzung der Welt hat sich durch das Internet und die Digitalisierung der Kommunikation rasant entwickelt. Mit dem Internet werden Grenzen, Entfernungen und Zeitzonen überwunden, jeder Mensch kann theoretisch jederzeit mit jedem anderen Menschen auf der Welt kommunizieren. Das Internet mit seinen Vernetzungen ist gleichsam ein Symbol für Globalisierung.

Verbesserte Verkehrswege, schnellere Transportmittel und geringere Kosten für Mobilität erleichtern den Austausch von Gütern und die Reisetätigkeit.

Globalisierung ist in erster Linie ein ökonomisches Phänomen. Voraussetzung für die Zunahme des grenzüberschreitenden Warenhandels ist die Liberalisierung des Handels durch Öffnung der Märkte und Abbau von Zöllen und Protektionismus (Deregulierung). Dafür sorgte seit 1947 das allgemeine Zoll- und Handelsabkommen (englisch General Agreement on Tarifs and Trade, GATT) und dessen Nachfolgeorganisation die WTO.

Der Arbeit der WTO liegt die Überzeugung zugrunde, dass Freihandel für alle Beteiligten von Vorteil ist (Freihandelsdoktrin). Dabei stützt sich die WTO auf die Vordenker des freien Handels Adam Smith und David Ricardo, die beide davon ausgehen, dass ein freier Handel allen Wohlstandsgewinne bringen.

Der Weltmarkt wuchs erheblich mit der Integration der osteuropäischen Staaten seit 1990 und der marktwirtschaftlichen Öffnung Chinas. Die Rückständigkeit der sozialistischen vom Weltmarkt abgeschotteten Staaten, schien bzw. scheint die Richtigkeit der Freihandelsdoktrin zu bestätigen.

Seit den 1980er Jahren erreicht die Globalisierung eine neue Qualität durch die zunehmende internationale Vernetzung von Produktionsprozessen. Neue Produktions- und

Freihandel
Freihandel begründet sich in der Lehre des klassischen Wirtschaftsliberalismus. Nach Adam Smith und David Ricardo nimmt der Wohlstand eines Landes dann zu, wenn sich der Staat so wenig wie möglich in die Wirtschaft einmischt und jeder das produziert, was er am kostengünstigsten anbieten kann.

Direktinvestitionen
Form der Auslandsinvestition. Kapitalexport durch Wirtschaftssubjekte eines Landes in ein anderes Land mit dem Ziel, dort Immobilien zu erwerben, Betriebsstätten oder Tochterunternehmen zu errichten, ausländische Unternehmen zu erwerben oder sich an ihnen mit einem Anteil zu beteiligen, der einen entscheidenden Einfluss auf die Unternehmenspolitik gewährleistet. Gegensatz: Portfolio-Investition, die vorrangig der Geldanlage dient.

Martin Klein, Direktinvestition, in: Gabler Wirtschaftslexikon, www.wirtschaftslexikon.gabler.de, Abruf am 15.2.2016

Kommunikationstechnologien ermöglichen es multinationalen Unternehmen, sich in globalen Netzwerken von z. B. Tochterunternehmen zu organisieren. Das Auslandsengagement der Unternehmen zeigt sich vor allem im starken Wachstum der Direktinvestitionen. Schließlich entwickelt sich in den neunziger Jahren die Mobilität des Finanzkapitals. Kapitalanleger und Kreditnehmer agieren grenzüberschreitend, es bildet sich ein globaler Finanzmarkt. Das Volumen der Finanztransaktionen übersteigt heute das Handelsvolumen um ein Vielfaches.

Die Bedeutung der Container für die Globalisierung
Mit Containerschiffen werden heute bis zu zwei Drittel des grenzüberschreitenden Warenverkehrs durchgeführt. Der Einsatz riesiger Frachtcontainer ermöglicht einen kostengünstigen Transport von Gütern und stellt damit eine wichtige Grundlage für die Globalisierung dar.

a) Transport- und Kommunikationskosten

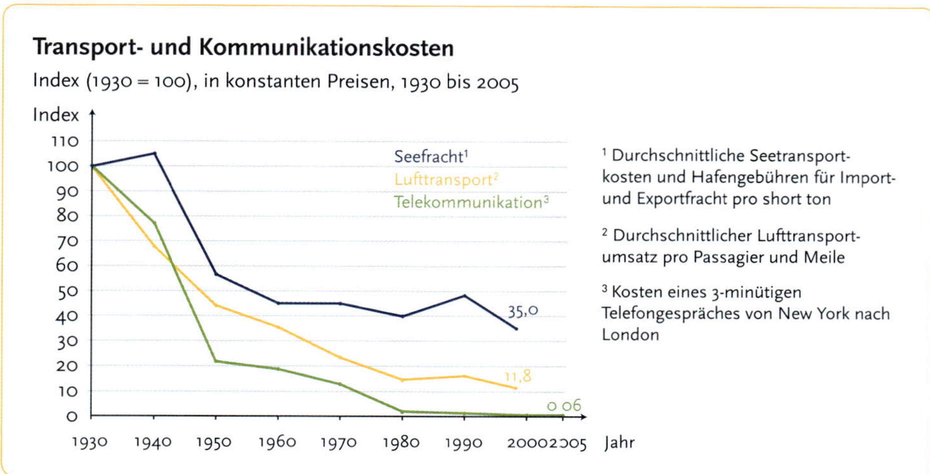

Quelle: Busse, Matthias: HWWA Discussion Paper Nr 116; BDI. Außenwirtschafts-Report 04/2002, in: Bundeszentrale für politische Bildung, 2009, www.bpb.de, Abruf am 7.6.2015

b) Vernetzte Welt seit 2005

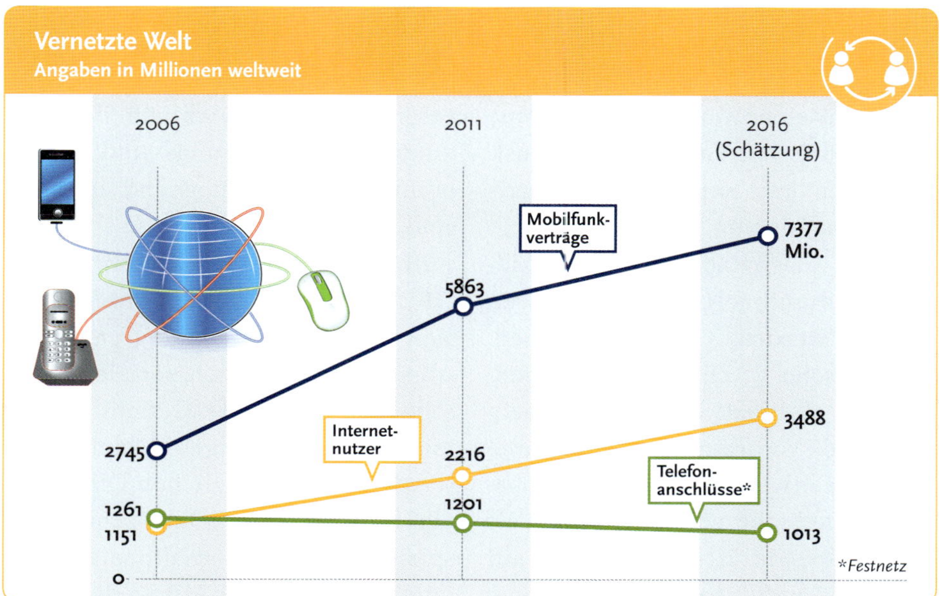

© Globus-Grafik 11800; Quelle: ITU, Stand 2017

c) Globale Handelsströme

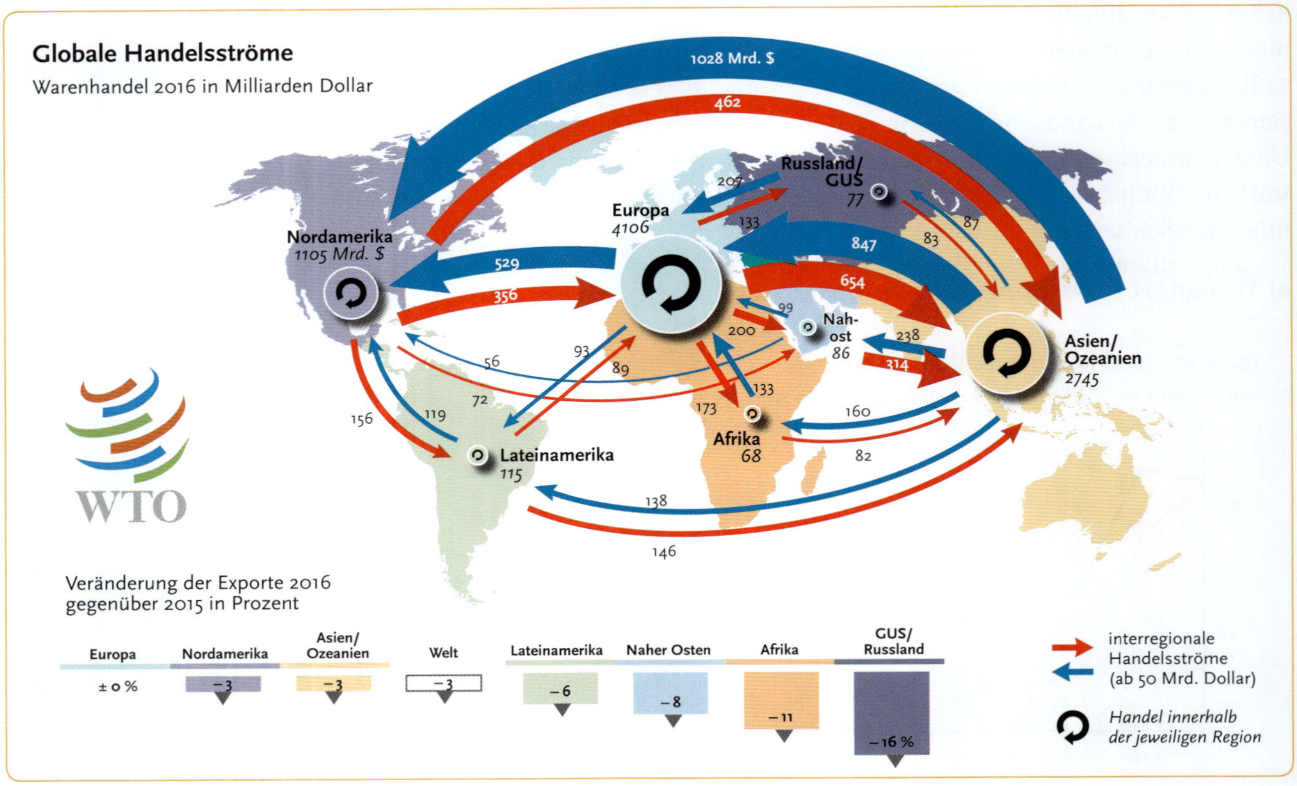

© *Globus-Grafik 10302; Quelle: World Trade Organization, Stand 2018*

M 6 Lässt sich Globalisierung messen?

Folgt man der […] Definition der OECD, verstärkt sich die Globalisierung zum einen durch die Zunahme des Handels mit Gütern und Dienstleistungen und zum anderen durch die Bewegung von Kapital und Technologien. Demnach kann Globalisierung durch folgende Indikatoren erklärt werden: Handelsvolumen, ausländische Direktinvestitionen, Anzahl multinationaler Unternehmen und Verbreitung von Technologien weltweit. […] Multinationale Unternehmen gelten ebenfalls als eine treibende Kraft in Bezug auf Globalisierung. Unter multinationalen Unternehmen versteht man Unternehmen, die in mehr als einem Land tätig sind und deren Tochtergesellschaften hinsichtlich der Produktions-, Beschaffungs- und Absatzpolitik vor Ort weitgehend autonom sind. […]

Auffällig ist, dass die Definition der OECD nur die ökonomische Dimension der Globalisierung abdeckt. Aber sind nicht auch soziale, politische und kulturelle Gesichtspunkte mit zu berücksichtigen? [Nach] KOF[1] werden diese zusätzlichen Dimensionen mit betrachtet. Dazu zählen beispielsweise die internationale Reisetätigkeit oder die Mitgliedschaften in internationalen Organisationen.

Im Einzelnen setzen sich die Kategorien aus folgenden Indikatoren zusammen: **Wirtschaftliche Globalisierung**: Handelsvolumen, grenzüberschreitende Direktinvestitionen, […] Importbeschränkungen, […] Handelszölle, Restriktionen[2] ausländischen Kapitalbesitzes. **Soziale Globalisierung**: Telefonverkehr, Überweisungen, internationaler Tourismus, ausländische Staatsangehörige, internationaler Briefverkehr, Internet-User […] **Politische Globalisierung**: Botschaften in anderen Ländern, Mitgliedschaften in internationalen Organisationen und Teilnahme an UN-Friedensmissionen.

Anja Rohwer, Kann man Globalsierung messen? ifo Schnelldienst 10/2008, S. 31 und 35

[1] KOF Konjunkturforschungsstelle, Schweizer Forschungsinstitut der ETH Zürich
[2] Behinderungen

M 7 Ranking der globalisierten Länder aus dem Jahre 2011

Globalisierungsindex* der KOF

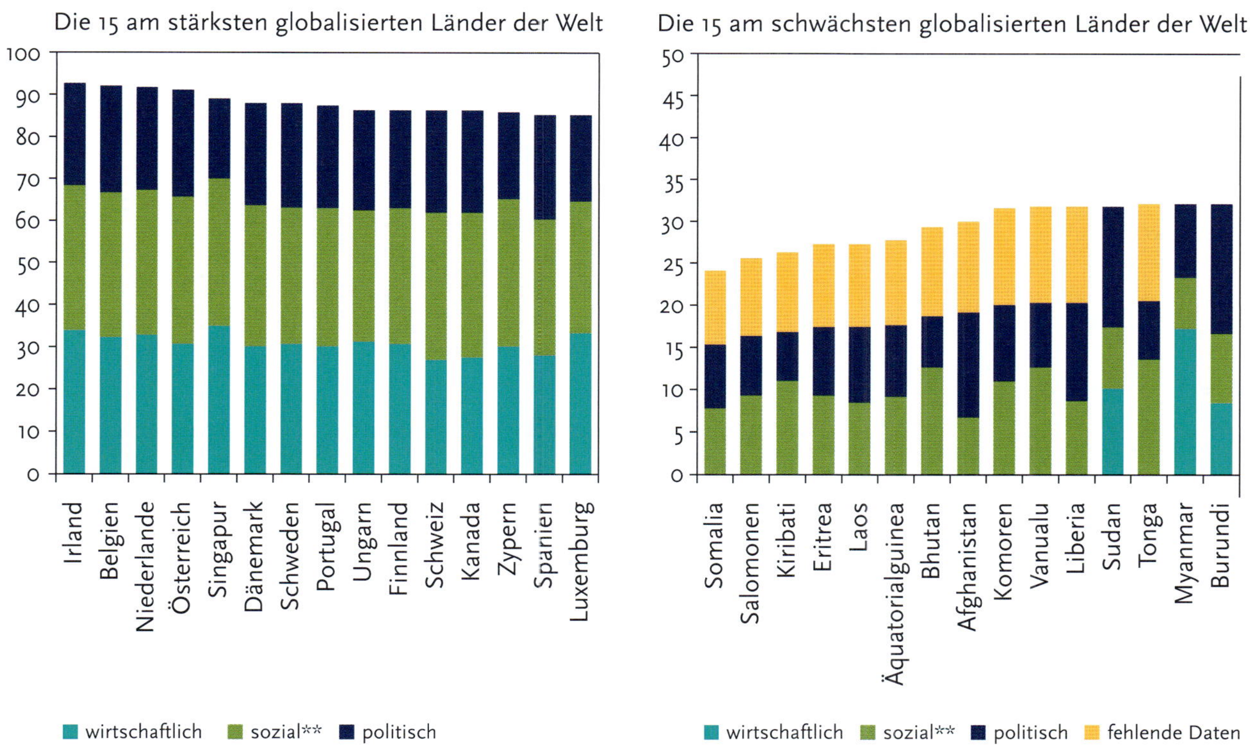

ETH KOF Konjunkturforschungsstelle, KOF Globalisierungsindex 2014, Medienmitteilung 2014, www.globalization.kof.ethz.ch, Abruf am 15.2.2016

* *Für die Berechnung des Globalisierungsindex werden alle Indikatoren zu einem Index transformiert mit einer Skala von 1 bis 100. Hierbei stellt 100 den maximalen Wert dar.*

** *Kulturelle Globalisierung, also die globale Verbreitung bestimmter kultureller Lebensweisen, wie z. B. Essgewohnheiten oder Freizeitgestaltung wird im KOF-Index unter der sozialen Globalisierung erfasst. D. h. z. B. je stärker die Reisetätigkeit, desto mehr Berührung mit anderen Ländern und deren Kulturen und damit Möglichkeiten fremde Kulturen kennenzulernen und anzunehmen.*

M 8 Warenexporte und Welthandel

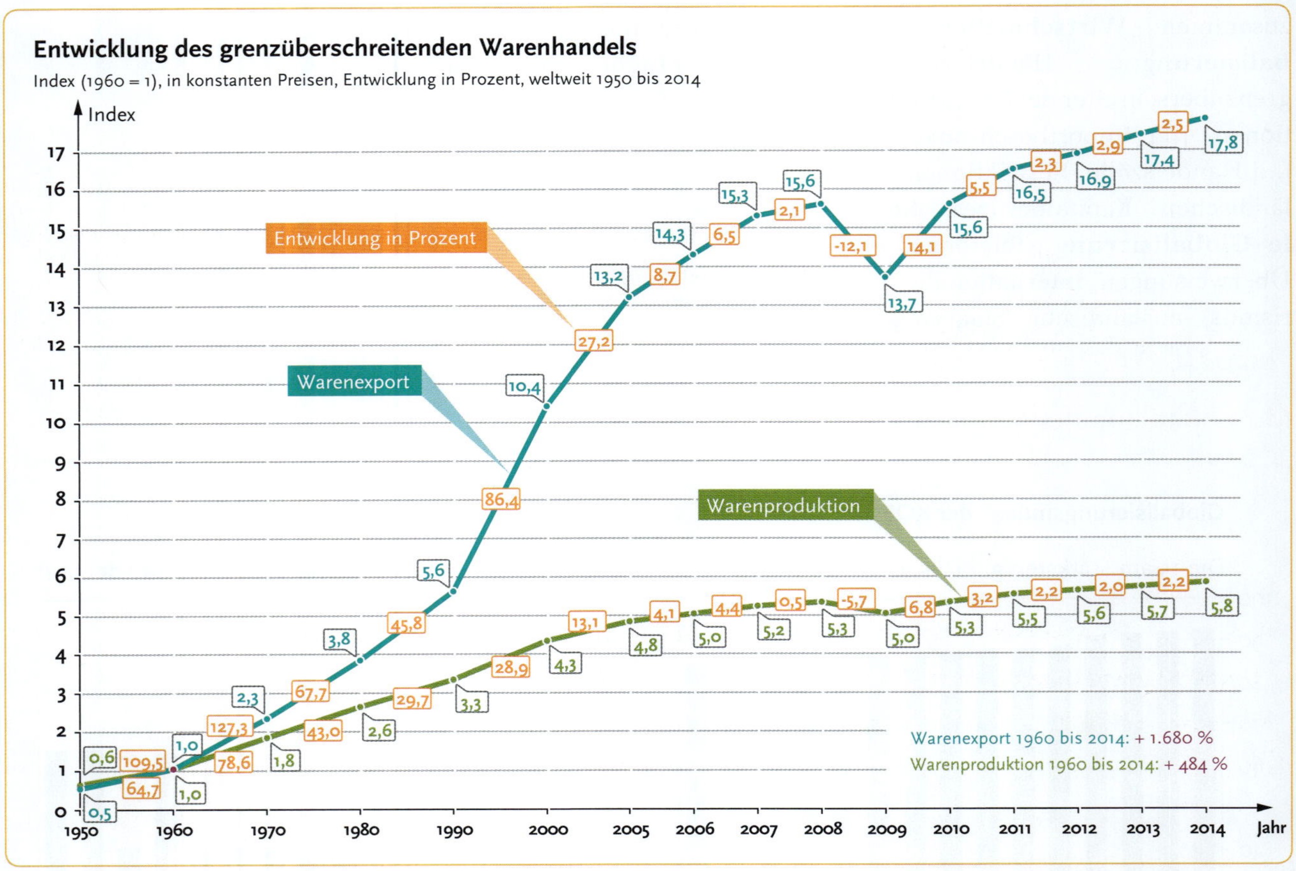

Quelle: World Trade Organization (WTO): International Trade Statistics 2015; eigene Berechnungen
Lizenz: cc by-nc-nd/3.0/de/

Weltexportquote
Die Weltexportquote gibt den Anteil der Weltexporte am Weltsozialprodukt an.

Der nominale Außenhandelswert bezieht sich auf den Wert der gehandelten Waren zu den jeweiligen Marktpreisen. Dadurch fließen Preisveränderungen voll in die Berechnungen ein. Modellhaft formuliert kann eine nominale Ausweitung des Außenhandels einerseits bedeuten, dass mehr Güter gehandelt werden, andererseits können aber auch – bei unveränderter Menge – lediglich die Preise der gehandelten Produkte gestiegen sein. Der reale Außenhandelswert ist hingegen unabhängig von Preisveränderungen, da er zu den Preisen eines Basisjahres, also in konstanten Preisen, berechnet wird. Der reale Außenhandelswert steigt nur, wenn tatsächlich mehr Waren gehandelt wurden. Bei Berücksichtigung des Bevölkerungswachstums relativiert sich die absolute Zunahme des grenzüberschreitenden Warenhandels, da sich die Weltbevölkerung seit 1960 fast verzweieinhalbfacht hat. Allerdings hat sich auch der Weltwarenexport pro Kopf von 43 US-Dollar im Jahr 1960 auf gut 2.600 US-Dollar im Jahr 2013 mehr als versechzigfacht.

Christian Hartmann, Globalisierung, www.bpb.de, 31.12.2015

M 9 Direktinvestitionen (FDI: foreign direct investment)

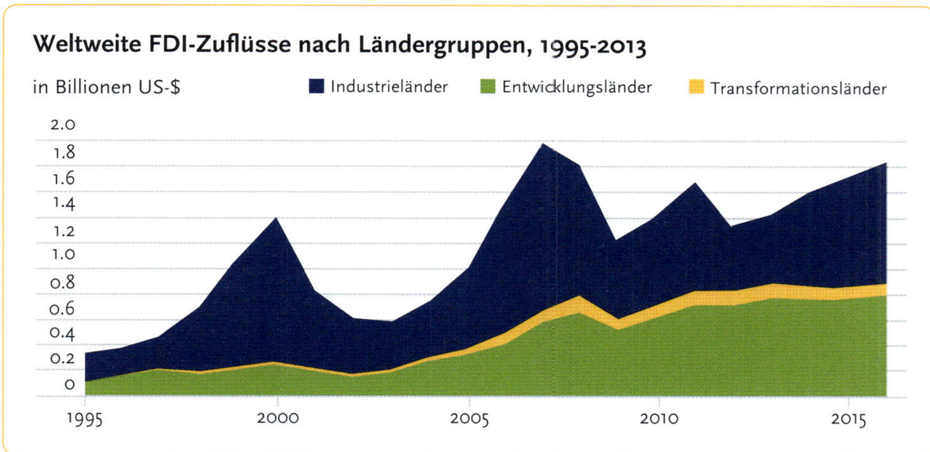

Quelle: UNCTAD, WIR 2014
S. Benz, J. Karl, E. Yalci, Der UNCTAD World Investment Report 2014, Die Entwicklung ausländischer Direktinvetitionen, in ifo Schnelldienst, 15/2014, 14.8.14

In absoluten Zahlen haben die Entwicklungsländer erstmals 2012 mehr Direktinvestitionen erhalten (778 Mrd. USD entspricht weltweitem Anteil von 53,6%) als die Industriestaaten.

M 10 Umsätze und BIP ausgewählter Unternehmen und Staaten

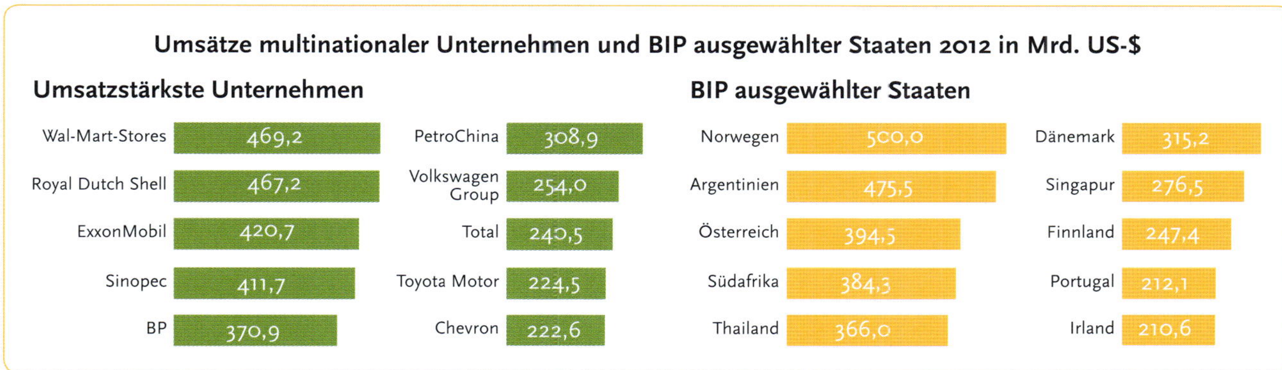

Quellen: Farbes / Weltbank 2014

Aufgaben

1. Beschreibe, ausgehend von M 4, was unter Globalisierung zu verstehen ist.
2. In M 5 werden unterschiedliche Faktoren für die Entwicklung von Globalisierung beschrieben. Ordne diese nach der Wirkungsstärke hinsichtlich der gegenwärtigen und zukünftigen Entwicklung ein.
3. Analysiere die Position Deutschlands im Länderranking M 6, M 7.
4. Gruppenarbeit: Analysiert die Merkmale und Indikatoren von Globalisierung (M 8, M 9, M 10) indem ihr folgende Arbeitsschritte befolgt:
   a) Klärung, in welcher Form die Ergebnisse dargestellt werden.
   b) Beschreibung und Analyse der Schaubilder: Merkmal, Indikator, Interpretation der Daten (Ausmaß und die Entwicklung von Globalisierung)
   c) Bewertung des Ausmaßes von Globalisierung.

zu Aufgabe 4
Präsentiert eure Ergebnisse in der Klasse in Form eines Kurzreferates (→ Methodenglossar).

„Globalisierung" – Wohlstand für alle?

M 11 Globalisierung – eine Erfolgsgeschichte?

a) Thomas Straubhaar im Jahr 2007

Die Fakten zeigen, wie sehr die Globalisierung in den letzten fünfzig Jahren den Wohlstand der Massen verbessert hat. [...] Globalisierung bringt [zwar] nicht allen Ländern und schon gar nicht allen Menschen gleich viel Reichtum. Sie hat aber dafür gesorgt, dass heute mehr Menschen länger und besser leben als jemals zuvor in der Weltgeschichte.

Thomas Straubhaar, Was bringt die Globalisierung?, in: Rheinischer Merkur, 31.5.2007

b) „Globalisierung" und Wachstum in den Entwicklungsländern

Entwicklungsländer: Globalisierung bringt mehr Wachstum Zunahme des Lebensstandards gemessen als reales BIP pro Kopf zwischen 1990 und 2006 in Prozent	
Globalisierer: Entwicklungsländer, die sich für den Weltmarkt in den 80ern stark geöffnet haben	**48,7**
Nicht-Globalisierer: Entwicklungsländer, die sich für den Weltmarkt in den 80ern weniger (stark) geöffnet haben.	**22,1**
Entwicklungsländer: Länder mit einem Pro-Kopf-Einkommen von weniger als rund 9.000 Dollar (ohne Transformationsstaaten)	

Zahlen: Institut der deutschen Wirtschaft, Köln, Medien GmbH, IWF, Weltbank, © 2010, iw Medien_iw-Dossier_3, 10.8.2010

M 12 Sozioökonomische Entwicklung weltweit

a) Armut nach Weltregionen

	Arme, die von weniger als 1,25 US-$ pro Tag leben					
	in Mio.			Anteil in %		
Region	1990	2008	2015*	1990	2008	2015*
Ostasien und Pazifik	926,4	284,4	159,3	56,2	14,3	7,7
Davon China	683,2	173,0	k.A:	60,2	13,1	k.A.
Europa und Zentralasien	8,9	2,2	1,4	1,9	0,5	0,3
Lateinamerika und Karibik	53,4	36,8	33,6	12,2	6,5	5,5
Naher Osten und Nordafrika	13,0	8,6	9,7	5,8	2,7	2,7
Südasien	617,3	570,9	418,7	53,8	36,0	23,9
Afrika südlich der Sahara	289,7	386,0	397,2	56,5	47,5	41,2
Welt insgesamt	1.908,6	1.289,0	1.019,9	43,1	22,4	16,3
Ohne China	1226,8	1116,0	–	37,2	25,2	k.A.

*Weltbank (Hg.), Global Monitoring Report 2012, Overview, S. 3; *Prognose*

b) Soziale Schlüsselindikatoren

Region	Beendigung der Grundschule		Kindersterblichkeit* (in Promille)		Lebenserwartung (in Jahren)	
	1998/89 – 1993/94	2007	1990	2012	1990	2013
Ostasien und Pazifik	97	100	59	21	68	74
Europa und Zentralasien	94	98	46	23	70	71,3
Lateinamerika und Karibik	88	97	53	19	68	74,9
Naher Osten und Nordafrika	82	91	80	37	61	70,2
Südasien	74	79	130	57	58	67,2
Afrika südlich der Sahara	50	63	187	97	51	56,8

**Sterblichkeit von Kindern unter 5 Jahren*
World Bank, World Development Report 1992; Weltbank (Hg.), Weltentwicklungsbericht 2010; UNDP, UNDP, Human Development Report 2014

c) Wirtschaftskraft

	Entwicklung des realen Bruttoinlandsprodukts pro Kopf in ausgewählten Regionen, Angaben in US-Dollar Kaufkraftparität							
	1980	1985	1990	1995	2000	2005	2010	Veränderung 1980-2010
Euro-Zone	k.A.	k.A.	k.A.	21200	25472	30050	32388	–
Schwellen- und Entwicklungsökonomien	1278	1721	2156	2488	3092	4302	5772	+352%
Afrika	963	1210	1377	1427	1627	2124	2589	+169%
Zentral- und Osteuropa	3747	4973	6167	6715	8530	11781	14292	+281%
Asiatische Entwicklungsländer	398	641	948	1468	2002	3053	4591	+1053%
Mittlerer Osten	4066	4767	5070	5881	7103	9163	11318	+178%
Westliche Hemisphäre	3713	4460	5208	6349	7404	8873	10577	+185%

IWF, zitiert nach: Thieß Petersen, Ökonomische Globalisierung und Neuverteilung des globalen Wohlstands, in: GWP 59 (2010), Heft 1, S. 80

M 13 Globalisierung ist Ungleichmacherei – oder das Dilemma der globalen Wachstumsmärkte

Das Stichwort Globalisierung signalisiert ursprünglich eine Angleichung. Überall bekommt man den gleichen Softdrink, das gleiche Handy; dieselben Autos werden rund um den Globus gefahren und das Internet ist überall das Gleiche. Allgemeiner gesagt: Die Arbeits- und Lebensbedingungen gleichen sich dem Stand in den Industrieländern an, und wo sie das (noch) nicht tun, besteht zumindest der Wunsch dazu. Aber wie die Idee des Wachstums täuscht auch die der Globalisierung. Denn Globalisierung bewirkt nicht Gleichheit, sondern viel eher die weitere Differenzierung von ohnehin schon ungleichen Einkommens- und Vermögensverhältnissen.

Globalisiert werden auch die Lieferketten fast aller Produkte. Die Einzelteile werden überall in der Welt produziert und zusammengefügt. Das ist beim Handy und dem Auto so, aber

Ungleiche Verteilung des Reichtums

Die Kluft zwischen den Reichsten und dem Rest der Welt wird schnell breiter, beklagt die britische Wohlfahrtsorganisation Oxfam. Im Jahr 2009 gehörten noch 44 Prozent des Wohlstands einem Prozent der Weltbevölkerung. Vergangenes Jahr lag der Anteil bereits bei 48 Prozent. 2016 werde er erstmals auf mehr als die Hälfte anwachsen.

© Zeit Online, dpa, sk, Ein Prozent der Weltbevölkerung hat mehr als alle anderen, www.zeit.de, 19.1.2015

auch beim Joghurt und der Schokolade. Wenn Liefer- und Wertschöpfungsketten globaler werden, entsteht zunehmend die Frage nach sozialen und ökologischen Bedingungen, unter denen produziert wird: Wie viel illegale Kinderausbeutung steckt in der Kakao-Ernte in Westafrika, wie viel tropischer Urwald muss den indonesischen Palmöl-Plantagen weichen? Verdient das organisierte Verbrechen am Abbau von Rohstoffen mit?

Heute nehmen Versuche zu, für wichtige Rohstoffe zu vereinbaren, welche menschenrechtlichen und ökologischen Bedingungen mindestens einzuhalten sind. Beispiele gibt es für Palmöl, Kakao, Kaffee, Baumwolle, Mineralien, Holz, Fisch und eine Reihe weiterer Stoffe.

Einzelne Firmen oder Verbände sowie Umweltorganisationen haben hierzu Nachhaltigkeits-Standards entwickelt. Das Dilemma ist jedoch, dass die Masse der globalen Wirtschaftsbeziehungen den Nachhaltigkeitsstandards nicht folgt. Es ist daher an der Zeit, neue Wege und Instrumente zu finden. Die Nachhaltigkeitspolitik muss in eine neue Phase übergehen. Die globale Dimension nationalen Handelns wird größer und nimmt an Bedeutung zu. Der moderne Staat hat eine Verantwortung über seine Grenzen hinaus. Er muss seine extraterritorialen Menschenrechtsverpflichtungen wahrnehmen und sich den Grenzen der ökologischen Belastbarkeit stellen. Risiko, Chancen und Verantwortung von Unternehmen sind umfassend zu berücksichtigen. Nachhaltigkeitspolitik muss die Transformation mit menschlichem Antlitz vorantreiben.

Wir brauchen ein deutliches Weniger an gesetzten Denknormen wie die Wachstums-Konvention und ein deutliches Mehr an Verantwortung, die von Einzelnen und der Gemeinschaft insgesamt angenommen werden.

Günter Bachmann, Das Dilemma der globalen Wachstumsmärkte. Deutschland muss zur Nachhaltigkeit innerhalb ökologischer Belastungsgrenzen beitragen, in: Zeitschrift für Gemeinschaftskunde, Geschichte und Wirtschaft DEUTSCHLAND & EUROPA , hrsg. v. Lpb, Baden- Württemberg, Heft 70 – 2015, S. 51

Aufgaben

1. Analysiere Trends der globalen Ungleichheiten (M 11, M 12) Berücksichtige dabei die Entwicklungen innerhalb einzelner Weltregionen (regionaler Längsschnitt) und die weltweiten Unterschiede zu einem bestimmten Zeitpunkt (Querschnitt). Nutze hierfür auch die Statistik „Globale Handelsströme“ (M 5c).
2. Gruppenarbeit: Prüft ausgehend von M 11, M 12 das „Wohlfahrtsversprechen“ der Globalisierung.
3. Fasse die Kritik an der Globalisierung thesenartig zusammen und stelle deine Ergebnisse der Klasse vor (M 13).
4. Erläutere zusammen mit deinem Nachbarn die Nachhaltigkeitsstrategie Bachmanns (M 13). Vergleicht eure Ergebnisse mit anderen Gruppen in der Klasse.

Globalisierungskritik am Beispiel des Netzwerks Attac: Was sind die wesentlichen Kritikpunkte?

M 14 Attac stellt sich vor...

Weltweiter Handel mit Gütern jeder Art, ein internationaler elektronisch getakteter Finanzmarkt, sekundenschnelle Kommunikation rund um den Erdball, Dependancen der immer gleichen weltumspannenden Konzerne und Konsumtempel in jeder Stadt – das alles sind Facetten einer Globalisierung, die wir seit einigen Jahrzehnten in verschärftem Ausmaß erleben. Diese Globalisierung bringe Wohlstand für alle – dieses neoliberale Versprechen hat sich nicht erfüllt. Im Gegenteil: Die Kluft zwischen Arm und Reich wird immer größer, sowohl innerhalb der Gesellschaften als auch zwischen Nord und Süd. Das ist kein Wunder, denn die gegenwärtige Globalisierung orientiert sich einseitig an mächtigen Wirtschaftsinteressen. Die Politik treibt die Liberalisierung der Märkte im Interesse der großen Konzerne voran – eine Globalisierung von Menschenrechten und von sozialen, ökologischen oder demokratischen Standards steht dagegen nicht auf der Agenda.

[...] Der Glaube, der Markt könne es besser und solle dem Staat möglichst viel aus den Händen nehmen, ist mittlerweile tief in den Köpfen verankert. Die Finanzkrise von 2007/2008, die darauf folgende schwere Wirtschaftskrise und die milliardenschweren Bankenrettungen stellten die neoliberale Ideologie zwar kurzfristig in Frage – trotzdem dominiert diese weiterhin Politik, Wissenschaft und Wirtschaft. Es gilt: Gewinne sind für die (Privat-)Unternehmen da, Kosten soll die Allgemeinheit tragen. Als Konsequenz dieser Politik konzentriert sich der gesellschaftliche Reichtum in den Händen von immer weniger Menschen – und zirkuliert in Form von Kapital auf der Jagd nach Rendite in immer schnellerem Tempo um die Welt. Längst übersteigen die Vermögensansprüche an den Finanzmärkten um ein Vielfaches das, was weltweit an Waren und Dienstleistungen erwirtschaftet werden kann. Immer hektischer suchen die Besitzenden auf den Finanzmärkten nach immer neuen Anlagemöglichkeiten. Regierungen, die mit Umwelt- oder Sozialstandards tatsächlich ernst machen wollen, wird offen mit massenhafter Kapitalflucht gedroht. Platzt die nächste Finanzblase, werden die Rettungskosten auf die Allgemeinheit abgewälzt – und das Spiel beginnt von vorne. Eine weitere Konsequenz der neoliberalen Globalisierung ist die beschleunigte Jagd nach Rohstoffen, zu deren Sicherung reiche Industriestaaten zunehmend militärische Planungen und kriegerische Interventionen be-

Der Attac-Deutschland Mitgründer und Steuerexperte Sven Giegold (li.) und der ehemalige CDU-Generalsekretär Heiner Geißler stellen am Freitag (22.02.2008) in Berlin auf einer Pressekonferenz den Aktionsplan des globalisierungskritischen Netzwerks Attac zur Schließung von Steueroasen vor.

schließen. In immer mehr Ländern führt dies zu politischer Destabilisierung und Terrorismus, was in Industriestaaten wiederum zur Rechtfertigung von Aufrüstung, Militarisierung und zur Aushöhlung demokratischer Rechte benutzt wird. Es droht eine Abwärtsspirale der Zerstörung und der Entdemokratisierung. Attac hat dem etwas entgegen zu setzen: „Die Welt ist keine Ware!". Attac organisiert ökonomische Alphabetisierung, die dazu anregt, sich mit den Hintergründen auseinanderzusetzen und sich einzumischen. Dabei geht es um vielfältige Alternativen und Perspektiven über die nötigen Abwehrkämpfe hinaus. [...] Attac versteht sich als Teil der globalisierungskritischen Bewegung und bringt Kritik und Alternativen offensiv auf die Straße und in die gesellschaftliche Diskussion. Durchdacht und kreativ, manchmal ungehorsam, immer nach dem Motto: „Eine andere Welt ist möglich". Die internationalen Finanzmärkte und der Welthandel mit all ihren Auswirkungen stellen zentrale Themen für Attac dar. Aber wir befassen uns von Anfang an auch mit den direkten Folgen in Deutschland und Europa: Dazu zählen etwa die Privatisierung öffentlicher Infrastruktur, eine Steuerpolitik zu Gunsten von Unternehmen und großen Vermögen sowie die unsozialen Renten- und Arbeitsmarkt„reformen". Attac bearbeitet auch grundsätzliche Fragen wie die Kritik am Wachstumsparadigma und entwickelt Visionen zu globalen sozialen Rechten.

Attac Trägerverein e.V., Globalisierung, www.attac.de, Abruf am 22.5.2015;

M 15 Attac Deutschland: wachsende Mitgliederzahlen

Jahr	Mitglieder
2000	337
2001	3045
2003	13 176
2006	16 770
2009	22 062
2013	27 402
2017	ca. 29 000

Weit über 29.000 politisch engagierte Menschen sind inzwischen Mitglied bei Attac geworden, um gemeinsam an einem Strang zu ziehen für eine gerechtere Welt – darunter auch zahlreiche bekannte Personen aus verschiedenen Bereichen des öffentlichen Lebens. Viele Attac-Mitglieder sind in einer der über 170 Regionalgruppen aktiv oder engagieren sich in einer der bundesweiten Arbeitsgruppen von Attac. Seit den Anfängen von Attac in Deutschland im Jahr 2001 ist unsere Mitgliederzahl stetig gestiegen; unter den mehr als dreißig Attacs weltweit mit insgesamt rund 90.000 Mitgliedern ist Attac Deutschland die mitgliedstärkste Organisation. Dabei haben wir besonders in großen Momenten der globalisierungskritischen Bewegung wie dem G8-Gipfel in Genua 2001 oder dem in Heiligendamm 2007 ebenso viele neue Mitstreiter gefunden wie bei spezifischen Erfolgen von Attac – etwa dem gelungenen Coup mit dem Plagiat der Wochenzeitung „Die Zeit" im Jahr 2009 oder der mit Beginn der Krise sich verbreitenden Erkenntnis, dass Attac schon seit Jahren vor genau diesen Entwicklungen gewarnt hatte.

Attac Trägerverein e.V., Mitglieder, www.attac.de, Abruf am 22.05.2015

M 16 „Wir haben es satt!" – ein Beispiel für eine Aktion von Attac

„Stoppt Tierfabriken, Gentechnik und TTIP!
Für die Agrarwende!" Demonstration – Treckerzug – Kundgebung, 17.1.2015 in Berlin.
Rund 50.000 Menschen waren auf der fünften „Wir haben es satt!"-Demonstration! Die Agrarindustrie ist weiter auf dem Vormarsch: Wenige globale Großkonzerne untergraben die Saatgut-Vielfalt und fördern die Gentechnik auf dem Acker. Investoren bauen immer neue industrielle Megaställe, in denen Tiere unter qualvollen Bedingungen leiden. Die Mächtigen dieser Welt planen auf dem G7-Gipfel und durch die Freihandelsabkommen TTIP und CETA die globale Industrialisierung der Landwirtschaft. Die Folgen sind allgegenwärtig: Immer mehr BäuerInnen müssen hier und in den Ländern des Südens ihre Höfe aufgeben; Billigfleisch überschwemmt die Märkte; Monokulturen verdrängen den Regenwald; Ackerland wird zum Spekulationsobjekt. Weltweit haben mehr als 800 Millionen Menschen nicht genug zu essen – mit dramatischen Folgen. Wir fordern: Gutes Essen und gute Landwirtschaft für alle und weltweit! Auch Attac war – zusammen mit vielen anderen Organisationen – auf der Demo dabei!

Attac Trägerverein e.V., WIR HABEN ES SATT!, www.attac.de, Abruf am 22.5.2015

Aufgaben

1. Fasse die Kritik von Attac an der ökonomischen Globalisierung zusammen (M 14, M 16, Methodenglossar).
2. Arbeite aus M 14, M 16 heraus, welche Alternativen Attac sieht und auf welche Weise diese erreicht werden sollen. Stelle die einzelnen Aspekte auf einem Flyer (→ Methodenglossar) dar.
3. Diskutiere, welche Gründe dafür verantwortlich sein könnten, dass gerade in Deutschland die Mitgliederzahlen von Attac stark angestiegen sind (M 15).
4. Nimm Stellung: Inwieweit hältst du die Kritik von Attac an der Globalisierung und die Formen der Kritik für berechtigt? Vergleiche deine Ergebnisse mit deinem Nachbarn (M 14 – M 16).

Was wir wissen

Der Begriff Globalisierung
M 4

Globalisierung ist ein vieldeutiger Begriff, der unterschiedliche Dimensionen umfasst: wirtschaftliche, gesellschaftliche, politische, kulturelle und ökologische. Allen Bereichen gemeinsam ist die weltumspannende Vernetzung, die einen nationalen Blickwinkel alleine nicht mehr erlaubt. Diese wird besonders in der ökonomischen Dimension deutlich.

Antriebskräfte und Faktoren
M 5

Wirtschaftliche Globalisierung ist ein Prozess, der seit den 80er Jahren eine enorme Dynamik entwickelte, die Entstehung globaler Unternehmen förderte und zu einem weltweiten Markt führte. Folgende Faktoren sind dafür zu nennen:
Die Liberalisierung der Weltmärkte durch den Abbau von Handelsbeschränkungen (GATT/WTO) auf der Grundlage der Lehre vom Freihandel.
Die Einführung der digitalen Kommunikationstechnologien (Internet) und Veränderungen der Transportlogistik (z. B. Container), die zu einem starken Rückgang der Mobiltäts- und Kommunikationskosten führten. Ferner die Öffnung der Märkte der sozialistischen Staaten, die bis 1990 vom Weltmarkt abgeschottet waren sowie die zunehmende wirtschaftliche Bedeutung Chinas mit fast 1,4 Mrd. Menschen für den Weltmarkt.

Indikatoren
M 6

Das Wachstum des Welthandels im Vergleich zum Wachstum des globalen BIP (Weltexportquote) gilt als Gradmesser ebenso wie das Wachstum der Auslandsinvestitionen. Der jährlich ermittelte KOF- Index versucht neben der ökonomischen auch die politische und soziale Dimension zu messen.

Ökonomische Globalisierung in der Kritik
M 11 – M 16

Auf der einen Seite hat die wirtschaftliche Globalisierung den Lebensstandard fast überall auf der Welt erhöht: Armut ging ebenso zurück wie die Kindersterblichkeit, die Lebenserwartung hat sich erhöht. Auf der anderen Seite sind die Unterschiede zwischen Arm und Reich größer geworden. Menschenrechte werden vor allem in den unterentwickelten Staaten (Kinderarbeit) nicht beachtet, und die Ausbeutung der natürlichen Ressourcen nimmt zu ebenso die Schädigung der Umwelt (Klimaerwärmung).

Das globale iPhone

Das iPhone ist ein zwiespältiges Produkt. Einerseits setzt es technologische und kulturelle Standards. Wie kaum ein anderes Produkt vermittelt es den Käufern das Gefühl, auf angenehme Weise an den Möglichkeiten der globalen Kommunikation teilzuhaben. Andererseits stehen Apple-Produkte wie iPhone oder iPad für die schlechten Seiten der Globalisierung. Auf der Rückseite jedes iPhones ist zu lesen: „Entworfen von Apple in Kalifornien. Produziert in China." Das bedeutet: Apple stellt fast nichts selbst her.

Die Produktion findet im Ausland statt – zu großen Teilen in den gigantischen Werken des Foxconn-Konzerns in China, für den über eine Million Menschen arbeiten. Dass die schlechten Arbeitsbedingungen dort langsam, aber sicher das positive Image der Apple-Produkte bedrohen, hat die US-Firma 2011 erkannt. Deshalb ließ Apple die Foxconn-Werke durch die Fair Labor Association (FLA) kontrollieren, die für erträgliche Zustände in der globalen Produktionskette sorgen soll. Das Ergebnis der Überprüfung: Die Kontrolleure bestätigten viele der Vorwürfe, die unter anderem die Hongkonger Kritiker-Organisation Sacom gegen Apple und Foxconn erhebt. [...]

Der Lohn einer normalen Foxconn-Arbeiterin im Werk Chengdu in Zentralchina betrug 2011 etwa 2000 Renmimibi (210 Euro) für rund 240 Arbeitsstunden monatlich. Das machte rund 90 Euro-Cent pro Stunde – eine Summe, die den Arbeitern nur ein relativ bescheidenes Leben ermöglichte. D[ie] Löhne in China sind auch deshalb so niedrig, weil Apple seine Zulieferer unter Druck setzt. 2011 betrugen die Arbeitskosten eines iPhones im Verhältnis zu dessen Verkaufspreis größenordnungsmäßig drei Prozent. Von 500 Euro, die Kunden in Europa oder den USA zahlten, kamen etwa 15 Euro bei den Arbeiterinnen an [,wohingegen geschätzte 240 Euro Gewinn beim Weltkonzern verbleiben].

Hannes Koch, Fragwürdige Arbeitsbedingungen – Apple und seine iPhone-Produktion in China, www.derwesten.de, 13.9.2012

Aufgaben

1. Beschreibe das iPhone und seine Produktion als Phänomen der Globalisierung. Unterscheide dabei die unterschiedlichen Dimensionen der Globalisierung.
2. Erläutere die Zergliederung des Produktionsprozesses des iPhones mithilfe deiner Kenntnisse über die Antriebskräfte der Globalisierung.
3. Erörtere kritisch die globale Produktion und Vermarktung des iPhones.

Kompetenzen prüfen

I. Diagnose

Ich kann ...	Dazu benötige ich u. a. folgende Begriffe ...	Das klappt schon ...		Hier kann ich u. a. noch üben ...
... das Phänomen der wirtschaftlichen Globalisierung anhand eines Fallbeispiels darstellen	• iPhone 5 Produktion • globale Verflechtungen im Alltag • Dimensionen der Globalisierung	😎	☹	• M 1 – M 5 • Was wir wissen
... Antriebskräfte und Merkmale der Globalisierung erklären	• Transport- und Kommunikationskosten • Digitalisierung • Globale Handelsströme • Ausländische Direktinvestitionen • Umsätze und BIP von multinationalen Unternehmen • Index der Globalisierung (KOF)	😎	☹	• M 5 – M 10 • Was wir wissen
... erörtern, inwieweit „Globalisierung“ Wohlstand für alle bedeutet	• Abbau von Armut • Grundschule • Kindersterblichkeit • Lebenserwartung • Nachhaltigkeit	😎	☹	• M 11 – M 13 • Was wir wissen
... Positonen globalisierungskritischer Organisationen wie Attac bewerten	• Attac • „Eine andere Welt ist möglich“ • Neoliberale Ideologie • Privatisierungen öffentlicher Infrastruktur • TTIP, CETA	😎	☹	• M 14 – M 16 • Was wir wissen

II. Lernkontrolle

Globalisierung – Fluch oder Segen?

1. Prüfe, ob die folgende Aussagen richtig sind und begründe dies.

a) „Wenn das Volumen der Weltexporte stärker steigt als das Volumen des Weltsozialprodukts, nimmt ökonomische Globalisierung zu.

b) Direktinvestitionen sind Investitionen in ein Unternehmen.

c) Wenn die Transportkosten stark steigen, kann dies die Entwicklung der Globalisierung fördern.

d) Globalisierung macht die Armen ärmer?

e) Globalisierung führt weltweit zu einer größeren Ungleichheit zwischen reich und arm.

2. 2010 gab es McDonalds in 118 Ländern der Welt. Erkläre, inwieweit McDonalds damit nicht nur die ökonomische, sondern auch die kulturelle Globalisierung beeinflusst.

3. „Gegen die soziale Ungleichheit auf der Welt können wir als Verbraucher nichts tun." Nenne Argumente dafür und dagegen

Erwartungshorizonte zur Lernkontrolle Kapitel 7

Mediencode: 71007-17

Methodenglossar

Allgemeine Unterrichtsmethoden

Zur Bearbeitung der Aufgaben werden an vielen Stellen nachfolgende Unterrichtsmethoden verlangt. Diese sind hier in alphabetischer Reihenfolge erklärt.

Flyer gestalten

Flyer (auch „Handzettel", „Flugblätter") dienen in der Regel der Werbung bzw. der Öffentlichkeitsarbeit von Firmen, Organisationen und Institutionen. Sie werden kostenlos verteilt oder liegen zur Mitnahme aus. Obwohl sie nur aus einem, meist gefalteten Blatt Papier bestehen, zählen sie zu den Printmedien. Die Aufgabe, im Unterricht einen Flyer herzustellen, fordert dazu heraus, das Gelernte knapp, präzise, adressatenbezogen und werbewirksam zu formulieren. Sie ist daher auch sinnvoll, wenn Handzettel nicht „in echt" hergestellt werden sollen, wie z. B. bei dem Auftrag, einen Flyer zum Thema „Scientology" für Jugendliche zu entwerfen.

Durchführung

Man sollte sich auf einige wenige Kernaussagen konzentrieren und diese knapp und präzise formulieren. Um das Kommunikationsziel zu erreichen, sollten die Assoziationen, die zentrale Begriffe des Textes wecken (können), genau bedacht werden. Auch auf die emotionale Wirkung kommt es an. Nicht legitim ist es allerdings, bei der Kritik an anderen Meinungen, Personen und Gruppen den sachlichen Grundton zu verlassen. Im Hinblick auf das Layout empfiehlt sich im Allgemeinen die Konzentration auf ein zentrales Symbol anstelle von vielen kleinen Grafik-Elementen. Mitbedenken sollte man auch Fragen des „corporate design" (einheitliche Selbstpräsentation zur Erhöhung des Wiederkennungseffektes), falls ein Flyer z.B. im Auftrag einer Organisation bzw. Institution gestaltet werden soll (z.B. Verwendung des Schullogos).

Soll der Flyer im Rahmen eines Projektes tatsächlich auch hergestellt und verteilt werden, sind noch weitere Aspekte zu bedenken:

- Bei der Entscheidung für oder gegen einen farbigen Druck (2- bzw. 4-Farben-Druck) sind neben der Wirkung auch die Kosten zu bedenken. Auch ein Schwarz-Weiß-Druck kann sehr wirkungsvoll sein. In diesem Fall empfehlen Grafik-Experten in der Regel ein Layout in klaren Kontrasten, anstatt zu viele unterschiedliche Grau-Abstufungen zu verwenden.
- Bei der Erstellung und Verbreitung von Flyern sind auch rechtliche Fragen zu bedenken, z.B. muss bei der Verwendung von Bildern und Grafikelementen darauf geachtet werden, dass diese auch (kostenlos) veröffentlicht werden dürfen (Urheberrechte, Persönlichkeitsrechte ...).
- Beim Verteilen von Flyern sowohl in der Öffentlichkeit als auch auf Privatgelände ist eine Genehmigung einzuholen und zu klären, ob ein Impressum notwendig ist. Dass Flyer inhaltlich genau geprüft werden müssen, ist schon aus ethischen Gründen unerlässlich, falsche Darstellungen können aber auch juristisch relevant werden.

Nach: Tanja Gojny, Ingrid Grill-Ahollinger, Sebastian Görnitz-Rückert, Andrea Rückert, Flyer erstellen, in: Ortswechsel 8, München 2010, S.128

Grundlayout für DIN A4-Papier

Einklapp-seite	Rückseite	Titel

Inhalts-seiten	Inhalts-seiten	Inhalts-seiten

Bearbeiter

Gruppenpuzzle

Diese Unterrichtsmethode arbeitet mit zwei Gruppenformen, der Stamm- und der Expertengruppe. In den Stammgruppen (3-5 Schüler) erhält jedes einzelne Gruppenmitglied eine Teilaufgabe der Gesamtaufgabe, mit der es sich zunächst einmal selbst auseinandersetzt und für diese zum „Experten“ wird. Im zweiten Schritt treffen sich alle „Experten“, die dieselbe Teilaufgabe bearbeitet haben, in der Expertengruppe, tauschen sich aus, klären offene Fragen und vertiefen ihr Wissen. In der dritten Phase kehrt jeder in seine Stammgruppe zurück und unterrichtet die anderen Mitglieder der Stammgruppe über seine Erkenntnisse. Nach dieser gegenseitigen Unterweisung muss jedes Gruppenmitglied über alle Teilaspekte des Gesamtthemas informiert sein.

Lern- / Wandplakat

Neben der permanenten Präsenz im Klassenraum bietet ein Lernplakat den Vorteil, den gelernten Inhalt zu visualisieren. Während die Visualisierung oftmals von der Lehrperson geleistet wird, besteht die Aufgabe nicht selten darin, zuzuschauen, zuzuhören sowie den Inhalt nachzuvollziehen und abzuschreiben. Problematisch ist dieses Vorgehen insofern, als die visuellen Vorgaben der Lehrkraft oftmals nicht so nachzuvollziehen sind, wie dies aus Lehrersicht erscheint. Somit empfiehlt es sich, möglichst eigene visuelle Grundmuster zu entwickeln, da sich so eigene gedankliche Verknüpfungen und Verankerungen ausbilden.

Durchführung

Das Wichtigste festhalten mithilfe von:	Gestaltung:
• Bildern, Tabellen, Fotos ... • Kurzen Informationstexten • Erklärung von Begriffen, Fachwörtern	• klare, saubere, deutliche Schrift • keine Rechtschreibfehler • Farben verwenden, die auch von weitem gut erkennbar sind • Raum gut aufteilen (nicht dicht gedrängt) • Lineal benutzen • ...

Nach: Heinz Klippert, Methodentraining. Übungsbausteine für den Unterricht, Weinheim und Basel: Beltz Verlag 1999, S. 168

Methodenglossar

Mindmap erstellen

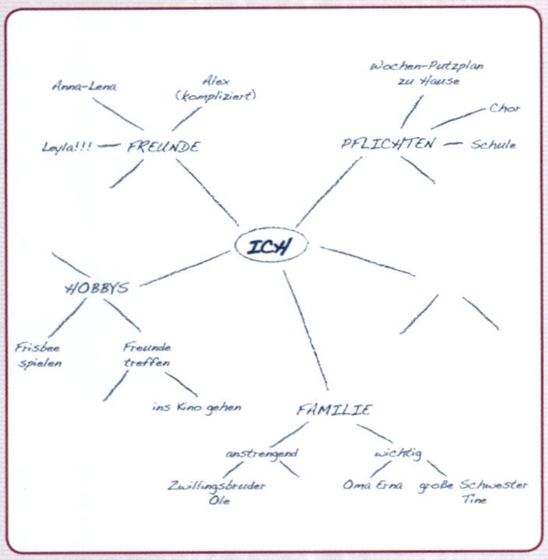

1. Verwende ein unliniertes Blatt Din A4 (oder größer) und lege es quer. Beginne in der Mitte des Blattes und schreibe hier das Thema deiner Arbeit auf.
2. Schreibe nun Oberbegriffe in Großbuchstaben auf die Hauptäste, die direkt vom Kern abgehen. Mit diesen Oberbegriffen strukturierst du das Thema grundlegend, überlege hier also genau, welche Begriffe du wählst.
3. Ergänze nun Nebenarme mit einer zweiten (und evtl. dritten) Gedankenebene.
4. Nun erweitere deine Mindmap: Du kannst an jedem Arm Begriffe und Ideen ergänzen, gerade wo dir etwas einfällt.

Nach: Günther Gugel, Methoden-Manual I: Neues Lernen. Tausend Praxisvorschläge für die Schule und Lehrerbildung, Weinheim und Basel, Beltz Verlag 1999, S. 80 f.

Texte wiedergeben und zusammenfassen

I. Stellenwert der Arbeit mit Texten

Texte sind im Gegensatz zum gesprochenen Wort, zu Beobachtungen und politischen Gesprächen nicht „flüchtig", sondern für eine auch wiederholte genaue Analyse zugänglich. Zudem lassen sich politische und sozialwissenschaftliche Sachverhalte und Probleme in Texten besonders genau und differenziert beschreiben.

II. Klarstellung des inhaltlichen Zusammenhangs

Vor der Bearbeitung des Textes ist es geboten, sich klar zu machen, warum und in welchem inhaltlichen Zusammenhang der Text ausgewertet werden soll. Das erleichtert das Verständnis und die Einordnung der Textinhalte.

III. Vorgehensweise bei der Textbearbeitung

Um einen Text besser wiedergeben und zusammenfassen zu können, gehe am besten nach folgenden Schritten vor:

1. Lies den Text konzentriert ein erstes Mal.
2. Wahrscheinlich hast du nicht alles verstanden. Beim zweiten Lesen nimm einen Stift und schreibe die Stellen, die du nicht verstanden hast, auf ein Papier. Notiere zusätzlich die Zeile. Unklare Begriffe solltest du mit einem „Lex." (= Lexikon nachschlagen) versehen.
3. Formuliere nun einen Einleitungssatz zum Text.
4. Gib den Text wieder bzw. fasse ihn zusammen:

Textwiedergabe: Gib nun die Informationen des Textes unter Verwendung der Fachsprache in eigenen Worten wieder.

Textzusammenfassung: Fasse die wesentlichen Aussagen des Textes in strukturierter und komprimierter Form zusammen. Benutze dabei entsprechende Fachsprache.

zu Schritt 3

Für eine passende Einleitung zur Textwiedergabe bzw. -zusammenfassung gibt es mehrere Möglichkeiten. Du kannst dich an eine einfache Regel halten und einen sogenannten Kernsatz schreiben. Dieser besteht aus dem Autor, das Entstehungsjahr und dem Titel des Textes. Außerdem sollte in diesem Einleitungssatz auch erwähnt werden, worum es in dem Text allgemein geht.

zu Schritt 4

Gliedere den Text in Abschnitte und versehe jeden Abschnitt mit einer passenden Überschrift. Fasse den Inhalt jedes Abschnittes in wenigen Worten zusammen.

Podiumsdiskussion

Das Thema wird ausgewählt und die Hauptfrage des Themas als zugespitzter, vielleicht sogar provokanter Titel formuliert. Für die Podiumsdiskussion werden fünf bis sechs geeignete Personen ausgewählt. Wichtig ist hierbei, dass die ausgewählten Personen erkennbar unterschiedliche Einstellungen zum Themengebiet haben. Kurz vor der Veranstaltung wird der Raum hergerichtet: Das Podium wird mit Tischen, Stühlen und Namensschildern ausgestattet. Die Stühle für die Zuschauer werden so aufgestellt, dass das Podium von allen Plätzen gut zu sehen ist.

Durchführung

1. Die Moderation eröffnet die Veranstaltung und begrüßt die Podiumspersonen, die Teilnehmerinnen und Teilnehmer und leitet die Podiumsdiskussion kurz ein, indem sie u.a. das Thema und die Vorgehensweise der Podiumsdiskussion umreißt.
2. Die Podiumspersonen stellen sich daraufhin vor und bekommen die Gelegenheit, ihre Position ca. zwei Minuten zu erläutern.
3. Danach stellt die Moderation gezielte Fragen an die Podiumspersonen und versucht, die unterschiedlichen Positionen herauszufinden.
4. Nach einiger Zeit wird das Publikum ebenfalls in die Diskussion einbezogen und stellt Fragen an die Personen auf dem Podium. Die Moderation hat die Aufgabe, die Diskussion lebendig zu gestalten, sie durch gezielte Fragen auf den Punkt zu bringen, die „Vielredner“ zu bremsen und die „Leiseren“ zu unterstützen. In jedem Fall muss sie darauf achten, dass die Diskussion fair bleibt und die Fragen des Plenums beantwortet werden.
5. Zum Abschluss hält jede Podiumsperson sein Abschlussstatement.
6. Die Moderation fasst daraufhin die wichtigsten Punkte der Diskussion noch einmal zusammen, zeigt kurz auf, welche Bedeutung sie für die Anliegen des Plenums haben, wie weitergearbeitet werden könnte und beendet danach offiziell die Veranstaltung.

Goldene Regeln für die Diskussion

- Inhalte kurz und präzise formulieren
- (ver)urteilende Aussagen über den Gesprächspartner vermeiden
- strukturierende Formulierungen zum besseren Verständnis für die Zuhörer (z.B. „Was ich noch ergänzen möchte“, „Im Gegensatz zu meinem Vorredner bin ich der Ansicht“, etc.) verwenden
- wichtige Punkte am Ende nennen, da sie vom Zuhörer am besten behalten werden
- den Gesprächspartner nicht unterbrechen
- ruhig zu erkennen geben, wenn ein gegnerisches Argument überzeugt hat
- das unpersönliche „man“ vermeiden
- freundlich und entspannt bleiben, Verärgerungen später klären

Nach: Claudia Brunsemann, Waldemar Stange, Dieter Tiemann, Mitreden – mitplanen – mitmachen, Berlin 1997, S. 138 ff.

Methodenglossar

Recherche

Wir leben in einer Wissens- oder Informationsgesellschaft. Wissen vermehrt sich tagtäglich in einem unvorstellbaren Ausmaß. Forscher der Universität von Berkeley haben ermittelt, dass der Informationszuwachs pro Jahr 5 Millionen Terabyte beträgt. Würde man diese Datenmenge ausdrucken, so ergäbe das für jeden der 6,8 Milliarden Erdbewohner eine Buchreihe von ca. acht Metern.

Durchführung
An Wissen und Informationen heranzukommen, ist heute sehr einfach geworden. Neben Bibliotheken ist es vor allem das Internet mit seinem bekannten „World Wide Web", das weltweit Daten digital bereithält. Vier Schritte sollten bei jeder Informationsbeschaffung (Recherche) berücksichtigt werden:

1. Überlege, was du suchst
Je präziser du weißt, was du suchst, umso besser kannst du am Ende beurteilen, ob die gefundenen Informationen deinen Erwartungen entsprechen. Hilfreich ist eine schriftliche Formulierung der Fragen oder eine Gliederung des Themas.

2. Überlege, wo du suchst
In der Bibliothek kannst du dir eine erste Übersicht über ein Thema verschaffen. Die Bücher, Zeitungen und Zeitschriften sind geordnet und übersichtlich aufbereitet, die Informationen sind vertrauenswürdig und jahrelang verfügbar. Nachteile sind die geringere Aktualität und die begrenzte Auswahl an Publikationen.

Das Internet bietet eine unüberschaubare Fülle an Material an, ist aktueller und überall verfügbar. Allerdings ist es schwierig, die wichtigen, zutreffenden und verlässlichen Informationen zu finden. Hier musst du selbst Entscheidungskriterien für die Auswahl finden und anwenden.

3. Überlege, wie du suchst
Sehr wichtig ist, wie du die Suchanfrage stellst. In Bibliotheken kannst du die Kataloge nutzen und oft auch jemanden fragen, der Ihnen Suchhinweise oder Hilfestellungen geben kann. Im Internet erhältst du durch die Eingabe von Wörtern in das Suchfeld einer Suchmaschine unzählige Einträge, Texte, Websites, die deine Suchwörter enthalten. Durch Anklicken kann man sie direkt aufrufen. Aber Achtung: Es ist unendlich viel Datenmüll dabei.

4. Beurteile deine Rechercheergebnisse: Wie gut sind sie?
Hilft das Gefundene bei der Klärung der ursprünglichen Aufgabe? Hast du die passenden Informationen gefunden? Genügen sie deinen Qualitätsansprüchen? Sind die Anbieter von Informationen seriös? Welche Fragen bleiben offen? Wie und wo kannst oder musst du weitersuchen?

Nach: Lothar Scholz, Methoden-Kiste, Bundeszentrale für politische Bildung (Hg.), Bonn 2010, S. 22

Referat

Ein Referat ist ein Vortrag über ein Thema, der in einer begrenzten Zeit (etwa 10–30 Minuten) gehalten wird.
Die häufigsten Formen sind mündliche Berichte, Fachvorträge bei Tagungen, Kurzreferate bei Seminaren oder Übungsreferate in der Schule.

Ablauf des Referates
Beginne deinen Vortrag pünktlich. Eine gelungene **Eröffnung** des Vortrags ist die beste Möglichkeit, um beim Publikum Interesse für die Darbietung zu wecken. Du kannst deinem Thema entsprechend verschiedene Einstiegsvarianten auswählen. Sicher kennst du die schlechteste Variante aus eigener Erfahrung: „Wir wollen heute einen Vortrag zum Thema ... halten.“ Und schon hast du das Desinteresse der Zuhörer auf deiner Seite. Also solltest du einen Einstieg wählen, der das Publikum
• visuell einstimmt, • provoziert, • persönlich anspricht, • durch eine kluge Fragestellung einbezieht, • mit einem Vergleich konfrontiert, • spontan anspricht, • überrascht oder • erheitert.

Interessiert sich dein Publikum erst einmal für dein Thema, kannst du Thema und Gliederung vorstellen. Damit beginnst du den **Hauptteil** des Vortrags – das eigentliche „Filetstück“.
Deine Gliederung als „Fahrplan“ der Darbietung schreibst du am besten auf eine Folie oder bringst du vor Beginn des Referates auf einer Flipchart oder Tafel an. So kann das Publikum dem Inhalt deines Vortrags gut folgen.

Plane den Hauptteil wie eine Regieanweisung. Da du im Team dein Thema präsentierst, ist es umso wichtiger, für jeden handhab- und nachvollziehbar den Ablauf zu skizzieren. Bei Aufregung ist schon so manches in Vergessenheit geraten. Es sollte auch vermerkt werden, wer den gerade Vortragenden mit dem Auflegen einer Folie oder dem Zeigen von Bildern usw. unterstützt, damit dieser sich voll seinem Vortrag widmen kann und nicht aus dem Konzept kommt. Planen Sie die Übergänge zwischen den einzelnen Gliederungspunkten genau.

Der **Schluss** fasst die wesentlichen Aspekte deines Vortrags zusammen. Hüte dich aber vor solchen Formulierungen: „Jetzt sind wir am Ende unseres Vortrags“ oder „Alles Wesentliche wurde gesagt, wir fassen nur noch einmal zusammen“. Gut ist es, wenn Einstieg und Schluss einen gewissen Rahmen des Referates bilden. Eventuell greife hier eingangs genannte Gedanken nochmals auf, kläre eine gestellte Frage oder überprüfe eine gemachte Behauptung. Der Schluss ist auch dazu geeignet, offene Fragen zu formulieren und an das Publikum zur Diskussion weiterzugeben.

Nach: Elke Deparade: Planung und Durchführung der Präsentation, Methodenlernen in der gymnasialen Oberstufe, Bamberg 2013, S. 97 f. de.Wikipedia, Referat, www.wikipedia.de, Abruf am 23.11.2013

Der erste Eindruck ist entscheidend! ...

... Der letzte Eindruck bleibt!

Methodenglossar

Rollenspiele

Das Rollenspiel – Definition
Im Rollenspiel wird ein Stück Wirklichkeit nur simuliert, indem sich der einzelne Spieler in seinem Handeln an einer definierten sozialen Rolle orientiert. Soziale Rollen sind Erwartungen an das Verhalten und Handeln von Individuen, die bestimmte soziale Positionen (z.B. Schüler, Lehrer, Eltern, Jugendliche, Politiker, Ärzte...) innehaben.

Chancen und Ziele
Mithilfe des Rollenspiels können Sie
- gesellschaftliche Interessengegensätze erhellen,
- soziale Verhaltensweisen einüben und
- Handlungsstrategien entwickeln und erproben.

Vorbereitung und Ablauf eines Rollenspiels

1. Vorbereitung
- Beschreibung der Situation / des Problems / des Konflikts
- **Rollenverteilung:** Wer spielt welche Rolle?
- **Spieler** bereiten sich auf ihre Rollen vor, **Beobachter** formulieren Erwartungen an das Rollenspiel.

2. Durchführung
- Vorher skizzierte Situation wird ohne Unterbrechung durchgespielt.
- Wichtig: Spieler verhalten sich entsprechend ihrer vorgegebenen Rolle.
- **Beobachtungsaufträge:** Was war gut, was weniger gelungen? Haben die Spieler ihre Rollen glaubwürdig gespielt? Haben sie sich entsprechend ihrer Rollenvorgabe verhalten?

3. Rollendistanzierung
- Spieler äußern sich nacheinander über ihre **Einstellungen** und **Gefühle** im Rollenspiel.
- Austritt aus der Rolle: Spieler analysieren ihr **Verhalten** und die Gründe dafür.

4. Auswertung
- Auswertung der **Beobachtungsaufträge**
- **Generalisierung:** Kann man die dargestellte konkrete Situation verallgemeinern?
- Nutzen des Rollenspiels: Welche im Spiel dargestellten Verhaltensweisen können in vergleichbaren Situationen angewendet werden?
- Auswertung des Rollenspiels: Was könnte das nächste Mal besser gemacht werden?

Nach: Sibylle Reinhardt, Politik-Didaktik. Praxishandbuch für die Sekundarstufe I und II, Berlin 2005, S. 194-196

Streitgespräch

Im Pro-Kontra-Streitgespräch wird ein konfliktreiches Thema von allen Seiten beleuchtet. Es geht bei diesem Streitgespräch nicht darum, den „Gegner“ durch bessere Argumente zu schlagen, vielmehr soll ein Thema facettenreich erschlossen werden. Unterschiedliche Meinungen und konträre Perspektiven werden mit dem Ziel zusammengetragen, sich mit verschiedenen Sichtweisen auseinander zu setzen.

Die Teilnehmer sammeln in zwei Gruppen zu einer These oder einer Frage (Beispiel: „Soll die gesetzliche Schulpflicht in Deutschland abgeschafft werden?“) Argumente zur Begründung ihres Standpunktes. Es ist durchaus erwünscht, Positionen zu vertreten, die nicht mit der eigenen Meinung identisch sind. So können festgefahrene Positionen verlassen werden, und die Thematik wird neu durchdacht. Nach der Sammlung der Argumente in den Kleingruppen erfolgt eine Diskussion mit Vertretern der zwei Gruppen.

Außer Befürwortern und Gegnern der These gibt es sowohl einen Moderator als auch Beobachter. Der Moderator ist neutraler Leiter des Streitgesprächs, d.h. er darf nicht erkennbar auf einer der beiden Seiten stehen. Als Beobachter agieren die Gruppenmitglieder, die nicht aktiv am Streitgespräch teilnehmen. Sie bekommen konkrete Beobachtungsaufträge.

Vorbereitung

- Aufteilung in zwei Gruppen (Pro- bzw. Kontra-Gruppe)
- Festlegung der jeweiligen Redner (drei pro Gruppe)
- Vorbereitung der Argumentation mithilfe des ausgegebenen Materials

Das Streitgespräch

1. Darstellung der These durch den ersten Redner der Gruppe „Pro“ – max. drei Minuten
2. Widerrede durch den ersten Redner der Gruppe „Kontra“ – max. drei Minuten
3. Striktes Abwechseln der zwei Gruppen: geregelter Austausch der Argumentation
4. Zusammenfassendes Schlusswort durch den jeweiligen Hauptredner beider Gruppen

Auswertung

- Distanzierung: Redner äußern ihre Gefühle und Erfahrungen
- Bewertung des Streitgesprächs durch Beobachter
- Abstimmung über Streitpunkt im Plenum

Nach: Sibylle Reinhardt, Politik Didaktik. Praxishandbuch für die Sekundarstufe I und II, Berlin 2005, S. 203-205

Kleines Politiklexikon

Abgeordnete
Die gewählten Mitglieder eines Parlaments.

Agenda 21
Handlungsprogramm für eine nachhaltige Wirtschaftsweise der Staaten, verabschiedet im Jahr 1992 in Rio de Janeiro. Die Lokale Agenda 21 soll das Programm auf lokaler Ebene (Städte und Gemeinden) verwirklichen.

Arbeit
Der Begriff umschreibt in erster Linie Erwerbsarbeit. Diese sichert die Lebensgrundlage der Arbeitnehmerinnen und Arbeitnehmer und ihrer Familien. Wurde sie in früheren Zeiten vor allem als Mühsal und Plage empfunden, so ist die Arbeit heute ein wichtiger Bestandteil der Identität, denn in der Arbeit kann der Mensch seine Fähigkeiten unter Beweis stellen. Arbeit verleiht dem Leben einen Sinn.

Arbeitslosengeld
Unterstützungsleistung für arbeitslose Arbeitssuchende. Zu unterscheiden ist zwischen Versicherungsleistungen aus der Arbeitslosenversicherung (das ist in Deutschland das Arbeitslosengeld I, das in der Regel für ein Jahr gezahlt wird) und aus Steuergeldern finanzierten Mindestsicherungssystemen (dazu gehört das Arbeitslosengeld II, Hartz IV).

Armut
Von absoluter Armut spricht man, wenn einer Person weniger als 1,25 US-Dollar (ca. 1 Euro) pro Tag zur Verfügung steht. Von relativer Armut spricht man, wenn das Einkommen weniger als 50 % des Durchschnittseinkommens in einem Land (Staat) beträgt.

Bedürfnis
Wunsch, einen Mangel zu beseitigen. So liegt dem Bedürfnis zu trinken Durst als Mangelempfinden zu Grunde.

Beruf
Tätigkeit, die ein Mensch in der Regel gegen Entgelt erbringt bzw. für die er ausgebildet, erzogen oder berufen ist. Im Allgemeinen dient die Ausübung eines Berufes der Sicherung des Lebensunterhaltes.

Binnenmarkt
Ein Wirtschaftsraum, in dem einheitliche Bedingungen für den Verkehr von Waren, Dienstleistungen und Kapital herrschen. Bürger können ihren Wohn- und Arbeitsort frei wählen. Der Binnenmarkt in der EU wurde zum 1. Januar 1993 verwirklicht.

Bruttoinlandsprodukt (BIP)
Messgröße, mit der die wirtschaftliche Leistungskraft eines Landes dargestellt wird. Das BIP umfasst den Geldwert aller in einem Jahr innerhalb der Landesgrenzen produzierten Waren und Dienstleistungen (von Inländern und Ausländern). Um das BIP pro Kopf zu erhalten, teilt man das BIP eines Landes durch die Zahl der Einwohner.

Bund (Bundesstaat)
Der Zusammenschluss mehrerer Staaten zu einem Gesamtstaat, zum Beispiel die Bundesrepublik Deutschland mit allen Bundesländern.

Bundeskanzler
Der Chef der Bundesregierung. Er bestimmt die Richtlinien der Politik und trägt die Verantwortung dafür.

Bundespräsident
Das Staatsoberhaupt der Bundesrepublik. Er repräsentiert Deutschland nach außen. Außerdem gehören zu seinen Aufgaben die Ernennung und Entlassung der höchsten Staatsbeamten und die Unterzeichnung der vom Bundestag verabschiedeten Gesetze.

Bundesrat
Der Bundesrat ist ein Teil der Legislative. Über ihn wirken die Länder an der Gesetzgebung des Bundes mit. Der Bundesrat muss bei Gesetzen, die Länderinteressen berühren oder die Verfassung ändern, zustimmen, damit diese in Kraft treten können. Bei anderen Gesetzen kann er Einspruch erheben, der aber vom Bundestag überstimmt werden kann.

Bundestag
Name des deutschen Parlaments, s. dort!

Bundesverfassungsgericht
Höchstes deutsches Gericht mit Sitz in Karlsruhe. Das Bundesverfassungsgericht wacht darüber, dass Parlamente, Regierungen und Gerichte in Deutschland das Grundgesetz einhalten. Jeder Bürger kann eine Verfassungsbeschwerde beim Bundesverfassungsgericht einreichen.

Demografischer Wandel
So werden die Veränderungen in der Bevölkerungszusammensetzung hinsichtlich ihrer Größe und Struktur (z. B. Alterszusammensetzung) bezeichnet.

Demokratie
Das Wort stammt aus dem Griechischen und bedeutet Herrschaft des Volkes. Die Beteiligung aller Bürgerinnen und Bürger an allen Abstimmungen kann nur in sehr kleinen Staatsgesellschaften verwirklicht werden (direkte Demokratie). Wo dies nicht möglich ist, wählt das Volk Vertreter (Repräsentanten), die für das Volk handeln (repräsentative Demokratie).

Dienstleistungsgesellschaft
Eine Gesellschaft, in der der größte Teil der Bevölkerung nicht mehr im

landwirtschaftlichen und industriellen, sondern im tertiären Sektor arbeitet.

Einkommen
Allgemein meint man damit das Arbeitseinkommen für Erwerbstätigkeit (Lohn, Gehalt, Gewinn). Darüber hinaus gibt es auch Einkommen als Entgelt für die Bodennutzung (Miete, Pacht) oder als Entgelt für die Nutzung von Kapital (Sparzinsen, Kreditzinsen). Einkommen, die der Staat ohne Gegenleistung bezahlt, nennt man Transfereinkommen.

Entwicklungsländer
Länder, die besonders arm sind. Kennzeichen dieser Länder sind häufig eine hohe Staatsverschuldung, daher sind auch das Gesundheits- und Bildungssystem häufig schlecht ausgestattet. Die Menschen sind schlechter ernährt und leben kürzer.

Europäische Union
Die Gemeinschaft von heute (2009) 27 europäischen Staaten wurde 1957 als Wirtschaftsbündnis gegründet. Neben der gemeinsamen Politik in allen wirtschaftlichen Bereichen wurde im Vertrag von Maastricht (1992) auch eine Zusammenarbeit in der Außen- und Sicherheitspolitik sowie der Justiz- und Innenpolitik beschlossen.

EU-Organe
Zu den wichtigsten Organen der Europäischen Union – vergleichbar mit den Verfassungsorganen in der Bundesrepublik Deutschland – gehören der Ministerrat, die Europäische Kommission, das Europäische Parlament, der Europäische Gerichtshof und der Europäische Rechnungshof. Der Europäische Rat hat eine große Bedeutung für die Entwicklung der Europäischen Union.

Europäische Zentralbank (EZB)
Die EZB wurde am 1.6.1998 gegründet und bildet zusammen mit den nationalen Notenbanken das Europäische System der Zentralbanken. Die EZB ist von politischen Weisungen unabhängig und seit der Einführung des Euro am 1.1.1999 für die Geldpolitik im Euro-Raum zuständig. Ihre Hauptaufgabe ist es, die Preisstabilität zu garantieren. Darüber hinaus unterstützt sie auch die allgemeine Wirtschaftspolitik.

Exekutive
Die ausführende Gewalt, d. h. Regierung und Verwaltung.

Föderalismus
Gliederung eines Staates in Gliedstaaten (in der Bundesrepublik Deutschland die Bundesländer) mit eigener Verfassung, Regierung und Parlament. Bezeichnet auch das Bestreben, die Rechte der Gliedstaaten zu wahren.

Fraktion
Vereinigung im Parlament, die aus den Abgeordneten einer Partei besteht. Auch Mitglieder verschiedener Parteien, die gleichgerichtete politische Ziele verfolgen, können sich zu einer Fraktion zusammenschließen.

Fünf-Prozent-Klausel
Vorschrift, dass alle Parteien bei einer Wahl mindestens fünf Prozent der gültigen Zweitstimmen erhalten müssen, um ins Parlament zu kommen, bzw. um an der Sitzverteilung teilnehmen zu können.

Geldpolitik
Ziel der Geldpolitik ist die Stabilität des Geldwertes (also eine niedrige Inflationsrate). Daneben soll die Geldpolitik auch die allgemeine Wirtschaftspolitik unterstützen. Die Geldpolitik ist Sache der Europäischen Zentralbank.

Generationenvertrag
Bezeichnung für das Grundprinzip der gesetzlichen Rentenversicherung, nach dem der heute arbeitende Teil der Gesellschaft für die Rentenzahlungen an den nicht mehr arbeitenden Teil aufkommt.

Gerechtigkeit
Einstellung, Prinzip, Zustand, bei dem jede Person das erhält, was ihr zusteht. Wie dieser Zustand zu erreichen ist, ist umstritten. So unterscheidet man Chancengerechtigkeit, Leistungsgerechtigkeit, Bedarfsgerechtigkeit und Teilhabegerechtigkeit.

Gesellschaft
Eine Gesellschaft bezeichnet einen relativ dauerhaften Verbund von Gemeinschaften/Gruppen, die innerhalb einer politischen und wirtschaftlichen Ordnung leben und gemeinsame Normen und Werte teilen.

Gesetz
Ein Gesetz ist eine verbindliche Vorschrift, die das Ziel hat, das Zusammenleben der Menschen zu regeln. Es muss in einem dafür vorgesehenen Verfahren rechtmäßig zu Stande kommen. Gesetze werden von den Parlamenten (Bundestag, Landtag, Gemeindevertretung) beschlossen.

Gewaltenteilung
Verteilung der drei Gewalten Gesetzgebung (Legislative), Verwaltung (Exekutive) und Gerichtsbarkeit (Judikative) auf verschiedene, voneinander unabhängige Staatsorgane. In der Regel sind dies Parlament, Regierung und Verwaltung und eine unabhängige Richterschaft. In der Bundesrepublik Deutschland ist die klassische Gewaltenteilung teilweise durchbrochen (Gewaltenverschränkung).

Gewerkschaft
Freiwilliger Zusammenschluss von Arbeitnehmern, um gemeinsame wirtschaftliche, soziale und berufliche Interessen besser durchsetzen zu können.

Gleichberechtigung
Gleichberechtigt sind Menschen, wenn sie die gleichen Rechte haben. Der Begriff kann sich auf das Verhältnis von Frauen und Männern beziehen, aber auch auf Ausländer, Behinderte usw. Häufig besteht zu-

dem ein Unterschied zwischen dem rechtlichen Anspruch und dem tatsächlichen Zustand.

Globalisierung
Globalisierung meint v. a. die wachsende Verflechtung der Weltwirtschaft, ermöglicht u. a. durch die Ausweitung der Kommunikationsmedien und enger Verkehrsverbindungen. Die G. bewirkt auch in einigen Bereichen eine Vereinheitlichung der Lebensstile.

Grundgesetz
Die Verfassung der Bundesrepublik; sie regelt den Aufbau, die Aufgaben und das Zusammenspiel der Staatsorgane. Im Grundgesetz werden auch die Grundrechte garantiert.

Grundrechte
In der Verfassung garantierte Rechte, die für jeden Einzelnen gewährleistet werden, wie zum Beispiel die Meinungsfreiheit, die Versammlungsfreiheit und die Menschenwürde.

Güter
Güter sind ganz allgemein Mittel (z. B. Waren, Dienstleistungen, Rechte), mit denen Bedürfnisse befriedigt werden können. Sie haben einen Preis und sind in der Regel nicht unbegrenzt verfügbar. Nur wenige Güter auf der Erde (z. B. Luft, Sand in der Wüste) sind freie Güter, d. h. unbegrenzt vorhanden.

Inflation
Prozess anhaltender Preisniveausteigerungen bzw. anhaltender Geldentwertung.

Integration
Im allgemeinen Sprachgebrauch versteht man darunter die Eingliederung oder Einbindung eines (fremden) Einzelnen oder einer Minderheit in eine größere Gruppe.

Judikative
Die rechtsprechende Gewalt; sämtliche Gerichte der Bundesrepublik Deutschland.

Kabinett
Der Kanzler, die Minister und politischen Beamten (Staatssekretäre).

Klimawandel
Mit dem Begriff Klimawandel bezeichnen wir heute meist die von natürlichen Schwankungen unabhängige Erderwärmung. Sie hat schwerwiegende Folgen für Menschen, Tiere und Pflanzen: Teile der Erde werden zu Wüsten, die Gefahr von Hurrikanen und Sturmfluten steigt, Tierarten werden aussterben.

Koalition
Zusammenschluss zweier oder mehrerer Parteien, die gemeinsam eine Regierung bilden und Gesetzentwürfe ausarbeiten.

Konstruktives Misstrauensvotum
Der Bundestag kann den Bundeskanzler nur durch die Wahl eines neuen Kanzlers (konstruktiv!) zum Rücktritt zwingen.

Legislative
Die gesetzgebende Gewalt; sie wird in der Bundesrepublik Deutschland von Bundestag und Bundesrat ausgeübt (auf Landesebene von den Länderparlamenten).

Mandat
Auftrag; der Wähler beauftragt durch die Wahl einen Politiker, seine Interessen zu vertreten.

Markt
Der reale oder virtuelle Ort, an dem Angebot und Nachfrage nach Gütern und Leistungen aufeinandertreffen und Preise gebildet werden (z. B. Automarkt, Börse). Das Grundprinzip des Marktes ist der Tausch.

Marktwirtschaft
In der Marktwirtschaft steuern Angebot und Nachfrage, Wettbewerb und freie Preisbildung den Wirtschaftsprozess. Das Privateigentum an den Produktionsmitteln wird garantiert.

Mehrheitswahlrecht
Danach ist gewählt, wer in seinem Wahlkreis die Mehrheit der Stimmen erhalten hat, die Minderheiten werden nicht berücksichtigt. Relative Mehrheit: Gewählt ist, wer die meisten Stimmen hat. Absolute Mehrheit: Gewählt ist, wer mehr als die Hälfte der Stimmen erzielt. Qualifizierte Mehrheit: Eine vereinbarte Mehrheit, z. B. 2/3 der Stimmen, muss erreicht werden.

Menschenrechte
Das sind die persönlichen Rechte, die jedem Menschen von Geburt an zustehen, z. B. das Recht auf Meinungsfreiheit.

Migration
Im Laufe der Geschichte haben sich immer wieder kleinere oder größere Gruppen von Menschen oder ganze Völker auf Wanderungen begeben. Dies hatte ganz unterschiedliche Gründe: So wurden die Menschen aus religiösen oder politischen Motiven verfolgt, andere waren arm und sahen für sich und ihre Kinder keine Zukunft mehr in ihrer Heimat. Alle diese Wanderungen (lat. migrare = wandern) nennt man Migration.

Nachhaltigkeit
Der Begriff bedeutet, dass man nicht mehr von einem Rohstoff (der Natur) verbrauchen soll, als nachwachsen kann. In Bezug auf die Umwelt heißt das, dass man den Ausgangszustand für die folgenden Generationen bewahren soll und die Umwelt nicht durch Abgase und Müll irreparabel schädigen darf.

NATO
(engl. North Atlantic Treaty Organization, Nordatlantikpakt)
Das Verteidigungsbündnis zwischen den USA, Kanada und den westeuropäischen Staaten wurde am 4.4.1949 gegründet. Die Mitglieder verpflichten sich im Falle eines Angriffs auf einen Mitgliedstaat zum

gegenseitigen Beistand. Wichtigstes Gründungsmotiv war die Abwehr der Expansionsabsichten des Kommunismus, insbesondere die Verteidigung gegenüber der Sowjetunion und seinen Verbündeten. Heute hat die NATO zum Ziel, Frieden und Freiheit weltweit zu verteidigen, z. B. auch im Auftrag der Vereinten Nationen.

Ökologie
So bezeichnet man die Wissenschaft von den Wechselbeziehungen zwischen den Lebewesen und ihrer Umwelt.

Opposition
Alle Personen und Gruppen, die der Regierung im Parlament gegenüberstehen und sie kritisieren.

Parlament
Die Versammlung der vom Volk gewählten Abgeordneten. Das Parlament regt Gesetze an, bewilligt sie und kontrolliert die Regierung. In einer parlamentarischen Demokratie nimmt vor allem die Opposition die Kontrollfunktion wahr, da die Mehrheit im Parlament die Regierung trägt.

Parteien
Politische Gruppen, die über einen längeren Zeitraum Einfluss auf die politische Willensbildung nehmen. Sie sind bereit, in Parlamenten und Regierungen Verantwortung zu übernehmen.

Rechtsstaat
Ein Rechtsstaat ist ein Staat, in dem die öffentliche Gewalt an eine objektive Rechtsordnung gebunden ist. In einem Rechtsstaat ist die Macht des Staates begrenzt, um die Bürger vor gesetzloser Willkür zu schützen.

Riesterrente
Modell einer privat finanzierten Rente in Deutschland, das vom Staat finanziell gefördert wird. Der Name geht auf den damaligen Arbeitsminister Riester zurück.

Soziale Marktwirtschaft
Die Soziale Marktwirtschaft ist ein Wirtschaftssystem, die den Grundsatz der Freiheit auf dem Markt mit dem des sozialen Ausgleichs verbindet.

Sozialstaat
Bezeichnung für einen Staat, der seinen Bürgern ein Existenzminimum sichert, wenn sie in Not geraten sind, und für einen gerechten Ausgleich zwischen Reichen und Bedürftigen sorgt. In Deutschland geschieht dies z. B. durch die Sozialversicherungspflicht und durch staatliche Unterstützung, wie Sozialhilfe, Kindergeld oder Ausbildungs- und Arbeitsförderung.

Sozialversicherungssystem
Bezeichnung für die Gesamtheit gesetzlicher Pflichtversicherungen in Deutschland (Arbeitslosen-, Renten-, Kranken-, Pflege- und Unfallversicherung). Die Sozialversicherung versichert den Einzelnen gegen Risiken für seine Existenz. Sie ist organisiert nach dem Solidarprinzip. Sozialversicherungspflichtig sind alle abhängig Beschäftigten. Die Versicherungsbeiträge teilen sich Arbeitgeber und Arbeitnehmer.

Staat
Mit dem Begriff bezeichnet man eine Vereinigung vieler Menschen (Staatsvolk) innerhalb eines durch Grenzen bestimmten geografischen Raumes (Staatsgebiet) unter einer unabhängigen (souveränen) Staatsgewalt, die von den Staatsorganen (Regierung, Parlamente, Gerichte, Polizei) ausgeübt wird.

Steuern
Steuern sind Zwangsabgaben, die der Staat von seinen Bürgern und Unternehmen ohne eine spezielle Gegenleistung erhebt. Sie sind die Haupteinnahmequelle des Staates.

Streitbare/wehrhafte Demokratie
Begriff für eine Demokratie, die Mittel bereithält, um gegen Feinde der Demokratie vorzugehen. So können in Deutschland zum Beispiel Parteien oder Vereine verboten werden, die sich gegen die freiheitliche demokratische Grundordnung wenden.

Strukturwandel
Veränderungen der wertmäßigen Beiträge der einzelnen Wirtschaftssektoren (Land- und Forstwirtschaft, verarbeitendes Gewerbe und Dienstleistungen) zur Wirtschaftsleistung eines Landes. Der Anteil des Dienstleistungsbereichs nimmt dabei in Deutschland ständig zu. Beschleunigt und verstärkt wird der Strukturwandel durch neue Technologien sowie den zunehmenden internationalen Wettbewerb.

Subsidiaritätsprinzip
Prinzip, nach dem ein Problem auf der Ebene gelöst werden soll, auf der es entsteht. „Was der Einzelne tun kann, sollen nicht andere für ihn tun." Erst wenn auf dieser Ebene keine Abhilfe möglich ist, soll die nächst höhere Ebene sich des Problems annehmen (Familie, Gemeinde, Land, Bund, EU).

Tarifvertragsparteien
Dazu zählen Gewerkschaften (vertreten die Arbeitnehmer) und Arbeitgeberverbände (vertreten die Arbeitgeber). Im Rahmen der Tarifautonomie handeln diese beiden Interessengruppen in eigener Verantwortung Tarifverträge aus, die Löhne, Arbeitszeiten und sonstige Arbeitsbedingungen regeln sollen. Der Staat darf sich nicht einmischen.

Terrorismus
Planmäßige Gewaltanwendung von Einzeltätern oder Gruppen zur Verfolgung politischer oder religiöser Ziele. Der Terrorismus möchte durch gezielte Anschläge Angst, Schrecken und Unsicherheit unter der Bevölkerung verbreiten.

Transfereinkommen

Als Transfereinkommen bezeichnet man Einkommen, welches durch den Staat oder andere Institutionen bereitgestellt wird, ohne dass eine konkrete Gegenleistung erfolgt. (Beispiel: Sozialhilfe, Arbeitslosengeld II etc.)

Transnationale/multinationale Unternehmen
Konzerne, die über mehrere Nationen verteilt sind. Sie sind in mehreren Geschäftsbereichen (Handel, Vertrieb, Herstellung, Forschung und Entwicklung) außerhalb ihres Heimatlandes tätig und stützen sich finanziell auf Unternehmen in zwei oder mehr Ländern.

Unternehmen
Dauerhafte organisatorische Einheit zur Produktion bzw. zur Erbringung von Dienstleistungen, die mehrere Betriebe umfassen kann. Je nach Träger werden private, öffentliche oder gemeinwirtschaftliche Unternehmen unterschieden, je nach Rechtsform Einzel-, Personen- und Kapitalgesellschaften.

Verbände
Organisierte Gruppen, die auf die Politik Einfluss nehmen möchten, ohne politische Verantwortung zu übernehmen. Zur Verfolgung gemeinsamer Interessen werden Zusammenschlüsse gebildet, z. B. Berufsverbände.

Vereinte Nationen
(engl. United Nations Organization)
Nach dem Zweiten Weltkrieg gegründete kollektive Sicherheitsorganisation zur Wahrung des Weltfriedens und der Menschenrechte. Fast alle Staaten sind Mitglieder der UNO.

Verhältniswahlrecht
Jede Partei bekommt so viele Sitze im Parlament, wie sie prozentual Stimmen von den Wählern erhalten hat. Auch Minderheiten werden berücksichtigt.

Vermittlungsausschuss
Bundesrepublik Deutschland: Ausschuss, der tätig wird, wenn ein Gesetzesbeschluss des Bundestages auf Einwände des Bundesrates stößt. Bundestag und Bundesrat entsenden je die Hälfte der 32 Mitglieder. Aufgabe des Vermittlungsausschusses ist es, Kompromisse auszuarbeiten. Europäische Union: Ausschuss, der tätig wird, wenn nach der Zweiten Lesung eines Gesetzes keine Einigung zwischen Europäischem Parlament und Ministerrat erzielt werden kann. Der Vermittlungsausschuss setzt sich aus den Mitgliedern des Rates und ebenso vielen Vertretern des Europäischen Parlaments zusammen, Vertreter der EU-Kommission nehmen beratend teil.

Vier Freiheiten
Wirtschaftliche Freiheiten des europäischen Binnenmarktes: Freiheit des Warenverkehrs, Personenfreizügigkeit, Dienstleistungsfreiheit, freier Kapital- und Zahlungsverkehr.

Volkspartei
Partei, die aufgrund ihres Programms für Wähler und Mitglieder aller gesellschaftlichen Schichten unterschiedlicher Weltanschauungen offen ist.

Währungsunion
Zusammenschluss souveräner Staaten mit vorher unterschiedlichen, aber ähnlich starken Währungen zu einem einheitlichen Währungsgebiet. Im Gegensatz zu einer Währungsreform bleibt der Geldwert beim Übergang zu einer Währungsunion erhalten.

Wahlen
Verfahren der Berufung von Personen in bestimmte Ämter durch Stimmabgabe einer Wählerschaft. In Demokratien werden die wichtigsten Staatsämter durch Wahlen besetzt. Freie Wahlen müssen bestimmte Wahlgrundsätze erfüllen. Bei den Bundestagswahlen sind dies nach Art. 38 (1) GG die fünf Wahlgrundsätze allgemein, unmittelbar, frei, gleich und geheim. Das genaue Wahlverfahren (Verhältniswahl, Mehrheitswahl) ist meist in Wahlgesetzen geregelt.

Weltexportquote
Kennziffer der Globalisierung. Sie erfasst den Anteil der Exporte an der Weltwirtschaftsleistung.

Wirtschaftskreislauf
Modell, in dem die Tauschvorgänge zwischen den Wirtschaftssubjekten (private Haushalte, Unternehmen, Staat, Banken; erweiterte Darstellung umfasst auch das Ausland) dargestellt werden.

Wirtschaftsordnung
Setzt sich zusammen aus den Regeln und Institutionen, die die Rahmenbedingungen wirtschaftlichen Handelns abstecken. Klassisch werden v. a. Fragen der Eigentumsrechte, der Preisbildung und der Steuerung von Wirtschaftsprozessen entschieden.

Wirtschaftssektoren
Die Wirtschaftswissenschaften unterteilen die Produktionsbereiche einer Volkswirtschaft in drei Wirtschaftssektoren: Der primäre Sektor beinhaltet die Produktgewinnung der Land- und Forstwirtschaft sowie Fischerei. Im sekundären Sektor werden Produkte hergestellt oder verarbeitet (Industrie und Handwerk, Bergbau und Baugewerbe). Der tertiäre Sektor umfasst die Dienstleistungen, zum Beispiel Handel, Verkehr, Kultur, Bildung und Gesundheitswesen.

Zentralverwaltungswirtschaft/ Planwirtschaft
Bezeichnung für Wirtschaftssysteme (z. B. der DDR), deren Produktion durch zentrale Pläne (einer staatlichen Planungsbehörde) gelenkt wird. Es gibt kein Privateigentum an Produktionsmitteln.

Register

Bildnachweis

akg-images, Berlin - S. 58, 134; ARTUR Images GmbH, Hamburg - S. 94

Baaske Cartoons / Kai Felmy, Müllheim - S. 37; - / Gerhard Mester - S. 152; - / Burkhard Mohr - S. 140; - / Thomas Plaßmann - S. 38, 61, 82, 136; Bergmoser + Höller Verlag AG, Aachen - S. 44, 45, 46 (2), 132, 167, 169, 178, 191, 210, 269, 278; BIBB ES / Bundesinstitut für Berufsbildung, Edmund Schenk - S. 65; Marco Böhme / faktor-Online - Entscheider Medien GmbH, Alciro Theodoro da Silva, Göttingen - S. 76; Bundesagentur für Arbeit, Nürnberg - S. 64; Bundesregierung / Steffen Kugler, Berlin - S. 134

Cartoonstudio Aurel, Ludwigsburg - S. 114

Deutscher Bundestag / Lichtblick / Achim Melde - S. 170; - / Frank Schwarz - S. 170; dpa-Infografik, Frankfurt - S. 83, 101, 118, 149, 152, 182, 192, 206, 220, 225, 230, 234, 242, 262, 272, 280, 291, 292; dpa Picture-Alliance, Frankfurt - S. 58; - / abaca / Apaydin Alainm - S. 262; - / akg-images - S. 64; - / AP / Vadim Ghirda - Einband; - / AP / Anupam Nath - S. 286; - / AP Photo / FRANKA BRUNS - Einband; - / ATP, EPA, Jiminlai - S. 268; - / Dave Bedrosian / Geisler Fotopress - S. 286; - / Bildagentur online / DP - S. 198; - / Gero Breloer - S. 299, 300; - / Arno Burgi - S. 124; - / Uli Deck - S. 20, 21, 124; - / DB, Thomas Burmeister - S. 278; - / EPA - S. 286; - / EPA / Bildfunk / Uwe Zucchi - S. 124; - / EPA / Monica M. Davey - S. 288; - / Mikael Fritzon - S. 200; - / Rolf Haid - S. 126; - / Hannibal Hanschke - S. 124; - / Keystone / Jochen Zick - S. 58; - / Ben Kriemann / Geisler-Fotopress - S. 250; - / Wolfgang Kumm - Einband, S. 176; - / Bodo Marks - S. 170; - / maxppp - S. 72; - / maxppp / Hassan Bahsoun - Einband; - / maxppp / Julia Gonjon - S. 200; - / moodboard, David Oxberry - S. 198; - / moodboard / Westcoast Surfer - S. 198 (2); - / Kay Nietfeld - S. 170; - / PIXSELL, Kristina Stedul Fabac - S. 243; - / Roland Weihrauch - S. 20; - / Westend61 / reka prod. - Einband; - / Xinhua - S. 130; - / Zentralbild / Jens Büttner - S. 170; - / Zentralbild / Klaus Franke - S. 161; - / Zentralbild / Karlheinz Schindler - S. 170; - / Zentralbild / Jens Wolf - S. 8; - / Paul Zinken - S. 137

F.A.Z.-Grafik, Felix Brocker - S. 245; - Thomas Heumann - S. 123; - Niebel - S. 72; - Andre Piron - S. 109; Foto: Gloria Nieves - S. 162; Fotolia / Henner Damke - S. 204; - / Evren Kalinbacek - S. 286

Getty Images, München - S. 18; - / Gamma-Keystone, München - S. 202; - / iLexx - S. 58; - / Thomas Lohnes - S. 158

Friedrich Haun, Borken - S. 100

Heidelberger Institut für Internationale Konfliktforschung S. 268

iStockphoto / billnoll - S. 198; - / Yuri Acurs - S. 116; - / EdStock / Carsten Koall - S. 158; - / Andreas Weber - S. 124

Waldemar Mandzel, Bochum - S. 271

Norddeutscher Rundfunk, Hamburg - S. 177

Christiane Pfohlmann, Landsberg am Lech - S. 91; Presse- und Informationsamt der Bundesregierung / Bundesregierung Sig. B 145, Bild-00010972, Bestand B 145 / Jürgen Gebhardt, Berlin - S. 137

Volker Rekittke, Tübingen - S. 26; Kasper Rohrsted © 2015 Henkel AG & Co KG aA, Düsseldorf - S. 41

Oliver Schopf, Wien - S. 219, 244; Wieslaw Smetek, Seevetal - S. 203; Klaus Stuttmann, Berlin - S. 189, 222

Thinkstock / iStockphoto / filmfoto - S. 170; - / iStockphoto / KatarzynBialasiewicz - S. 286; - / iStockphoto / monkeybusinessimages - S. 8; - / iStockphoto / wavebreakmedia - S. 63; - / Pixland - S. 198; - / Wavebreak Media / Wavebreakmedia Ltd - S. 58; © Thyssenkrupp AG, Essen - S. 36

Wikimedia / © M93 / CC-BY-SA 3.0 - S. 34; - / Donato Accogli - S. 200; - / BMW Werk Leipzig / CC-SA 2.0 - S. 58; - / CC-0 - S. 99; - / cocoinzen - S. 200; - / Factio popularis Europaea / CC-BY 2.0 - S. 207; - / Foto AG Gymnasium / CC-BY-SA 4.0 - S. 171; - / Foto-AG Gymnasium Melle / CC-BY 3.0 - S. 207; - / Martin Kraft / CC-BY-SA 3.0 - S. 266; - / LSE library - S. 145; - / NxNW / CC-BY-SA 3.0 - S. 16; - / Pixelfehler / CC-SA 3.0 - S. 168; - / Kjetil Ree / CC-BY-SA 3.0 - S. 274; - / Ralf Roletschek / CC-SA 1.0 - S. 18; - / The Rockefeller Archive Center / CC-0 - S. 36; - / Web Gallery of Art / CC-0 - S. 36; - / Matthew Yohe / CC-BY-SA 3.0 - S. 8; www.augsburgswiki.de - S. 121; www.bilder.cdu.de - S. 156; www.cdu.de - S. 155; www.die-linke.de - S. 155, 156; www.fdp.de - S. 155; www.gruene.de - S. 155, 156; www.karl-rudolf-korte.de - S. 146; www.piraten.de - S. 156; www.spd.de - S. 155, 156

Hinweise zur Bearbeitung der Aufgaben

Die beim Formulieren der Aufgaben verwendeten Operatoren müssen im Unterricht eingeführt und ihr Gebrauch an verschiedenen Beispielen geübt sein. Durch die Benutzung der Operatoren soll den Schülerinnen und Schülern klar werden, welche Tätigkeiten und welche Lösungsdarstellung von ihnen erwartet werden. Mit dem konsequenten Einsatz der Operatoren wird Missdeutungen von Aufgabenstellungen entgegengewirkt.

Anforderungsbereich I

Operatoren	Definition
berechnen	anhand vorgegebener Daten durch Rechenoperationen zu einem Ergebnis gelangen und die Rechenschritte dokumentieren
beschreiben	Aussagen, Sachverhalte, Strukturen o. Ä. in eigenen Worten strukturiert und fachsprachlich verdeutlichen
nennen	zielgerichtet Informationen zusammentragen, ohne diese zu kommentieren
skizzieren	einen Sachverhalt oder Gedankengang in seinen Grundzügen angeben.
wiedergeben	ausgehend von einem Einleitungssatz Informationen aus dem vorliegenden Material unter Verwendung der Fachsprache in eigenen Worten ausdrücken
zusammenfassen	ausgehend von einem Einleitungssatz die wesentlichen Aussagen eines Textes in strukturierter und komprimierter Form unter Verwendung der Fachsprache herausstellen

Anforderungsbereich II

Operatoren	Definition
analysieren	Merkmale eines Textes, Sachverhaltes oder Zusammenhanges kriterienorientiert bzw. aspektgeleitet erschließen und zusammenhängend verdeutlichen
anwenden	einen bekannten Sachverhalt oder eine bekannte Methode auf eine neue Problemstellung beziehen
auswerten	Daten, Einzelergebnisse oder Sachverhalte zu einer abschließenden Gesamtaussage zusammenführen
charakterisieren	Vorgänge, Sachverhalte, Personen / Figuren in ihrer jeweiligen Eigenart treffend und anschaulich kennzeichnen und ggf. unter einem bestimmten Gesichtspunkt zusammenführen
darstellen	Sachverhalte o. Ä. und deren Bezüge sowie Zusammenhänge aufzeigen
einordnen / zuordnen	Texte oder Sachverhalte unter Verwendung von Vorwissen begründet in einen genannten Zusammenhang stellen
erklären	Materialien, Sachverhalte o. Ä. in einen Begründungszusammenhang stellen, z.B. durch Rückführung auf fachliche Grundprinzipien, Gesetzmäßigkeiten, Funktionszusammenhänge, Modelle oder Regeln
erläutern	Materialien, Sachverhalte o. Ä. mit zusätzlichen Informationen und Beispielen verdeutlichen
herausarbeiten	aus Materialien nicht explizit genannte Sachverhalte erschließen
in Beziehung setzen	Zusammenhänge unter vorgegebenen oder selbst gewählten Gesichtspunkten begründet herstellen
untersuchen	Sachverhalte unter bestimmten Aspekten betrachten und belegen
vergleichen / gegenüberstellen	nach vorgegebenen oder selbst gewählten Gesichtspunkten Gemeinsamkeiten, Ähnlichkeiten und Unterschiede begründet darlegen